ACTA DIURNA

Michael Klonovsky

Bitte nach Ihnen

Reaktionäres vom Tage

Acta diurna 2012–2014

Edition Sonderwege

Für meine Söhne Gabriel und Jan

Jemand lieb ich, das ist nötig;
Niemand haß ich; soll ich hassen,
Auch dazu bin ich erbötig,
Hasse gleich in ganzen Massen.

Goethe, West-östlicher Divan, Buch des Unmuts

Hat man vierundzwanzig Stunden früher als die übrigen
Menschen recht, so gilt man vierundzwanzig Stunden
lang für närrisch.

Antoine de Rivarol

Diogenes schaut aus dem Faß
Und spricht: »Ei, ei! Was soll denn das?«

Wilhelm Busch

INHALT

VORBEMERKUNG

Das private Tagebuch war ursprünglich die diskrete Art, eine Chronik zu führen. Damit hat weder die heutige Zeit, in der nahezu alles öffentlich verhandelt wird, noch das vorliegende Diarium, das im Internet bis zum Erscheinen dieses Buches für jedermann einsehbar war, viel zu tun. Darauf weist sogleich sein Titel hin. *Acta diurna* bedeutet tägliches Geschehen. Diese Urform einer Zeitung in Gestalt öffentlicher Tagesberichte wurde 59 v. Chr. von Gaius Julius Caesar eingeführt, der sich in der Folgezeit in einem fremden Land aufhielt, genau wie ich heute, freilich an der Spitze von Legionen, was ihm ganz andere Möglichkeiten des Herumrandalierens eröffnete.

Wenngleich, so wir denn schon bei antiken Analogien sind, die vorliegenden Aufzeichnungen eher von einem dritten punischen Krieg künden. In der späten Wiederholung des antiken Realdramas sind es bizarrerweise führende Punier selbst, die das *Ceterum censeo* sprechen, inzwischen beinahe täglich. Ein punischer Renegat konnte deshalb ein Buch des Titels »Karthago schafft sich ab« schreiben. Man kam freilich überein, dass – von der Veröffentlichung solcher Pamphlete abgesehen – daran nichts Schlimmes sei.

Bei den vorliegenden Notaten handelt sich also um die Chronik eines Wandels, der nicht schlimm ist. Die einen halten ihn sogar für Fortschritt, die anderen bloß für einen Niedergang, wobei ich zu den anderen gehöre. Ich behaupte dabei keineswegs, dass ein Verfall stattfindet; ich zeichne lediglich dessen Symptome auf. Dass in jedem Ende auch etwas anfängt, jeder Abstieg einen Aufstieg impliziert, Verluste immer mit Gewinnen zu verrechnen sind, vermag mich angesichts der

Vorzeichen dessen, was auf uns zukommt, nur bedingt zu enthusiasmieren. Aber das ist bloß meine Privatattitüde; wenn Sie anderer Ansicht sind, umso hilfreicher für Sie.

Nun sollte der geneigte Erstleser nicht wähnen, dass hier ein erzkonservativer Autor *coram publico* Frust schiebt. Zunächst einmal ist der Autor kein Konservativer, sondern ein Reaktionär, das heißt: ein Konservativer, der keinen Wert mehr darauf legt, von irgendwem eingeladen zu werden. Sodann ist er alles andere als frustriert, denn sein Leben ist eitel Sonnenschein und seine Tafel stets üppig gedeckt. Zuletzt weiß er, was Ressentiment ist, und achtet penibel darauf, dass diese dreizehnte Fee nicht in seinem ansonsten gastlichen Haus vorspricht. Sie dürfen also einem einfachen Moralisten bei seiner täglichen Nebenbeschäftigung über die Schulter schauen.

Zugegeben, dieses Diarium wäre ohne gewisse geistige Vergiftungen, die unsereinem der bundesrepublikanische Alltag vor allem in seiner publizistischen Brechung zumutet, wahrscheinlich nicht entstanden. Mitunter habe ich mir gestattet, eine Kollation sprachveredelt wieder ausgewürgter und gegen ihre Produzenten gekehrter Alltagstoxine vor meinen Lesern auszubreiten und mich dabei innerlich zu reinigen; das ist eines der wenigen Privilegien, welche Autoren zuteil werden. Die Kunst besteht einzig darin, seinen Ekel so zu formulieren, dass er einen ästhetischen Mehrwert abwirft. Ich bemühte mich redlich, währenddessen so heiter zu erscheinen wie nur irgendein Couturier.

Ursprünglich vollzog sich dieser Vorgang auf meiner Webseite, einem kleinen Eckladen an der Peripherie des World Wide Web. Der stetig wachsende Zuspruch, den die hier vorliegenden Notizen fanden, und die zum Teil wütenden Aversionen, die sie zu meinem Behagen ebenfalls auslösten, ließen eine

Publikation in dieser Form angemessen, wenn nicht geboten erscheinen. Mit der Veröffentlichung des Buches verschwinden die Niederschriften aus dem verfügbaren Sortiment des besagten Eckladens, wo der geneigte Kunde aber inzwischen die Frühjahrskollektion von 2015 vorfindet.

Obwohl die Auswahl auf die Jahre von 2012 bis 2014 beschränkt bleibt, war sie ohne Streichungen und Raffungen nicht auf ein handliches Format zu bringen. Keiner dieser Eingriffe geschah, um Passagen zu »entschärfen« oder meine Einschätzungen nachträglich zu korrigieren, auch an den wenigen Stellen nicht, wo inzwischen ein sachter Sinneswandel vorstellig geworden sein mag. Was ich geschrieben habe, habe ich geschrieben. Und meine Seele gerettet? Ja was denn sonst!

München, im Januar 2015   *Michael Klonovsky*

I.
ACTA DIURNA 2012

1. Januar

Adenauer, Schumacher, Heuss. – Merkel, Gabriel, Wulff. Nur mal so zum Meditieren. Irgendetwas ist schiefgelaufen.

3. Januar

Jemand müsste einmal die Romane der letzten 50 Jahre nach einem Kriterium untersuchen: Wie beschreiben Autoren Frauen und wie Autorinnen Männer? Ich würde darauf wetten, dass es bei den geschilderten Frauen einen signifikanten Ausschlag in Richtung anbetungswürdig und bei den beschriebenen Männern in Richtung Trottel gibt. (Und wenn es denn stimmte, wäre wiederum dargelegt, wenn nicht gar bewiesen, dass zumindest die Autorinnen nicht ganz verkehrt liegen dürften …)

4. Januar

Aus der Perspektive Darwins sind die intellektuellen Fähigkeiten des Menschen entstanden und permanent forciert worden, um Differenzgewinne zu erzielen und sich Paarungsvorteile zu verschaffen; auch sie sind Effekte der sexuellen Selektion. Das heißt, die Evolutionstheorie ist letztlich ebenfalls entstanden, um ihren Vertretern via Differenzgewinn zumindest die Möglichkeit von Paarungsvorteilen zu verschaffen und so die Evolution im allgemeinen sowie jene der Evolutionstheoriefähigen im speziellen voranzutreiben. Wir Menschen sind drollige Wesen, wir bringen sogar den Typus

zustande, der mit der wissenschaftlichen Beschreibung der sexuellen Werbung sexuell zu werben versucht, was auch einmal
wissenschaftlich beschrieben werden sollte (zum Zwecke sexuellen Differenzgewinns) ...

13. Januar

Wenn irgendwo ein Originalgenie auftauche, erkenne man es
unfehlbar daran, dass sich die Dummköpfe gegen diesen
Menschen zusammenschlössen, notierte Jonathan Swift. Man
wende den Satz auf Steve Jobs an.

25. Januar

Bundespräsident Wulff hat eine Rede zum 300. Geburtstag
Friedrichs des Großen gehalten. Darin lobte er unter anderem die tolerante Einwanderungspolitik Preußens. Das stand
schließlich irgendwie in Zusammenhang mit seiner Aussage,
der Islam gehöre zu Deutschland. Über das preußische Dienst-
ethos dagegen – im Idealfall verwendete ein friderizianischer
Beamter einen Bleistift für die dienstliche, einen separaten für
die private Korrespondenz – sprach der Bundespräsident allerdings nicht.

  In Preußen, soviel ist richtig, hätte es keine Proteste gegen
Moscheen und kein Plebiszit über Minarette gegeben. Seit
dem Potsdamer Edikt des Großen Kurfürsten von 1685 über
die Aufnahme der in Frankreich verfolgten Hugenotten stand
Brandenburg-Preußen für Religionsfreiheit und weitgehendes
Asylrecht. »Wenn Türken und Heiden kämen und wollten das

Land peuplieren, so wollen wir ihnen Moscheen und Kirchen bauen«, lautet eine vielzitierte Bemerkung Friedrichs. Die während des Siebenjährigen Krieges angeworbenen Bosniaken etwa erhielten nicht nur Wohnungen und Gebetsräume in Potsdam, sondern auch einen eigenen Heeres-Imam.

Allerdings hat Wulff in seiner Rede die Bedingungen unterschlagen, die Preußen seinen Zuwanderern stellte. Jedenfalls haben keine Hugenotten-Clans in Berlin mit Drogen und Prostituierten gehandelt, Schutzgeld erpresst oder, wenn schon mal gegen sie ermittelt wurde, Justizbeamte bedroht. Keine Jugendgangs aus den Vierteln der Salzburger Protestanten machten nachts die Straßen unsicher und stürzten sich mit »Scheiß Preußen!«-Rufen auf Einheimische. Niemand kam nach Preußen mit der Idee im Kopf, sich sein Leben vom Staat sozialfinanzieren zu lassen, weil er keine 24 Stunden später wieder draußen gewesen wäre. Dieser Staat ließ seiner nicht spotten, was seine Attraktivität nicht minderte. Kurzum: Die preußische Einwanderungspolitik war in der Tat vorbildlich.

Das erwähnte der Bundespräsident leider nicht. Immerhin lobte er Friedrichs Maxime, in seinem Land dürfe »jeder nach seiner Façon selig werden«. Auch in diesem Zusammenhang vergaß Wulff freilich etwas, nämlich darauf hinzuweisen, dass diese heutzutage ja vor allem ins Politische zu erweiternde Toleranz in seinen Kreisen gegenüber jenen deutlich nachlässt, die rechts von der CDU stehen.

28. Januar

Das Böse, erklären einige Hirnforscher, sei eine Anomalie im menschlichen Gehirn, im Grunde mess- und also nachweisbar. Wer Böses tue, trage die Voraussetzung unter seiner Schädeldecke. Da gibt's für die nächsten Jahrzehnte empirisch also einiges zu tun, nämlich folgende Fragen zu beantworten:

1. Tragen womöglich sämtliche Menschen diese Anomalie im Kopf?
2. Wenn nicht: Fallen sämtliche Träger dieser Anomalie durch böse Taten auf?
3. Wenn nicht: Was unterscheidet die als Täter auffallenden Träger der Anomalie von denen, die sich zurückhalten (und ist dieser Unterschied im Hirn messbar)?
4. Gibt es die Anomalie von Geburt an?
5. Wenn nicht: Wann entsteht sie? Wodurch entsteht sie?
6. Welche Rolle spielen Ereignisse außerhalb des Gehirns bei der Entstehung der Anomalie?
7. Sofern sie eine Rolle spielen: Wie ist das Verhältnis zwischen Anomalie und Ereignissen außerhalb des Gehirns bei der Motivation zum bösen Tun?
8. Gibt es Fälle, wo Menschen Böses tun, die nicht Träger der Anomalie sind?
9. Wenn ja: Welche Rolle spielt die Anomalie bei der Motivation zur Tat überhaupt?
10. Ist Gutsein womöglich ebenfalls eine im Hirn messbare Anomalie?

Und als Zusatzfrage: Wie verhält es sich eigentlich mit denen, die Böses für eine gute Sache tun oder zu tun glauben, zum Beispiel Bomben im Namen der Demokratie abwerfen, oder mit denjenigen, die sich spontan für eine Missetat sehr böse rächen? Haben die auch eine Anomalie im Kopf?

1. Februar

»Sachsen muss diesen braunen Dreck loswerden«, sprach der dortselbst amtierende Ministerpräsident Stanislaw Tillich an die Adresse der NPD-Fraktion. Die Wortwahl erinnert daran, dass es offenbar auch unter der NPD noch allerunterste Schubladen gibt. Aber in gewissem Sinne kann ich den Mann, eine ehemalige Blockflöte übrigens mit SED-Kaderschmieden-Erfahrungen, also sozusagen aus dem roten Dreck stammend, ein Dreckskundiger folglich, in gewissem Sinne, sagte ich, kann ich ihn verstehen: Man ist heutzutage als Offizieller von Sprachblockwarten regelrecht umstellt, man muss jede Gruppe, jede Lobby, jede Minderheit verbal mit Samthandschuhen behandeln, sich unentwegt auf die Lippen beißen, nur kein falsches Wort sagen – da ist es doch geradezu physiologisch geboten, sich endlich mal zu erleichtern und ungestraft die Sau rauszulassen, da wächst der NPD eine am Ende womöglich noch ministerpräsidentengesundheitsfördernde Rolle zu, da darf der kleine Junge inmitten der abwechslungshalber begeisterten und begeistert nach- und mitschreienden Gouvernanten doch wirklich mal »Fotze!« brüllen. Nein, wenn wir dieses Nazischweinepack nicht hätten, diesen stinkenden, trichinösen Auswurf und Viertelmenschendreck, dieses aus seiner braunen Jauche (Pleonasmus, ich weiß) hervorkriechende Gossengesindel, dieses absolut aufhängenswürdige Lumpengesocks, man müsste es glatt erfinden beziehungsweise von V-Leuten installieren lassen.

Solange diese Untermenschenbrut aber noch öffentliche Parkanlagen betreten und sogar dieselben Bänke benutzen darf wie Demokraten, nutzen die ganzen Berufsverbote, Saalvermietungsabsagen und Kontenverweigerungen nichts.

5. Februar

Nach der Schlacht bei Roßbach anno 1757, in der 22 000 Preußen
die doppelte Anzahl Franzosen schlugen, sagte ein französischer Offizier nach seiner Gefangennahme zu einem preußischen Kollegen: »Sire, Sie sind eine Armee, wir ein reisendes
Bordell.«

9. Februar

Nur jedes 100. Kind, welches momentan zur Welt kommt, ist
ein weißes Mädchen. Das heißt also, in ca. 100 Jahren werden die letzten weißen Frauen unter den anderen Ethnien verteilt. Bis dahin wünsche ich den Schwestern aber viel Erfolg im
Berufsleben.

13. Februar

Als Lob des geschlagenen Konkurrenten erreicht das Selbstlob
seine sozial verträgliche Form. Es gibt eine Unterart des Thai-
Boxens, die diese Tatsache rituell unterläuft: Dort muss nach
dem Kampf der Sieger dem Besiegten die Füße küssen.

17. Februar

Wenn es tatsächlich gelänge, das menschliche Altern zu ver-
zögern und so das Leben auf, sagen wir, 150 bis 200 Jahre
zu verlängern, wäre ein konservativer Fundamentalismus

wenn nicht Terrorismus die Folge, denn bei der heutzutage waltenden Abräumgeschwindigkeit würde auch der starrköpfigste Linke mit ca. 120 Jahren kapiert haben, welche ungeheuren kulturellen Verluste wir für jeden »lebensqualitativen« bzw. technischen Fortschritt hinnehmen müssen, und zur Reaktion wechseln.

5. März

Im Klassik-CD-Geschäft sah ich ein Schild »Alte Musik: Neuheiten«. Das amüsierte mich denn doch.

8. März

Kennt jemand Peter North? Falls nicht, hilft *Wikipedia* auf die Sprünge. Irgendwo zwischen Nietzsche und Norwegen hat der »US-amerikanische Schauspieler« seinen Eintrag gefunden. 1998 etwa bekam er den »AVN Award für die beste Gruppensexszene«. Seine herausragende Fähigkeit, belehrt die Online-Enzyklopädie, besteht darin, »voluminöse Gesichtsbesamungen zu vollführen«. Praktischerweise wird man vom Laienbegriff »Gesichtsbesamung« gleich weitergeleitet zum Fachterminus »Cumshot«, welcher, so der Enzyklopädist, »in Hardcore-Pornos« dazu dient, nichts weniger als »die Narration abzuschließen« – während er als Privatgepflogenheit solch künstlerischer Weihen bar, wenngleich ansonsten auch recht nett anzuschauen ist. Ob »Anilingus« resp. »Afterlecken«, »Gang Bang«, »Fisting« oder »Deepthroating«: Das Lexikon des Gleich-Gültigen weiß pornologisch ziemlich alles. So sinnierte ein »Deep Throat«-Beiträger darüber, ob es für ein häufiger solchermaßen traktiertes Frauenzimmer schädlich sei, sich den allfälligen Würgereiz abzutrainieren, weil der immerhin bei anderer oder auch ähnlicher Gelegenheit lebensrettend wirken könne. »Facesitting« wiederum wird beschrieben als »eine Sexualpraktik, bei der ein Sexualpartner sich mit seinem Geschlechtsteil und/oder seinem Gesäß auf das Gesicht des anderen setzt«. Dies könne »sowohl nackt wie auch angekleidet« geschehen. Nackt ist aber besser.

Ich lebte in einer Zeit, als in den Lexika die Einträge zu den Dichtern kürzer wurden, um den Pornostars Platz zu machen.

11. März

»Der Gedanke der Gleichheit, von dem ich nur Erhöhung erwarten konnte, hatte für mich etwas Verlockendes.«
Napoleon Bonaparte

13. März

Gestern abend in der U-Bahn verfolge ich so notgedrungen wie alle anderen Mitfahrer eine Unterhaltung dreier junger Migrationshintergründler in jenem Fellachenidiom, das uns unter dem Namen »Kiezdeutsch« als Bereicherung der deutschen Sprache verkauft wird (und das anscheinend nicht gedämpft geredet werden kann); es geht lautstark und ordinär zur Sache, alle Vorurteile bestätigen sich aufs klischeehafteste, bis einer der Typen plötzlich ausruft: »Hörma, isch hab' wenigstens einen anständigen Beruf, isch bin Altenpfleger!« – Und für einen Augenblick ward mir ganz sozialromantisch ums Herz, und ich dachte, es könnte doch alles gut werden ...

7. April

Kein Wort zum Israel-»Gedicht« des Herrn Grass; es besteht weder Anlass, den alten Widerling zu unterstützen, auch inhaltlich nicht, noch mag sich ein Mensch von Geschmack jenem allzugut organisierten publizistischen Freikorps anschließen, das jetzt so wohlfeil auf ihn einkeilt.

8. April

Vor wenigen Tagen, meldet die *Welt,* wurde im Berliner Dom eine neue Fassung von Bachs *Johannespassion* aufgeführt. Die Musik wurde nicht geändert, allerdings in einigen Passagen der Text. Begründung: Bachs Werk sei judenfeindlich, man könne es Menschen von heute nicht mehr unverändert zumuten. Die Initiative kam von einem Stuttgarter Kirchenmusiker, den ideologischen Unterbau lieferte der evangelische Theologieprofessor Peter von der Osten-Sacken, der sagte: »Es geht mir gegen den Strich, dass ein Text, der belastet ist mit einer Wirkungsgeschichte, die auf Kosten der Juden gegangen ist, unkommentiert weitergegeben wird.«

Diese vorauseilende Beflissenheit gegenüber dem Zeitgeist, diese Streberei in Gesinnungsdingen, dieser Denunziationseifer gegenüber der (tatsächlich: jeder) Vergangenheit zum elenden Zwecke eigener moralischer Heiligenscheinpolitur, diese knalldeutsche Symbiose aus Petze und Schulmeister, diese Lust am Ausradieren aus späterer »Einsicht«, die nichts von ihrer eigenen Relativität wissen will, dieses feige Offene-Türen-Einrennen bei fingierter Couragiertheit: Man lernt letztlich bei den »Bewältigern« der NS-Ära mehr über den autoritären Charakter als bei den Historikern.

13. April

In den Tagebüchern von Ulrich Schacht (*Über Schnee und Geschichte*, Matthes & Seitz) die treffende Beobachtung, dass jenes intellektuelle Milieu, in dem der Ausspruch, der Islam gehöre zu Deutschland, als völlig zutreffend und nicht weiter diskutierwürdig gilt, auffallend deckungsgleich mit jenem ist, wo noch vor 20 Jahren die Frage, ob die DDR zur Bundesrepublik gehöre, heftig verneint, ja zum Teil gar nicht verstanden wurde.

15. April

Zu den wirklichen Schreckensnachrichten dieser Tage gehört, dass Frankreich die »Mademoiselle« abschafft. Die Vulgarität siegt anscheinend so sicher wie die Schwerkraft. Was in diesem Wort an Wohlklang, an Assoziationsfülle, an Kultiviertheit, an Form, an Grazie, an Französinneneinzigartigkeit geronnen ist – und einer speziellen Fraktion von ästhetisch Minderbemittelten fällt dazu nur »Unterdrückung« ein. Mir kommt das ungefähr so vor, als wenn man aufhörte, Rameau zu spielen oder Proust zu lesen. Typisch auch, was eine deutsche Zeitung zur Erklärung dieser barbarischen Tat verzapft, wonach nämlich »etymologisch betrachtet Ma-demoiselle vom lateinischen ›dominicella‹ abstammt« – so weit richtig –, »dem Diminutiv von ›domina‹, der Hausdame also«. Nein, nix Hausdame, »Herrin« muss es heißen. Auch so ein gekilltes Wort, allenfalls noch im Sexgewerbe gebräuchlich. Mei, man möchte spei'n ... Aber natürlich besteht nicht der geringste Grund, sich an derlei semantische Amputationserlasse zu halten. Grüßen Sie bitte Ihre Herrin von mir! Und halten Sie der Mademoiselle die Treue!

8. Mai

»Der 8. Mai ist für uns Deutsche kein Tag zum Feiern. (...) Wir haben wahrlich keinen Grund, uns am heutigen Tag an Siegesfeiern zu beteiligen.« Und: »Wenn wir uns der Verfolgung des freien Geistes während der Diktatur besinnen, werden wir die Freiheit jedes Gedankens und jeder Kritik schützen, so sehr sie sich auch gegen uns selbst richten mag.« Also sprach Richard von Weizsäcker in seiner berühmten, wenngleich anscheinend nicht sonderlich bekannten Rede.

23. Mai

Es ist schon amüsant: Nachdem deutsche Politiker seit Jahrzehnten so ziemlich alle deutsche Politik in einen Zusammenhang mit dem Dritten Reich gebracht haben, vom Föderalismus bis zur Einwanderung, aber ganz speziell eben die Europapolitik, werfen sie nun Thilo Sarrazin vor, dass er in seinem neuen Buch den Euro in diesen Kontext stellt (es ist jener Euro, dessen Einführung weiland Mitterand zur Bedingung machte für seine Zustimmung zur Wiedervereinigung). Und unisono verurteilen und beschimpfen sie bereits vor dessen Erscheinen ein Buch, das sie unisono nicht gelesen haben (können). Diese Kirmes des Anti-Pluralismus ist nicht mehr DDR light, das ist DDR pur.

4. Juni

Auch die diesjährige *documenta* steht wieder unter dem bewährten Motto: Bastelnachmittag im Irrenhaus.

5. Juni

Wir wissen noch nicht, mit welcher Taktik die deutsche Fußball-Nationalmannschaft diesmal versuchen wird, die Spanier zu schlagen, aber die Art und Weise, wie die DFB-Verantwortlichen Herrn Graumann vom Zentralrat der Juden und seine frivole Forderung, die Mannschaft möge während der Europameisterschaft Auschwitz besuchen, halbwegs ins Leere laufen lassen haben, war taktisch respektabel. Von den Spielern sind nur Lahm, Klose und Podolski hingefahren, dem Rest und den Ermordeten hat man den peinlichen Klassenausflug erspart. Was sollen die Jungs denn dort? Sie haben mit der Sache nichts zu tun und müssen sich auf ihre Spiele vorbereiten, speziell auch zur Freude ihrer israelischen Anhänger. Podolski in Auschwitz, das ist immerhin grotesk genug, mehr »Nie wieder!« geht nicht.

Schlau war auch das Vorgehen von Teamchef Oliver Bier-
hoff, der moniert hatte, dass Graumann nicht vor dem Gang
an die Öffentlichkeit das Gespräch mit dem Verband gesucht habe, denn: Nun könne es »so wirken, als seien wir dahin geführt worden«. Besser konnte er seinen Nasenring
nicht ironisieren. Graumann wollte seine Macht auskosten,
die Nationalmannschaft, der Deutschen liebstes Kind, an
den Hauptort permanent am Schwären gehaltener deutscher
Schande zu kommandieren, und sieht sich nun ausmanövriert,
ohne dem DFB direkt etwas vorwerfen zu können. Diese Kerle
haben einfach nicht geschlossen pariert! Ob denen das am Ende
gar ein innerer Reichsparteitag war?

Dass dagegen die Engländer mit der gesamten Mannschaft
nach Auschwitz fahren, wie Graumann als vorbildlich preist,
hat damit zu tun, dass sie mit ihrer Dauerfixierung auf das dank
ihrer bescheidenen Mithilfe geschlagene Hitlerdeutschland
den Verlust des Empire bis heute symbolisch zu kompen-
sieren suchen und anscheinend hoffen, aus dem Besuch
Motivation zu schöpfen – während bei den deutschen Spielern
ja umgekehrt hätte befürchtet werden müssen, dass eine solche Visite ihren Siegeswillen nachhaltig schwächt, so wie junge Deutsche, nachdem man sie erstmals ins KZ geführt hat, beginnen, sich ihrer Herkunft zu schämen. Auschwitz ist eben
nicht der »Gründungsmythos der Bundesrepublik« (so bekanntlich Joseph »Joschka« Fischer), sondern im Zweifelsfalle
ihr Zerstörungsmythos. Und das wollen wir doch nicht,
oder? Wer soll denn dann die nächsten U-Boote an Israel liefern? Was übrigens eine weit sinnvollere Art des Holocaust-
Gedenkens ist als deprimierende Totenbesuche und dumme
Betonstelenwälder zu Ehren ihrer Erbauer, aber das wäre jetzt
ein anderes Thema ...

10. Juni

Edison wurde gefragt, nach welcher Methode man in seinen Laboratorien arbeite. Nach gar keiner, knurrte er, man wolle schließlich etwas zuwege bringen.

18. Juni

Hitler ist letztlich verantwortlich für die Vertreibung der Deutschen nach dem Zweiten Weltkrieg, weil er verantwortlich für den Krieg war, so weit, so gut – doch wer ist verantwortlich für die Vertreibung bzw. durch aggressive Polonisierungsmaßnahmen erzwungene Auswanderung von mindestens einer Million Deutschen aus Polen lange vor seiner Machtübernahme? Diese Frage schließt, wie einige benachbarte auch, etwa die nach den plötzlich zwangsweise Tschechen gewordenen Sudetendeutschen, eine andere, noch heiklere mit ein, nämlich: Wer ist verantwortlich für den Aufstieg Hitlers? Da ihre Beantwortung auf die Offenlegung eines höchst komplexen Gefüges von Ursachen und Wirkungen, von diplomatischen Gaunereien und militärischen Erpressungen, von Begehrlichkeiten und Zynismen vor allem auch seitens der Westmächte hinauslaufen würde, denen deutsche Offizielle geschichtspolitisch heute aber am liebsten in den Allerwertesten kriechen – der »lange Weg nach Westen« war ohne Kriecherei nicht zu bewältigen –, macht sich der Finstermännerei bereits verdächtig, wer nur fragt.

PS: Eine interessante Parallele drängt sich auf bei der Erwägung, wer eigentlich verantwortlich für den ersten Kreuzzug gewesen ist.

20. Juni

Sollte Blasphemie nicht wieder verboten werden? So lautet,
arg verkürzt oder zugespitzt, der Tenor eines Martin Mose-
bachschen Essays in (interessanterweise) der *Frankfurter Rundschau*. Empörung ist garantiert und regt sich allerorten bereits
wacker. Ich will die Frage nicht zu beantworten versuchen, weil
hier mein Ekel, der »Ja!« ruft, mit meiner Ratio, die doch eher
dagegen ist, kollidiert. Ich riete nur all denen, die sich jetzt frei-
heitlich ereifern, dass sie einmal mit sich zu Rate gehen sollten, ob sie nicht selber lauter Blasphemieverbote hinter ihren
in Falten gelegten Stirnen hegen. Ob sie nicht selber nach dem
Kadi rufen (würden), wenn abwechslungshalber mal nicht das
Christentum und seine Symbole oder irdischen Statthalter
verspottet oder verhöhnt werden, sondern, sagen wir, die
Demokratie, das Grundgesetz, die soziale Gerechtigkeit, die
Frauengleichstellung, das Unvergleichbarkeitsgebot für NS-
Verbrechen, das Verbot der Todesstrafe, die Gleichheit aller
Rassen, der Atomausstieg, die präventive Klimakatastrophen-
bekämpfung etc. pp. samt den üblichen Stellvertretern dieser
edlen Gesinnungen hienieden. Aber nein, werden sie schalmeien, das kann man doch nicht vergleichen, *das* sind doch
wahre, undiskutierbare, *heilige* Werte! – Es ist lachhaft, wenn
sich über einen Blasphemieverbotsvorschlag aufregt, wer selber
solche Verbote exekutiert.

21. Juni

Man muss in Sachen EU nur ein einziges Gedankenexperiment anstellen: Wie würde der ganze Laden laufen, wenn

Deutschland einfach nicht existierte? Nun, überhaupt nicht. Es gäbe ihn nicht. Die Idee einer bundesstaatartigen Union wäre von vornherein als völlig absurd verworfen worden. Nur gegen Deutschland hat die EU einen Sinn, und sie wird nicht ruhen, bis das Land finanziell erdrosselt ist, bis der Streber endlich für immer am Boden liegt. – Dass Deutschland selber mitspielt, macht die Angelegenheit zumindest für spätere Historiker pikant. Die Streberei auch im Besiegtsein ist schließlich ein weiterer Beleg dafür, dass es sich um ein außergewöhnliches, aber auch außergewöhnlich närrisches Volk handelte.

23. Juni

Nehmen wir einmal an, wir besäßen zur Person Richard Wagners keine einzige Information: Würde es dann immer noch Leute geben, die in seinen Opern Antisemitisches zu entdecken vorgeben?

24. Juni

Der Titanen edle Schar: Hyperion, Kronos, Okeanos, Themis, Atlas, Prometheus, Kahn, Bohlen, Gottschalk (*to be continued*) …

28. Juni

Angela Merkel erlebt gerade ihr finanzpolitisches 1914. Wieder eingekreist. Und wieder keine passablen Verbündeten. Und wieder Amerika auf der Seite der anderen. Und wieder keine vernünftige Diplomatie. Und wieder keine taugliche eigene Propaganda. Und wieder zahlreiche Sympathisanten der anderen im eigenen Land, ja sogar im eigenen Parlament. Und dabei so viel Wohlverhalten gezeigt, so viel historische Reuebekundungen, so viel symbolische Unterwerfungen (und zwar mit wachsender Intensität, je weiter das Dritte Reich zurückliegt), nicht nur auf die Ostgebiete, sondern inzwischen sogar brav auf deren Erwähnung verzichtet (ohne im mindesten mit den Leiden der Ermordeten und Vertriebenen und dem Völkerrechtsbruch dahinter diplomatisch zu wuchern), alle Untaten des 20. Jahrhunderts auf den deutschen Scheitel gehäuft, auf die Mark verzichtet, bis heute auf Souveränität verzichtet, und das Militär ruiniert, und die Universitäten ruiniert, und das eigene Land in Schulden gestürzt, um den anderen Geld zu geben, und die genetische Wolfssubstanz brav mit Zuwanderern verdünnt – und wieder umzingelt, und wieder die Bösen ...

29. Juni

Wir lesen heute in der *FAZ* lobende Worte des Linksradikalen Dietmar Dath über den Rechtsradikalen Günter Maschke samt Hinweis auf dessen nicht mehr neues, aber neuestes Buch, was bei einer *Persona non grata* wie Maschke und im herrschenden Klima notorischer Gesinnungskontrolle gegen »rechts« immerhin überraschend ist. Der *FAZ*-Autor Dath empfiehlt ausdrücklich die Lektüre des Antipoden – der übrigens in der »Zeitung für Deutschland« seit vielen Jahren Schreibverbot hat – und endet mit dem Wunsch, dass sich hierzulande niemals eine Partei entwikkeln möge, die Maschkes Denken in Taten umsetze. Wie generös! Immerhin ist Gevatter Dath bekennender Leninist! Und wie erhellend, was die medialen Machtverhältnisse in Deutschland betrifft!

9. Juli

Der erste Satz der EU-Verfassung sollte lauten: Alle Solidarität geht von Deutschland aus.

21. Juli

Wer des Beweises noch bedurfte, dass sie halt irgendwie Charakter-Nazis geblieben sind zu Bayreuth auf dem Hügel, beflissen witternd, unnachgiebig »Zeichen setzend«, randvoll mit Opportunismus und gutem Gewissen, der hat den Be- und Nachweis jetzt endgültig präsentiert bekommen mit der Ausladung des russischen Bassbaritons Jewgeni Nikitin wegen eines zwar ohnehin nicht sichtbaren, ohnehin überstochenen und jugendsündhaft-verjährten Tattoos auf dessen Brust, welches das jahrzehntelange Bayreuther Lieblingsornament (1933–45 überall im und ums Festspielhaus zu sehen, danach nur noch neurotisch auf der Bühne) zeigte und dessentwegen der Mann nun den Fliegenden Holländer nicht singen darf, exorziert mit der typischen, ja typologischen Gleichschaltungsletztbegründung der nunmehr eben als Bewältiger auftretenden Kultur-Blockwarte, dazu müsse man »Haltung beziehen«.

22. Juli

Im spanischen Lokal, beim Entkorken der zweiten Flasche
Rioja, sagt Freund M. dem Kellner, der zugleich wohl auch
der Inhaber des Restaurants ist, dass wir heute auf Xavi
tränken. Der Mann verzieht keine Miene, wenig später
steht ein Teller mit Käse, Wurst und Oliven auf dem Tisch,
die weiteren Getränke gehen aufs Haus. Ohne jeden Kommentar ...

28. Juli

Dass sich in die Geschichte einzig in der Rückschau so etwas
wie Kausalität hineingeheimnissen lässt, während sie tatsächlich immer nur zufällig zusammenmischt, was zukunftsblind
irgendwohin agiert, und kein Zeitgenosse weiß, was warum
geschieht und in welche Richtung der Zug fährt, zeigt sich,
wenn man sich nur ausmalt, jemand hätte anno 1987 anlässlich
des Honecker-Besuchs in der Bundesrepublik prophezeit, ein
Vierteljahrhundert später werde eine aus der DDR stammende
Pfarrerstochter als Bundeskanzlerin damit anfangen, das heilige Grundgesetz zu verschrotten, aber keineswegs im Auftrage
des siegreich gebliebenen kommunistischen Ostblocks, sondern nach dem vermeintlichen Sieg des Westens und um die
Idee eines geeinten Europas an den dummen Völkern vorbei
zentralistisch und mit Hilfe von »Kommissaren« durchzusetzen.

14. August

Die Einigung Europas, wie man die Verfestigung der EU-
Strukturen ins immer Betonhaftere nennt, sei vor allem nötig
bzw. »unabdingbar«, weil nie wieder Krieg herrschen dürfe auf
dem Kontinent, schalmeien sogenannte »Europa«-Befürworter
speziell deutscher Provenienz. Ein Krieg wiederum, haben brave Bundesbürger im Stahlbad der Vergangenheitsbewältigung gelernt, kann eigentlich nur von Deutschland ausgehen. Nun hat
aber eine transatlantische Marionette und CSU-Hochstaplerfi-
gur die deutsche Armee längst abgeschafft und die Reste in ein
Reservekorps der US-Weltpolizei verwandelt; wer sollte also
den Krieg, der nie wieder stattfinden darf, für Deutschland
überhaupt führen? Polen und Franzosen etwa unterhalten
noch ihre Armeen (keine Sorge, alles Freunde für ewig und immerdar). Aber vielleicht macht sich die Geschichte ja einen sa-
tyrspielhaften Jux, und wir erleben bei eventueller deutscher
Zahlungs- und überhaupt Europaunwilligkeit nicht bloß die
gewöhnlichen Restriktionen erboster benachbarter Bedürfti-
ger, sondern eine erneute Besetzung des Rheinlandes? Einen
polnischen Marsch auf Berlin? Doch dann helfen bei der
Landesverteidigung sicher die Kumpels von Bushido oder Boris
und Ben Becker …

16. August

Die *Zeit* macht auf mit einem Foto zweier Lesben mit »ihrem«
Baby und der Schlagzeile »Wir sind auch eine Familie!«. Nun,
das sind sie wohl (wenngleich ein Vater dazugehört, ob sie wollen oder nicht), und das ist auch kein Problem. Wahrscheinlich

ist die parallel erhobene Forderung, Schwule und Lesben sollten Kinder adoptieren können, ebenfalls kein Problem, denn
besser als im Waisenhaus wird es den meisten Kindern bei ihren
homosexuellen »Eltern« wohl gehen. Das Problem ist, dass du
in jedem Land der westlichen Welt sofort rasiert wirst, wenn du
die Frage aufwirfst, ob gleichgeschlechtliche »Eltern« eventuell zu psychischen Fehlentwicklungen der Kinder führen, wie es
zum Beispiel die unlängst vollzogene Geschlechtsumwandlung
eines von zwei Lesben aufgezogenen nunmehr ehemaligen
Jungen in den USA nahelegt. Das Problem ist, dass das Normale
nicht mehr als normal gelten, sondern alles, was ist, undisku-
tierbar normal sein soll, dass also Toleranz umschlägt in einen
Totalitarismus der Toleranz.

20. August

Die Verurteilung war völlig angemessen, aber das Strafmaß,
das die russische Justiz wegen schweren Hausfriedensbruchs in
der Moskauer Erlöser-Kathedrale über die haarscharf jenseits
der Zurechnungsfähigkeit agierenden »Pussy Riot«-Maiden
verhängt hat, ist natürlich absurd hoch – ungefähr so absurd
hoch wie hierzulande die Strafen für Holocaust-Leugner.
    Aber jedes Land bestraft eben die Schändung seiner Primär-
religion besonders hart.

28. August

Eine weitere Kapriole von der Egalitarisierungsfront: Eine
Assistenzprofessorin der Eastern Illinois University hat mit ei-

nem Kollegen sämtliche Rezensionen der *New York Times* vom vergangenen Jahr darauf untersucht, ob diese Kritiken Bücher von männlichen, weiblichen, weißen oder sogenannt farbigen Autoren betrafen. Das Ergebnis war erwartbar bestürzend: weiße Männer dominierten eindeutig, was die Holde interessanterweise mit deren Anteil an der Gesamtbevölkerung verglich, wobei sie zu dem zeitgeistkonformen Ergebnis kam, dass hier eine erschreckende Geschlechterungerechtigkeit bzw. ethnische Ungleichbehandlung walte. Da hilft wohl nur eine Autorinnen- und Schwarzenquote bei den Verlagen samt Rezensionsverpflichtung seitens der Feuilletons. Saul Bellows distinktives, doch dadurch direktemang diskriminierendes Diktum: »Wenn die Zulus einen Tolstoi haben, werden wir ihn lesen«, kann ja unmöglich das letzte Wort sein.

12. *September*

Gestern Besuch bei Peter Sloterdijk in L'Île-Rousse auf Korsika. Der kleine Palazzo, in den er den Gast führt, steht im Norden Korsikas, gehört aber nicht ihm, also schenken wir uns dessen Beschreibung. Das Fahrrad, mit welchem er dem Gast durch das Anwesen entgegenfuhr, ist ein Sportrad, mittelgebirgstauglich. In seinem jüngst erschienenen Buch *Zeilen und Tage*, einem persönlichen Diarium der Jahre 2008 bis 2011, hat sich Sloterdijk, inzwischen 65 Jahre alt, als »Velomane« bezeichnet und einige per Rad erklommene Berge aufgelistet.

Eine populäre Vorstellung will, dass man den Philosophen an gewissen Eigentümlichkeiten seines Äußeren identifizieren können müsse. Ob jemand ein Philosoph ist, hat auch Sloterdijk einmal bemerkt, sei, wenn überhaupt, an seiner

Physiognomie zu erkennen. In einen Tagebucheintrag beschreibt er sich als »unfrisierbaren Oger, den man gelegentlich in nächtlichen Fernsehsendungen gesehen hat«. Tatsächlich wirkt Sloterdijk immer ein bisschen wie von woanders her in die Gegenwart gefallen. Nicht nur sein Name, sondern auch sein Kopf erinnert an Figuren der flämisch-niederländischen Malerei des 17. Jahrhunderts, irgendwo zwischen Gerrit Dous »Der Alchimist« und Frans Hals' »Porträt des Claes Duyst van Voorhout«. Allerdings sollte der Begriff Physiognomie in diesem Zusammenhang den gesamten Habitus bis zum Denkstil einschließen. Anders gesagt: Jemand ist ein Philosoph nicht nur in seinen Texten – er ist es ganz oder gar nicht.

Von einer so verstandenen Physiognomie gelangt man schnell zu der Frage, wie der Tag verlaufen muss, wenn es ein gelungener werden soll. Eine gute Maxime findet sich in Sloterdijks Tagebüchern: »Den Sommertag« – mit 28 Grad gehört dieser korsische Septembertag unbedingt noch dazu – »wie eine meteorologische Henkersmahlzeit feiern«. Wie der Besucher sich den Ablauf denn vorstelle, erkundigt er sich. Der will am liebsten mit dem Rad in die Berge und abends bei Tische Wiedergutmachung leisten. Der Gastgeber stimmt zu, weist aber darauf hin, dass das Mittelmeer derzeit »besonders seidig« sei und dass es hier eine wunderschöne kleine Bucht gebe, die man vorher besuchen sollte. Zwei Bekannte kommen auch mit.

Sloterdijk ist augenscheinlich ein geübter Schwimmer. Er schwimmt so weit hinaus, dass man ihn allmählich aus den Augen verliert. Schließlich ist er verschwunden – bis sein Gast anfängt, sich die Schlagzeile »Deutscher Philosoph vor Korsika ertrunken« auszumalen, und auch die anderen Begleiter unruhig werden. Plötzlich steht der Verschollene wie aus dem Boden

gewachsen wieder vor denen, die noch das Meer nach ihm ab-
starren, und meldet sich zurück mit den Worten: »Was sucht
ihr den Auferstandenen unter den Toten?« Eine Strömung habe
ihn abgetrieben, sagt er. Hinfort, beschließt der Gast, sei jeglicher Kleinmut hinsichtlich Sloterdijkscher Physis begraben.

Apropos Physis: Nach zwei mittäglichen Flaschen Weißwein
kommen die Räder zum Einsatz. Die »Insel der Schönheit« bietet die Gelegenheit, fast vom Ufer weg auf sich munter empor-
schlängelnden Straßen in die Berge zu pedalieren. Couragiert
und in achtbarem Tempo erklimmt der Meisterdenker die
Rampen. Kein Helm schützt sein erlesenes Gehirn. Die
Beine oberhalb des Knies sind sichtlich sonnenverbrannt; er
muss diese Exerzitien öfter treiben. Er habe herausgefunden,
schnauft Sloterdijk weise, dass man nur langsamer fahren müsse, um längere Anstiege zu bewältigen. So habe er es sogar hinauf nach L'Alpe d'Huez geschafft. Ein Philosoph auf einem
Sportrad? Dass er zumindest ein Epikureer ist, erkennt man
auf dem Heimweg, als sechs Zigarren sowie eine große reife
Zitrone als Zutat fürs Abendessen die Taschen seines Trikots
beulen.

Später, als er ein Huhn unter anderem mit jener Zitrone
stopft, erzählt der temporäre Koch von Gorgias, dem Athener
Sophisten, der sein Publikum aufforderte, es möge irgendeinen
Gegenstand nennen und er werde sofort eine Rede darüber im-
provisieren. »Eine Zeitlang war das ein bisschen meine Rolle.
Aber sie ist es nicht mehr.«

Dass er über nahezu jedes Thema extemporieren konnte, ob nun über das Auto als Ersatz-Uterus, die Nation als
medial erzeugtes Stresskollektiv oder die modernen Kunden-
bindungssysteme als Partnerschaftssubstitute, hat ihm den
Ruf eines bloßen Zeitgeist-Denkers eingetragen. Tatsächlich

verweigert er sich beharrlich nahezu sämtlichen zeitgeistigen Verpflichtungen. Allein seine fernab jeder lamentierenden Gesellschaftskritik angesiedelte Heiterkeit steht quer zum intellektuellen Mainstream. Sein Buch *Weltfremdheit* endet mit dem Bekenntnis zur »Pflicht, glücklich zu sein«. Sloterdijk hat kein Interesse an der modischen Demontage der abendländischen Tradition. Autoren, die erst zweitausend Jahre tot sind, betrachtet er nicht als überholt, sondern als Zeitgenossen, von deren Denken sich befruchten lassen zu dürfen ein Privileg ist. Diskurse stoßen ihn ab. Nie hat er sich an der moralisierenden Miesmachung von Denkern beteiligt oder sich beflissen von »umstrittenen« Autoren distanziert, ob es sich nun um Joseph de Maistre, Carl Schmitt, Ernst Nolte oder Antonio Negri handelt. Oder um Thilo Sarrazin. Die Attitüde des Zensierens, Warnens oder gar Denunzierens ist dem Philosophen durchaus fremd. Dass manche Denker ein wenig nach Schwefel riechen, animiert eher sein olfaktorisches System.

Jenes wird nun auch von einem fabelhaften Rebstoff aus dem Margaux animiert, welcher auf dem Tisch steht, um dem Braten samt kandiertem Gemüse zu assistieren. Kochen kann der Mann also auch noch. Umgekehrt darf der Gast sich fortan einem exklusiven Kreis zugehörig fühlen: den von Sloterdijk Bekochten. Zu Paul Bocuse gehen kann schließlich jeder.

Nur der Taxifahrer besitzt detaillierte Kenntnisse, wie ich nach Calvi zurückkam.

14. September

Am Rande einer orthodoxen Taufe erwarb ich eine Doppel-Ikone des Christus Pantokrator (вседержитель) und der

Gottesmutter Hodegetria in Form eines kleinen, reisetauglichen Klappaltärchens. Ob ich ein Orthodoxer sei, frug mich die mit dem Verkauf der Heiligenbilder betraute Kirchenmitarbeiterin. In gewissem Sinne, erwiderte ich, denn ich sei Mitglied der Weltkirche der Schönheitsanbeter. Aber alle Schönheit komme von Gott, versetzte sie. Womöglich sei sie in noch stärkerem Maße auf Gott gerichtet, antwortete ich nicht, sondern dachte es bei mir, während ich mich nickend entfernte. Insoweit hat die Frau gewiss recht: Nahezu alle von Menschenhänden geschaffene Schönheit ist das Werk von Personen, die auf irgendeine Weise von Gott oder dem Göttlichen erfüllt waren. Wir Atheisten haben der Geschichte des Schönen wenig Substantielles hinzuzufügen.

19. September

Es ist eigentlich logisch, dass der Dortmunder Spieler Mats Hummels gestern mit seinem Elfmeter am Torwart von Ajax Amsterdam scheiterte, denn dieser Torwart trägt den Namen Vermeer, das heißt, nur ein Spieler namens Velázquez hätte ihn, allenfalls, bezwingen können.

20. September

Ich wusste bislang nicht, dass es so etwas wie Rechts-Rap gibt, aber ein linker Erregungsdienst hat Schlimmes zusammengestellt, darunter die unbedingt festhaltenswerten Verse: »Ihr seid Kröten / Die ausgerechnet dann loströten, / Stellt man Fragen nach dem Verbleib der deutschen Föten.«

23. September

Wie jedes Jahr Zaungast beim Trachtenumzug zur Eröffnung des Oktoberfests. Wie jedes Jahr gerührt, dass es Menschen gibt, die ihre Tradition so beharrlich pflegen. Wie jedes Jahr die traurige Feststellung, dass Marschmusik, weil unter Militarismusverdacht stehend, in unserem rigide durchpazifizierten Ländchen aus der Öffentlichkeit nahezu verschwunden ist (wie sehr sie einst zum normalen Alltag gehörte, zeigen nicht zuletzt die Symphonien Mahlers). Ich war selber anderthalb Jahre zwangsweise Angehöriger einer nach außen ziemlich lächerlichen, aber nach innen nicht ungefährlichen Armee namens NVA, und ich empfand die Exerziererei dortselbst mitsamt dem Absingen von Marschliedern, die jede zivile Vorstellung von Produkten des Schwachsinns weit übertrafen, als extreme Zumutung. Und doch ist meine Begeisterung für Spielmannszüge ungebrochen geblieben, speziell was jenen grandiosen Moment angeht, wenn nach ausgiebigem Präludieren der Trommeln triumphierend die Fanfaren einsetzen. Ich behaupte, dass es nahezu jedem so geht, dass der Mensch gern marschiert, nicht unbedingt im Gleichschritt, aber im Rhythmus der Musik, aus schierer vitaler Freude und mit beschwingtem Frohlocken, für welches die Spielmannszüge und Militärkapellen immer noch den schönsten Anlass geben.

24. September

Zu Münster hat man also den Hindenburg-Platz umbenannt, weil Paul von Hindenburg, wie es in ermüdendem Metaphern-

Einerlei heißt, ein »Steigbügelhalter Hitlers« gewesen sei und im Bündnis mit diesem die »autoritäre Verformung« Deutschlands angestrebt habe. An dergleichen Meldungen ist *Homo bundesrepublikanensis* inzwischen gewöhnt. So verschwand der Name der ostpreußischen Heimatdichterin Agnes Miegel – Marcel Reich-Ranicki nahm drei ihrer Balladen in seinen Gedicht-Kanon auf – in mehreren Städten von den Straßenschildern, weil sie im Dritten Reich auch Hymnen auf Hitler geschrieben hatte. Wer jetzt innehalten mag, um durchzurechnen, wieviel es kosten würde, um all die Autoren von den Straßenschildern und aus den Stadtplänen zu tilgen, die Lobpreisungen Stalins geschrieben haben, von Feuchtwanger bis Brecht, von Ernst Bloch bis Heinrich Mann: bitte schön! Von den zahlreichen ostdeutschen Wilhelm-Pieck- oder Ernst-Thälmann-Straßen zu schweigen. Vor diesem Hintergrund wirkt es etwas degoutant, dass ausgerechnet die Links-Fraktion im Ruhrstädtchen Velbert dieser Tage die Umtaufung dreier Straßen durchgesetzt hat, die nach Schriftstellern benannt waren, die »dem Nationalsozialismus unkritisch gegenüberstanden«.

In Berlin trägt das einstige Gröbenufer jetzt den Namen der afrodeutschen Aktivistin May Ayim, die, wie uns *Wikipedia* belehrt, »als eine der Pionierinnen der kritischen Weißseinsforschung gilt« (eine »kritische Schwarzseinsforschung« gibt es übrigens nicht). Otto Friedrich von der Groeben hatte 1683 im Auftrag des Großen Kurfürsten die brandenburgische Kolonie Groß Friedrichsburg im heutigen Ghana gegründet. Den gegen ihn erhobenen Vorwurf, er sei in den transatlantischen Sklavenhandel verstrickt gewesen, nannte ein Kolonialhistoriker »gröblichen Rufmord«. Aber immerhin: Ohne Männer wie Groeben gäbe es heute keine von Weißen alimentierte kritische Weißseinsforschung.

Was nun Hindenburg angeht, so wurde der Heerführer 1927 Namenspatron des Platzes, weil er im August 1914 bei Tannenberg den russischen Vormarsch in Ostpreußen gestoppt hatte (strenggenommen war es der unter ihm agierende Ludendorff), und seit dem Siebenjährigen Krieg wusste speziell die Zivilbevölkerung, was ein russischer Vormarsch bedeuten kann. Als Reichspräsident hat er sich im Januar 1933 gut demokratisch verhalten, indem er den Chef der stärksten Partei zum Kanzler ernannte und mit der Regierungsbildung beauftragte, und man sieht auch im nachhinein nicht recht, welche Alternative ihm zu Gebote stand. Hätte der greise Aristokrat nach seinem Herzen gehandelt, das Parlament aufgelöst und den Kaiser wieder eingesetzt, wäre Deutschland viel erspart geblieben, aber man würde ihn heute erst recht als Antidemokraten schmähen. Angesichts des so mainstreamigen wie risikolosen Eifers seiner nachträglichen Verurteiler stellt sich indes die bange Frage, auf welche Seite sie selber sich wohl anno 1933 geschlagen hätten …

Vermutlich werden noch viele symbolpolitische Gerichtstage folgen, bis ein Teil der Vergangenheit dieses Landes komplett gelöscht ist. Oder man akzeptiert einfach das historische Gewachsensein von Kommunen mitsamt ihren Straßennamen. Für die Benennung mit linksgrünen Helden stehen doch hinreichend viele Windparks, Gesamtschulen und Krötentunnel zur Verfügung.

25. September

Es gibt eine große Zahl von Leuten, die der festen Überzeugung sind, dass nicht die Gene den Menschen formen, sondern die Gesellschaft bzw. die Umwelt – und zwar bis zum Geschlecht –, und die sich zugleich als erbitterte Gegner der Eugenik oder der genetischen Optimierung des Menschen präsentieren. Aber wenn sowieso die Umwelt alles bestimmt, wird man doch wohl hemmungslos genoptimieren dürfen, oder?

26. September

Wie ich dem gestrigen Talkshow-Auftritt einer Schauspielerin namens Demirkan entnehme (ihre Paraderolle wäre, glaube ich, die *Zeit*-Abonnentin), ist die Weltsicht des Neuköllner Bürgermeisters Buschkowsky »rassistisch«, woraus man wohl folgern darf, dass auch jedes in Neukölln geschossene Foto tendenziell »rassistisch« sein muss (weswegen man, fotografierte man dort, wohl zu Recht eins auf die Fresse bekäme). Es ist erstaunlich, mit welcher Regelmäßigkeit die aggressiv wohlmeinenden Problemzukleisterer und Wunschweltenbesiedler in hiesigen TV-Runden ideale Sprechsituationen und gesicherte Mehrheitsverhältnisse vorfinden, wobei im Fall Demirkan/Buschkowsky besonders abgeschmackt war, dass die Wolkenkuckucksheimbewohnerin den Praktiker und Zustandskenner belehren zu dürfen meinte, wie er die Sozialisierung seiner in die Tausende gehenden Integrationsphobiker zu bewerkstelligen habe.

30. September

Solange Grigory Sokolov Klavier spielt, ist auf Erden nichts verloren.

5. Oktober

Es ist bloß ein Gerücht, dass der Bundesmängelbeauftragte G. Wallraff als blonder Hauptschüler verkleidet in Nord-Neukölln recherchiert, um eine Fortsetzung seines Bestsellers *Ganz unten* zu schreiben.

6. Oktober

Das Beispiel ist beliebig: In einem Artikel der *Zeit* unter der Überschrift »Hitlers willige Landser« wird anhand einer wissenschaftlichen Arbeit über »die Wehrmacht von innen« der Versuch unternommen, die Eskalation des Krieges im Osten aus der Ideologisierung der Truppe zu erklären (bzw. eben doch nicht der Truppe, sondern eher bloß ihrer Offiziere, der Rest sei Opportunismus gewesen, und davon versteht man bei der *Zeit* einiges), ohne ansatzweise auf die Kriegsrechtslockerungsübungen auch der anderen Seite einzugehen. Sowohl die Einäugigkeit als auch die Kollektivschmähung sind vom Zeitgeist gedeckt.

An dieser Stelle sei deshalb folgende Prognose riskiert: Im Zuge fortschreitender Egalitarisierung wird es früher oder noch früher kaum mehr möglich sein, über irgendeine Menschengruppe öffentlich etwas Negatives zu sagen – ausgenommen alle Deutschen, die sich zwischen 1933 und 45 nicht im Exil oder im KZ befanden. Im Gegenzuge darf man heutzutage die gesamte deutsche Gesellschaft der Jahre 1933 bis 1945 (gern auch früher beginnend) *al fresco* und mit immer größerem Furor kriminalisieren, denn in irgendeinem Mülleimer müssen ja auch die Alleraufgeklärtesten ihren blinden Dünkel und ihre unentwegt nachwachsenden Aversionen unterbringen, damit sie nicht daran ersticken.

9. Oktober

Im *gentlemanlike* geführten Wettkampf gibt es immer zwei Sieger, die idealerweise in einer Person zusammenfallen: den Ersten und denjenigen, der am meisten gelitten hat. Dieser Gedanke führt zwingend zu den Paralympics und gegen die Ansicht eines Herren, der mich via Mail darauf hinweisen zu müssen meint, dass auch dort die Politische Korrektheit sich auf eine die Allgemeinheit belästigende Weise austobe, indem man die Leistung, die etwas Absolutes sei, gruppenspezifisch relativiere. Aber Gewichtsklassen akzeptiert man doch auch! Was die gehandicapten Sportler an schierer Leistung und zugleich an Leidensfähigkeit aufbringen, ist nichts anderes als bewundernswert. Ein Abgleiten ins politisch Korrekte begänne erst, wenn jemand die Forderung erheben würde, man müsse die Veranstaltung auch ästhetisch reizvoll finden.

13. Oktober

Wohin sich die Welt entwickelt, veranschaulicht der Gedanke, man sei zum einen heimlicher Zaungast bei einer Plauderei zwischen Metternich und Talleyrand, zum anderen bei einer Unterredung von Merkel und Hollande. Wer diese Kluft noch spürt, der hat auch keine Angst mehr vor der Weltherrschaft der Roboter.

Ich glaube übrigens, die vergleichsweise hohe Vertrauens-
würdigkeitspopularität, welche Frau Merkel in deutschen
Landen und Gauen genießt, hängt mit ihrer stupenden Unfähigkeit zusammen, einen komplexeren Gedanken in Worte
zu kleiden. Während dem politischen Lügner ja immer ein gewisses rhetorisches Talent unterstellt wird, wirkt diese Frau sogar unfähig, Unwahrheiten auch nur halbwegs in Euphemismen
und Verheißungen zu verpacken. Nur so einer Person konnte
der (in seiner subjektiven Richtigkeit) entlarvende Satz entfah-
ren, ihre Politik sei alternativlos. Man könnte beinahe formulieren: Wo die rhetorische Heuchelei endet, endet die Demokratie.

23. Oktober

Entgegen sämtlichen Verlautbarungen ist es ein trauriger Tag, an
dem alle Tour-de-France-Siege eines Lance Armstrong aus den
Annalen getilgt werden. Einer der größten Athleten der gesamten
Menschheitsgeschichte wird hier in den Orkus gestoßen, zum
Teil im Stile der antiken oder meinethalben auch stalinistischen
abolitio nominis, weil er – nur eben auch in diesem Belang mehr
Perfektionist als die anderen – den Gesetzen seiner Branche
folgte. Alle, die in den sieben Jahren hinter ihm fuhren und am
Ende neben ihm aufs Treppchen stiegen, sind des Dopings überführt worden, und manche von ihnen nehmen längst wieder an
Wettrennen teil; einer wurde sogar Olympiasieger. Damit ist
aber der Vorwurf des Betrugs relativiert: Wenn alle betrügen, tut
es keiner. (Deshalb wird auch kein Zweitplazierter auf die vakan-
ten ersten Plätze rücken wollen.) Und hat Armstrong viellcicht
das Publikum betrogen? Hat er nicht trainiert, gekämpft und sich
gequält wie nur irgendein Heros? Waren seine Darbietungen

nicht das Eindrucksvollste, was sportlicher Wettkampf über-
haupt zu bieten hat? Wirkte neben einem Armstrong-Ullrich-
Duell am Berg ein Fußballspiel, und sei es in der Champions
League, nicht immer ein bisschen wie Ballett oder Rhythmische
Sportgymnastik? Doping, das sind immer nur ein paar letzte
Leistungsprozente, man muss bereits ein Übermensch sein, um
dafür überhaupt in Frage zu kommen. Armstrong war, ist und
bleibt eine Sensation, ein Unsterblicher, auf Video, DVD oder
Youtube für den nächsten Äon zu bestaunen. Wir werden seinesgleichen nicht mehr sehen. Die Naturbelassenen haben sich
aufs »Kreuziget ihn!« verständigt. Aber vielleicht, wer weiß, wird
man ihn und seine gedopten Konkurrenten in der Zukunft ganz
anders bewerten, wenn genoptimierte Fahrer in noch weit wil-
derem Tempo durch die Alpen schwirren, vielleicht wird es heißen, sie seien Pioniere der körperlichen Selbstveredelung gewesen, die es mit bescheidenen, noch recht unausgereiften Mitteln
gewagt haben, ihre körperlichen Grenzen zu überwinden.

PS: Ob man Armstrong jetzt wohl auch seinen Sieg über den
Krebs aberkennen wird?

30. Oktober

Der *Spiegel* nutzt bekanntlich jede Gelegenheit, den Führer
auf seiner Titelseite zu plazieren, diesmal als den Dämon
hinter Rommel. Bei diesem *business as usual* fällt ein Zun-
genschlag auf, den man wohl als Spätfolge des sogenannten
Historikerstreits klassifizieren muss, nämlich die Verwendung
von Absolutheitsmetaphern: auf dem Titel des Magazins ist es
diesmal »Des Teufels Feldmarschall«, drinnen als Überschrift
steht »Die Kraft des Bösen«. Nachdem weiland, frei nach Karl

Kraus, der sogenannten Singularität das Mieder gelockert wurde, kann heute jeder Pressbengel an ihr herumfingern.

Wie wir wissen, ist zwar jede Schneeflocke singulär, aber
nur ein einziger Völkermord. Der ausschließlich auf die NS-
Verbrechen – nein einzig auf den Holocaust – anzuwendende
Begriff »singulär« soll tatsächlich nichts weniger als *unver-
gleichlich schlimm* und damit schlimmer als alle anderen
Massenmorde bedeuten. Davon zeugt die zunehmende mediale Inanspruchnahme des Begriffes »das Böse« für die NS-
Herrschaft, aber auch die Erfindung der semantisch schie-
fen Wortverbindung »Menschheitsverbrechen« für den nationalsozialistischen Genozid an den Juden. (Weder kann ein
Verbrechen an der Menschheit noch eines von der Menschheit
gemeint sein; was aber dann? Das schlimmste Verbrechen der
Menschheitsgeschichte?)

Freilich, wer sich auf die Suche nach Kriterien begibt, weshalb
die eine Scheußlichkeit schändlicher sein soll als die anderen,
kehrt unbelehrt zurück. Das elementarste Kriterium, jenes der
schieren Zahl, spricht gegen eine »spezielle« Singularität der NS-
Massenmorde. Unter Lenin und Stalin wurden allein mindestens
ebenso viele Kulaken und ukrainische Bauern umgebracht wie
Juden unter Hitler, Kinder, Alte und Frauen eingeschlossen, und
Mao Zedong opferte beispielsweise beim »Großen Sprung nach
vorn« ein damit verglichen Mehrfaches an chinesischen Bauern
samt ihren Familien. Auch die bevorzugte Todesart, welche die
jeweiligen Regimes ihren Opfern zumaßen, spricht gegen eine
alle anderen überbietende und also »singuläre« Brutalität der
Nazis; man muss in diesem Zusammenhang nur das makabre
Gedankenexperiment anstellen, ob man seinen Kindern lieber
beim tagelangen Verhungern zusähe oder beim vergleichsweise
schnellen Ersticken in einer Gaskammer.

Ansonsten pferchten sowohl die National- als auch die Internationalsozialisten ihre Gegner in Lagern zusammen, um sie durch Krankheiten, Arbeit, Hunger, Kälte und seelische Qual sukzessive aus der Welt zu schaffen, oder sie ließen diese Arbeit durch Genickschusskommandos erledigen. Dass Hitlers willige Mörder »fabrikmäßiger« vernichteten als ihre roten Antipoden, ist in diesem Zusammenhang unbedeutend, weil die NS-Kombinate mit ihrer Opferproduktion die manufakturell arbeitenden Killer der anderen Seite ja keineswegs zu übertreffen vermochten. Und auch das Argument, dass nur die Nazis Lager betrieben haben, die einzig und allein der Menschenvernichtung dienten, verliert an Aussagekraft vor dem Hintergrund der roten Hungermassenmorde, für die nicht einmal Lager nötig waren.

Überdies wird man schwerlich der Tatsache widersprechen können, dass die Massenmorde der Sowjets jenen der Nazis zeitlich und in gewissem Sinne auch kausal vorausgingen, letzteres zumindest insofern, als die NS-Führer das rote Schreck- und Vorbild bei ihren Taten stets vor Augen hatten. Die berüchtigte Posener Rede Heinrich Himmlers etwa ist ja nur am Rand ein Zeugnis der Judenvernichtung; weit mehr handelt es sich um eine besorgte Bewunderungsbekundung für die Mordenergie und den Mordvorsprung der Bolschewiki.

Da alle historischen Fakten gegen eine »unvergleichbare« und »einzigartige« Qualität der NS-Verbrechen sprechen, wurde schließlich von einigen Akrobaten der Schuldzumessung als »Singularitäts«-Letztbegründung statuiert, dass die Nationalsozialisten tendenziell sämtliche Juden auf dem Planeten umbringen wollten, während bei den Kommunisten der unter falschem Klassensternbild Geborene zumindest gelegentlich die Chance erhielt, zu überleben – und sei es nur, um nach einer ausgiebigen Gehirnwäsche in einem Umerziehungslager als roter Kämpfer gegen das eigene Herkunftsmilieu gehetzt zu werden. Über das reale Ausmaß hinaus soll also die intendierte Tendenz eines Großverbrechens dessen Ausnahmerang begründen, was einen Wechsel von der historischen zur mythogenen oder quasitheologischen Perspektive bedeutet. Bei allem Faible für Haarspaltereien scheint mir der Gegenstand dafür ungeeignet zu sein. (Nebenbei: Darf man aus diesem Argument folgern, dass die Nationalsozialisten ihren Singularitätsstatus verlieren würden, wenn sie nach Janitscharen-Art ein paar tausend Judenkinder ihren Eltern weggenommen und an Napola-Schulen zu Nazis ausgebildet hätten?)

Hier soll auch nicht der Spieß umgedreht und die einseitige Dauerthematisierung des Holocaust durch Politik, Medien und Geschichtswissenschaft zur permanenten Relativierung der kommunistischen Massentötungen umgedeutet werden, auch wenn diese Unterstellung (und zwar in beide Richtungen) speioft stimmen mag. Vielmehr sei hier ein tiefer Abscheu gegenüber jeder außerwissenschaftlichen Leichenberg-Vergleicherei und -Verrechnerei bekundet. Wem Vokabeln wie »Singularität«, »Unvergleichbarkeit« und »Relativierung« geölt über die Lippen gehen, der offenbart damit, dass in seiner Brust den Mordopfern der anderen Seite gegenüber das Herz eines Krokodils schlägt, ob nun Opportunismus, politische Interessen oder persönliche Betroffenheiten die Ursache sein mögen. Nach meinem Wissen haben die Überlebenden der Konzentrationslager auch nie für sich in Anspruch genommen, einem singulären Verbrechen entronnen zu sein, das mit keinem anderen Staatsverbrechen verglichen werden dürfe. Die Hierarchisierung der Opfer war erst das Werk interessierter Nachgeborener.

Und nun, geneigter Leser, und seien Sie auch ein Atheist wie ich, knien Sie bitte mit mir nieder und murmeln Sie ein Gebet für all die armen Menschen, die den braunen Schlächtern zum Opfer fielen. Irgendeines.

8. November

Ob es ihr nicht peinlich sei, in einem Warenhaus zu spielen, fragte ich eine Klaviervirtuosin. Keine Arbeit sei peinlich, versetzte sie.

14. November

Ein Kollege weist mich auf eine französische Studie hin, der zufolge der Bildungserfolg asiatischer Migranten beim Nachbarn jenen der autochthonen Franzosen übertrifft. Ähnliches hört man seit längerem aus Übersee, und in Deutschland dürfte es kaum anders sein. Zugleich hört und liest man hierzulande auch immer wieder, dass unser Bildungssystem oder am besten gleich die gesamte Gesellschaft den sozialen Aufstieg von Migranten – mehr oder weniger rassistisch motiviert – hintertreibe. Wenn dies stimmt, dann müsste die Gesellschaft doch auch für die positive Nachricht verantwortlich sein, oder? Aber dann wäre sie nicht »schuld«, und deshalb vernimmt man hierzulande wenig bis überhaupt nichts von asiatischen Integrationserfolgen. Der linke Mainstream will anklagen, will seine miserabilistischen Litaneien singen, will sich als Anwalt der Entrechteten ausgeben, und wenn von zehn Migranten nur einer im sozialen Abseits landete, würden wir immer nur von diesem einen hören, auf dass der Quell der Vorwürfe ewig sprudele ... Aber wir können an dieser Stelle das gesamte Konstrukt von der gesellschaftlichen Zuständigkeit beiseite schieben und auf die simpelste aller Tatsachen verweisen, nämlich dass für seinen Erfolg zunächst einmal jeder selbst verantwortlich ist.

16. November

Wenn 99 Prozent der jungen Frauen aussähen wie die Models von Victoria's Secret, würden wir uns dann um das eine Prozent balgen?

19. November

Selbstverständlich hat der alte Darwin meine Frage vom 16. längst beantwortet: »If all our women were to become as beautiful as the Venus de Medici, we should for a time be charmed; but we should soon wish for variety.« Aber ob es stimmen mag?

21. November

»So ihr nicht trauet, ihr nicht dauert« (Jesaja 7, 9), in anderer Version »Aber wenn ihr euch nicht an mich haltet, werdet ihr keinen Halt haben«, übersetzt Luther grandios mit: »Glaubt ihr nicht, so bleibt ihr nicht.« Diese Wette läuft noch.

22. November

Wir sind »Fellachen de luxe«, schreibt Günter Maschke. Schon
Fellachen, und noch de luxe.

23. November

Insgesamt, rechnen rechte Bürgerbewegte vor, seien seit 1990
etwa 7500 Deutsche von Einwanderern gewaltsam zu Tode
befördert worden. Allerdings muss man als mildernden Umstand berücksichtigen, dass die Taten der Einheimischen-
umbringer (oder zum Beispiel auch der Mörder des zwanzig-
jährigen Deutsch-Thailänders Jonny K. am Berliner Alexanderplatz) soziale Ursachen haben, also in der Regel aus »normalen«
kriminellen Motiven wie Eifersucht, Besitzgier, verständlicher
Aggression wegen ständigen Diskriminiertwerdens etc. begon-
gen werden, während zumindest deutsche Rechtsextremisten
aus der übelsten und verächtlichsten Gesinnung heraus morden
und Schande über Deutschland bringen. Es ist also verständlich,
dass Frau Merkel und die anderen Bevölkerungsvertreter nicht
für jeden dieser eingeborenen Unglücksraben Schweigeminuten
einlegen oder Gedenkveranstaltungen abhalten können.

27. November

Auf der Webseite einer Künstlerin gelange ich unter »News«
auf die einerseits fidel-dämliche, andererseits aber eines Philosophen würdige Unterabteilung »Aktuelle News«. Ohne die
Holde jetzt da oder dort rubrizieren zu wollen: Meine Neugier

gilt schon seit geraumer Zeit den inaktuellen »News«, ja, ich stoße zuweilen sogar mit kindlicher Begeisterung auf »News«, die schon mehr als 2 000 Jahre alt sind.

28. November

Immer mehr Pianistinnen treten in Erscheinung, deren Spiel zwar entscheidende Nuancen und Kraftentfaltungen fehlen, um mich zum Erwerb ihrer Aufnahmen zu animieren, deren Treiben und Walten ich allerdings auch dann gern verfolgen würde, wann ich taub wäre. Dass Klavierspielen neben allem heiligen Ernst auch eine Schau und der Pianist ein Wundertier bzw. eine Rampensau sein möge, galt seit jeher, beginnend mit den kollektive Hysterien auslösenden Kunststücken Franz Liszts und einstweilen endend in den popularitätsfördernden Kaspereien Lang Langs. Vergleichsweise neu ist indes, dass die Chancen von Pianistinnen auf öffentliches, sprich medi- ales Wahrgenommenwerden radikal steigen, wenn sie versu- chen, wie Models oder wenigstens Escort-Girls auszusehen (ein analoger Prozess ist bei Opernsängerinnen zu beobach- ten). Die barfuß und in luftig-fließenden Kleidchen auftre- tende, sich nach genauer Choreographie an verschiedenen Stellen der Bühne verbeugende Alice Sara Ott etwa oder die stets in arm- und rückenfrei geschnittenen, hautengen Kleidern agierende, makellos gebaute Khatia Buniatishvili, die soviel Schenkel wie möglich herzeigende Yuja Wang, zu schweigen von der in schon wieder bezirzender Billigkeit sich auf Youtube inszenierenden Lola Astanova, das funktionier- te alles auch ohne Ton. Wie ebenfalls Hélène Grimaud, das schönste Antlitz des gesamten Klassikbetriebes (weshalb sie es sich, schon wieder gegenstrebig, leisten kann, völlig unsexy gekleidet auf die Bühne zu kommen), aber sie spielt, wie eine neue Einbauküche ausschaut, natürlich eine von Bulthaup. Würde es eine Clara Haskil (oder, um die Sängerinnen mitzunehmen, eine Birgit Nilsson) heute ins Fernsehen schaffen? Womöglich steht so etwas wie eine radikale Trennung zwischen klassischer Musik mit und ohne Bild ins Haus, und wer auf die schiere Qualität des Spiels Wert legt, benötigt ja auch keine optischen Sonderreize.

Wobei ich in diesen Zusammenhang das Phänomen der auf Youtube grotesk häufig angeklickten Valentina Lisitsa nicht einordnen kann. Die Dame spielt technisch auf höchstem Niveau (künstlerisch etwas weniger) und ist keine Schönheit, wenngleich signalhaft blondmähnig. Sollte es möglich sein, dass Hunderttausende Kerle sie deshalb angeklickt haben, obwohl sie sich gar nicht für Klaviermusik interessieren?

2. Dezember

Die monokausale Sexualfixiertheit der psychoanalytischen Welterklärung hat merkwürdigerweise in der Evolutionsbiologie ein Refugium gefunden. Das geschaffene Schöne aus streng evolutionsbiologischer Warte zu betrachten, führt zu einem der psychoanalytischen Sublimierung ähnelnden Resultat (»externes Medium der Selbstfortsetzung zur Erzielung von paarungsförderlichen Differenzgewinnen«). Ist die Kunst bei den einen bloße Ersatzhandlung für die Balz, wird sie bei den anderen zum integralen Bestandteil derselben. Ich unterstelle, dass die Evolutionsbiologie desto richtiger liegt, je moderner das Kunstwerk ist. Umgekehrt bleibt der Einwand, dass ein namenloser mittelalterlicher Maler, der die Wände einer kleinen Klosterkapelle verziert, schwerlich »paarungsfördernde externe Selbstfortsetzung« treibt, so wenig wie ein Kafka oder ein van Gogh dies taten, wie all jene, denen es um das Heilige, das Absolute, um Gott oder tatsächlich um *l'art pour l'art* ging (wobei Evolutionsbiologen jetzt vermutlich auf das Pfauenrad verweisen würden, das bei seinem ersten Auftauchen auch nichts anderes als *l'art pour l'art* gewesen sei). Und vergessen wir nicht den Tod als machtvollsten Antrieb von Kunst, Metaphysik und Religion. Letztlich steht alles Kunstschöne gegen das Sterbenmüssen, mögen seine gattungsgeschichtlichen Wurzeln auch in der Sexualität liegen. Erst dieses Sein-gegen-den-Tod haben Kunst und Sexualität in ihrem tiefsten Wesen und Ziel dann wieder gemeinsam.

3. Dezember

Ich sah heute im Geschäft ein Buch namens *Vom Saulus zum Paulus. Skinhead, Gewalttäter, Pastor – meine drei Leben*. Die umgekehrte Reihenfolge wäre vielleicht sogar noch ein bisschen interessanter gewesen.

4. Dezember

»Er ging ins Exil – ein echter Gewinn für seinen Geist und seinen Stil.«
Emil M. Cioran über Joseph Marie de Maistre

6. Dezember

Idealtypisch wäre es gewesen, wenn die drei oder fünf ma-
rokkanischen oder marokkanisch verwurzelten, womöglich einen niederländischen Pass besitzenden, aber irgendwie unniederländischen Jugendlichen, die den Amateurliga-
Linienrichter Richard Nieuwenhuizen zu Tode traten – diese
Wichtel stürzen sich mit derselben feigen Zwanghaftigkeit in
Überzahl auf ihre Opfer, mit welcher deutsche Journalisten
ihren sogenannten Migrationshintergrund verschweigen –,
idealtypisch wäre es gewesen, sage ich, wenn diese Typen
unter einem antirassistischen Plakat getötet hätten, vergleichbaren Inhalts wie hierzulande, wo der DFB permanent
gegen Rassismus »Gesicht zeigt«, freilich nie gegen jenen an-
tideutschen Rassismus, der in den niederen Ligen regelmäßig Spielabbrüche bewirkt und Verletzte produziert, ob nun
unter den Unparteiischen oder unter den Spielern der gegnerischen Mannschaft.

Ich frage mich übrigens, wie die notorische Kraftmeierei
hiesiger Bestmenschen in puncto »Keine Gewalt gegen
Ausländer« auf einen Gangchef mit, sagen wir, levantini-
schem Hintergrund wirkt, der nach dem Deutschenklatschen
erschöpft, aber befriedigt heimkehrt und dann im TV sehen muss, wie engagierte Eingeborenenvertreter sich zu seinem Schutz gegen ihre Landsleute aufmanteln und Toleranz
predigen. Ob er sich kaputtlacht und sagt: Die spinnen, die
Deutschen? Oder ob er angesichts solcher sich priapisch
vorkommenden Eunuchen eher beleidigt ist? Und sich vielleicht mal auf die Suche nach einem dieser Engagierten begibt, um den Sachverhalt zu klären? Lustig wäre es ja.

7. Dezember

»Ich sah, dass es leichter war zu leiden, als sich zu rächen.«
Jean-Jacques Rousseau

8. Dezember

Freud hat bekanntlich geunkt, der menschliche und speziell der männliche Sexualtrieb werde durch die Kultur extrem geschwächt, er schrieb gar vom »Eindruck einer in Rückbildung befindlichen Funktion, wie unser Gebiß und unsere Kopfhaare«. Als wir noch tierischer waren, genügte die Nähe oder der Geruch eines nicht von anderen Männern bewachten weiblichen Genitals, um sofort und auch über Widerstände zum Akt zu schreiten, heute ist die Kopulationsanbahnung normalfalls dermaßen reguliert und in der Zeit ausgedehnt, dass ein neutraler Beobachter tatsächlich meinen könnte, dieser Trieb sei bloß noch ein sekundärer. (Positiv gedacht, darf man von einem erheblichen Zuwachs an Erotik sprechen.)

Typischerweise ist erst in Zeiten des enorm geschwächten maskulinen Weibseroberungsdranges das feministische Geplärr vom allzeit vergewaltigungsgeneigten Mannsgrobian laut geworden; erst als die Gefahr nahezu vorüber war, muckte das Feminat auf, auch in diesem Belang das Lärmen der nachträglich und gegnerlos Couragierten und mutig das Obsolete bzw. Gefallene Bekämpfenden zum Grundgeräusch unseres Äons erhebend. Man darf vermuten, dass die Holden nicht die geringste Ahnung besitzen, von welchen domestizierten bzw. womöglich ausgestorbenen Kräften hier über-

haupt die Rede ist, deren Realpräsenz ihnen wohlig-schreck-
liche Schauer über die meist schon etwas welken Schenkel
jagen würde.

9. Dezember

»Ich wollte noch nach unserer Wiederbegegnung, daß er einmal wenigstens, und sei es lediglich in einem Brief, sein
Fehlverhalten einräume. Es sollte kein großer Kniefall sein wie
von den Reuedeutschen überall, vor denen mir bis heute unsäg-
lich graust. Nur ein paar erklärende Sätze. Aber dann ließ ich
von dem Verlangen ab. Denn Heidegger wußte mir klarzuma-
chen, daß noch das unverfänglichste seiner Worte immer auch
bedeuten würde, daß sein Einvernehmen mit Massenmördern
prinzipiell vorstellbar sei.« So Hannah Arendt gegenüber
Joachim Fest.

Während die intellektuelle Stalin-Claque von Feuchtwanger
bis Bloch den roten Mördern unverhohlen applaudierte, als
diese bereits zur Höchstform aufgelaufen waren, und dadurch
keineswegs an Reputierlichkeit einbüßte, warten wir bis heute
auf auch nur eine einzige derartige Belegstelle aus dem Werk
Heideggers, dessen moralische Gesamtverurteilung in gewissen Kreisen gleichwohl beschlossene Sache ist.

10. Dezember

Im Anschluss an einen Klassik-Abend im Cuvilliés-Theater
(die Gattin spielte das D-Dur-Klavierkonzert von Ravel) kurze Plauderei mit Peter Gauweiler, der die unbedingt festhal-

tenswerte Maxime formulierte, er sei inzwischen zu alt, um Menschen nach ihren politischen Ansichten zu beurteilen, er unterscheide nur noch zwischen denjenigen, mit denen er gern zu Abend esse, und den anderen, wo er lieber darauf verzichte.

12. Dezember

Dass im ersten Band der *Harry-Potter*-Heptalogie, von einer Sozialhilfeempfängerin verfasst und mit einer Startauflage von 500 Exemplaren erschienen, die Worte fallen: »He'll be famous – a legend – ... there will be books written about Harry – every child in our world will know his name!«, ist eines der schönsten wahren Märchen unserer Zeit.

13. Dezember

Bei Säugetieren, die in Herden leben, ist der Selektionsdruck auf die Männchen ungleich höher als auf die Weibchen, das heißt, sie gehen entweder mit vielen oder ohne Nachkommen aus dem Paarungswettbewerb hervor, je nachdem, wie es um ihre Durchsetzungskraft bestellt ist, während sich die Weibchen in der Regel alle fortpflanzen, da es seitens der dominanten Männchen (noch) keine Geschmackspräferenzen gibt. Hier haben wir quasi jenes Phänomen im Urzustand, welches in verwandelter Form als Glockenkurve der Intelligenzverteilung beim Menschen auftaucht – also die Tatsache, dass die männliche Intelligenz breiter gestreut ist als die weibliche, dass es mehr maskuline Genies (vulgo: Gewinner) und mehr maskuline Idioten (Verlierer) gibt, was ebenfalls eine Folge höheren

Selektionsdrucks, also höherer Misserfolgswahrscheinlichkeit ist. Die Kehrseite der überproportional vielen privilegierten Männer in der Zivilisationsgeschichte sind die überproportional vielen männlichen Gescheiterten, Gewaltopfer und Underdogs. Aber »die im Dunkeln sieht man nicht«, wie es in der *Dreigroschenoper* heißt, und vor allem der Feminismus will sie nicht sehen.

15. Dezember

Bei der Lektüre eines Wolf-Jobst-Siedler-Porträts von Joachim Fest stoße ich auf den Namen Dieter Gütt. Ich erinnere mich noch gut, dass ich 1990 eine TV-Spielfilmdokumentation über den Journalisten Gütt sah, der unter der sich anbahnenden deutschen Wiedervereinigung dermaßen gelitten hatte, dass er, nach dem (im Film) wiederholten Abmurmeln germanophober Verwünschungen, von eigener Hand aus dem Leben schied. Das schien mir weiland eine etwas übertriebene, aber irgendwie auch konsequente Art der Vergangenheitsbewältigung zu sein. Gütts Vater hatte während der Hitlerjahre Karriere gemacht, er war Staatssekretär, SS-Obergruppenführer und mitverantwortlich für das NS-Erbgesundheitsprogramm gewesen, und nur vor diesem Hintergrund gewinnt der Casus Gütt Plausibilität. In Rede steht also eines jener zahlreichen Familiendramen, in denen sich die Vateranklage nachträglich zur Kollektivverurteilung erweiterte. Typisch dafür ist das Personal des sogenannten Historikerstreits, wo die Frontlinien zwischen den Kombattanten ziemlich exakt entlang der Vergangenheit der Väter verliefen: Die Nazi-Söhne fühlten sich hinreichend schuldig, um jeden Zweifel an der vermeintlichen

Unvergleichbarkeit der NS-Verbrechen für erstickenswürdig zu halten, während den familiär unvorbelasteten Nolte, Fest et al. eine freie, sprich ergebnisoffene Diskussion erstrebenswert schien. Nicht die hehre Aufklärung hat triumphiert, sondern das böse, anachronistische Blut.

Die Täter-Nachkommen haben bekanntlich in einem Maße die Oberhand behalten, dass heute quasi jeder in der Öffentlichkeit moralisierend seine Bäckchen aufblähende gute Deutsche von Verbrechern abstammt resp. abzustammen wünscht bzw. dieses Pedigree wenigstens allen anderen unterschieben will. Wir haben es mit zwei bis drei extrem deformierten Generationen zu tun, zunächst den Tätern selber, die so gut wie nie Reue entwickelten und sich auch bei den größten Schändlichkeiten auf Pflichterfüllung und Befehlsnotstand beriefen (während unter ihren unbelasteten Zeitgenossen vielen Nachkriegszeugnissen zufolge bereits allenthalben die Reue blühte), sodann mit den Kohorten von Kindern und Enkeln, die sich stellvertretend schuldig fühlen und möglichst die gesamte Nation mit in Haft nehmen wollen, woraus das muffige und unfreie geistige Klima hierzulande resultiert. Wolf Jobst Siedler, selber aus unbelasteten Verhältnissen stammend, bemerkte dazu, man werde nie einen unabhängigen, von Nebenüberlegungen freien Gedanken von jemandem hören, der selber mitgemacht habe oder aus Verhältnissen von Mitmachern stamme.

Dass es vor allem die Abkömmlinge von NS-Tätern waren, die in Deutschland die Vergangenheitsbewältigung als gesellschaftliches Kernritual etablierten, wäre übrigens nur dann ein imponierendes Schauspiel gewesen, wenn sie ihre öffentlichen Zerknirschungsdarbietungen jemals gegen Widerstände hätten durchsetzen oder dafür Nachteile in Kauf nehmen müssen.

17. Dezember

Die klassische Musik wäre in jenem Weltteil, in dem sie geschaffen wurde, ohne die zahlreichen Zuwanderer aus anderen
Ländern und Kontinenten schon längst gestorben. Zum Beispiel
gibt es kaum noch große deutsche Instrumentalsolisten. Das
Land, das einst einen Gieseking, einen Backhaus, einen Kempff
oder, um die Österreicher mit ins Boot zu nehmen, einen Gulda
hervorbrachte, besitzt heute kaum einen (oder überhaupt keinen) Pianisten von Weltrang. Die meisten Orchester könnten ohne Ausländer nur in halber Besetzung auftreten. Viele
Sänger und fast alle klassischen Balletttänzer stammen aus der
Fremde. Es gibt kaum mehr deutschen Nachwuchs. Damit in
engem Zusammenhang steht der in unserem satten Weltteil
stattfindende Verfall des Leistungsgedankens beziehungsweise seine Verwandlung in die Leistungszumutung. Während ein
Sänger mit 25 »entdeckt« werden kann – Sänger sind in diesem Kontext die Ausnahme –, muss ein Instrumentalsolist im
Kindesalter mit der Ausbildung beginnen, sich also extrem früh
auf eine Sache festlegen, und fortan Tausende von stupiden
Übungsstunden absolvieren. Das mögen moderne westliche
Eltern ihrem sensiblen Nachwuchs nicht mehr zumuten. Ein
bisschen Klavier spielen, ein bisschen tanzen, das durchaus –
aber nur als Draufgabe zum praktischen Leben.

Obendrein sind die Verdienstaussichten für klassische
Musiker nicht sehr rosig, während der gesundheits- und stim-
mungsfördernde Nebeneffekt des Musizierens sich bereits auf
niedrigem technischem Niveau einstellt. Je »entwickelter«
ein Land ist, desto unwahrscheinlicher wird es sein, dass man
dort auf autochthone Bewohner trifft, die ein Instrument vir-
tuos beherrschen. Derartige Sklavenfähigkeiten werden die

Nachfahren Bachs und Beethovens, wenn überhaupt, künftig zu 100 Prozent von Asiaten oder Osteuropäern erwarten.

18. Dezember

Der journalistischen Maxime folgend, dass »Mann beißt Hund« immer meldenswürdiger ist als der umgekehrte Fall, berichtet der aktuelle *Spiegel,* in Berlin habe sich eine »ungewöhnliche Bewegung« entwickelt: Eltern deutscher Herkunft schickten ihre Kinder gezielt auf Schulen mit hohem Migrantenanteil, »um dort die soziale Entmischung zu stoppen«. Ist das nun ein Hoffnungsstreif? Oder eine Art Berichterstattung, wie man sie aus der Spätzeit des DDR-Journalismus kennt? Oder beides zugleich?

Späterer 18. Dezember

Die Nachricht des Tages ist natürlich die vom Anstieg des privaten Waffenkaufs in den USA nach dem Massaker von Newtown. Man kann den Unterschied zwischen Alter und Neuer Welt kaum mit einem anschaulicheren Beispiel illustrieren: Während in unserem Weltteil und speziell in deutschen Landen bei Gefahr der Ruf nach der schützenden Hand des Staates erklingt, ziehen es viele Amerikaner vor, sich im Zweifelsfall selbst zu verteidigen. Nur dass in Europa das Vertrauen in den staatlichen Schutz aus den bekannten geleugneten Gründen vielerorts schwindet, während die hiesigen, durch die Bank staatsfrommen Medien sich bei den Kommentaren zur fälligen Waffengesetzänderung in Übersee gegenseitig zu überbieten suchen wie sonst nur beim »Kampf gegen rechts«. Dass die Matadore der öffentlichen

Meinung in Europa und wiederum speziell in Deutschland, derweil ihnen der Treibsand unter den Füßen rinnt, den anderen
unentwegt vorschreiben zu dürfen meinen, was sie besser machen müssten, ist wahlweise drollig oder grotesk, wobei sich andernorts dem Lächeln darüber von Mal zu Mal gewiss eine immer größere Dosis Verachtung beimischt.

19. Dezember

Die arme Kristina Schröder! Nun hat die Familienministerin
also der *Zeit* offenbart, dass sie Grimms Märchen »sexistisch«
findet. Sehen wir mal davon ab, dass sie mit der immer noch
recht kuscheligen Bezeichnung weit entfernt ist vom tatsächlichen Verismus-Level dieser Geschichten, darf man doch fragen, ob sie das tatsächlich meint oder eben nur sagt. Ich vermute, dass die vielfach Angefeindete auf einem symbolpolitischen
Nebenschauplatz einmal bei den Politisch Korrekten punkten
und dazugehören will. Das funktioniert bekanntlich am ein-
fachsten und wohlfeilsten durch irgendeine Distanzierung von
der Vergangenheit. Demokratie gilt nicht für die Toten, denn sie
haben keine Wählerstimmen.

Übrigens sind ein paar von Grimms Märchen bereits 1994 in
einer u. a. vom Sexismus bereinigten Form erschienen (James F.
Garner, *Politically Correct Bedtime Stories*). Auf Rotkäppchens:
»Großmutter, was hast du für große Zähne?« entgegnet der
Wolf dort: »Ich bin zufrieden damit, wie ich bin!«, springt aus
dem Bett und packt das Rotkäppchen, um es zu verschlingen.
»Rotkäppchen schrie laut, allerdings nicht wegen des Wolfs of-
fensichtlicher Neigung für andersgeschlechtliche Kleidung,
sondern wegen seines vorsätzlichen Eindringens in ihre Privat-

sphäre. Ein vorübergehender Holzfäller« – Jäger, also Tier-
mörder, gibt es in einem politisch korrekten Wald nicht –
»hörte die Schreie und stürmte in das Häuschen. Als er das
Handgemenge sah, schwang er seine Axt. ›Was denkst du dir
eigentlich?‹ schrie Rotkäppchen ihn an. ›Du stürmst hier mit
deiner Waffe herein wie ein Neandertaler! Sexist! Speziesist!
Glaubst du etwa, dass Frauen und Wölfe ihre Probleme nicht
ohne männliche Hilfe lösen können?‹«

Was gestern als Satire geschrieben wurde, ist heute schon
Wirklichkeit. Die Satiriker sind in unserer Zeit die eigentlichen
Trendforscher.

21. Dezember

Die wütenden Aversionen, welche die katholische Kirche auslöst,
richten sich nur scheinbar auf konkrete Aspekte des Katholizismus; tatsächlich gelten die antipapistischen Empörungen und
Geschmacklosigkeiten dem skandalösen Tatbestand, dass die katholische Kirche überhaupt existiert, dass sie *immer noch* existiert,
dass sie von so weit her hineinragt in die Gegenwart, dass sie so kolossal viel böses Gestern ins ewig-heutige Sozialgerechtigkeits- und
Gleichstellungsparadies hineinwuchtet, wo doch dieses Gestern
normalerweise allenthalben überführt und ausgelüftet und ent-
rümpelt und abgewickelt und wahlweise fürs Museum präpariert
oder in geisteswissenschaftlichen Castoren endgelagert wurde. In
Gestalt des Katholizismus aber lebt es verstockt weiter! Wie übrigens auch in Gestalt der Nationen und ihrer Sprachklausuren, der
Völker, Rassen und Geschlechter, der Gefängnisse und Armeen,
der Familie, der Manieren und der Klassiker, all dessen, wogegen unsere Modernskis und Welt-Einebner Sturm laufen, aber am

schönsten nach »Mittelalter« duftet doch der Katholizismus, weshalb ihn die Inquisitoren und Hexenjagdkollektive der Gegenwart permanent vor ihre multimedialen Tribunale zerren und unter dem zwanghaften Ableiern halbwertszeitloser Katechismen folgenfrei aburteilen, auf dass sich unsereiner zufrieden die Hände reibe und den Papst und den Zölibat und das Frauenpriesterverbot und die lateinische Messe und die Jungfrau Maria und die Unreformierbarkeit als Wert an sich und natürlich auch die Pracht und Herrlichkeit des Mittelalters preise (obwohl mich das eigentlich, die letzten beiden Punkte vielleicht ausgenommen, gar nicht weiter interessiert).

26. Dezember

Privatgelehrter im Kaiserreich, das wäre vielleicht die wünschenswerteste Daseinsform für unsereins gewesen: zurückgezogen lebend, der Literatur, den Künsten, der Gastronomie und den Frauen zugewandt, mit regelmäßigen Reisen nach Wien und Paris, in einer Zeit hoher Kultur und außergewöhnlicher Liberalität lebend, mit allem erforderlichen Komfort und weit genug entfernt vom inzwischen allgegenwärtigen Gesinnungslärm und Eventgetöse und vom Terror der Preisschilder auf Menschen und Dingen.

28. Dezember

»Während Künstler Kunstwerke und Wissenschaftler Forschungsergebnisse anbieten, haben Intellektuelle nichts außer Meinungen zu verkaufen. Eine Meinung kauft derjenige, der sie zur Unterstützung der eigenen im ideologischen Kampf gegen andere einsetzt. Deshalb braucht ein Intellektueller – so würde ein Zyniker sagen – immer zwei Ärsche: einen, in den er tritt, und einen, in den er kriecht.« (Aus: Hans-Dieter Gelfert, *Was ist Kitsch?*, Göttingen 2000.)

29. Dezember

Mit Cézanne beginnt die Malereigeschichte derer, die nicht malen können. Peter Schermuly selig, der zeitgeistwidrig sein Handwerk noch beherrschte und folglich mit Nichtachtung gestraft wurde, hat gespottet, dass ein Cézanne-Bild dem Betrachter wie ein zerbröckelnder Zwieback entgegenfalle. Geschadet hat sein groteskes Unvermögen dem Buben bekanntlich nicht, im Gegenteil: Dass jedes seiner Bilder aussieht, als habe es einen Wasserschaden hinter sich und sei danach schockgetrocknet worden, hat ihn zum »Klassiker der Moderne« gemacht, und längst ist der Triumph derer, die nicht malen können, ein totaler, weil sich das Publikum und der Kunstmarkt von den intellektuellen Lautsprechern nahezu beliebig manipulieren lassen (man muss nur den Müll anschauen, den sich Politiker in ihre Dienstzimmer hängen). Wann die Literaturgeschichte derer, die nicht schreiben können, angefangen hat, weiß ich nicht, aber ich fürchte, das Resultat wird irgendwann ein ähnliches sein.

30. Dezember

Nachtrag zur gestrigen Notiz: Gewiss ist die Kunstgeschichte des 20. Jahrhunderts und speziell seiner zweiten Hälfte noch lange nicht geschrieben, und sie wird auch erst dann geschrieben werden können, wenn die semitotalitäre Herrschaft der Kunstmafia samt ihrer smarten publizistischen Spießgesellen zusammengebrochen ist wie weiland der Ostblock. Soll heißen, wir wissen ja überhaupt nicht, was in den vergangenen 100 Jahren gemalt worden ist, sondern nur, was den Weg in die Öffentlichkeit finden durfte; vielleicht ist die Lage gar nicht so desolat, wie es den Anschein hat, und man wird in wiederum 100 Jahren über die sogenannte moderne Kunst lachen wie heute über den Realsozialismus.

Was nun die Literatur angeht, sieht die Sache etwas anders aus. Es werden wohl auch künftig die drei, vier unsterblichen Bücher pro Jahrhundert erscheinen, und es gibt momentan allein hierzulande bemerkenswert viele großartige Autoren, von Lewitscharoff bis Strauß, von Mosebach bis Dath, aber der Massengeschmack wird sukzessive die Ansicht durchsetzen, dass einzig gut sei, was die sogenannte breite Öffentlichkeit anspreche, ohne dass der gegenteiligen Ansicht noch irgendeine Autorität zustünde. Und wenn die letzte Buchhandlung verschwunden ist, stehen da und dort bestimmt Automaten, aus denen man sich die Besteller »ziehen« kann.

31. Dezember

Womöglich werden bald wieder Menschen wie 1940 an der Reling der Flüchtlingsschiffe stehen, auf die versinkende europäische Küste schauen und sich fragen, wie es geschehen konnte, dass der Kontinent von neuem in die Hände der Barbaren fiel.

II.
ACTA DIURNA 2013

3. *Januar*

Einer zu Weihnachen mehr *nolens* als *volens* in meinen Besitz gelangten »historisch informierten« Neueinspielung der Bachschen *Matthäus-Passion* entnehme ich, dass die Kreuzigung des Heilands inzwischen anscheinend möglichst undramatisch und ungerührt darzustellen sei.

4. *Januar*

»Große Erfolge stehen ins Haus«, prophezeite Johannes Gross am 12. Januar 1996 in seinem *Notizbuch*. »Wenn auf unseren Druck termingerecht die Europäische Währungsunion (mitsamt den folgenden Stabilitätskontrollen) erreicht ist, werden wir wieder die bestgehaßten Leute in Europa sein.« Eine treffliche Prognose, wenngleich mit einer falschen Prämisse; woher der Druck kam und dass bereits Anfang 1990 die Würfel gefallen waren, wissen wir inzwischen. Karthago hat den Dritten Punischen Krieg auch nicht selber angezettelt.

5. *Januar*

Wenn jedermann fürderhin nur noch »Händi« (Thomas Kapielski) und »Haileid« (Ulrich Erckenbrecht) schriebe, wäre doch ein Anfang gemacht.

6. Januar

Immer wieder verblüfft mich, wie Menschen – zuweilen sogar solche von Geschmack – die vermeintliche Überlegenheit
ihres Zeitgenossentums zur Grundlage ihrer Urteile über
Vergangenes machen. Konkret habe ich diesmal einen Herren
im Sinn, der die Ansicht vertritt, Klemperers Beethoven sei etwas für Konservative, viel zu pathetisch und martialisch, undifferenziert in Stein gehauen, quasi reaktionär, kurzum: »überholt«. Aber wenn etwas sicher ist, dann doch wohl, dass es eine
»richtige« Spielweise Beethovens wie aller anderen großen
Komponisten gar nicht geben kann, dass uns sogar Beethovens
eigenes Spiel oder Dirigat heute »gestrig« erschiene, dass jede
Zeit von neuem versucht, diese Musik in ihrem Sinne zu deuten, weshalb jede Interpretation schon bald für »überholt« erklärt werden darf – sofern man zu denjenigen gehören will, die
sich mit solchen Dampfplaudereien hervortun. Meistens halten
diese Leute aber bloß die gerade herrschende Mode für die nun
endlich letztgültige und sind also nichts als Gecken, die kurioserweise nicht an die nächste Saison glauben.

Übrigens liegt es mir fern, hier die Ansicht zu vertreten, alle
Interpretationsauffassungen stünden in holder Gleichwertigkeit
sozusagen »unmittelbar zu Gott«, im Gegenteil, die meisten
sind *sub specie aeternitatis* überflüssig, und ich bin auch sicher,
dass ganze Interpretationsepochen komplett vergessen und
trotz aller vorliegenden Tonkonserven unerinnert bleiben werden. Oder glaubt im Ernst jemand, dass in hundert Jahren ver-
schworene Zirkel von Liebhabern existieren, die nach seltenen
Simon-Rattle-Platten fahnden, penibel die Wagner-Aufnahmen
von Kent Nagano mit denen von James Levine vergleichen,
illegale Mitschnitte von John Eliot Gardiner austauschen, ei-

nen René-Jacobs-Kult zelebrieren? Aber für Furtwängler, Karl Richter, Horenstein, Carlos Kleiber oder eben Klemperer wird all das wahrscheinlich auch dann noch zutreffen ...

Später 6. Januar

Folgende Erkenntnis ist nicht exklusiv, gleichwohl aber meine eigene: Die ragendste und somit unvermeidlich auch deklassierendste sämtlicher mir bekannter Einspielungen sogenannter klassischer Musik ist Lipattis Aufnahme der B-Dur-Partita von Bach, also eines im Grunde jedem fortgeschrittenen Spieler zugänglichen Werkes. Neben diesem Monument von Schönheit und singendem Zauberklang nehmen sich so geschätzte Versionen wie etwa die von Angela Hewitt oder Carl Seemann beschränkt aus, und sogar Gould oder Gieseking wirken sterblich im Vergleich mit einem derartigen Wunder.

7. Januar

Ich meine, man darf Bettina Wulff keine Vorwürfe machen, weil sie jetzt ihren Mann verlassen hat. Es ist davon auszugehen, dass sie ihren Teil des Kontraktes allzeit brav erfüllt hat, während er es nun nicht mehr vermag, womit die Sache für sie naturgemäß hinfällig wurde. Was bleibt schließlich übrig von einem Wulff, nachdem er aller Ämter und gesellschaftlichen Ambitionen entkleidet ist? Er ist ein Klon des politischen Apparates und ohne diesen eben nur noch ein Klon, für den sich zu interessieren, womöglich ein Leben lang, niemand die Selbstüberwindung aufbringen muss. Nebenbei: In gewissem

Sinne ist Frau Merkel die Urheberin seines tiefen Falles gewesen, indem sie diesen blassen und konturlosen Mann gegen jeden politischen Instinkt in ein Amt hob und schacherte, in welchem er mit hoher Wahrscheinlichkeit versagen musste; dass ein Affärchen dazu führte, ist eher nebensächlich. Wulff war in all seiner Piefigkeit und Kleinkariertheit seinen Verfolgern einfach zu ähnlich, als dass sie ihn hätten ertragen können, ihn schützten weder Herrschaftlichkeit noch Expertentum noch ein großer Geist davor, von den Nullen als ihresgleichen identifiziert zu werden. Nun munkelt man, er könne womöglich so verzweifelt sein, dass er Hand an sich legen werde. Dabei ist seine Situation gar nicht so unkommod: Vergleichsweise hohe Bezüge sind ihm zeitlebens sicher, auch wenn er sie mit seinen Ex-Frauen teilen muss, der Ruf ist ruiniert, eine gewisse Prominenz gleichwohl vorhanden, das sind doch gute Voraussetzungen, zum Flaneur zu werden und die vielen karrierebedingten Versäumnisse nachzuholen. Was gibt es nicht alles zu lesen, zu hören, zu schauen und zu trinken! Sogar eigene Ansichten könnte er sich künftig leisten.

8. Januar

Der gestrige Spielfilm zur Geschichte des Berliner Hauses Adlon offerierte wieder einmal etwas für nahezu sämtliche Werke über diese Zeit sehr Typisches: Die im Film auftauchenden und schließlich an die Macht gelangenden Nationalsozialisten kommen quasi aus dem Nichts, ihr Aufstieg vollzieht sich ohne Ursache und Grund, sie suchen das Land wie eine Seuche oder wie der Teufel heim, und nie kann der Zuschauer aus den Vorgängen etwas lernen.

9. Januar

Unter der Überschrift »Die Zukunft der Menschheit wird fan-
tastisch« referiert *Welt online* das neue Buch des US-Physikers
Michio Kaku *Die Physik der Zukunft*. Kaku, ein im Nebelreich
der Stringtheorie tätiger Protegé Edward Tellers, der in Übersee
als Wissenschaftspopularisierer bekannt ist, befragte Forscher
in aller Welt nach ihren Zukunftsvorstellungen und entwarf anhand der Antworten ein Szenario, wie man es aus der Science-
Fiction kennt: Energie ohne Ende aus Sonnenkraft und Kern-
fusion, durch die Lüfte gleitende Magnetautos, gentechnisch er-
zeugte Nahrungsmittel, wolkenkratzerhohe und deshalb raum-
sparende Gemüsefarmen, Roboter als Köche und Musiker
bzw. Alltagsbeschaller, gedankengesteuerte Computer, flexi-
ble Räume, die sich den Bedürfnissen ihrer Benutzer anpassen,
Gesprächspartner jeglicher Coleur sitzen als 3D-Hologramme
auf unseren Sofas und werden bedarfsfalls vom Computer si-
multan übersetzt, allmorgendlich findet beim Zähneputzen
ein automatischer Gesundheitscheck per Scanner statt, der
Zentralrechner bestimmt den idealen Ernährungsplan und dergleichen mehr. Der Mensch werde die Alterung steuern, verlang-
samen, womöglich für immer beenden, indem er defekte Gene
repariere, das Leben der Zellen verlängere, gesunde Organe zum
Austausch für erkrankte züchte oder künstliche Körperbauteile
implantiere. »Vielleicht entledigen wir uns irgendwann komplett
unserer plumpen Körper, und der menschliche Geist wird zu einem Computerprogramm, das man auf verschiedene Maschinen
herunterladen kann.« Dergleichen könne natürlich nur funktionieren, wenn es immer weniger Kinder gebe.

Die politische Zukunft sieht demzufolge so aus, dass sich die
Macht »weg von National- und hin zu Zentralregierungen« ver-

lagert. In Europa sei diese Entwicklung in vollem Gange.« Und wie man sieht, ist das kein einfacher Schritt. Aber gemeinsame Währung, Sprache und Kultur machen ihn unausweichlich. Am Ende dieser gesellschaftlichen Evolution kann schließlich so etwas wie eine Weltregierung stehen.«

Die Leserkommentare waren, wie ein Amerikaner sagen würde, typisch deutsch, das heißt skeptisch bis pessimistisch, in ihrer großen Mehrheit jedenfalls die Szenarien der Wissenschaftler als viel zu rosig und optimistisch verwerfend und auf allerlei aus der realen oder analogen Welt drohende Gefahren verweisend. Dabei, scheint mir, kann es doch überhaupt keine größere Drohung geben als diese technokratischen Phantasien. »Die Hölle«, notierte Nicolás Gómez Dávila, »ist der Ort, an dem der Mensch alle seine Vorhaben verwirklicht findet.« Die entscheidende Frage wäre dann, warum jemand in dieser sinnenfernen, trost- und poesielosen Simulations-Welt auch noch ewig leben sollte. Überhaupt ist das ewige Leben keine sehr erhebende Vorstellung für ein Wesen, das, wie Johannes Gross feststellte, in aller Regel bereits mit einem verregneten Sonntag nichts anzufangen weiß ...

Späterer 9. Januar

Im *Wikipedia*-Eintrag » Social Media«, Subrubrik » Gesellschaftspolitische Herausforderungen für (sic!) die Nutzung von Social Media für (sic!) Engagement und Beteiligung«, Subsubrubrik »Männliche Dominanz« steht zu lesen: »Eine weitere Herausforderung stellt die Dominanz von Männern insbesondere in öffentlich zugänglichen Diskussions- und Beteiligungsräumen im Social Web dar. Nach Ergebnissen der ARD/ZDF-Onlinestudie

2010 betrachten 9 Prozent der Männer, aber nur 5 Prozent der Frauen ›die Möglichkeit, aktiv Beiträge zu verfassen und ins Internet zu stellen‹, als ›sehr interessant‹. Zwar sind mehr Frauen auf privaten Netzwerkplattformen aktiv; mit öffentlichen Beiträgen halten sie sich jedoch eher zurück.« Soll heißen: Da Männer ungeschützter und dreister im Netz herumlabern, dominieren sie auch dort die armen Mädels. Freund D. kommentiert: Über die männliche Dominanz an Stehurinalen müsse dringend geredet werden.

10. Januar

»Ich habe Größeres nicht gesehen als den, der sagen konnte: Trauer und Licht, und beides angebetet.«
Gottfried Benn

Ein Unternehmer schickt mir ein Foto seiner erstaunlich und erfrischend attraktiven Senior-Partnerin mit der Bemerkung, es entspreche seiner persönlichen Beobachtung, dass erfolgreiche Managerinnen sich ihre Feminität bewahrt hätten, anstatt, wie die meisten Feministinnen, männliche Verhaltensmuster zu kopieren. Und sie sei eine Gegnerin der staatlich verordneten Quote für Frauen in Vorständen und Aufsichtsräten. Letzteres hätte er nicht erwähnen müssen: Wenn eine so schöne und erfolgreiche Frau sich pro Quote äußerte, würde sie doch den Eindruck erwecken, dass sie es mit dem Mitleid bzw. der Herablassung übertreibe ...

Den Besprechungen des Hannah-Arendt-Films der Margarethe von Trotta ist eines gemeinsam: Die banalen Guten stoßen sich immer noch an Arendts düsterer Formel von der »Banalität des Bösen«. Sie wollen sich über Dämonen ereifern, nicht über ihresgleichen.

11. Januar

Wenig erfordert in der Bundesrepublik mehr Schneid, als sich öffentlich von Ernst Nolte zu distanzieren. Ein Kolumnist auf *Spiegel online*, anhand seines Konterfeis leicht als eine den Stürmen der Epoche trotzende Charakternatur identifizierbar, wagt's gleichwohl. Anlass ist der 90. Geburtstag des Gelehrten, den der Kolumnist »unangenehm« und dessen Denken er »hässlich« findet, wobei wie stets in solchen Fällen davon auszugehen ist, dass der Rechtmeiner sich die Lektürezumutung weitgehend erspart hat, um desto hemmungsloser seine konformistischen Affekte ausleben zu dürfen. Was ihm aber immerhin an Noltes Texten aufgefallen ist und was ihn speziell stört, sind die vielen »Und doch«, »Aber« und »Andrerseits« darin. Ja, die Aber kosten Überlegung, wie die Gräfin Orsina in Lessings *Emilia Galotti* bemerkt, und Überlegungen zur NS-Zeit mag der auf Reflexe gedrillte Kritisch-Aufgeklärte nicht mehr anstellen. Die skandalöse wissenschaftliche Kälte und Ideologieferne, mit welcher Nolte seinen Gegenstand betrachtet, ist dem »Reuedeutschen« (Hannah Arendt), der glaubt, sämtliche möglichen Erkenntnisse eben mit seiner Reue bereits gewonnen zu haben, ein Graus. So weit, so gewöhnlich.

Aber hat sich Nolte am Ende vielleicht so sehr in die These vom »kausalen Nexus« zwischen Bolschewismus und Nationalsozialismus verrannt, dass seinem Kopf eine neue Ideologie entsprungen ist? Andererseits will ich den Nexus keineswegs bestreiten, speziell in den Köpfen der führenden Nationalsozialisten, allen voran Hitler, war er ständig präsent und nährte ihre Mordenergie. Und doch bin ich der Ansicht, dass ein zur Monokausaliltät tendierender Ansatz in der Geschichtsdeutung immer auch tendenziell falsch ist; je mehr Ursachen der Historiker für ein Ereignis anbietet, desto näher kommt er der historischen Wahrheit, ohne sie je zu erreichen. Wer ausschließlich Nolte läse, wäre nicht hinreichend im Bilde. Aber gibt es einen Geschichtsdenker, für den dieser Satz nicht zuträfe? Gleichwohl wird Noltes Theorie im Gesamtkontext der Geschichtsschreibung des 20. Jahrhunderts immer eine wichtige Rolle spielen, bereits heute ist das der Fall, wenn auch sein Name einstweilen nur in den Fußnoten auftaucht. Der große Verfemte ist derjenige unter Deutschlands Nachkriegshistorikern, an dessen künftiger Kanonisierung die wenigsten Zweifel bestehen.

12. Januar

In seinem lesenswerten Buch *Richard Wagner in Deutschland. Rezeption – Verfälschung* (Stuttgart 2011) wundert sich Udo Bermbach, dass der demokratiekompatible Bayreuther Neuanfang nach Kriegsende »bruchlos und ohne alle ideologischen Anpassungsprobleme« von denselben Autoren und Opernbegleitheftschreibern mitbewerkstelligt wurde, die kurz zuvor noch die glänzende Übereinstimmung von Wagners Werk und nationalsozialistischer Weltanschauung statuiert hatten. Mich würde eher das Gegenteil wundern. So war es immer, und so wird es immer sein; die *Zeit* fand die DDR auch nur bis 1989 supi. Sollte die Demokratie in der Bundesrepublik scheitern und das Nachfolgesystem sich als ein repressives präsentieren, wird niemand mehr Demokrat, sollte der Hegemon wechseln, niemand mehr Transatlantiker gewesen sein.

Was Bayreuth angeht, so waren die Inszenierungen in der Zeit der »Verdrängung« immerhin ästhetisch weit anspruchsvoller als jene, die in der (bis heute währenden) Ära der »Aufarbeitung« folgten, wobei letztere sich auf der Bühne des Festspielhauses im wesentlichen als Hakenkreuzfahnenwedelei darbietet. Welche Periode von der Gesamtanmutung widerlicher ist, bleibt Geschmacksfrage.

Apropos: Unlängst übersandte mir ein Historiker in Kopie das Deckblatt von Adornos 1952 erschienenem *Versuch über Wagner* aus der Bibliothek Carl Schmitts. Den Titel hatte Schmitt redigiert: Vor »Versuch« stand »Mord-«, und das »über« war folglich in ein »an« geändert worden.

13. Januar

»Man tut nicht wohl, sich allzulange im Abstrakten aufzuhalten. Das Esoterische schadet nur, indem es exoterisch zu werden trachtet. Leben wird am besten durchs Lebendige belehrt.«
Goethe über Gender

14. Januar

»Als ich, keines Wortes fähig, aus dem Festspielhause hinaustrat, da wußte ich, daß mir das Größte, Schmerzlichste aufgegangen war, und daß ich es unentweiht mit mir durch mein Leben tragen werde«, notierte Gustav Mahler nach seinem er-

sten *Parsifal* bei seinem ersten Bayreuth-Besuch 1883. »Fünf
Stunden außerhalb der Welt, in völliger Seligkeit«, beschrieb
wiederum Giacomo Puccini anno 1923 *ex post* sein Befinden
unter dem Eindruck desselben Werkes. »Aus *Parsifal* baue ich
mir meine Religion. Gottesdienst in feierlicher Form … ohne
Demutstheater … Im Heldengewand allein kann man Gott dienen«, erklärte indes recht kontradiktorisch A. Hitler im Jahre
1936. Halten wir uns jetzt noch vor Augen, dass Nietzsche den
Parsifal als »Operettenstoff par excellence« verspottete und
dem Schöpfer des Werks, Goethe zitierend, vorwarf, er drohe
»am Wiederkäuen sittlicher und religiöser Absurditäten zu ersticken«, dass ferner die Nationalsozialisten die Gralsoper nach
Kriegsausbruch von den Spielplänen verbannten, weil ihnen
die Mitleidsapotheose darin defätistisch, wenn nicht gar wehr-
kraftzersetzend vorkam, schließlich dass seit den 1970er Jahren
Autoren mit der These hervortraten, bei dem sogenannten Büh-
nenweihfestspiel handele es sich tatsächlich um ein Hohelied
der völkischen Exklusivität samt Arisierung der Christusfigur
sowie der Exklusion, ja Extermination der Juden … –, dann dürfte sich wohl die Erkenntnis einstellen, dass *Parsifal*, wie es große Kunstwerke zuweilen an sich haben, vielerlei und einander
ausschließende und auch sehr dumme Interpretationen zulässt.
Beziehungsweise dass letztlich der bedeutendste und am wenigsten von persönlichen Motiven geleitete Beurteiler recht hat, im
vorliegenden Falle also vermutlich Mahler.

15. *Januar*

Zu beklagen sind, als quasi subkutane Erscheinungsform der
immer forcierteren Anpassung des Deutschen ans Englische,

das ziemlich jähe Verschwinden der Kopplungsstriche und das etwas langsamere Dahinscheiden der Kommata. Letztgenannte waren, was Anzahl und Plazierung anging, bekanntlich ohnehin schon immer Glückssache, weshalb nun gern darauf verzichtet wird, dieses Glück zu strapazieren, im Netz und in privater Korrespondenz sowieso, aber wachte nicht das scharfe Auge der vermutlich letzten Korrektorengeneration über den gedruckten journalistischen Texten, wäre auch dort längst mindestens die Halbierung des Komma-Kontingents stillschweigend durchgesetzt. Brecht konnte noch sagen, er lasse sich mit Karl Kraus auf einen Streit um ein Komma lieber nicht ein – *tempi passati.* Jetzt müssen nur noch diejenigen verschwinden, denen auffällt, dass etwas fehlt. Und so läuft es ja immer, so war es bei den ägyptischen Hieroglyphen, bei den rituellen Panegyriken, bei den Duellregeln, beim Versmaß, beim Kunstgeschmack, bei den Tischsitten ...

16. Januar

Soziale Ökologie: Die nichts zu bestimmen haben, möchten wenigstens ihre schlechte Meinung über diejenigen öffentlich aussprechen, die bestimmen dürfen. Der bekannten Anekdote zufolge hat Kardinal Mazarin die Spottlieder der Pariser auf eine neue Steuer mit den Worten kommentiert: »Lasst sie singen, wenn sie nur bezahlen.« Und wenn die Mazarins »demokratisch gewählt« sind, halten sich die Spottliedsinger sogar noch für frei. Bessere Untertanen kann sich keine Regierung wünschen.

In seiner *Theorie der Nachkriegszeit,* die mir mit fünfjähriger Verspätung in die Hände gefallen ist, bezeichnet Peter

Sloterdijk die Westorientierung der Bundesrepublik nach dem Krieg als *Metanoia*. Der Begriff machte seine eigentliche Karriere im Christentum, wo er die radikale Sinnesänderung, die Umkehr, das Bußetun bezeichnet; Sloterdijk fasst ihn politisch als »Bereitschaft zur Umformung der als schädlich erkannten Kulturregeln in weniger schädliche«, kurz: das Wechseln auf die Siegerseite. Am besten illustriert den Vorgang indes die Bedeutung der *Metanoia* in der Ostkirche, wo sie die kniende Verneigung bis zum Boden bezeichnet, eine Art *Proskynese*. Interessanterweise wird diese von deutschen Offiziellen desto beflissener ausgeführt, je weiter die Niederlage zurückliegt (Adenauer kannte sie noch nicht). Die Teilnahme an den Siegesfeiern der anderen (von Kohl noch abgelehnt) markierte den bisherigen Höhepunkt der symbolpolitischen Anbiederei (aber wir sind deutsch, wir können uns bis zur letzten Nachspielminute noch steigern). Die Frage, ob es sich wirklich um einen Wechsel in ein weniger schädliches Dekorum handelt, verbietet sich angesichts der NS-Untaten; dass es sich gleichwohl um ein schädliches handelt, liegt auf der Hand.

Indem die Bundesregierung die finanziellen Bedürfnisse der anderen europäischen Staaten, also immerhin der Mehrheit der Europäer, über den pekuniären Egoismus der Deutschen stellt, ist sie als erste nationale Führung des Kontinents in einem wahrhaft demokratischen Europa angekommen.

17. Januar

Die Biographie Richard Wagners von Houston Stewart Chamberlain gilt gemeinhin als das Werk, mit welchem

der Komponist seiner linken, sozialrevolutionären, Mensch-
heitserlösungs-Vergangenheit entledigt und aufs rechte, völ-
kische Gleis geschoben wurde. Das Wagner-Jahr zum 200.
Geburtstag des Meisters als Anlass nehmend, bestellte ich die
Reprint-Ausgabe, die der Europäische Hochschulverlag 2010
besorgt hat. Es handelt sich um einen Nachdruck der vier-
ten (erweiterten) Auflage von 1919, das Original ist 1895 erschienen. Das einzige, was der Verlag hinzufügte, war der
Text auf der Buchrückseite, wenig Raum also, auf welchem
eine desto nachhaltigere Duftmarke untergebracht werden musste, etwa dies: »Trotz seines (d. i.: Chamberlains –
M. K.) Versuchs, Wagners Werke im Sinne des Nationalsozialismus umzudeuten, ist diese nur wenige Jahre nach seinem Tod erschienene Biographie authentischer und gleichzeitig atmosphärisch dichter als viele der später erschienenen.« Davon abgesehen, dass es »dessen Tod« heißen muss:
Der Nationalsozialismus entstand, wie jeder weiß, nach dem
Ersten Weltkrieg, der zu seinen Hauptursachen gehörte, die
NSDAP wurde 1920 gegründet. Hat sich beim Europäischen
Hochschulverlag unter der Hand die eines *Spiegel*-Titels würdige Erkenntnis eingestellt, dass die nationalsozialistische
Weltanschauung doch schon kurz nach Wagners Tod fix und
fertig vorlag? Der Donner vorm Blitz kam? Oder schreiben dort
bloß besonders ambitionierte Erstsemester die Klappentexte?
Am Rande: Es ist bemerkenswert, dass an der Spitze derer,
die den letztlich ja nun doch kosmopolitischen, sein Werk an
die gesamte Menschheit adressierenden Wagner postum zum
protovölkischen Deutschnationalen umformatiert haben, drei
Ausländer agierten: Cosima war französisch-ungarischen Geblüts
und kam in der Lombardei zur Welt, Chamberlain und Winifred
Wagner, gebürtige Marjorie Williams, waren Engländer.

18. Januar

Gestern Treffen mit einem schwerreichen Unternehmer, der
mir sagte, er sei politisch weder rechts noch links (das sagen sie
alle, weil sie links nicht sein können und rechts nicht dürfen),
er werde niemals Deutschland verlassen, zahle brav und allzeit
penibel seine Steuern und Abgaben, investiere fast ausschließlich in der Heimat, lebe aber mit der traurigen Gewissheit,
dass er nie ein Wort das Dankes oder der Anerkennung dafür
zu hören bekommen werde. Dazu passt der Wahlkampf der
Sozialdemokraten gegen steuerflüchtige Reiche, begleitet vom
Geifer der Medien und der Online-Leserkommentare (in der
DDR gab's fürs Bleiben bekanntlich auch kein Lob, aber wer
raus wollte, war ein Schwein).

Erst während der Revolution fiel den französischen Aristokraten
auf, wie wenige sie eigentlich waren und wie zielsicher der Hass
sie treffen konnte. »Wie, und Sie leben noch?«, sagte der jako-
binische Deputierte Laurençot zu dem Besitzer des Schlosses
Cheverny, als er den herrlichen Barockbau in Augenschein genommen hatte. Dieser Affekt, man mache sich nichts vor, ist
heute so lebendig wie damals, zumindest in der Alten Welt,
wenngleich durch das Steuer- und Umverteilungssystem einstweilen noch gehegt. Doch sollte die Mittelschicht eines Tages
finanziell restlos ausgequetscht sein und die Linke es bis dahin
geschafft haben, ihre überalterten Reihen durch hinreichend vi-
tale Drittweltmigranten neu aufzufüllen, wird den Reichen auf
diesem Kontinent, sofern sie dann nicht längst emigriert sind,
womöglich dasselbe Stündlein schlagen wie weiland der französischen Aristokratie.

20. Januar

Eine Londoner Ägyptologin bekundet, wie wunderschön und
klangvoll sie die englische Lautierung des Pharaonennamens
Achenaton finde, unendlich viel besser als das stupide deutsche (hier tut sie fast indigniert) »Echnaton«. Tatsächlich
werden wir nie wissen, wie die alten Ägypter die Namen ihrer Pharaonen und also auch jenen des Ketzerkönigs genau ausgesprochen haben, ganz sicher aber sagten sie nicht
»Äkhenät'n«. Ich meinesteils halte »Echnaton« für weit wür-
diger, eben weil die englische Aussprache jeden antiken
Namen entkontextualisiert und in die Gegenwart zerrt (erinnern wir uns an »Äckilles« in Petersens Film *Troja* oder an den
sogar hierzulande so genannten »Gläidiäita«), und gleichsam
als Bestätigung sehe ich, dass sich ein Rapper aus Marseille
»Akhenaten« nennt (wie immer der das nun aussprechen
mag). Möge Echnaton auch hinfort unbehelligt in der Zeiten
Tiefe verwahrt bleiben!

21. Januar

Das altägyptische Wort für »Fest« bedeutet »Das Herz vergessen«. Denn die Herzen der Menschen waren meist schwer
von Sorgen und Kummer, jahrtausendelang. Man sollte dieser Tatsache zuweilen gedenken, schließlich gäbe es uns nicht
ohne die Altvordern und ihre Bereitschaft, in einem heute
kaum mehr vorstellbare Maße Schmerzen und Entbehrungen
zu ertragen.

22. *Januar*

Die Lektüre von *Wikipedia*-Artikeln zu politisch irgendwie re-
levanten oder zumindest einsortierbaren Personen – und das
sind sehr viele; diese klebrige Politisierung ist aufgekommen
wie der Straßenlärm und wie dieser aus der Schönen Neuen
Welt kaum mehr wegzudenken – offenbart den unverhohlen-
sten Manichäismus; nahezu sämtliche Einträge figurieren unter
dem ungeschriebenen, aber schnell sich herauskristallisieren-
den Motto: Dieser Mensch vertritt eine gute (= fortschrittliche,
emanzipatorische, sozialistische, feministische, multikulturali-
stische) oder eine böse (= im weitesten Sinne konservative oder
allzu wirtschaftsliberale) Weltsicht. Am besten, man verzier-
te die Seiten oben rechts mit einer entsprechenden Vignette,
auf dass der Leser gleich ins Bild gesetzt werde, mit welcher
Kategorie er es gerade zu tun hat.

24. *Januar*

Wie Donnerhall rauscht ein Ruf durch die deutschen Lande
und Gaue, ein Aufschrei der Empörung tönt *de profundis*
via Twitter und Chat: Frauen, wehrt euch! Schon klar,
schon recht, wir sind alle dafür, aber worum geht es diesmal?
Um massakrierte Zentralafrikanerinnen in Bürgerkriegs-
regionen? Mit Säure gesichtsverätzte oder gruppenverge-
waltigte Inderinnen? Gesteinigte Ehebrecherinnen in Saudi-
Arabien? Ehrengemordete Türkinnen in deutschen Fachwerk-
städtchen? Wenigstens um panzergläserne Decken? Ein-
kommensunterschiede von bis zu 100 Prozent? Nein, Anlass
der Empörung ist der gelegentliche Weinköniginnenabräumer

R. Brüderle, restbekannt aus der FDP, der einer Journalistin abends an der Bar ein paar beschwipste Anzüglichkeiten zuraunte, was die keusche Maid so sehr traumatisierte, dass sie ein geschlagenes Jahr warten musste, bis sie den Vorfall publik zu machen sich erkühnte.

Nun legen allenthalben die Maiden ihre Hemmungen und zugleich Zeugnis ab über den alltäglichen Belästigungsmachismus (hat nix zu tun mit Ernst Mach), der sie wahlweise an den Herd zurück- oder ins Bett vorausschicken will. (Nebenbei: Hat jemals ein Spitzenkoch gesagt, Frauen gehörten an den Herd?) »Ich weiß von jungen Kolleginnen, dass es das nach wie vor gibt: Komplimente, Einladungen, die ganze Palette«, zitiert *ARD.de* die *Spiegel*-Journalistin Annette Bruhns, und zwar geschähen dergleichen Scheußlichkeiten sowohl »in der Politik« als auch »in Redaktionen oder Unternehmen bis in die Manageretagen hinein«. Kurzum: Es ist ganz schlimm! Frauen werden eingeladen! Und bekommen Komplimente für ihr Äußeres! Immer noch! Auch das unvermeidliche, wenngleich zeitlebens vermutlich vollkommen unbelästigt gebliebene Fräulein A. Schwarzer stimmte triumphierend in die Klage ein.

Wenn das Geplärr dazu führen sollte, dass sich die Ochsen dieses Landes ein paar passablere Anmachverfahren einfallen lassen, sei es hiermit gepriesen oder doch wenigstens abgenickt. Und all jene, so da Geld haben und gedeckte Kreditkarten, mögen sich nicht so sehr gemeint fühlen und weiter grapschen! Nur eben zugleich auch ganz viel schenken! Schuhe, Schmuck, Handtaschen, das Übliche, in Härtefällen ein paar Bände Foucault. Ansonsten gilt die alte Dialektik: Nie wurden Frauen weniger sexuell belästigt und unterdrückt als heutzutage & hierzulande (auch wenn speziell ein paar sog. Migranten sich zur Trendwende anheischig machen), doch nie lamentierte das

Feminat lauter als im lendenlahmsten Land der Weltgeschichte. Die antisexistischen Jeremiaden dürften nach dieser Logik ihren ohrenbetäubenden Höhepunkt erreichen, wenn es keinerlei Sexismus mehr gibt. Oder aber die ernsthaften Probleme, deren sich ja einige am Horizont halbwegs düster ankündigen, beenden die große Gaudi und stellen die Relationen zwischen erträglich und schlimm wieder her. Sollten die Schwestern nämlich wieder Verteidiger brauchen, werden sie sogar den Klaps auf den Po ertragen...

Nachtrag für EselInnen: In Rede stehen hier natürlich nicht die tatsächlichen Fälle von sexueller Nötigung, speziell jene in Abhängigkeitsverhältnissen, die freilich in all dem Gelärm um Nichtigkeiten wie den besagten Barvorfall mit Gevatter Brüderle untergehen.

27. Januar

Hannah Arendt, allzeit unter dem Segen der Chariten stehend, als junge Studentin und Heideggerkopfverdreherin wie als Kettenraucherin gesetzten Alters, hat eine reizende Anekdote berichtet, die zur im Schwange befindlichen Sexismus->>Debatte<< passt und in welcher sich Geistesgegenwart und Weisheit aufs vorbildlichste verschränken. Als ein Galan in einem Pariser Hotelzimmer mit den nämlichen Absichten über sie herfiel und wild an ihrer Kleidung zerrte (wir sind in den späten 1930ern, das Patriarchat herrschte unbeschränkt), habe sie ihn zunächst »mit schallendem Gelächter« und, als das nicht half, mit »ein paar Ohrfeigen« zur Vernunft gebracht – allerdings ohne sich danach in die heute so wohlfeile anklägerische Pose zu werfen. Vielmehr kommentierte sie den Vorfall mit den

Worten: »Männer können nur so. Müssen sie vielleicht auch! Oder die Frauen glauben ihnen nicht.«

28. Januar

Im *Focus* ist eine Philippika von Frederick Forsyth zu lesen – als Ergänzung zur Europa-Rede von Premier David Cameron –, welche endet mit den eminent festhaltenswerten, an die EU-Führung und ihre Claqueure adressierten Sätzen: »Kurz, wir glauben, unser Heimatland wurde uns mit Lüge und Betrug geraubt. Und, meine Damen und Herren, ohne irgendwelche Feindschaft gegen Sie, wir wollen es zurück.«

»Man muss den Menschen erlauben, große Fehler gegen sich selber zu begehen, um ein noch größeres Übel zu vermeiden: die Knechtschaft.«
Luc de Clapiers, Marquis de Vauvenargues (1715–1747)

29. Januar

In Fußballstadien sollen sich jetzt V-Männer zwischen die Fans mischen, um Neonazis dingfest zu machen. Ich finde, sie sollten auch ein Auge auf EU-Kritiker haben.

31. Januar

Es ist beachtlich, wie schnell sich die hiesigen vermeintlichen »Sexisten« in »Sexismus-Täter« verwandelt haben. Der

»Sexismus-Täter« ist sozusagen die Embryonalform des »Sex-Täters«. Immerhin hat sich das »Tätervolk« in sechs Dekaden zum Tätergeschlecht halbiert, rechnen wir die Schwulen raus, handelt es sich bereits um eine Täter-Minderheit, wir sind auf dem Weg der kollektiven Gesundung, sofern wir es mit dem Macho-Import nicht übertreiben. Da steht er nun an der Bar, der deutsche Mann (vor hundert Jahren war das noch was), pazifiziert, verweichlicht, auf Flexibilität und Teamfähigkeit dressiert, von Kindsbeinen an das Vorbild Mädchen vor Augen, aber ohne jedes Männlichkeitsideal, ein Kriegsverlierernachkomme, der Kämpfen böse findet, egal worum, ein Bürolebewesen meist, ohne Körper, ohne Muskulatur, ohne eigene Meinung, ohne Stolz, ohne Rückgrat, ohne Eier, ohne Manieren, ohne Bildung (aber er hat »Module« studiert), den Kopf voller Pornographie, die ihn noch mehr demütigt, und dieser Wichtel macht nun die Mädels an, denen es natürlich stinkt, dass er sich für einen Mann ausgibt, und die sehr wohl zu unterscheiden wissen zwischen dem »Sexismus« von Würstchen und dem Vögelnwollen von Kerlen ...

Letztlich ist das ganze »Sexismus«-Gedöns, was seine Protagonisten betrifft, eine typische Veranstaltung für dieses Land, in dem Kinderlose über die richtige Familienpolitik dozieren, Ex-Kommunisten über die Demokratie, Vielflieger über den Klimaschutz, Pazifisten über das Militärwesen, Europathen über das nationale Interesse, protestantische Funktionäre über den lieben Gott – und nun erklären eben speziell solche Frauen, denen dieser liebe Gott vieles davon vorenthielt, was Männer an- und Weiblichkeit ausmacht, den allgegenwärtigen »Sexismus«. Dass es dabei, wie immer, um die Besetzung von Themen und Worten zum Zwecke der genüsslichen Anklageerhebung gegen die Gesellschaft, die Bevölkerung, die Männer, die Heteros,

die Weißen oder wen auch immer geht – diesmal eben um die
Etablierung eines so dehn- wie undiskutierbaren Parallelbegriffs
zum »Rassismus« –, ist ohnehin klar.

3. Februar

Die *Neue Zürcher Zeitung* überschreibt ihre Titelseite mit der
Headline: »Der Rattenfänger und sein Gefolge«; der Artikel handelt von Silvio Berlusconi. Hierzulande kennt man die einfühlsame
Metapher vor allem bzw. nur in der Form »rechte Rattenfänger«,
und ohne jetzt einen auf *Minima Moralia* zu machen – sollen die
Leute sich doch beschimpfen! –, gestatte ich mir die immerhin
aus dem Gesichtspunkt der Folgerichtigkeit sich stellende Frage,
wer denn wohl die Ratten sein mögen? Und erlaube mir ferner,
in Erinnerung zu rufen, dass der Rattenfänger ein gern gesehener
Gast u. a. zu Hameln gewesen ist, denn er befreite die Kommunen
von einer Plage. Von welcher Plage mag Berlusconi Italien und
mögen die »Rechten« Deutschland befreien? Was nun wiederum
den legendären Hamelner Fall angeht, führte der Kammerjäger-
Ahne erst dann die Kinder fort, als die Stadtoberen ihm den
verdienten Lohn verweigerten. Der Rattenfänger ist ein Schädlings-
bekämpfer, im Hamelner Spezialfall zudem ein Betrogener, der sich
rächt. Und der rattenfängerisch dahermetaphernde Journalist in
der Regel wohl nur ein gedankenloser Dummkopf.

7. Februar

Die deutsche *Wikipedia* ist und bleibt eine Schrottsammelstelle
des Zeitgeistes und eine munter sprudelnde Quelle der un-

freiwilligen Komik. Nehmen wir einen derzeit vielbekakelten Begriff, welcher im deutschen Epizentrum des Weltweitwebwissens folgender Definition nicht entging: »Unter Sexismus versteht man die soziale Konstruktion von sexuellen Unterschieden zwischen Menschen und die daraus abgeleiteten Normen und Handlungsweisen. Der Sexismus unterteilt alle Menschen anhand ihrer biologischen Geschlechtsmerkmale in Frauen und Männer, unterstellt ihnen damit eine grundlegende Unterschiedlichkeit und weist ihnen auf dieser Basis unterschiedliche Rechte und Pflichten zu.« Vermutlich das Recht auf Ejakulation und die Pflicht zur Schwangerschaft (oder umgekehrt).

Wenn wir schon mal dabei sind (jetzt vom quietschenden *Nonsense* ins Perfide wechselnd): Im *Wikipedia*-Eintrag zum Stichwort Kommunismus, Unterpunkt Stalinismus, steht zu lesen, der sowjetische Staat sei »durch die Kollektivierung in den Besitz der Ernteerträge des Landes« gelangt, »die unter Inkaufnahme schrecklicher Hungersnöte zu einem guten Teil in den Export flossen und damit der Finanzierung der Industrialisierung dienten«. Das ist ungefähr so, als schriebe man über die Nationalsozialisten, sie seien unter Inkaufnahme schrecklicher Bedingungen in den KZ in den Besitz der jüdischen Vermögen gelangt, um die deutsche Volkswirtschaft zu stärken. – Zwei Einträge, ein Menschenschlag, eine Gesinnung.

11. Februar

Im Anhang seines Buches *Richard Wagners Kampf gegen die seelische Fremdherrschaft* (1935) untersucht der Nazi Curt von Westernhagen das Erscheinungsbild des Komponisten

nach rassischen Kriterien und kommt zu dem befriedigen-
den Ergebnis, es bezeuge einen »dinarischen Einschlag« und
sei somit letztlich von »nordischem Gepräge«. Heute lachen wir darüber oder schütteln den Kopf oder sind angewidert, je nach Gusto, Gesinnung und selbstverliehenem
Aufgeklärtheitsdienstgrad – und doch laufen quasi nebenan
die »Gender«-Vorlesungen, wird »Gender-Mainstreaming«
von EU und Bundesregierung mit Steuermillionen gefördert,
streichen wir Wörter aus unserer Literatur- und Alltagssprache,
die biologische und Begabungsunterschiede zwischen den
Menschen bezeichnen, schauen zu, wie Theorien über die Welt
gestülpt werden, die allen Tatsachen hohnsprechen, wenngleich diesmal die Differenzen nicht grotesk überbetont, sondern grotesk geleugnet werden – wir werden sehen, mit welchen Folgen ...

12. Februar

Der Stuttgarter Verleger Klaus Willberg, Chef des auf Kinder-
und Jugendbücher spezialisierten Thienemann-Verlags, hat angekündigt, man werde »alle Klassiker« im Programm auf anstößige Begriffe wie »Neger« etc. »durchforsten« und die soge-
schwätzt »umstrittenen« Wörter ersatzlos streichen. Ich halte
diese Meldung für bedeutend. Die Kulturschranzen im Dritten
Reich und in der DDR haben Bücher in Giftschränke gesperrt,
Neuauflagen verhindert, sogar Bücher verbrannt, aber nicht
einmal sie hatten den perversen Schneid, Klassiker umzu-
schreiben. In gewissem Sinne darf nun wohl doch endlich von
einem Faschismus mit menschlichem Antlitz gesprochen werden.

14. Februar

Wie war es möglich, fragt die *FAZ* in ihrem Vorbericht zur NSU-Filmdokumentation *Die Nazi-Braut*, dass eine solche Gruppe so lange unentdeckt bleiben und morden konnte? Nun, mit dieser Art Täter war einfach nicht zu rechnen. Mit einer anderen Tätersorte dagegen – rein empirisch – desto mehr. Das ist alles.

17. Februar

»Das trägt man jetzt so«, beteuert der Verkäufer. Aber gerade darum will ich's ja nicht.

19. Februar

Nachdem uns die heterosexuelle bürgerliche Familienidylle jahrelang als falsch, verlogen, bigott und fassadenhaft vorgeführt worden ist, errichtet auf Unterdrückung (der Frauen, der Kinder, der eigenen Homosexualität, des Personals, der Dritten Welt), auf häuslicher Gewalt, Fremdgängerei, sexistischen Rollenmustern usf., warten wir gespannt darauf, wie es um die homosexuelle Familienidylle der Zukunft bestellt sein und ob jemand anders als knallrosig darüber schreiben, filmen und werbefilmen wird.

20. Februar

»Ich soll mich nicht von der Wirklichkeit entfernen? Ist sie denn nicht überall?«
Stanisław Jerzy Lec

21. Februar, 0.30 Uhr

Inzwischen gestern verirrte ich mich für ungefähr eine halbe Stunde in die Gruppentherapie der Anne Will, woselbst die Frage beredet ward, ob denn unsere Demokratie im Jahr 80 nach der temporären Machtergreifung Satans eine sogenannt gefestigte sei. Die Auswahl der Auskunftsbefugten garantierte Esprit, Freigeisterei, Meinungsvielfalt, Unbefangenheit und also ein veritables pluralistisches Stechen. Als da nämlich waren: der SPD-Vorsitzende Gabriel, der beinahe – beinahe! – über ein zeitgeschichtliches Thema, die weltschlimmsten Jahre betreffend, promoviert hätte sowie überdies familiär väterlicherseits vollendet vorbelastet und folglich zur rasenden Objektivität prädestiniert ist (man vergleiche geneigterweise meinen Eintrag vom 15. Dezember 2012); sodann die schöne Sahra Wagenknecht, meist leider stumm, weil es im Grunde ja auch nicht ihr Thema war, aber zart zürnenden oder jedenfalls blitzenden Auges in dem Moment, als Gabriel davon kündete, dass der weibliche Teil seiner Familie, wegen Satan, gewisse Erfahrungen mit den Befreiern aus dem Ursprungslande jenes Weltbeglückungsexperiments hatte machen müssen, dem sie sich letztlich immer noch ein bisschen verpflichtet fühlen mag; ferner St. Rita Süssmuth, blitzgescheit und geistesgegenwärtig wie eh und je; schließlich der Vorsehungsprediger und

Kausalitätsschamane H. A. »im Westen geht die Sonne auf« Winkler, ein Wunder an karrieredienlich selektiver Gelehrsamkeit und momentan angesagter Weisheit. Wieder einmal durfte man staunend das unausgesprochen waltende Apriori registrieren, dass der Nationalsozialismus quasi ein binnendeutsches Phänomen gewesen ist, welches sich nur durch die ihm innewohnende Expansivität zu einem, nein, zum allerschlimmsten Weltproblem aufblies. Beglückt darüber, erneut auf die tägliche murmeltiergrußhafte Weise über den offiziellen Geisteszustand dieser Republik belehrt zu werden, harrte ich das besagte halbe Stündchen aus, bevor ich mich wieder dem Champions-League-Spiel in Mailand zuwandte, aber ich wette meine englische *Mein Kampf*-Ausgabe darauf, dass auch in den anderen beiden exorzistischen halben Stündlein nicht ein Mal (oder allenfalls nur als Hinweis auf ihren Missbrauch durch die Satanisten) die Begriffe »Versailles« und »russische Revolution« bzw. »Bolschewismus« gefallen sind...

22. Februar

Heute vor 70 Jahren wurde Sophie Scholl hingerichtet. Trüge sie in einer Talkshow ihre christlichen und patriotischen Überzeugungen vor, wäre sie schon morgen *Persona non grata*.

Dem meinerseits seit geraumer Zeit mit verständnisloser Sympathie gelesenen Dietmar Dath gelingt bei der Besprechung der Autobiographie von Eckhard Henscheid ein derart stimmiger Satz, dass man ihn dafür glatt segnen oder zumindest mit zum Beispiel Sechsämtertropfen salben möchte, und zwar: Seine (also des Kameraden Henscheid) Angriffe auf Gott und die Welt »blieben allezeit kenntlich als die eines Nonkonformisten, der, wenn denn durch einen albernen statistischen Zufall die Macht und die Mehrheit auch mal etwas Vernünftiges vertreten, sich zur Not auch für einen abgedrängten oder gedeckelten völligen Unsinn prügeln würde.«

23. Februar

Wie es dazu kommen konnte, dass ein noch vor 15 Jahren in der hiesigen Öffentlichkeit zwar nicht unbedingt diskutables, aber immerhin erwähnensmögliches Phänomen namens Ausländer- oder Zuwandererkriminalität komplett aus den Medien verschwunden ist, obwohl es in der Realität munter weiterrumort, illustriert heute *Spiegel online* mit einer Meldung aus London. Unter der Schlagzeile: »Britische Sexgang: Vergewaltiger brandmarkte Zwölfjährige mit seinen Initialien« heißt es: »Ihre Opfer waren noch Kinder, als sie Sexsklaven wurden: In London müssen sich neun Männer vor dem Strafgerichtshof wegen Zwangsprostitution und Vergewaltigung verantworten. Nun sagen die Mädchen gegen ihre mutmaßlichen Peiniger aus – und schildern grausame Details.« Die Namen der Londoner Gentlemen lässt *Spiegel online* kultursensibel weg. Reichen wir sie nach (aus dem *Independent*, welch schöner Name für eine Zeitung): Mohammed Karrar, Bassam Karrar, Akhtar Dogar, Anjum Dogar, Kamar Jamil, Assad Hussain, Bilal Ahmed, Mohammed Hussain, Zeeshan Ahmed. Bei Culloden war wohl keiner ihrer Vorfahren mit von der Partie.

Aber, fragt nun der tolerante Leser, was, wenn die Kerle einen britischen Pass haben – dann sind sie doch Briten, oder? Und ihre Namen spielen in diesem Fall überhaupt keine Rolle mehr! – Nur: Warum verschweigt man sie dann? Der Fall erinnert an die »niederländischen Jugendlichen« zunächst verschwiegener marokkanischer Abkunft, die vor kurzem nach einem Fußballspiel einen Linienrichter zu Tode prügelten, was bio-holländische Teenager halt eher nicht tun. Die einen Täter sind also (wenn überhaupt) Niederländer und zugleich nicht, die anderen (womöglich) Briten und eben auch wieder keine. Es gebietet die Fairness gegenüber dem indirekt geschmähten Albion, zumindest die Option mitzudenken, dass die dortigen Autochthonen es sich längst abgewöhnt haben, andere Menschen als Eigentum zu betrachten und ihnen Brandzeichen ins Fleisch zu setzen. Wenn man Kriminalität importiert und durch Staatsbürgerschaftsvergabe zum Eigengewächs umdeklariert, verhält es sich damit wie mit unterderhand umetikettierten Waren: Es ist Betrug im Spiel.

Im konkreten Fall geht es letztlich wieder einmal darum, Tatsachen zu vernebeln,* speziell auch hiesige, weil nach dem letzten Schrei der Gesinnungsmode Kriminalität ja ausschließlich soziale und niemals ethnische oder kulturelle Ursachen haben darf (allenfalls maskuline Ursachen gehen noch durch, sofern die Täter Weiße sind, und dann auch rassistische). Bestehen wir also auf einen genauen Herkunftsnachweis auf dem Etikett, damit sich die Daten in den veröffentlichten Kriminalitätsbilanzen irgendwann einmal der Realität annähern und man gegebenenfalls politische Schlüsse daraus ziehen kann, sollte der Gesindel-Koeffizient innerhalb gewisser Gruppen, was Gott und Gabriel verhüten mögen, sich auch beim besten Willen nicht mehr allein sozial erklären lassen.

* Es handelt sich bei diesem Eintrag um ein erstes Wetterleuchten der Massenverbrechen von Rotherham, die im September 2014 die

europäische Öffentlichkeit beschäftigten. 1200 meist minderjährige weiße Mädchen wurden von pakistanischen Männern systematisch und über Jahre vergewaltigt. Trotz zahlreicher Hinweise schritten die Behörden nicht ein, wie sich herausstellte, aus Angst davor, wegen der muslimischen Herkunft der Täter als Rassisten zu gelten. Da die Opfer durchweg einheimische Mädchen waren, also Kinder von Ungläubigen und im Gegensatz zu den Töchtern Allahs damit unrein, handelte es sich eindeutig um ein Verbrechen mit ethnischen Motiven.

24. Februar

»Ein Neger mit Gazelle zagt im Regen nie«, heißt das bekannteste, wahlweise Schiller oder Schleiermacher zugeschriebene deutsche Palindrom. Noch steht es sogar in der *Wikipedia*, aber das dürfte bald passé sein. Auch Carl Einsteins Klassiker *Negerplastik*, erschienen 1915 als eine der ersten und gewiss als erste solide europäische Studie über die Kunst Afrikas, dürfte bald aus dem Verkehr gezogen oder in einer streng redigierten Fassung neuveröffentlicht werden.

25. Februar

Mit den Zehn Geboten, liest man gelegentlich, sei die höhere Moral in die Welt gekommen, vor allem des berühmten »Du sollst nicht töten (morden)« wegen. Doch was war die erste Handlung des Mose, nachdem er mit dem sozusagen druckfrischen Dekalog vom Berg Sinai zurückgekehrt war und sein Volk im Götzendienst das Goldene Kalb Aarons umtanzen sah? Er forderte die Leviten auf, die Abtrünnigen zu strafen und dabei auch die eigenen Verwandten nicht zu schonen. Dreitausend Israeliten wurden, nur ein paar Stunden nach der Verkündung des göttlichen Tötungstabus, mit dem Schwert erschlagen (Ex 32, 26–28). Sie hatten das zweite Gebot verletzt (das sie noch gar nicht kennen konnten), weshalb sie auf die Einhaltung des sechsten keinen Anspruch anmelden durften. Bei der Eroberung des Heiligen Landes durch die Israeliten war das Tötungstabu ebenfalls außer Kraft gesetzt. Und so geht es in der Geschichte allzeit fort und fort …

26. Februar

Die Zahl der Deutschen, die wissen oder wenigstens davon überzeugt sind, dass der Nationalsozialismus »geistige« Wegbereiter besaß, erhöht sich seit 1945 kontinuierlich. Unter den Nazis dürfte dieser erbauliche Sachverhalt noch weitgehend unbekannt gewesen sein.

Die Erbauer des GULag hatten übrigens keine »Wegbereiter«, sondern »Klassiker«.

28. Februar

Im *Merkur* preist der amerikanische Pianist Jeremy Denk Bachs Polyphonie als den »echten Kontrapunkt« und weist darauf hin, dass man es zum Beispiel bei einem Chopinschen Nocturne in der Regel mit dem Gegenteil kontrapunktischen Komponierens zu tun habe: Da entwickle sich eine Melodie über Akkordwiederholungen der bloß begleitenden Linken;

»im Grunde« sei das, was die Linke spiele, »Füllmaterial«,
schreibt Denk, und Bach fasziniere so sehr, weil bei ihm dergleichen nicht vorkomme: »Alles zählt.« Das erinnert an die
halbwegs bekannte Sottise, Chopin sei »ein Genie der rechten
Hand« gewesen. Nun führte mir die Gattin aber zufälligerwei-
se ausgerechnet gestern anhand eines simplen Chopin-Walzers
vor, wie wunderbar melodisch und auch für sich allein hinreichend präsent, ja singbar der Part der Begleithand komponiert
sei. Es ist keine echte Kontrapunktik, aber eben doch (hierar-
chisch geordnete) Polyphonie. Freilich ist das, was die Rechte
bei Chopin darzubieten hat, meist von einem so überwältigen-
den Esprit und von so filigraner Schönheit, dass man für die ver-
steckten Herrlichkeiten der anderen Hand kein Ohr mehr hat.

1. März

Vielleicht werden es die Maschinen dermaleinst gut mit den
Menschen meinen, vielleicht werden sie anderen Maschinen
die Werke Shakespeares, Beethovens, Giottos, Einsteins zeigen bzw. vorführen und erklären, deren Produzenten seien
Spitzenexemplare jener merkwürdigen, längst nicht mehr vorkommenden Bioprozessoren gewesen, von denen sie selber ab-
stammen.

2. März

Im *Weltwoche*-Interview bezeichnet Nassim Nicholas Taleb das
World Economic Forum (WEF) zu Davos als »International
Association of Name Droppers« und schildert als typische

Szene ein Essen »mit dem Big Boss einer der größten Banken der Welt«: In keinem Moment des Dinners habe der Mann etwas Interessantes oder Bedeutendes geäußert, das Gespräch habe ausschließlich von seinen »Freunden«, dem Präsidenten X, dem CEO Y usw., gehandelt. Taleb: »Das sind Menschen, die größte Befriedigung daran haben, andere Menschen zu kennen, aber nicht einen Funken Begeisterung an Ideen aufbringen.« Dass diese Buben einen auf Green Business und Weltklimarettung machen, sich aber jeden Schritt durch das Alpenörtchen ersparen und stattdessen allzeit in dicken Limousinen chauffieren lassen, auf denen »Green Davos«-Aufkleber prunken, passt fast schon klischeehaft perfekt ins Bild.

Auf die Frage, was ihn in die Öde getrieben habe, erklärt der Bergprediger in Nietzsches *Also sprach Zarathustra*: »War es nicht der Ekel vor unsern Reichsten? – vor den Sträflingen des Reichtums, welche sich ihren Vorteil aus jedem Kehricht auflesen, mit kalten Augen, geilen Gedanken, vor diesem Gesindel, das gen Himmel stinkt, – vor diesem vergüldeten, verfälschten Pöbel, dessen Väter Langfinger oder Aasvögel oder Lumpensammler waren, mit Weibern willfährig, lüstern, vergeßlich – sie haben's nämlich alle nicht weit zur Hure – Pöbel oben, Pöbel unten! Was ist heute noch ›arm‹ und ›reich‹! Diesen Unterschied verlernte ich (...).«

4. März

Joseph (»Joschka«) Fischer veröffentlicht, gemeinsam mit Fritz Stern, ein Gesprächsbüchlein unter dem Titel *Gegen den Strom*. Wo bzw. wohin mag wohl der besagte Strom fließen, in den der Fischerjockel sich gegenstrebig stürzte, den Hecksog erzeugend für allein gar nicht schwimmfähige und erst recht nicht gegenströmige Quietsche-Entchen wie Claudia Roth und Volker Beck?

6. März

Das gute, schöne, wahre Wörtchen *egal* ist zuweilen von bestrickender, stirnglättender Tröstlichkeit. Eine meiner Tschechowschen Lieblingsfiguren, der Arzt bzw. ehemalige Arzt Tschebutykin (er hat, nach eigenen Worten, durch seine Trinkerei das gesamte Medizinstudium vergessen), beendet einen Dialog über den Wert der heute bevorzugt Partnerschaft genannten Zweisamkeit mit den von geradezu kosmischer Gleichgültigkeit zeugenden Worten: »Da kannst du philosophieren, soviel du willst, Einsamkeit ist ein schrecklich Ding, mein Freund ... Obwohl, im Grunde ... ist es natürlich völlig egal.«

Thomas Bernhard hat seine besten drei bis vier Seiten Prosa als Meditation über das Wörtchen »egal« geschrieben: das Finale seines autobiographischen Buchs *Der Keller*, und auch wenn es ein Sakrileg ist, den oberösterreichischen Rohrspatz (bei dem man bedenkenlos das halbe Werk streichen könnte) in einem sogenannten Atemzug zu nennen mit Tschechow (bei dem man guten Gewissens keinen Halbsatz streichen kann), soll es doch ausnahmsweise geschehen: »In seinem Alter sei einem alles gleichgültig, man hänge am Leben, aber egal sei es auch, wenn es vorbei sei«, sagt der einstige sehr ferne Bekannte aus der Scherzhauserfeldsiedlung, dem schlechten Viertel am Salzburger Stadtrand, zu Bernhard, als er ihn viele Jahre später in der Wiener Innenstadt wiedertrifft, Schriftsteller

längst der eine, Bauarbeiter der andere, und man verabschie-
det sich schließlich mit den Worten: »Servus, und es ist alles
egal.« – »Egal, das war es«, fährt Bernhard fort: »Mein besonderes Kennzeichen heute ist die Gleich*gültigkeit,* und es ist das
Bewußtsein der Gleich*wertigkeit* alles dessen, das jemals gewesen ist und das ist und das sein wird.« Und es folgt der ragendste
Satz, den Bernhard je geschrieben hat: »Es ist gleich, ob einer
mit seinem Preßlufthammer oder an seiner Schreibmaschine
verzweifelt.«

7. März

Die Namen der hiesigen Parteien sind längst durchweg habituel-
le Mogeleien; vielleicht sollte in den Politbüros allmählich über
korrigierende und auch klärende Eingriffe nachgesonnen werden. Die CDU etwa ist so christlich wie die Deutsche Bank und
bei Lichte besehen auch nicht demo-, sondern eurokratisch, die
SPD desgleichen, wobei das D in ihrem Namen inzwischen eher
eine Ortsbezeichnung denn irgendeine Programmatik darstellt
(in Nordrhein-Westfalen wollen die Sozis den Amtseid ändern
und künftig statt »dem Wohle des deutschen Volkes« jenem »aller Menschen« oder »dem Wohle der nordrhein-westfälischen
Bevölkerung« dienen). Die Grünen haben weder bei ihrem
Namen noch sonst je ein Hehl daraus gemacht, wie unwichtig ihnen der Demos ist, solange der Journalist, der Lehrer, der
Sozialwissenschaftler und der TV-Moderator ihnen wohlgeson-
nen bleiben, aber sie sind natürlich grün nur am ideologischen
Rande, im Kern knallrot mit einem Stich ins Pinke. Bei der FDP
wiederum steht das F längst für feige (eine Feststellung, die insofern unfair ist, als dieses F in allen Parteinamen stehen müss-

te), und die Frage, ob es sich überhaupt noch um eine Partei handelt, wie das P suggeriert, ist ungeklärt. Die Piraten sind allenfalls Elstern oder Geierchen, jedenfalls kolossal kaperunfähig und ohnehin quasi versunken. Bleibt einzig die Linke übrig, wo draufsteht, was drin ist. Wenigstens das.

8. März

Eine aus Südkorea stammende junge Mezzosopranistin, zur weiteren Stimmausbildung in Deutschland weilend und im Zuge dessen für die Aufführung der Oper eines zeitgenössischen Komponisten engagiert (es handelt sich um ein in hoch- bis höchstmoderner Manier vertontes Tschechow-Stück), berichtet, ihre Mutter habe sie am Telefon gefragt, was sie denn lerne im Lande Beethovens und Wagners, und gebeten, sie möge ihr doch etwas aus diesem neuen Werk vorsingen. Nach einigem Zögern erfüllt sie der Mama den Wunsch und beginnt am Telefon eine Passage glissandierenden Gejaules vorzutragen, um bereits nach wenigen Takten vollendete Ratlosigkeit und betretenes Schweigen am anderen Ende der Welt auszulösen ...

9. März

Die allerexotischste Weise, heute die Opern Richard Wagners zu rezipieren, besteht womöglich darin, Wotan, Loge und Alberich für reale Personen zu halten (und nicht für Allegorien), Mime für einen garstigen Zwerg (und nicht für eine Judenkarikatur), Lohengrin für einen Gralsgesandten (und nicht für ein

Künstlergleichnis), den Speer im *Parsifal* für einen Speer (und nicht für ein Phallussymbol), das Geisterschiff des Fliegenden Holländers für ein jederzeit auf den Meeren antreffbares Gefährt (und nicht für ein Phantasiebild) etc. pp., kurzum: Wagner mit Ohren und Augen eines großen Kindes wahrzunehmen. Gleichwohl wäre dieses Werkverständnis keinen Deut falscher oder richtiger als jedes andere auch.

10. März

Richard Strauss an Gerty von Hofmannsthal, 31. Juli 1914: »Wohin ist Hugo denn abgerückt? Muß er zur aktiven Armee, oder bleibt er Landsturm, weit vom Schuß? Dichter könnte man wirklich zu Hause lassen, wo sonst so reichlich Kanonenfutter vorhanden ist: Kritiker, Regisseure mit eigenen Ideen, Molière-Spieler etc.«

11. März

Der *Spiegel* widmet sich in seiner Titelgeschichte den nichtprofessionellen Lebensrettern, sprich jenen Mutigen, die helfen, wo andere nur gucken oder wegschauen bzw. -laufen. Selbstredend kommt in diesem Zusammenhang auch die allseits gepriesene Zivilcourage zu ihrem Recht, nämlich in einem Interview mit einer Psychologin, die behauptet, man könne sie sogar lernen. Gegen wen Courage gezeigt werden soll, geht aus drei Stellen des Gesprächs hervor, wo von »Rechtsextremen« die Rede ist, von »rassistischen Bemerkungen« und von einem »Überfall auf einen Obdachlosen«. Die Interviewerin lässt sich nicht lumpen und schiebt in einer Frage die hypothetische Situation ein, man werde Zeuge, wie in der U-Bahn »drei Skinheads einen dunkelhäutigen Mann anpöbeln«. All das kam und kommt vor, ist schändlich und bekämpfenswert, keine Frage. Aber um die Klientel zu erwähnen, von welcher heutzutage im öffentlichen Raum die größte Bedrohung ausgeht, fehlte den beiden Damen denn doch die nötige Zivilcourage.

12. März

Beim Kramen in alten Kisten fällt mir mein sogenanntes *Confession Book* aus den 1980er Jahren in die Hände, ein Fragebogen, den alle Gäste meines weiland bescheidenen Heims auszufüllen hatten und der jenem aus dem *Confession Album* der Familie Marx nachgebildet war. Darin hatte Friedrich Engels auf die Frage »Meine Vorstellung von Glück« geantwortet: »Château Margaux 1848«. Ich hatte unter demselben Punkt, damals noch eingemauert zu Ostberlin, geschrieben: »Europa«. – In Zeiten, wo mit diesem schönen Wort Figuren wie Martin Schulz, Günther Oettinger oder Viviane Reding konnotiert sind, sollte auf die Beharrlichkeit des Traumes verwiesen werden ...

Meine heutige Antwort auf besagte Frage würde übrigens wohl eher engelsmäßig ausfallen und hieße: »Quilceda Creek Cabernet Sauvignon 2007«.

13. März

Spiegel online beginnt einen Bericht über die Gesundheit der Europäer, die sich im weltweiten Vergleich erwartbar gut aus-

nimmt, mit der Feststellung: »Die Lebenserwartung steigt, die
Kindersterblichkeit ist gering, immer weniger Mütter sterben
bei der Geburt.« Unerwähnt bleibt, wie stets, die konstant hohe
Embryonensterblichkeit.

14. März

Dass »deutsche Täter keine Opfer« seien, weiß man durch sogenannte antifaschistische Gegendemonstranten, wenn irgendwo irgendwer öffentlich darauf hinweist, dass im Bombenkrieg oder bei
der Vertreibung zum Beispiel auch Hunderttausende deutsche
Kinder umgebracht wurden. Dass diese Maxime sogar für heute
lebende Deutsche gilt, zumindest aus einer gewissen Perspektive,
demonstrieren die hiesigen Medien, die Gewalttaten mit rechts-
extremem Hintergrund groß aufblasen (wogegen an sich nichts
einzuwenden wäre), aber die durchaus häufigeren und regelmäßi-
geren Gewaltexzesse von Ausländern und Neu- bzw. Doppel-
passdeutschen möglichst klein machen oder gleich ganz ignorieren.
Dieser Tage gab es wieder einen solchen Fall im niedersächsischen
Kirchweyhe, wo eine Türkengang einen Fünfundzwanzigjährigen
ins Koma prügelte und sein Gehirn dabei dermaßen zerstörte, dass
heute die lebenserhaltenden Apparate abgeschaltet werden. In
den großen Gazetten ist bislang nichts davon zu lesen, und wenn,
fiele die Angelegenheit unter »Jugendgewalt«. Nur die Hyänen
von *Bild* halten in diesem Fall bei den Mainstream-Medien die
Ehre (ich scherze) des deutschen Journalismus hoch...
   Ich kann mich übrigens nicht entschließen, das Abwiegeln
und Vernebeln von Seiten der Leitmedien weniger wider-
lich zu finden als das oftmals kreischende Ressentiment beispielsweise auf den »Politically Incorrect«-Kommentarseiten

(Ressentiment hier mal abwechslungshalber im Wortsinne verwendet als ohnmächtiger Groll). Wenn die Herkunft einer Tätergruppe signifikant ist, dann spielt sie eben auch eine Rolle – es wird interessant sein zu beobachten, ob man irgendwann der Polizei komplett verbietet, Herkunfts- und ethnische Merkmale bei ihrer Arbeit zu verwenden, ich meine intern, in der Öffentlichkeit dürfen sie es ja bereits heute kaum mehr.

Natürlich werden auch oft Nichtdeutsche Opfer der Schlägerbanden wie unlängst am Berliner Alexanderplatz; es geht hier keineswegs um Deutsche hier und Ausländer da, sondern um eine ganz spezielle Gruppe Jugendlicher aus fast durchweg muslimischer/muslimischstämmiger Sozialisation, die mit Vorstellungen von Ehre, Stolz, Familie, Religion, Volk, Männlichkeit (und Bildung) sowie deren notwendiger Durchsetzung gegenüber anderen aufwachsen, das mit dem, was man deutschen Kindern und Jugendlichen vermittelt, nichts zu tun hat. Die deutschen Integrationspolitiker gehen anscheinend von der reichlich perversen Hoffnung aus, dass der weiche Leib der Gesellschaft diese Gewalt schon irgendwie auffangen und abpolstern werde – »Einwanderungsgesellschaften sind Konfliktgesellschaften«, pflegte die einstige Ausländerbeauftragte der Bundesregierung, Cornelia Schmalz-Jacobsen, zu sagen –, ungefähr so, wie ein in der vollen U-Bahn Sitzender hofft, die lärmenden Jugendlichen, die zwei Türen von ihm entfernt eingestiegen sind, werden sich an den anderen Insassen vor ihm abarbeiten ...

15. März

Viele Bewunderer der Callas sind schwul – warum?, frug ich mich heute mittag hirnunterbeschäftigt auf dem Spinning-Rad, und da kam mir die Antwort: Weil sie den fehlenden erotischen Beiklang resp. Unterton einer Frauenstimme entweder überhaupt nicht wahrnehmen oder sie so etwas naheliegenderweise gar nicht erst interessiert.

Um irgendwie im Sujet zu bleiben: Der britische *Indie-Rock*-oder-so-ähnlich-Sänger Steven Morrissey hat geäußert, dass die Kriege auf Erden ein Ende hätten, wenn alle Männer schwul wären, weil kein Schwuler es fertigbrächte, auf Männer zu schießen. Es war zwar naheliegend, dass man ihm schwule Heerführer und Herrscher als Gegenbeispiele vorhielt, aber das überzeugt allein so wenig wie der Hinweis auf die gezielte Nutzbarmachung der Homosexualität bei den besten Kriegern der klassischen Antike, den Lakedaimoniern, oder der Hinweis aufs Schwul-Männerbündische bei den alten Nationalsozialisten und den mittleren bis neuen Rechtsextremen.

Zu allen Zeiten waren ja einige zurechnungsfähige Menschen davon überzeugt, dass es der Liebe einmal gelingen werde, den ewigen Frieden auf der »um ihre eigene Achse rotierenden Folterkammer« (Ulrich Horstmann) zu errichten, und auch sie haben vermutlich die simple, wenngleich fundamentale Tatsache unterschätzt, die darin besteht, dass Menschen von Anfang an und bis ans Ende aller Tage *aus Liebe* töten, indem sie ihre Angehörigen verteidigen, und so wie die Liebe zu Frau und Kind *Homo sapiens* nie davon abgehalten hat, andere umzubringen, würde auch in einer vollrohr schwulen Welt weiter getötet, fürs Überleben der Lieben, gegen die anderen, die ihnen Ressourcen oder Räume streitig machen. – Von der Petitesse einmal abgesehen, dass ein nur noch von Homosexuellen besiedelter Planet relativ schnell ein unbesiedelter und also tatsächlich von Kriegen befreiter wäre; in dieser Hinsicht hat der Gevatter Morrissey absolut recht.

16. März

Unter anderem zwei Trends werden wir in den nächsten Jahren in Europa beobachten: Immer mehr Staatsrechtler vertreten die Ansicht, dass die Selbstbestimmung der Völker mitsamt dem deutschen Grundgesetz ein Relikt aus vergangenen Zeiten ist und der EU-Gesetzgebung nachgeordnet werden muss; immer mehr Öffentlichkeitsarbeiter machen sich über die Forderung nach Meinungsfreiheit lustig bzw. denunzieren sie als ein »Das wird man ja wohl noch sagen dürfen« aus dem Munde rassistischer, sexistischer, nationalistischer und auf jeden Fall zum Schweigen zu bringender Hinterwäldler. Auf den Punkt gebracht: Demokratie und Freiheit der Rede sind, einstweilen, Ideen von gestern.

19. März

Vergleichsweise zügig hat Alice Schwarzer der Sexismus-Kampagne gegen den armen Brüderle nun ein Buch, wie man sagt, nachgeschoben, dessen Titel ich nur beipflichten kann: *Es reicht!* Die Ankündigung des Verlages ist überschrieben mit dem Satz: »Bei der sexuellen Belästigung geht es nicht um Begehren, sondern um Macht.« Inwieweit Frl. Schwarzer aus persönlicher Erfahrung bzw. diese aus ihr spricht, vermag ich nicht einzuschätzen, doch *pro domo* muss und will ich beteuern, dass es mir bei meinen sämtlichen, also auch bei den erfolglos in Angriff genommenen sexuellen Belästigungen immer nur und ausschließlich um das eine ging und die einzige Macht, die ich dabei ausübte, in der strikten Übernahme der Lokalrechnungen bestand, wobei ich mich in diesem Belang irgendeines Widerstandsversuchs nicht entsinnen kann ...

20. März

Das Institut für Demoskopie Allensbach hat Probanden eine
Auswahl von mutmaßlichen gesellschaftlichen Normverstößen
vorgelegt und gefragt, was man auf keinen Fall tun dürfe. So
waren zum Beispiel 74 Prozent der Befragten der Ansicht,
man dürfe nicht Auto fahren, wenn man zuviel Alkohol ge-
trunken habe (Spitzenwert). Müll im Freien abladen fanden 72 Prozent unstatthaft, Steuerhinterziehung 50 Prozent,
Wörter wie »Neger« oder »Zigeuner« 40 Prozent, anzügliche
Bemerkungen über Frauen 33 Prozent. Am wenigsten Anstoß
erregte die Abtreibung: Nur 13 Prozent waren der Meinung,
dergleichen gehöre sich nicht. Freilich: Wer im Freien abtriebe
und die Föten dann herumliegen ließe, müsste wieder mit mehr
als 70 Prozent Ablehnung rechnen.

22. März

Man stelle sich vor: Hätte Mathilde Wesendonck nur einmal
»Ja, gut, meinetwegen« gesagt, es gäbe den gesamten *Tristan*
nicht...

25. März

Mit einer Mischung aus Rührung, Neid und Verständnislosigkeit
sehe ich bei der orthodoxen Messe Gläubige die zur Verehrung
aufgestellten Ikonen küssen und sekundenlang liebevoll bis in-
brünstig die Stirn an sie drücken. Die medizinische Aufklärung
triumphiert auch hier insofern, als regelmäßig eine Frau mit

Desinfektionsspray und Tuch das Bildnis säubert. Das Gefühl, als Nicht-Christ und Ungetaufter ein Fremdkörper in der Kirche zu sein, schwindet von Mal zu Mal; der liebe Gott wird sich schon etwas dabei denken, dass er mich zum Atheisten bestimmt hat.

5. April

»Niemandem schadet in Deutschland die Beschimpfung Deutschlands: im Gegenteil!«
Thomas Mann (1918)

10. April

Nach dem Ausscheiden des FC Málaga in der Champions League gegen Borussia Dortmund aufgrund eines Abseitstores in der Nachspielzeit twitterte der Besitzer des spanischen Klubs, Scheich Abdullah Al-Thani, es liege ein Fall von »Rassismus« vor. Was mag der Weise aus dem Morgenland damit meinen? Antispanischen »Rassismus« des schottischen Schiedsrichters (der zehn Minuten zuvor den Spaniern ebenfalls ein Abseitstor gegönnt hatte)? Sind die Spanier neuerdings eine Rasse? Nein, er wollte einfach mit einem europakompatiblen Schmäh- und Kraftausdruck ein bisschen Wind machen – so wie im Witz die Frau in der Bank, nachdem man ihr mitgeteilt hat, ihre Kreditkarte sei nicht gedeckt, ausruft: »Hilfe, ich bin vergewaltigt worden!« Vielleicht sollte es der Scheich beim nächsten irregulären Treffer mal mit der Version versuchen, das Tor sei sexistisch gewesen. Menschenverachtend geht auch. Oder schwulenfeindlich. Ein menschenverachtender, schwulenfeindlicher, sexistischer Sieg – das ist es doch, wovon alle träumen.

14. April

Wagner-Jahr, Fortsetzung. Es gibt ersichtlich auch eine Form von Antisemitismus-Unterstellung aus schierer Chuzpe des Unterstellers, frei nach La Rochefoucauld: Besser, es wird schlecht von einem geredet als gar nicht. Auf einen besonders exponierten Fall stieß ich bei der Lektüre eines Buches, das die Vorträge eines Schloss-Elmau-Symposions zum Thema und unter dem Titel *Richard Wagner im Dritten Reich* (C. H. Beck, 2000) versammelt. Darin beteuert der US-amerikanische Literaturwissenschaftler Marc A. Weiner, einer der wesentlichen Verbreiter der These, Wagners Musik berge antisemitische Trouvaillen zuhauf, er sei »selber konsterniert, zugeben zu müssen, daß gerade die antisemitischen Komponenten in Wagners Werken sie für mich so interessant und reizvoll machen. (...) Züge von dramatischen Figuren, die ich als antisemitisch bezeichnen würde, sind für mich in vielen Fällen mit Wagners schönsten Schöpfungen verbunden (wie im Fall von Alberich, Mime, Hagen, Beckmesser und Klingsor), sowohl was die Vielschichtigkeit und den dramaturgischen Reichtum, die rätselhafte und psychologisch hellsichtige Komplexität der Personen anbetrifft als auch im Hinblick auf die betörende Schönheit der Musik.«

Eine halbwegs zufriedenstellende Antwort auf die Frage, wie er dazu kommt, all diese Bühnenfiguren freiweg als Juden zu nehmen, bleibt Weiner schuldig, wie auch all seine Vorgänger in dieser Frage (unter denen sich bezeichnenderweise nie Musiker befinden). Aber er behauptet immerhin, Wagner habe »seinen

Glauben an die Andersartigkeit der Juden durch die Zuweisung hoher Stimmen vermitteln« wollen. Das heißt: »Wagner und sein Publikum hörten die jüdischen Stimmen als Ausdruck (...) dieses Unterschieds.« Bei den fünf von ihm aufgeführten »Juden« in Wagners Opern handelt es sich um einen Tenor, einen Bariton und drei Bässe. Man kann zu gewissen Themen hierzulande anscheinend jeden Unsinn vortragen.

15. April

Der Bundestag möge beschließen: Deutschland geht nie wieder eine Währungsunion mit Ländern ein, in die man gerne reist.

22. April

Der US-amerikanische Physiker Lawrence Krauss erklärt in seinem neuen Buch, das Weltall sei aus der »Abwesenheit von Zeit und Raum« entstanden, also buchstäblich aus dem Nichts. Es gibt offenbar auch ein physikalisches Glaubensbekenntnis. Wie so oft hat Goethe hierzu ebenfalls das ultimative Wort gesprochen: »Das schönste Glück des denkenden Menschen ist, das Erforschliche erforscht zu haben und das Unerforschliche ruhig zu verehren.« (*Maximen und Reflexionen*)

27. April

»Die Kunst ist überall am Ziel«, sprach Schopenhauer gegen die Hegelei des permanenten Weges; umgekehrt also kommt,

was nicht am Ziel ist, als Kunst kaum in Betracht. Recht so.
Der amusische Mensch sieht im Künstler den Begründer oder
Befolger eines Trends, das Mitglied dieser und den Vorläufer
jener Schule, überall jedenfalls Zwischenstufe, Richtung und
Epoche. Der künstlerisch empfängliche Mensch indes sieht nur
das Werk. Die großen Vollbringer waren immer Ziel und nie
Stufe. Sie sind so wenig jemandes Vorläufer, wie ein Berggipfel
irgendwohin führt.

11. Mai

Wagner-Jahr, weitere Fortsetzung: Theodor W. Adorno verdanken wir neben treffenden Feststellungen wie jener, dass der »in-
dividuelle Schein der offiziellen Kultur notwendig proportional
mit der Liquidierung des Individuums« wachse, auch die gern
zitierte Bemerkung, Wagner habe »Musik für Unmusikalische«
geschrieben, speziell im *Ring des Nibelungen*. Vier dieser spit-
zenmäßig unmusikalischen Wagnerhörer bzw. bekennenden
Wagnerianer waren Bruckner, Mahler, Richard Strauss und
Puccini. Der Literat Hans Mayer berichtete, wie er als junger
Mann im Gespräch mit Alban Berg aus ideologischen Gründen
auf Wagner schimpfte: »Alban Berg – unvergeßlich – sah von
oben auf mich herab und sagte: ›Ja, so können Sie reden, Sie
sind ja nicht Musiker.‹«

18. Mai

»Weh, Kommune, wie richten sie dich zu, / Die Fremden, die
Nachbarn / Und am ärgsten noch deine Bürger, / Die dich

doch schätzen müssten!«, heißt es in einem (früher Dante zu-
geschriebenen) Sonett von Antonio Pucci aus dem späten
14. Jahrhundert. »Und keiner denkt an Deinen Kummer oder /
Daran, daß du untergehst, wenn er sich erhöht. / Alle bereichern sich nur, und / Viele machen sich durch dich zu Herren. /
Und am Ende sind sie nur zu deinem Schaden.«
    Semper idem.

24. Mai

Die spanische Wirtschaftskrise ist zumindest in Barcelona kaum
zu spüren, die Kaufhäuser und vor allem die Lokale sind voll,
von der einfachen Tapas-Bar bis zum »Barceloneta«, wo man
für das Kilogramm Hummer 190 Euro verlangt. Der heimische
Fußballclub ist allenthalben präsent, unter anderem in Gestalt
der jubelfaustballenden Messi, Xavi, Iniesta & Co auf Plakaten
und Bussen. Dennoch stellt sich bei der Fahrt am Camp Nou
vorbei das Gefühl ein, einen Tempel zu passieren, in dem keine
Götter mehr wohnen, als wäre man ein Reisender im Rom des
frühen 4. Jahrhunderts, der einen Ort vorfindet, wo man noch
dem Mithras huldigt statt dem Christus. – Abends eine festi-
valeske, jedenfalls festivaleröffnende Flamenco-Darbietung, ein
Fest der Geschlechtlichkeit, eine grandiose Zurschaustellung
aggressiv-selbstbewusster Weiblichkeit, unseren Gender-
Schwestern vermutlich halb Wonne, halb Greuel. Wobei Klage
und Melancholie interessanterweise den Männern überlassen
bleiben – aber wem auch sonst?
    Einzige Impression aus Deutschland ist eine Sorge fingie-
rende *Spiegel online*-Schlagzeile, die nach der öffentlichen
Tranchierung eines britischen Soldaten durch zwei schwar-

ze Allahisten nicht etwa weitere Bluttaten dieser Art befürchtet, sondern ein Wachsen der Islamfeindlichkeit. Diese des
elementarsten Mitgefühls sich entschlagende Reaktion ähnelt der reflexhaften Forcierung des Kampfes »gegen rechts«
nach dem Totschlag von Kirchweyhe. Wie Metallspäne in einem sich verändernden Magnetfeld richten sich die Genossen
Journalisten allmählich nach den neuen Kräfteverhältnissen
aus. In Spanien weilt man noch viel zu nah, um sich darüber
zu amüsieren.

26. Mai

Beim Besuch aller drei Münchner Pinakotheken nacheinander
und in chronologischer Reihenfolge fällt auf, dass Schönheit
und Jugendlichkeit des weiblichen Publikums proportional zur
Modernität der Exponate zunehmen. Anders – und mehr nach
meinem Gusto – formuliert: Je miserabler die Malerei, desto at-
traktiver die Frauen davor. Die Schönen sind den Moden hold
und hörig. Wieder einmal kam mir eine Sentenz Gómez Dávilas
in den Sinn: »Die Frau weicht nicht vor einer Idee zurück, sondern vor dem sozialen Druck einer Idee.« (Gilt für die Kerle allerdings kaum weniger.)
   Die Alte Pinakothek gehört gleichwohl zum Besten, was
München zu bieten hat. Ich schlage folgenden Rundgang vor:
Bei den Franzosen im Obergeschoss beginnen, direkt links hinter dem Eingang Chardins »Rübenputzerin«, ein auf den ersten
Blick unbedeutend wirkendes Bildlein, das aber grandios gearbeitet ist, speziell was die geradezu haptische Präsenz der dar-
gestellten Gegenstände und der Kleidung der Magd angeht;
dann linker Hand zu Poussin und Claude Lorrain – die Himmel

Lorrains sind vielleicht das Schönste, was je gemalt worden ist, hier besonders der morgendlich leuchtende auf dem Bild »Die Verstoßung der Hagar« –; solchermaßen vollgesogen mit Subtilitäten der Farbgebung eile man geradewegs am ganzen Rokoko vorbei in den Spaniersaal, wo das unvollendete Bildnis eines jungen spanischen Edelmannes von Velázquez hängt, des Meisters aller Meister, der immer die Seele seiner Modelle mitgemalt hat (wer konnte das sonst noch?). Dann linker Hand sozusagen im Nebenschiff zu den Holländern, zu Frans Hals' »Bildnis des Willem Croes«, einem Spätwerk (nach 1662) mit derben, anarchisch frei gesetzten, einander überlagernden Pinselstrichen, ein musterhaftes Exempel wider die veritable Idiotie malereigeschichtlichen Sortierens in Epochen wie »Naturalismus«, »Impressionismus« etc. – das 17. Jahrhundert kannte längst alles, was später »modern« genannt wurde –; sodann zu Pieter Claesz' »Stilleben mit Zinnkanne und Schinken«, die schiere Lust an der Dingheit der Dinge auszukosten; forsch weiter zu den Italienern: Lorenzo Lottos »Vermählung der hl. Katharina« und die drei Altartäfelchen des unendlich rührenden Giotto, schließlich, nach einem geringschätzigen Seitenblick auf die Dürerschen Apostel die barbarischen Deutschen allesamt links liegenlassend, gemessenen Schrittes durch die große Saalflucht zurück zum Ausgang. Mehr braucht mit einem Mal (oder Mahl) kein Mensch, mehr kann ein Mensch auch nicht auf einmal sehen ...

29. Mai

Als Angela Merkel auf dem 6. Integrationsgipfel für »geistige Offenheit« gegenüber Zuwanderern plädierte, fühlte ich mich sofort angesprochen und irgendwie auch lobend erwähnt. Meine Frau kommt aus Israel, meine Schwiegereltern stammen aus Russland, einer meiner Söhne ist Halbjapaner, meine Tante Ungarin, meine Schwägerin Vietnamesin. Meine Altvordern stammen aus Polen. In meiner Familie wird (sich) integriert, dass es brummt. Grüß Gott, Frau Merkel!

Aber natürlich fühlte ich mich überhaupt nicht angesprochen. Deutsche Integrationsgipfel finden ja nicht wegen Russen und Israelis statt, auch nicht wegen Asiaten und Mitteleuropäern, die brauchen so etwas nicht, denn sie kommen in der Regel allein klar, suchen sich Jobs, Studienplätze, Partner, machen ihr Ding und vergleichsweise selten Ärger. Es waltet, zumindest nach meinen Beobachtungen, in diesem Land auch keine kollektive Abneigung gegen Ausländer, die ihre Rechnungen selbst bezahlen wollen.

Integrationsgipfel werden hierzulande deshalb auch nicht für Zuwanderer an sich, sondern für Zuwanderer muslimischer Abstammung oder Prägung veranstaltet. Was Frau Merkel sehr interessiert, sind die schlechten Erfahrungen, die »Migranten« mit einer speziellen Sorte Einheimischer machen. Die Kanzlerin wörtlich: »Ich werde nie vergessen, dass, als ich einmal eine Diskussion mit Premierminister Erdoğan hatte, eine junge Schülerin – eine Gymnasiastin mit einem Kopftuch – sinngemäß gesagt hat: ›Wenn ich über die Friedrichstraße gehe, brauche ich mir nur die Blicke anzuschauen. Da fragt jeder: Kann die rechnen und schreiben; oder treffe ich die gleich wieder, wenn sie irgendwo nach Geld fragt?‹ Das ist etwas, das aus den Köpfen heraus muss.«

Die interessante Frage aber ist doch: Wie kam es in die Köpfe hinein? Frau Merkel hat in ihrer FDJ-Zeit gewiss die These des Genossen Marx gehört, wonach es das Sein ist, welches das Bewusstsein bestimmt. Die Idee, man müsse nur das Bewusstsein ändern, um die unschönen Seiten des Seins gefälliger ausschauen zu lassen, hatte dortzulande eine gewisse Tradition. Halten wir deshalb fest: Es gibt gewiss seitens der Biodeutschen viel Dünkel, Hochnäsigkeit und Verklemmtheit gegenüber Fremden, in speziellen Gegenden sogar Rassismus bis zur Gewalttätigkeit – aber noch öfter Empörung darüber, missachtet und ausgenutzt zu werden, und auch, zunehmend, Furcht.

Was die Kanzlerin der Deutschen, pardon, der Menschen »da draußen im Lande«, anscheinend nicht interessiert, sind die schlechten (»nicht hilfreichen«) Erfahrungen, die Einheimische mit einer speziellen Sorte von Zuwanderern machen. Und weil unsere Politbürokraten im Zusammenspiel mit den sozialistischen Medienschaffenden dieses Thema so beharrlich ignorieren und unter den Gebetsteppich kehren, muss es ebenso beharrlich angesprochen werden.

Es gibt innerhalb der Großgruppe der Muslime in Deutschland eine immer weiter wachsende Schar von Alimentierten, an Arbeit und Teilnahme am Leben in diesem Land nicht Interessierten, Schulabbrechern, Unqualifizierten, Kriminellen – von den Islamisten zu schweigen. Sie strafen die Gesellschaft, die sie finanziell und auch sonst aushält, mit Verachtung. Es ist keine Mehrheit, aber es sind viele, und wenn man den Menschen zuhört, die mit diesem Milieu zu tun haben, Kommunalpolitikern der unteren Ebene, Sozialamtsmitarbeitern und Lehrern etwa, dann haben sich die Zustände in den vergangenen Jahren immer weiter verschlimmert.

Nicht nur die Zahl der Kopftuchträgerinnen nehme zu, heißt es, sondern auch die Zahl der Jugendlichen, die Sätze sagen, die vor zwanzig Jahren kein muslimischer Zuwanderer gesagt hätte, etwa dass in zwanzig Jahren dieses Land sowieso ihnen gehöre oder dass »Ungläubige« mit gutem Gewissen betrogen werden dürften. Die Genossen Journalisten auf Seiten der Ungläubigen passen freilich auf, dass solche Beobachtungen möglichst nicht in die Öffentlichkeit gelangen; der Neuköllner Bürgermeister Heinz Buschkowsky etwa hat sich, weil er seine Erfahrungen als Buch unter die Leute brachte, längst zum »Rassisten« emporgearbeitet.

Bei der in Rede stehenden Gruppe handelt es sich selbstredend und wohlgemerkt nicht etwa um »die« Muslime (außer ein paar Knallchargen denkt das auch kein Mensch); mein syrischer Nachbar etwa ist sehr nett, spricht blendend Deutsch, verdient seinen Lebensunterhalt selbst, isst gern Sushi und machte mich mit der Musik von Umm Kulthum bekannt. Es geht hier keineswegs um ein generalisierbares Islam- oder Muslim-Problem, sondern um eines mit vor allem jungen Männern aus muslimisch geprägten Kulturen, denen die hiesige Rechtsordnung so schnurz ist, wie sie die hiesige Lebensart und den zivilen Umgang mit Konflikten verachten und als Schwäche interpretieren.

Nicht der fromme Muslim, der täglich fünfmal vor seinem Gott kniet, stört den sozialen Frieden in diesem Land, sondern es sind die Scharen perspektivloser und offenbar nicht selten auch perspektivwunschloser, sich in ihre ethnisch-kulturelle Restidentität rettender junger Männer, gegen deren Aggressivität eine überalterte Zivilgesellschaft kein anderes Mittel weiß, als sich kompensatorisch in Internet-Foren und bei Sarrazin-Lesungen – oder, was die andere Seite angeht, beim weit ungefährlicheren »Kampf gegen rechts« – auszutoben.

Es geht um eine Mentalität, die zwar nicht fromm islamisch ist, aber sie muss mit der islamischen Kultur zu tun haben, denn bei anderen Einwandern findet man sie nicht. Es ist eine Mentalität archaischen Machotums, ehrpusselig, dummstolz, arbeitsunwillig, bildungsverachtend, gewaltbereit. Ihr Aktionsfeld ist der öffentliche Raum, die Straße, die Schule. Ihre Schimpfwörter heißen »Opfer«, »Schweinefleischfresser« und »Scheißdeutscher«. Für männlich gilt unter den Adoleszenten dieses Milieus unter anderem, von Zeit zu Zeit im Rudel über vereinzelte Fremdstämmige herzufallen, um sich für schiefe Blicke oder auch nur für eine allgemein-diffuse Daseinsbeschissenheit zu rächen.

Und Frau Merkel? Sie mahnt zwar sanft an, dass sich auch die Muslime in Sachen ökonomischen Lebenserfolgs mehr nach der Decke strecken müssten, vor allem aber verschweigt sie und mahnt stattdessen ihre Landsleute, sie sollten – ja was eigentlich? Wenn die Einheimischen schuld an der Desintegration vieler Muslime sind, wer ist dann verantwortlich für die gelungene Integration fast aller anderen Zuwanderer? Sie selber natürlich. Es soll künftig aber, nachdem Assimilation und Leitkultur schon verworfen wurden, nach Merkels divinischem Willen nicht mehr von Integration gesprochen werden, sondern von »Inklusion, Partizipation, Teilhabe und Respekt« – damit hier im Jahr 3 n. Sarraz. endlich auch mal etwas Hilfreiches geschieht. Maria Böhmer (CDU), die Integrationsbeauftragte und demnächst denn wohl Beauftragte für Inklusion, Partizipation, Teilhabe und Respekt, will »eine echte Willkommens- und Anerkennungskultur in unserem Land etablieren«. Na dann, Kopftuch ab zum Gebet!

Wenn die *Frankfurter Rundschau* in ihrer Online-Ausgabe über den »Gipfel« schreibt: »Tatsächlich sind Vorurteile gegenüber Zuwanderern und ein manifester Rassismus in Teilen der deutschen Gesellschaft das größte Hemmnis für eine erfolgreiche Integration. Darüber zu sprechen, wäre Aufgabe eines Integrationsgipfels«, dann beweist die Autorin nicht nur ihre Tauglichkeit für jede Art DDR, sondern es liegt auch die Vermutung nahe, dass sie, wie die kinderlose Kanzlerin, zumindest von einer Sorge nicht geplagt wird: dass man sie eines Nachts anruft, damit sie ihren Sohn auf der Intensivstation besucht oder im Leichenschauhaus identifiziert.

Frau Merkel hat zwar zu Recht an den Anschlag von Solingen erinnert, sie hat sich für die Blutspur des NSU bei den Opfern entschuldigt, doch wie immer findet sie kein Wort für die Blutspur von Komaschlägerbanden und Tottretern muslimischer Abkunft, die sich durch dieses Land zieht und zwischen Solingen und NSU-Prozess weit mehr Menschen das Leben kostete als die schändlichen Anschläge der Neonazis. Es gibt etwas, das mächtiger ist als die vermeintlich mächtigste Frau Europas: die Feigheit, Dinge beim Namen zu nennen, statt sie mit Ignoranz und wohlmeinendem Gerede zuzukleistern.

PS: Ich werde eben von einem Justizbeamten dahingehend belehrt, dass sich die Nichtintegration und Asozialität bei den Russlanddeutschen durchaus mit den schlimmsten Verhältnissen unter hiesigen Türken und Levantinern messen könne (auch was das offizielle Verschweigen dieser Zustände angeht). Die Russlanddeutschen hatte ich in der Tat nicht mit im Blick; ich meinte eher die russischen Russen, und bevor mich jetzt jemand auf gewisse wandernde Rumänen hinweist: Ich weiß. Aber Frau Merkels Gipfel hat, wenn ich recht informiert bin, beide Problemgruppen nicht speziell thematisiert, was ich mal darauf zurückführe, dass sie sich nicht hinreichend über die schlechten deutschen Gastgeber beschwert haben. Müssen sie erst noch lernen.

30. Mai

Man mache sich nichts vor als allgemein anerkannter deutscher »Star-Intellektueller«, von Sloterdijk bis hinab zu Precht: ein einziger falscher Satz, und die Karriere ist beendet, ein besonders falscher, und die Verlage stampfen ein, egal, als wie bedeutend man vorher galt. Deswegen empfiehlt es sich, falsche Sätze gar nicht erst zu denken (mindestens im Falle Prechts muss man da auch keine Sorge haben).

4. Juni

Man erkennt den Gegenwartsautor mit großer Sicherheit daran, dass er in seinen Texten nichts wagt, dass er weder Kopf noch Kragen noch seinen Ruf oder seinen Verstand aufs Spiel setzt. Was sollte er auch wagen? Es ist alles entdeckt, erforscht, gesagt, zerredet, unwichtig geworden; es sind weder weiße Flecken auf der Landkarte übriggeblieben noch alte Koffer auf verlassenen Dachböden; es gibt keine Schlupfwinkel, keine kühnen Entwürfe, keine verzehrenden Sehnsüchte mehr, das denkende Ich ist aller Monstrosität beraubt und aufgelöst in der alleinseligmachenden Kollektivität demokratischer Chancengleichheit, überall Verzwergung, überall dieselbe Sorte von Schreibern, umgeben von derselben Sorte Kritikern, derselben Sorte Lesern, überall dieselben frommen Wünsche und kleinen Bedürfnisse, dieselben bescheidenen Träume – die kolossalste Monokultur der Geistesgeschichte … Es gibt schließlich auch keine große Figuren mehr, weder Ritter noch Mönche, weder Sterngebärer noch Anachoreten, weder Majestäten noch Philosophen, von Göttinnen und Göttern zu schweigen, nur noch Letzte Menschen ... Sogar die Autorenseele ist ergründet, in ihrer Einzigartigkeit widerlegt und als ein Kollektives der Forschung überantwortet worden, das Goethesche, das Proustsche Ich: letztlich sollen sie ein Komplex von Algorithmen sein. Die Weltbilder sind verähnlicht und flurbegradigt – man sehe nur, wo die journalistischen Zensoren heute ansetzen müssen, um einen »Skandal« zu produzieren! –, der Kampf ist geächtet, die Sexualität versportlicht und medikalisiert und banalisiert. Moderne Literatur, das ist, als wenn sich ein fröhliches Nichts ausstülpte, anderen fröhlichen Nichtsen von seinem zwar gleichgültigen, aber doch so beglückend typischen Dasein zu künden, kein Akt der Wahrheitssuche, sondern der Marktteilnahme, kein Ringen ums Unaussprechliche, sondern Gefälligkeitsprosa, das Drehbuch immer schon im Hinterkopf, zuweilen mit allem Raffinement eines Spätstils, aber immer abgeklärt, ausgewogen, moralisch unanstößig, unzerrissen, ungequält, kraftlos, geschrieben für Konsumenten und Haustiere, mögen die Kritiker hundertmal schalmeien, es sei »wild« und »kühn« und »abgründig« ...

Späterer 4. Juni

Die Meldung des Tages: »Nach 600 Jahren Männerdominanz schwenkt die Uni Leipzig radikal um und setzt nur noch auf weibliche Bezeichnungen: Der Titel ›Professorin‹ gilt künftig auch für Männer. ›Jetzt läuft das mal andersrum‹, freut sich eine Befürworterin im Hochschulmagazin *duz*.« – Damit ist die Benachteiligung von Professorinnen durch Professorinnen formell beendet; mal sehen, wann die erste *Professorin* wegen sexueller Belästigung von *Studentinnen* an die Prangerin gestellt wird. (Am Rande: Und wenn sie alle Professoren in Röcke steckten und 90 Prozent aller Studenten weiblich wären, würde die Männerdominanz an Universitäten trotzdem so schnell nicht aufhören.)

Apropos »mal andersrum«, wie wäre es mit: die Boxerin Mike Tyson, die Führerin A. Hitler, die NSU-Mörderinnen, die türkischen Schlägerinnen vom Alexanderplatz, die Gliedvorzeigerinnen ... – *to be continued.*

5. Juni

Nachtrag zur gestrigen, die Gegenwartsliteratur betreffenden Notiz: Dass Sibylle Lewitscharoff den Büchnerpreis bekommt, ist gleichwohl eine gute Nachricht, denn die Frau kann bewundernswert schreiben, das ist eine Autorin, die mittels ihrer Sprache die Leinen losmacht und aufs Meer hinausfährt, also zumindest stilistisch etwas riskiert. Gewisse Trottel auf Amazon und anderswo, die selber keinen einzigen literarisch wertvollen Satz hinbekämen, sich aber groteskerweise für eminent urteilsbefugt halten, werden wahrscheinlich nie kapieren (und sollen es gar nicht), dass auch der begabteste Autor in der Nussschale seiner Schriftstellerei allein auf hoher See nicht immer eine glückliche Figur abgeben kann.

10. Juni

Wer einmal das triumphierende Funkeln in den Augen einer Frau gesehen hat, als sie offenbarte, neuerdings mit einem sogenannten Prominenten bzw. Star liiert zu sein, der weiß, wie

kümmerlich das Glück der Gleichstellung sich im Vergleich
dazu ausnimmt.

14. Juni

Inmitten anderer Post liegt auf meinem Schreibtisch ein Brief
mit der Ankündigung des neuen Buchs von Karlheinz Weißmann, seine gesammelten »Gegenaufklärungs«-Kolumnen aus
der *Jungen Freiheit*, kulturpessimistische Notate eines hochge-
scheiten Konservativen, den als gefährlich zu markieren sich
die ehrenamtlichen Mitarbeiter des Verfassungsschutzes auf
Wikipedia, den einschlägigen Antifa-Plattformen und anderswo
nicht haben entgehen lassen. Ich halte die *Junge Freiheit* neben
all den anderen üblichen Gazetten als Dienstabonnement (in
mein trautes Heim kommt mir gemeinhin keine Presse), und
der besagte Brief erreicht mich an meiner Firmenadresse, was
in diesem Kontext wichtig ist, denn man darf wohl davon ausgehen, dass einige deutsche Journalisten in diesen Tagen dieselbe Ankündigung erhalten. Und sie sofort wegwerfen. Jedenfalls
wird keine große bzw. etablierte deutsche Zeitung dieses klu-
ge Buch rezensieren, kein Mainstream-Journalist würde dergleichen vorzuschlagen wagen, er käme gar nicht erst auf den
Gedanken, so wie ein Polynesier nicht auf den Gedanken käme,
die Schlachtung des Totemtiers seines Stammes zu empfehlen.

Der Brief, dessen so offenkundige Vergeblichkeit mich fast
dauerte, ehe ich ihn wegwarf, legt Zeugnis ab vom Zustand der
geistigen Freiheit in Deutschland anno 2013. Der Unterschied
zur DDR ist (noch) evident, dort wäre etwa Bahros *Alternative*
gar nicht erst gedruckt worden, doch das Etappenziel der voll-
kommenen Ausgrenzung und Rufermordung eines ganzen poli-

tisch-kulturellen Milieus darf längst als erreicht gelten. So ist von
verschiedenen Seiten daran gearbeitet worden, die kleine rechts-
konservative JF samt ihren Autoren zunächst zu erledigen und,
als dies misslang, immerhin auf eine Weise zu stigmatisieren,
dass ein indischer Tschandala Verwandtschaftsgefühle entwikkeln dürfte. Antifa-Rollkommandos, die Zeitungshändler ein-
schüchterten, spielten dabei eine ebenso schändliche Rolle wie
verschiedene Sozialdemokraten, Quatsch, SPD-Funktionäre, die
in ihrem Verein durchsetzten, dass dessen Angehörige der JF keine Interviews geben dürfen (ich glaube, in Merkels CDU gilt inzwischen derselbe Maulkorberlass, die kopieren ja alles), nachdem einige Granden der SPD wie Egon Bahr, der sich das Maul
nicht verbieten ließ, dies verwerflicherweise getan hatten. Aber
wer im nachgeholten Widerstand gegen das Dritte Reich und
seine »Wegbereiter« vom Parteieintritt an gestählt wurde, hat
heute auch den Mut, einer Interviewanfrage der JF ein geradezu
Liebknechtsches »Nein!« entgegenzuschleudern. Die schäbigste
Rolle spielten wie stets die Kollegen von den anderen Medien,
die keine Gelegenheit zur Denunziation und Diskriminierung
ausließen. Dass es dafür nicht der geringsten Courage bedurfte,
kam ihrem geschmeidigen Engagement enorm entgegen.

Die *Junge Freiheit*, um das hier einzuschalten, ist eine konservative Allerweltszeitung, die in keinem anderen Land sonderlich auffiele und auch in der BRD vor 40 Jahren nicht aufgefallen
wäre; sie muss nur mit dem Pech existieren, dass die zeitgeist-
signalhörige Volksgemeinschaft momentan ausgerechnet sie
zum Feind und hochgradigen Abscheuobjekt erkoren hat,
um aus der Distanzierung und Schmähung jenes meutenhaf-
te Behagen zu ziehen, welches zu teilen einem Menschen von
Geschmack nicht einmal dann einfiele, wenn es sich tatsächlich
um eine extremistische Gazette handelte.

Man notiere also und staune: In der sich kurioserweise für die freieste aller jemals existierenden deutschen Gesellschaften haltenden Bundesrepublik wagen es Politiker, die sonst bei jeder Gelegenheit losschwätzen, um ihre sogenannten Botschaften an die »Bürgerinnen und Bürger« zu bringen, nicht, den Lesern einer stigmatisierten rechtskonservativen Zeitung via Interview mitzuteilen, was sie bei jeder anderen Gelegenheit auch sagen! Ja, der Inhalt solcher Interviews steht gar nicht erst in Rede, auch das immerhin in die Zehntausende gehende Publikum nicht, so frei, so aufgeklärt, so demokratisch, so volksnah sind deutsche Bevölkerungsvertreter! Und damit es nicht noch offenkundiger und noch peinlicher wird, deklarieren die Vollstrecker des smarten Gesinnungsstaates im Chor mit ihren journalistischen Milchbrüdern diese ehrlose Selbstknebelei als Kampf gegen das Reich der Finsternis! Lauter Meutenfeiglinge, die ihren Mut verkünden, lauter Lakaien, die »Freiheit!« brüllen – wie ulkig! Und wie obszön!

Womit wir bei mir wären, der ich den Brief ja auch weggeschmissen habe. Ich gehöre seit Jahren zu den Verteidigern dieses kulturell-politischen Milieus, obwohl ich mich ihm allenfalls teilweise und eigentlich kaum zugehörig fühle – Einzelmenschen sind zuweilen erträglich, Milieus dagegen nie –, aber natürlich werde ich den Teufel tun und mich jemals distanzieren. Ich gebe Interviews, wem ich will, weil es mein gutes Recht ist, und es ist mir als Privatmann völlig egal, wo irgendwelche publizistischen und parteipolitischen Spitzbuben rote Linien zu ziehen sich anmaßen, aber Ihr Buch rezensieren, Herr Weißmann, so gern ich es würde (auch wenn Sie wirklich nach Schwefel röchen, was ich bedauerlicherweise dementieren muss) – dieser Versuch endete im selben Papierkorb wie das Ankündigungsschreiben des Verlages.

15. Juni

Egon Friedell schreibt in seinem grandiosen Essay *Das Jesus-problem*: »Wenn von Jesus zum Beispiel berichtet wird, daß bei seinem Tode der Tag erlosch, daß er über das Meer wandelte und dergleichen, so kann das doch höchstens besagen, daß diese Angaben keine Zeugnisse für die Existenz Jesu sind, aber es besagt keinesfalls, daß sie Zeugnisse für die Nichtexistenz Jesu sind. Wenn über einen Vorfall unrichtige oder zumindest zweifelhafte Berichte einlaufen, so geht doch daraus noch nicht hervor, daß dieser Vorfall niemals stattgefunden hat. Aus der höchst unglaubwürdigen Erzählung, daß Karl der Große im Untersberg, Friedrich Barbarossa im Kyffhäuser, Heinrich der Vogelsteller im Sudanerberg sitzt, läßt sich doch nicht ableiten, daß diese Regenten niemals gelebt haben; aus der Mitteilung Virgils, daß sich beim Tode Julius Caesars die Sonne verfinsterte, hat noch niemand geschlossen, Julius Caesar sei eine mythische Figur.«

Wir Heutigen sind aufgeklärt, wir glauben nicht mehr an Jungfrauengeburt und Christi Wiederauferstehung und nicht daran, dass der Heiland auf dem Wasser wandelte und dass er den Lazarus von den Toten zurückholte, wir glauben stattdessen, dass die Grünen mit Frau Merkel an der Spitze uns vor der Erderwärmung retten werden, dass der Geschlechtsunterschied ein soziales Konstrukt ist und die Gleichheit aller Menschen nicht nur das Ziel, sondern auch die Basis der Geschichte, dass das Heil einzig aus der Demokratie wächst, welcher freilich Volksabstimmungen im Wege stehen, und dass der Ewige Friede auf Erden nur durch immer stärkere Völkervermischung erreicht werden kann, dass eine Million Gewaltopfer niemals gleich eine Million Gewaltopfer sind, sondern man die Priester der öffentlichen Meinung fragen muss, welche Million schlimmer sei, und dass A. Hitler der Teufel war und ist und sein wird und nur ins Paradies gelangt, wer täglich öffentlich fünfmal vor ihm ausspeit.

18. Juni

Das Üble und Ermüdende an den sogenannten Debatten dieses Landes sind die journalistischen und parteipolitischen Gouvernanten, die jedes Wort, jede Bemerkung so lange drehen, wenden und verbiegen, bis endlich ein Missverständnis, eine Falsch- oder gar Bösmeinung herausgekommen ist, auf welche sich die Meute der Wohlmeinenden dann zähnefletschend stürzen kann, ihr Dasein zu legitimieren. Dabei sind Bosheiten vergnüglich und der Erkenntnis vermutlich weit förderlicher als die Problemzukleisterei der Bessermenschen. Die typisch deutsche Melange aus Schulmeistertum, Gleichschrittsbedürfnis, gutem Willen und Fundamentalismus erzeugt ein öffentliches Klima, in dem eine geistreiche Bemerkung, ein Aperçu, ein Bonmot, eine Sottise nahezu unmöglich geworden sind und nur Bekundungen guten Willens die Schranken der Diskurshüter unbeplärrt passieren dürfen. Der von der richtigen Gesinnung gedeckte Grobianismus hat dafür gesorgt, dass, wer einer eleganten, geistreichen und freisinnigen Plauderei unter Gentlemen lauschen will, sich in alte Bibliotheken zurückziehen muss.

21. Juni

Dass der »Fortschritt« eben das Alte beiseitefegen müsse und not- bzw. normalfalls auch über den einen oder anderen

Leichenberg zu führen habe, ist uns praktisch seit Robespierre und theoretisch seit Hegel verdeutlicht worden. Die Robespierre-Nachfolger und die Exekuteure hegelschen weltgeistigen Vorankommens, zu denen ja nicht nur Mao, Stalin und Trotzki, sondern unter anderen auch alle gewaltsamen Demokratie-Exporteure vom Schlage der amerikanischen Neocons gehören, sind bis heute von der Angemessenheit dieser Kollateralschaden-Inkaufnahme überzeugt (zumindest solange sie nicht selber dafür in Betracht kommen). Da hinter dem letzten Leichenberg das Paradies wartet, gelten sie als vernunftgesteuerte Geschichtsoptimisten, während der Philosoph des Mitleids, Hegels Antipode Schopenhauer, der es für die Quelle des moralischen Bewusstseins hielt, im fremden Elend sein eigenes zu entdecken, bekanntlich den Pessimisten oder zuweilen gar den Vernunftfeinden zugeschlagen wird. Es sei »bis zum Erschrecken verwunderlich, die Ergebnisse einer Philosophie, welche sich auf eine vollkommene Ethik stützt, als hoffnungslos empfunden zu sehen; woraus denn hervorgeht, daß wir hoffnungsvoll sein wollen, ohne uns einer wahren Sittlichkeit bewußt sein zu müssen«, notierte der alte Richard Wagner weise dazu.

22. Juni

Der Abscheu gegen die Bücherverbrennung der Nazis ist so verbreitet wie angemessen. Merkwürdig ist indes, dass der gleiche Abscheu niemals die Bilderstürmer und sozialistischen Kirchensprenger getroffen hat. Vielleicht, weil man sie letztlich für fortschrittlicher hielt resp. hält als den Katholizismus oder die Nationalsozialisten? Oder weil Bücher »demokratischer« sind?

Die Geschichte der Reformation ist eine Geschichte der Zerstörung katholischer Kunstschätze, ohne dass jemand heute noch großes Aufhebens darum machte. Als Stalin orthodoxe Kirchen zuhauf sprengen ließ, lag er quasi auf einer Linie mit »Pussy Riot«, nur eben etwas rustikaler; am 5. Dezember 1931 stürzte die im Jahr 2000 originalgetreu wiedererbaute und von den drei Debilchen für ihre vulgäre Performance missbrauchte Christ-Erlöser-Kathedrale, ein Werk des deutsch-russischen Architekten Konstantin Thon, unter dem Dröhnen der Sprengladungen in sich zusammen. Vergleiche mit den Bildern brennender Synagogen im Dritten Reich verbieten sich selbstredend aus Gründen der bekanntlich nur in einer Richtung wirksamen »Relativierung«, zumal der Genosse Stalin die Geistlichen und Christen nicht sonderbehandelte, sondern bloß verfolgen und umbringen ließ wie die Angehörigen anderer Bevölkerungsgruppen auch. Indem Ulbricht die Ruinen des Berliner Stadtschlosses und der Potsdamer Garnisonkirche den Sprengkommandos überantwortete, tat er nebenher und gewissermaßen vorauseilend dem antipreußischen Affekt der späteren rot-grünen Zeitgeistverwalter Genüge, die sich jetzt entsprechend über den (völlig verkorksten) Wiederaufbau empören. Die Leipziger Paulinerkirche ließ Ulbricht übrigens beseitigen, obwohl sie den Bombenkrieg nahezu heil überstanden hatte.

In Paris zerschlugen 1968 revolutionäre Studenten in der École des Beaux-Arts die zum Teil noch von Ingres zusammengetragene Sammlung von römischen Gipsabgüssen, ohne dass je Krokodilstränen deswegen flossen. Einzig die Tatsache, dass sowieso kaum jemand mehr eines der Bücher gelesen hat, die auf dem Berliner Opernplatz ins Feuer geworfen wurden, die wenigsten Leute wissen, wer Ingres war, geschweige denn, welche Abgüsse er anfertigen ließ, oder wie das Stadtschloss aussah, schafft am Ende Gerechtigkeit in der großen Gleichheit des Vergessenwerdens. Auf welche einzig die Nazis nimmer hoffen dürfen.

PS: Dieser Tage ist übrigens die Kathedrale von Nantes von Unbekannten geschändet worden. Die Täter beschädigten die Innenausstattung – sogar den Altar – sowie einige Skulpturen und beschmierten die Wände »mit Nazi- und Femen-Ausrufen sowie Symbolik, die Gegner der Homo-Ehe benutzen« (Meldungswortlaut). Heiligenfiguren wurden phantasievollerweise mit Hitlerbärtchen versehen. Damit dürfte das Herkunftsmilieu der Täter noch klarer sein als ohnehin – wobei sich in allen europäischen Ländern auch junge Muslime bei der Schändung christlicher Kirchen hervortun. Was den Fall von Nantes angeht, hat ihn außer der *Welt* keine deutsche Zeitung für erwähnenswert befunden.

28. Juni

Die Vorstellung ist naiv, ein origineller Kopf äußere gewisse Ansichten eben deshalb, weil er von ihrer Richtigkeit überzeugt sei (die taktisch vorgetragenen mal ganz beiseite gelassen). Mitunter müssen nämlich Standpunkte aus dem einzigen Grund vertreten werden, weil sie sonst fehlten, egal ob derjenige, der sich darauf einlässt, sie für richtig oder falsch hält. Helena *muss* verteidigt werden. Aus der Rechtsprechung sind wir diese Gepflogenheit gewohnt, auch der Teufel findet seinen Anwalt, und dasselbe müsste unter Zivilisierten für alle Debatten gelten, zumal die selbstgerecht aufjaulenden Evangelisten der jeweils angesagten Moral beziehungsweise Weltgewissheit dem Widerspruch, ja dem bewussten Irrtum etwas geradezu Lüsternes, jedenfalls Lustvolles verleihen.

In den TV-Schwatzrunden und auf den Podien sitzen diejenigen, die nichts »Falsches« denken können, zusammen mit denen, die Angst haben, das Falsche, das sie denken, versehentlich auszusprechen; was entschieden fehlt, sind solche, die Angst haben, versehentlich das »Richtige« zu sagen.

3. Juli

Es scheint ein Weltgesetz zu sein, dass jede Wissenschaft, die populär wird – Psychologie, Hirnforschung, Evolutionsbiologie etc. –, anfängt, sich in der Alltagssprache verständlich zu machen, ihre Begriffe verschludert, falsche Metaphern verwendet, damit ihre wissenschaftliche Sphäre ver- und sich mit Journalisten einlässt, so trivial wie prätentiös zu philosophieren anfängt und schließlich mehr Geltung anmeldet, als sie je einlösen kann. Der Philosoph Peter Janich (*Kein neues Menschenbild. Zur Sprache der Hirnforschung*) erläutert dies am Beispiel der Begriffe »Nachricht« und »Information«, die heute die Sprache der Hirnforschung dominieren, obwohl keine Nervenzelle je eine Nachricht verschickt hat, denn »der nachrichtentechnische Sprachbereich ist nur sinnvoll für einen Gegenstand, der sprachliche Bedeutung und Geltung hat«. Ein Nerven-»Signal« könne nicht ungültig oder falsch sein wie etwa ein verdrehter Wegweiser. »Was aber nicht falsch sein kann, kann auch nicht wahr sein.« Die »typisch naturwissenschaftliche Sprachvergessenheit« führe letztlich dazu, dass man zwischen Erkennen und Gegenstand keinen Unterschied mehr treffe, so wenig wie zwischen einer Handlung und einer experimentell beobachteten Handlung.

Den Omnipotenzanspruch von wissenschaftlichen Theorien hat Karl Kraus mit der witzigen Sentenz unterlaufen, die Psychoanalyse sei genau die Geisteskrankheit, für deren Therapie sie sich halte. Etwas weniger drastisch lässt sich das Problem in Fragen darstellen, die gleichzeitig als Grenzsteine fungieren mögen, etwa: Ist die Evolutionstheorie eine Beschreibung oder ein Bestandteil der Evolution? Wenn das Gehirn Objekt der Evolution ist, wie will es dann als Beobachter über sie befinden? Wenn das Ich eine Illusion des Gehirns ist, wer spricht diesen Gedanken dann aus? Wie kam das Gehirn Libets dazu, das Libet-Experiment durchzuführen? Und so fort. Man kann den Menschen nicht als Objekt beschreiben und gleichzeitig als menschliches Subjekt ebendiese Beschreibung hervorbringen, ohne eine gewisse Unschärfe einzurechen, mit einer Prise Selbstironie und Heiterkeit darüber, dass wir zwar unseren Kopf aus dem Quark stecken können, aber eben niemals ganz herauskommen werden.

Oder, als Dialog:

– Was ist das Ich?

– Eine Illusion.

– Von wem?

– Von meinem Gehirn.

– Woher wissen Sie das?

– Niemand weiß. Unser Gehirn suggeriert.

– Also findet dieser Dialog zwischen zwei Gehirnen statt, die uns ein fragendes und ein antwortendes Ich suggerieren?

– So könnte man formulieren.

– Mögen Sie ein Glas Wein?

– Gern.

– So lassen Sie unsere Gehirne trinken auf die Illusion des Ich!

4. Juli

Männer haben ja angeblich oder tatsächlich immer nur das eine im Kopf, aber ist es möglich, dass ein Mann sich unmittelbar vor seiner Hinrichtung an wilde Liebesnächte erinnert? In Puccinis Oper *Tosca* geschieht genau das: Der Maler Mario Cavaradossi gedenkt in der berühmten Gefängnis-Arie »E lucevan le stelle« (die in Puccinis bevorzugter Todestonart h-Moll steht) seiner Geliebten Floria Tosca: »Sie trat ein, duftend, sank mir in die Arme. / Oh! Süße Küsse, o sehnsüchtiges Kosen, indes ich bebend den schönen Körper enthüllte!« – Man hat dem Komponisten und seinen Librettisten den Vorwurf gemacht, dergleichen sei psychologisch unwahrscheinlich und pure Publikumsnervenkitzelei, wie überhaupt die *Tosca* im Ruf steht, auf die sogenannten niederen Instinkte der Hörer zu zielen (es gibt, glaube ich, keine anderen). In meinem Puccini-Buch erlaubte ich mir, dagegen die Frage zu stellen, warum ein zum Tode verurteilter junger Mann sich nicht an das womöglich Eindrucksvollste erinnern sollte, was ihm sein kurzes Leben zu bieten hatte. Dieser Tage geriet mir Hans von Hentings Buch *Vom Ursprung der Henkersmahlzeit* aus dem Jahr 1957 in die Hände. Der berühmte Strafrechtler, zu dessen intellektuellen Zöglingen Johannes Gross gehörte, verfolgt darin ein durch alle Kulturen und Zeiten sich erstreckendes Phänomen, nämlich dass zum Tode Verurteilten oder für kultische Opferrituale Auserkorenen die letzten Stunden oder Tage hienieden – zuweilen handelte es sich gar um Wochen und Monate – regelmäßig mit vielerlei Annehmlichkeiten versüßt wurden. Neben den kulinarischen Genüssen gehörten interessanterweise auch erotische Freuden zu den finalen Günsten, welche man den Todeskandidaten gewährte.

Henting nennt als Beispiele ein altpersisches Fest, bei dem ein zum Tode verurteilter Verbrecher die königlichen Kebsweiber nach Belieben gebrauchen durfte, ehe man ihn verbrannte, und einen altmexikanischen Menschenopferbrauch, wo dem Gottgeweihten einen Monat vor dem Tode vier schöne Mädchen beigesellt wurden. Auch den für die indische Göttin Kali bestimmten Opfern habe bis zum Fest der Gottheit jede Frau sexuell zur Verfügung gestanden. »Den verheirateten Mitgliedern der Bande des Nickel List wurde am Vorabend ihres Todes gestattet, mit ihren Frauen die letzte Mahlzeit einzunehmen«, zitiert Henting aus einer *Geschichte der Räuberbanden zu beiden Ufern des Mains*, wobei die Verurteilten darum baten, ihre Weiber auch in der letzten Nacht bei sich haben zu dürfen. John C. Colt wiederum, der Bruder des Revolver-Erfinders, wollte vor seiner Hinrichtung noch heiraten. Vier Stunden, bevor er dem Henker überantwortet wurde, ließ man die Braut ins Gefängnis, und nach der Trauungszeremonie blieb das Paar eine Stunde lang allein. Der Wiener Scharfrichter Josef Lang berichtet in seinen Memoiren, dass »die meisten« Delinquenten in ihren letzten Stunden »nach einer Frauensperson zur Befriedigung des Geschlechtstriebes verlangten«. Ein weiterer Bericht stammt aus der Hitlerzeit; so soll in einem Zug, der politische Gefangene von Hamburg nach Berlin brachte, eine junge Frau die Wachen gefragt haben, ob sie einem zum Tode verurteilten Genossen ein letztes Vergnügen bereiten dürfe; dem Verurteilten sei es recht gewesen, nur die Begleitmannschaften wollten es nicht zulassen. – Ich betrachte Cavaradossis finale Gedanken hiermit als dramaturgisch legitimiert; wie fast immer lag Puccini auch in diesem Belang richtig.

6. Juli

Der Sklavinnen- und Sklavenaufstand des Spartacus wurde von den Römerinnen und Römern unter der Konsul_in Marcus Crassus niedergeschlagen.

7. Juli

»Every new writer is only a new crater of an old volcano«, schrieb Ralph Waldo Emerson, und Friedrich Sieburg verstieg sich gar zu der Formulierung, wer ein Buch veröffentliche, lege das Gewand eines Ordens an. Sehr rührend. Sehr komisch.

12. Juli

Dichter sind überaus scheue Wesen. Weil sie mehr wahrnehmen als andere, mitunter auf beinahe schmerzliche Weise, leben sie gern zurückgezogen. Wer mehr wahrnimmt, genießt zwar ein göttliches Privileg, wird aber zuweilen der Vortäuschung falscher Tatsachen oder sogar der Paranoia geziehen; ein weiterer Grund, es mit dem Kontakt zur Gesellschaft nicht zu übertreiben. Während alles Kunstgewerbe den Markt sucht, lebt die Kunst auf Distanz.

Von allen bedeutenden deutschen Schriftstellern ist er der öffentlichkeitsscheueste: keine Auftritte vor Publikum, keine Interviews, kaum Fotos, im Abstand kleiner Ewigkeiten mal ein Essay in einer Zeitung. »Niemals sich blitzen, filmen, verhören, ehren oder sich sonstwie erwischen lassen«, hat er vor Jahren als Maxime formuliert. Für Botho Strauß besitzt offen-

bar noch Geltung, was eine ganze Epoche lang galt, nämlich
dass Isolation der Normalzustand des Literaten ist. »Alle Kunst
ist schamhaft«, schrieb Peter Hacks, und Heimito von Doderer
erklärte, der Schriftsteller sei ein Mensch, den man allenfalls
mal im Treppenhaus treffe.

Unser Treppenhaus ist ein unscheinbares italienisches Lokal
in Berlin-Charlottenburg, wo Strauß seit Jahren verkehrt und sogar eine Art Stammplatz besitzt. Was aber nicht heißt, dass er
hier regelmäßig seine Abende verbringt, er lebt bekanntlich zurückgezogen in der nordostdeutschen Uckermark, und so ist der
besagte Tisch heute auch besetzt, wie Strauß erklärt, der nach einer kurzen Begrüßung durch den Wirt Platz genommen hat. Der
menschenscheue Dichter ist ein artiger Herr mit sanfter Stimme
und vollkommen unprätentiösem Auftritt, dem man seine 68
Jahre so wenig ansieht wie den ihn umraunenden Ruhm, und irgendwie passen das Lokal und er zusammen. Obwohl hier seit
einiger Zeit ein Minister direkt nebenan wohne und zuweilen
samt Entourage aufkreuze, wie Strauß erzählt. Er komme ja nur
noch ungern in die Stadt, sagt er. Allein die unzähligen Galerien
in seinem einstigen Viertel seien ihm ein Greuel.

Ob es denn stimme, erkundige ich mich, dass er seinem
ländlichen Dasein inzwischen staunenswerte ornithologische
Kenntnisse verdanke? »Mich interessiert alles«, entgegnet
der Einsiedler, »was da draußen mit mir lebt.« Der Eindruck
von Weltzugewandtheit verstärkt sich, als Strauß eine Flasche
Pomino Bianco zum Fisch ordert. Kein Dichter ist schließlich
bedeutend genug, dass seine Reputation nicht unter einer zur
Dorade bestellten Apfelschorle doch etwas litte. Auch wenn es
erst Mittag ist.

Als kentaurische Figur aus Poet und Chronist schreibt Strauß
neben seinen Bühnenwerken seit einem Vierteljahrhundert

die Chronik seiner Zeit. Diese Chronik kennt keine großen Ereignisse, es handelt sich vielmehr um ein literarisches
Kompendium aus Gedanken, Stimmungen, Reflexionen,
Menschenbeobachtungsminiaturen, Kulturverlustmeldungen,
oft aphoristisch verdichtet, mit eingestreuter Rollenprosa. Es
sind Fortschreibebücher, die in der Literatur kaum ein Gegenstück haben – allenfalls Paul Valérys postum veröffentlichte
»Denkhefte«, die berühmten »Cahiers«. Sie tragen oft merkwürdige Titel (*Wohnen Dämmern Lügen; Die Nacht mit Alice, als
Julia ums Haus strich*) und werden womöglich in hundert Jahren
als eine der bedeutendsten Quellen zur Mentalitätsgeschichte
der späten Bundesrepublik gelten. Ihr Reigen beginnt mit *Paare,
Passanten* aus dem Jahr 1981 und endet einstweilen mit dem soeben erschienenen Opus *Lichter des Toren*, dem Anlass unseres
Treffens.

Dessen Held, wenn man so will, ist der Idiot. Kein konkre-
ter Idiot wie bei Dostojewski, sondern als Typus: der vom allgemeinen Treiben und Trendbefolgen mehr oder weniger bewusst abgekapselte »Gemeinschaftsstümper«, der »Ungesellige
oder Unbeteiligte«, der Privatheitsnarr, die Störstelle im allgemeinen Funktionieren. Strauß holt ihn in die ursprüngliche
Bedeutung zurück, denn »der Abgesonderte ist ja der *idiotes* im
antiken Wortsinn«. Wie aber, fragt dieser Text, ergeht es dem
Idioten im sogenannten Informationszeitalter?

»Während Intelligenz zur Massenbegabung wurde, sind
Klugheit und Einfalt nahezu ausgestorben«, notiert Strauß. Der
Idiot sei der »Prototyp unter den Menschen, die in Millionenzahl
vom Verenden des Verstehens überrascht werden«. Durch die
Weltvernetzung und »die große Gegebenheit von allem« kehre heute das »Barock-Gefühl für die Vergeblichkeit von allem«
wieder. Aber: »Was Gott ins Verborgene setzte, hütet der Idiot

und schützt es vor den Übergriffen der zentraldemokratischen Heilsformel ›Transparenz‹, ›Öffentlichkeit‹, ›Aufklärung‹.«

»Sind Sie ein Reaktionär, Herr Strauß?«

»Über den Reaktionär steht manches im neuen Buch. Bin ich einer oder nur manchmal einer? Wer weiß.«

Ein Leitmotiv der Straußschen Fortschreibebücher ist das Sichsperren gegen die »Totalherrschaft der Gegenwart«, wie es im *Anschwellenden Bocksgesang* heißt. Man kann sich den Einzelgänger aus der Uckermark auch im 3. Jahrhundert nach Christus zu Füßen eines ägyptischen Tempels sitzend vorstellen, wo er niederschreibt, welchen Verlust es für die Welt bedeutet, dass bald niemand mehr die Hieroglyphen zu lesen, geschweige denn zu deuten verstehen werde. Da Menschen bekanntlich sterben und neuen Generationen Platz machen, stirbt auch das Bewusstsein der Verluste, ja sie würden sogar komplett aus dem kollektiven Gedächtnis verschwinden, gäbe es nicht den Chronisten und vor allem den Dichter als Archivar des Imperfekts. Und den Idioten, der als »zeitinsulare Persönlichkeit« weder im Gestern lebt noch im Heute, sondern in seiner eigenen Zeit, in der sich alles wundersam vermengt.

Nun darf man sich den Quasi-Eremiten und Dichter-Chronisten Strauß keineswegs als einen Menschen vorstellen, der völlig aus seiner Zeit herausgefallen ist. Er benutzt ein Handy (»mit Androidsystem«), hat daheim einen Blu-ray-Beamer fürs Privatkino, »jede elektronische, informationstechnische Neuerung reizt mich zum Kauf, ich lese die Zeitung auf dem Tablet«. Indes: »Wer sich an technischen Neuerungen berauscht, ist ein Schwachkopf. Wer sich ihrer zu bedienen versteht, ist ein Alltagsmensch, aus dem noch einmal etwas Besonderes werden könnte, wie zu allen Zeiten.«

Strauß wird sogar, wie er versichert, zur Bundestagswahl gehen. Nicht, weil er sich irgendwelche Illusionen macht, sondern
um, wie er mit Thomas Hobbes sagt, »das Schlimmste zu verhindern«. Was das Schlimmste sei, will er aus einer Art Zunftstolz
nicht weiter ausführen – Autoren, die politisch missionieren,
sind lächerlich. Ein mögliches Motiv taucht in den *Lichtern
des Toren* auf, nämlich »wie mitten im Frieden Landschaft ver-
heert wird, so gemein und hochmütig, so um sich greifend und
im Unmaß aufragend, Horizonte sperrend, rücksichtsloser als
Feuersbrunst, Rodung, Industrialisierung zusammen«. Was den
Schöngeist noch mehr in Harnisch bringt als alle Galeristen,
sind jene, »die mit Windkraft moralische und unmoralische
Geschäfte machten, Schänder der Landschaftsseele«, und er
sähe gern »jeden einzeln auf ein Rotorblatt gefesselt und bis auf
den Jüngsten Tag im Höllensturm sich drehen«.

Doch eigentlich ist Botho Strauß ja Dramatiker. Seine Stücke
beschreiben auf subtile Weise die Geschäfte des *Homo bundesrepublikanensis* – genauer: der in zielloser Sinnsuche zwischen
Trennung und Mülltrennung von einer Wirrnis in die nächste stolpernden Kulturelite. Auf seiner Bühne tummelt sich ein
merkwürdiger Menschenschlag, der vergessen hat, dass es ein
Schicksal gibt. Mit seinen Stücken spiegelt Strauß ein Milieu, das
sich im Gefolge der Studentenrevolte zum tonangebenden Milieu
dieses Landes entwickelt hat. Der Spielplanbeherrscher von
einst findet sich allerdings immer seltener in den Theater-
programmen. Wie wichtig ist ihm das Theater heute noch?

»Wissen Sie, man kann nicht mit siebzig noch Theaterstücke
schreiben, das ist unappetitlich«, erwidert Strauß, und es klingt
recht entschieden.

Aber interessiert er sich noch für das, was auf den Bühnen
passiert?

»Wir haben damals das behäbige bürgerliche Theater abgelöst, und jetzt müsste irgendwer das Regietheater ablösen. Ich gehe da nicht mehr hin, weil mich die Weltsicht von Regisseuren nicht interessiert.« Dem heutigen Schauspiel sei die Nuance ausgetrieben worden. Für ein so subtiles Stück wie *Der Schwierige* von Hofmannsthal etwa könne er sich gegenwärtig weder einen Schauspieler noch einen Regisseur vorstellen, und ein Werk von der Größenordnung des *Othello* sei »nicht mehr fassbar für heutige Bühnengesinnung«.

Und wenn man dem ganzen wohlfeilen Gekaspere die Subventionen striche? Strauß schüttelt durchaus traurig den Kopf: »Wenn man die Theater privatisierte, gäbe es nur noch Boulevard.«

Ende Juli präsentierte Strauß Auszüge aus seinem Buch vorab im *Spiegel,* und die meisten Feuilletons schubladisierten seine Überlegungen und Empfindlichkeiten teils unter Koketterie, teils unter Vorgestrigkeit. Die *FAZ* erwog wiederum unter Inkaufnahme des Vorwurfs der Trivialpsychologie, es handle sich um einen »Hilferuf«. Den Ekel als Motiv hatte seltsamerweise niemand auf der Rechnung. Die Möglichkeit, jemand könne von der kommunikativsten, schamfreiesten und emanzipiertesten aller Welten tatsächlich zutiefst angewidert sein, wollen sich viele intellektuelle Lautsprecher offenbar nicht vorstellen.

Der Wein ist geleert. »Schauen Sie sich«, sagt Strauß zum Abschied draußen vorm Lokal, »noch den Walter-Benjamin-Platz von Kollhoff an: endlich einmal wieder ein Versuch, mit einem städtischen Platz so etwas wie einen öffentlichen Raum herzustellen. Aber das wurde sofort als faschistisch denunziert.«

Sprichts, winkt – und kehrt heim zu Biber, Wels und Kranich. »Ohne Erwartung auf das Ende. Vom Unabsehbaren gewärmt«, schließt sein Buch, »Heiterkeit der Abstinenz wird die vorherrschende Laune des Idioten sein.«

15. Juli

Eine attraktive Frau in einem teuren Auto muss gemeinhin mit der (unausgesprochenen) Unterstellung leben, dass sie sich ihren Status sozusagen erkopuliert habe – was in vielen Fällen auch stimmen mag. Allerdings ist der negative Beigeschmack dieser Unterstellung rechtfertigungsbedürftig, wenn sie denn überhaupt zutrifft; immerhin handelt es sich um eine reelle und solide Leistung, die dem Geldgeber gewährt wurde, während ca. 47,34 Prozent der schicken Autos auf diesem Planeten mit Geldern erworben werden, deren Herkunft alles mögliche zugrunde liegt, nur eben keine Leistung.

16. Juli

Am Backwarenstand verlangt eine Frau eine »veganische Mohnsemmel«. Die wird ihr ebenso ungerührt verabfolgt wie ein weiteres veganisches Gebäck. Da soll einer sagen, in diesem Land ginge es nicht voran.

17. Juli

Die russische Presse, von der ich gewissermaßen familiär Kenntnis erhalte, schreibt mit zunehmendem Kopfschütteln über Deutschland. Das Land, dessen Pro-Kopf-Sparvermögen deutlich unter dem von Griechenland liegt, das aber unentwegt Milliarden für Hellas zahlt. Das Land, das vielen Zuwanderern Geld schenkt, ohne dass die dafür arbeiten müssen. Das Land, in dem niemand protestiert, wenn Schwule und Lesben heiraten und die gleichen Rechte wie reguläre Familien beanspruchen dürfen. Das Land, das von seiner Kultur und Geschichte loskommen will und dessen Politiker behaupten, seine nationalen Interessen seien identisch mit den europäischen. Die erstaunlichen Irren in der Mitte des Kontinents.

20. Juli

François Jullien beschreibt in seinem großartigen Buch *Über das Fade – eine Eloge. Zu Denken und Ästhetik in China* (Arles 1991, deutsch bei Merve 1999) die Fadheit als ästhetische und sogar moralische Zentralkategorie im Reich der Mitte, ohne deren Zurkenntnisnahme man das Land überhaupt nicht verstehen könne. Dieser Ansatz verdient allein aufgrund der um 180 Grad verschobenen Perspektive zum westlichen Denken Interesse. Vereinfacht gesagt ist die Fadheit deswegen das Ziel der künstlerischen, aber auch philosophischen und lebenspraktischen Bestrebungen, weil sie die Harmonie verkörpert, weil sich in ihr alles vereinigt und kein Aspekt oder Geschmack unangemessen bevorzugt wird und damit die anderen verdrängt. »Der vollkommene Charakter ist charakterlos. Flachheit ist Fülle.« Das chinesische Wort für fade bedeutet zugleich auch: innere Loslösung.

Dieses Denken ist entschieden unpraktisch und anti-individualistisch bzw. anti-intellektualistisch. So sollen etwa ein Gedicht, ein Gemälde, ein Musikstück nach altchinesischer Ästhetik nicht intellektuell analysiert und mit dem Kopf aufgenommen, sondern wie eine Mahlzeit verspeist, geschmeckt und buchstäblich einverleibt werden. Der beste Geschmack ist der des Wassers, und man muss zu unterscheiden lernen zwischen dessen Rand und Mitte, denn so gelangt man auf den Weg zum »Geschmack jenseits des Geschmacks«. – Die chinesische Sichtweise verwirft den Gegensatz zwischen Sinnlichem und Intelligiblen; alle Weisheit folgt dem Rhythmus der Natur und strebt nicht nach dem individuellen Hervortreten, sondern nach Einklang.

Die Frage ist freilich, ob das (noch) irgendetwas mit dem heutigen China zu tun hat.

Das Interesse westlicher Intellektueller und Sinnsucher am Reich der Mitte brachte und bringt nach der obszönen Mao-Verehrung vieler 68er eine wunderliche Version der Chinoiserie hervor, deren Anhänger sich begeistert über das taoistische Harmonie- und Ganzheitsdenken und die Naturnähe der klassischen chinesischen Kunst äußern oder das nichtfragmentierte Menschenbild der traditionellen chinesischen Medizin preisen, während diesen Lehren und spirituellen Vorstellungen im realen China der Gegenwart kaum mehr etwas zu entsprechen scheint. Vielmehr rast dortzulande bekanntlich der entfesselte sogenannte Fortschritt, findet eine technische Verwestlichung im Eiltempo statt, welcher die Natur so wenig gilt wie die Einzelmenschenseele, von der gemeinen Kreatur ganz abgesehen, die – bei einem Volk dieser Zahl unvermeidlich – einzig für Kochtopf und Bratspieß taugt.

Eine westliche Romantik sucht in China und überhaupt Fernost unbeirrt etwas, was dort einst lebte und eine gewisse Gültigkeit besaß, heute indes allenfalls eine subkutane Gegenströmung zur allgemeinen Tachomanie abgeben könnte. Unnötig, ihre Anhänger mit der Frage zu behelligen, warum die westliche Rationalität und Effizienz und also Weltvernutzung sich überall durchsetzen (und zwar auch ohne emanzipatorische Flausen und deutschtypische Weltrettungsflunkereien) –

was sich durchsetzt, gilt ja nur dem von vornherein als »vernünftig«, der zuviel Hegelei und Fortschrittsfusel im Leibe hat. Dass es am Herkunftsort kaum mehr gilt, macht dieses Denken nicht unbedeutender.

14. August

Mit augenscheinlich geringen finanziellen Mitteln hat man in Jantarny (Palmnicken/Ostpreußen) zu Füßen der Steilküste ein anrührendes Denkmal für mehrere tausend 1945 dort von der SS ermordete Juden errichtet: eine Skulptur aus drei verzweifelt in die Höhe gereckten Händen. In den Sockel eingelassen sind Fotos; vor die, auf welchen jüdische Kinder abgebildet sind, haben Besucher Spielzeug gelegt. Im Gegensatz zum Berliner Stelenwald handelt es sich um einen Ort der Erinnerung an die Opfer – nicht an die Mahnmalserbauer.

17. August 2013

Mehr *nolens* denn *volens* nahm ich während des Russland-Urlaubs Kenntnis von der Kampagne bundesrepublikanischer Medienschaffender und Politiker gegen den pfeilgeschwinden Marsch meines Reise- und Schwiegerelternlandes in die lupenreine Diktatur. Vor allem der Grüne Werner Schulz tat und tut sich bei solchen Anlässen hervor, was ein bisschen wundern sollte bei einem Mitglied der momentan wohl enormsten Freiheitseinschränkungspartei Mitteleuropas. Ich werde mich hüten, Putins Innenpolitik zu verteidigen oder zu kritisieren, schon aus Mangel an Kenntnis. Ich weiß allerdings

so viel: In Russland kann man auf unabsehbare Zeit und unbeschränkt sowohl Glühbirnen als auch Mentholzigaretten
als auch Duschköpfe kaufen; der Staat knöpft einem nicht
die Hälfte des Einkommens ab, um damit u. a. eine sogenannte Energiewende autokratisch durchzusetzen, Windräder in
vordem reizende Landschaften zu pflanzen oder anpassungs-
unwillige Zuwanderer zu alimentieren; das Regime presst einem ferner weder TV-Zwangsgebühren noch eine exorbitan-
te Mineralölsteuer ab; niemand bekommt dortzulande vom
Staat Geld dafür, dass er den Geschlechtsunterschied für ein
soziales Konstrukt erklärt; Putin nimmt seine Landsleute
auch nicht bis in die Enkelgeneration als Geiseln, indem
er sie für politische Flausen in Gestalt von multilateralen
Milliardenumschichtungsprogrammen zur Alimentierung
fremder Volkswirtschaften finanziell haften lässt; man kann
in Russland sowohl äußern, dass Stalin der größte Verbrecher
als auch der größte Staatsmann aller Zeiten war, ohne dass
sich Presse und Staatsanwaltschaft auf einen stürzen; wenn
in Russland eine Gruppe Jugendlicher einem braven Bürger
den Schädel eintritt, bekommen die Typen nicht Bewährung
und einen Sozialhelfer, sondern landen, wo sie hingehören:
im Straflager.

Dort sitzen bekanntlich auch die Nuttchen von »Pussy
Riot«, was man für eine überzogene Strafe halten darf, aber
die jahrelangen Haftstrafen für den Holocaust-Leugner
Horst Mahler darf man auch für überzogen halten, und doch
protestiert keiner, dass jemand für ein Gesinnungsdelikt
härter belangt wird als die türkischen Totschläger vom
Berliner Alexanderplatz zusammengenommen. Ferner darf
man sich ausmalen, was passierte, wenn drei knalldeutsche
Mädels in einer Moschee, einer Synagoge oder an der zen-

tralen Kultstätte der bundesrepublikanischen Zivilreligion, dem Berliner Holocaust-Mahnmal, einen ähnlichen Hexensabbat veranstalteten, da dergleichen bekanntlich ja nur in christlichen Gotteshäusern unter Kunst- und Meinungsfreiheit fällt. Wobei in einer Moschee unsere muslimischen Mitbürger schon selber rasch für Ordnung sorgen würden. Dies alles, wie gesagt, nicht zu Putins Verteidigung vorgetragen, sondern als kleines Aperçu zum »Freiheit für Russland!«-Geplärr hiesiger Halseisenschmiede bzw. sogar -träger.

19. August

»Könntest du ein Foto von uns machen?«, fragt mich vor dem Gasthaus auf einer bayerischen Alm ein Pärchen mittleren Alters. »Mache ich gern, aber warum duzen Sie mich? Kennen wir uns?« Verlegenes Lächeln, Schulterzucken, Kehrtwendung, die Kamera wird jemand anderem gereicht. Ein typischer Vorgang, eine Epidemie, allenthalben duzen einen die Leute inzwischen, als habe es jemand befohlen. Beim Herumgesteige in bayerischen Bergen begegnen mir zudem immer mehr Wanderer nicht mit »Grüß Gott!« oder dem notorischen »Servus!«, sondern mit »Hallo!«, einem Gruß, der, wie jemand treffend festgestellt hat, ungefähr der Begegnung zweier Hunde im Stadtpark entspricht. Man fühlt sich schließlich ungezwungen unter Gleichen. Spätestens wenn wir 90 sind und im Pflegeheim liegen, werden wir es gefressen haben müssen, dass jemand mit »Hallo, Alter« hereinschneit und knurrt: »Nun dreh dich schon auf die Seite, damit ich dir den Hintern wischen kann.«

20. August

Mit deprimierender Regelmäßigkeit liest man in den Polizeiberichten Meldungen wie diese: Zu Fürth werden vier junge Türken gesucht, die zuerst eine Gruppe deutscher Mädchen sexuell belästigten und sodann einen zu deren Schutz herbeieilenden jungen Mann niederschlugen und ihm mehrmals auf den Kopf traten. (Und alles aus sozialen Ursachen!)

22. August

Fontenelle war achtzig Jahre alt, als er einer jungen und schönen Dame den Fächer aufhob. Sie war so ungezogen, dass sie seine Höflichkeit verächtlich aufnahm. Fontenelle sagte zu ihr: »Aber Gnädigste, wirklich! Sie verschwenden Ihre Kälte!«
Aus Chamforts »Anekdoten«

26. August

Mein Kollege Michael Miersch äußert die witzige Idee, die Handicap-Theorie aus der Evolutionsbiologie auf die Bundesrepublik anzuwenden. Diese von den Biologen Amotz und Avishag Zahavi aufgestellte Theorie meint, dass gerade ein offenkundiger körperlicher Nachteil evolutionäre – also reproduktive – Fitness demonstrieren könne. Das bekannteste Handicap ist das Pfauenrad, ein prachtvolles Signal an die Artgenossen und eine noch prachtvollere Selbstdarbietung als Beutetier. Wer trotz einer solchen autogenen Behinderung überhaupt auf der Welt sei, signalisiere also eine ganz besondere Überlebenskraft. Auf die Bundesrepublik bezogen: Wer trotz einer wirtschaftsschädlichen Energiewende samt Atomausstieg, trotz einer absurd selbstlosen Einwanderungspolitik, die munter Sozialhilfe an fremdländische Bedürftige oder auch bloß Faulpelze verteilt, trotz Hunderter staatlich alimentierter Gender-Professorinnen, Gleichstellungsbeauftragter und ähnlicher DrohnInnen, trotz zunehmender Vergreisung der Bevölkerung, trotz auf Nimmerwiedersehen geliehener Milliarden an europäische Pleitestaaten und trotz übernommener Milliardenschulden von Pleitebanken immer noch wirtschaftlich an der Spitze des Kontinents stünde, sei eben so etwas wie der Pfau unter den Staaten.

Aus dieser Perspektive kann man zumindest dem trotz allem denn doch wohl kaum zu verhindernden Niedergang dieses Landes eine gewisse pfauenhafte Prächtigkeit abgewinnen.

30. August

Einer klassischen Formulierung zufolge haben Staaten keine Freunde, sondern Interessen. Als Ausnahme von der Regel gibt es einen Staat, der meint, keine Interessen zu haben, und sich im Gegenzug dazu einbildet, er besitze Freunde.

31. August

Auf die Gefahr, mich prantlhäufig zu wiederholen: Wenn sich ein interessierter Zeitgenosse zum Beispiel auf *Wikipedia* über das Schicksal der 1918 unter polnische Herrschaft gefallenen

Deutschen informieren will, wird er mit dürren Worten abgespeist. Nach Gründung der Polnischen Republik »wurde eine große Anzahl Deutscher gezwungen, das Land zu verlassen«, steht dort zu lesen, vor allem Bewohner des sogenannten polnischen Korridors, also des einstigen Westpreußen, sowie der Provinz Posen. Dass bis zum Ausbruch des Zweiten Weltkriegs etwa eine Million Deutsche ihr polonisiertes Land verließen bzw. mehr oder weniger gewaltsam aus ihm vertrieben wurden, erfahren wir nicht. Der Zwischenkriegszeit naht man auch im akademischen Sektor ungern, dort liegen zahlreiche Fußangeln, über die man in eine möglicherweise als solche zu verstehende oder bewusst misszuverstehende »Kriegsschuld-Relativierung« stolpern kann; Lorbeeren sind in der Erforschung dieses Haifischbeckens konkurrierender chauvinistischer Interessen dagegen kaum oder nur durch äußerst selektive Wahrnehmung zu verdienen. Und wer sich in der hiesigen Medienwelt mit Hinweisen auf die deutschen Vertriebenen *ante Hitler* bemerkbar zu machen suchte, würde behandelt wie einer, der mit den Nazis sympathisiert.

In diesem Erpressungszusammenhang agiert seit langem auch die bundesrepublikanische Außenpolitik. Statt mit dem Faustpfand der Vertriebenen außenpolitisch zu wuchern und Hinweise auf gewisse Kausalitäten wenigstens impressionistisch zart in die Universalschuldbekenntnisse hineinzutupfen, hat man auf die Erwähnung deutscher Opfer und deutscher Gebietsverluste längst vollkommen verzichtet. Außenminister Westerwelle weiß vermutlich nicht einmal davon, dass es Vertreibungen schon vor Satan gab. Und selbst wenn, handelt er logisch; erwähnte er sie nämlich – oder, was die Vertriebenen nach 1945 angeht, mit anderem als dem »Hitler war die alleinige Ursache«-Zungenschlag –, geriete er sofort von zwei Seiten unter Feuer: aus dem Ausland und durch die medienverstärkten politischen Funktionseliten des eigenen Landes. Und wenn wir eines gelernt haben aus der Geschichte, dann doch wohl, dass Zweifrontenkriege um jeden Preis vermieden werden müssen.

Später 31. August

Angelegentlich der ersten orthodox-jüdischen Eheschließung, welcher ich beizuwohnen geladen war, ging mir die Idee durch den unkoscher beschickerten Schädel, dass die evolutionsbiologische Handicap-Theorie, die ich mit dem Eintrag am 26. August auf die Bundesrepublik bezogen herbeizitierte, sich in ähnlichem Sinne auch auf die Judenheit – näherhin: auf Israel – anwenden lässt. Will heißen: Wenn ein Land resp. Volk imstande ist, diese Scharen von Orthodoxen zu alimentieren, die weder einer Arbeit nachgehen noch in der Armee dienen, sondern den lieben langen Tag nur beten, die Tora lesen, essen, allenfalls ein bisschen betteln und ungerührt immer mehr Kinder zeugen, dann muss es sich um ein ziemlich gesundes, ja fideles Land handeln. Es steckt etwas Imposantes in diesem grandios-parasitären Gottvertrauen, auf welchem der orthodoxe Lebensstil fußt, und es scheint mir in jedem Fall sinnvoller, die Tora zu studieren, als zum Beispiel die Kolumnen auf *Spiegel online* oder die Bücher von H. A. Winkler zu lesen. Aber wie die zunehmende Gereiztheit vieler Israelis ihren orthodoxen Volksgenossen gegenüber andeutet, stößt die Bereitschaft, mit dem Durchschleppen anderer *nolens volens* evolutionäre Kollektivfitness zu signalisieren, offenbar an Grenzen (um es sachte zu formulieren).

Neben dem unbeirrt beibehaltenen Brauchtum, welches freilich auch pflegen kann, wer tagsüber arbeitet, gefiel mir an der

Trauungszeremonie ein kleines Detail, von dem ich nicht einmal weiß, ob es typisch ist, nämlich dass der Bräutigam unter einer melancholischen Melodie Einzug hielt, während der Auftritt der Braut von fröhlich-lärmender Musik begleitet wurde. Wie realistisch. Wie weise.

1. September

»Auf welcher Seite der Tribüne«, fragt die freundliche Dame der Nürnberger Taxi-Zentrale, die ich vom Rande des Zeppelin-Feldes angerufen habe, »stehen Sie denn?« – »Vom Führer aus gesehen rechts.«

2. September

Ein Berliner Richter erzählt mir, er habe vor chinesischen Amtskollegen einen Vortrag über das deutsche Jugendstrafrecht und den Umgang deutscher Jugendgerichte mit Serienstraftätern gehalten. Trotz aller asiatischen Selbstkontrolle und Pokerface-Wahrerei hätten ihm die Gesichter seiner Zuhörer schließlich signalisiert, dass nur die Höflichkeit sie daran hindere, ihn auszulachen.

3. September

Dass gemeinsam mit dem strengen Vater auch der gestrenge Richter aus unserer Gesellschaft verschwunden ist: Parallelität oder Kausalität?

15. September

Die Etablierung dritter – »geschlechtsneutraler« – öffentlicher Toiletten als Alternative zu den traditionell diskriminierenden in Berlin-Friedrichshain/Kreuzberg (kann sich ein Mensch mit »unklarer sexueller Identität« nicht seiner Genitalform entsprechend für eine der beiden üblichen Varianten entscheiden?) war nur ein Vorgeplänkel: Ab November gibt es in Deutschland offiziell ein »drittes Geschlecht«. Im Pass soll dann bei denjenigen ein X stehen, die sich nicht für M oder W entscheiden können. Damit wird quasi amtlich beglaubigt, dass jemand psychologischer Hilfe dringend bedürftig ist, und amtlich wird diese Hilfe zugleich verhindert, indem sich der Zustand des Hilfsbedürftigen plötzlich als normal darstellt. Jedem Devianten ein Normalitätszertifikat auszustellen scheint ein elementares Staatsziel dieser auf ihre späten Tage immer verrückter werdenden Republik zu sein. Warum einer weiterhin laut Pass Meier oder Schulze heißen soll, der doch nach eigener Überzeugung auf dem Wasser des Sees Genezareth gewandelt ist oder bei Austerlitz gesiegt hat, muss als nächstes geklärt werden.

19. September

Er sei »das Gesicht der deutschen Literatur« gewesen, schreibt die *Welt* in einem Anfall von nekrologischer Pathosbesoffenheit über Marcel Reich-Ranicki. Aber nicht doch, er war allenfalls ihr Gesäß. Gelesen hat er ja weiß Gott viel.

Die *FAZ* druckte als doppelseitigen Nachruf ein *Best of* seiner Einfältigkeiten und Eseleien (und wüsste man's nicht besser, man könnte geradezu eine Swiftsche Posse dahinter vermuten): »Ähnlich wie Marcel Proust macht auch Nabokov süchtig«; »Vielleicht verdankt die Prosa Thomas Bernhards ihre Suggestivität auch ihrer Monotonie«; »Was immer die Epik des Philip Roth bedrohen mag – das Gespenst der Abstraktion ist es nicht«; »Nie hat er« – in diesem Falle Max Frisch, aber egal wer – »anschaulicher und anregender geschrieben«. Und der Königssatz: »Er weiß: Erzählen heißt auswählen. Und er wählt souverän aus.« Gedruckt wirken diese Trivialitätskaskaden natürlich nicht halb so unterhaltsam wie in die laufende Kamera geplärrrrrt.

Reich-Ranicki-Kritiken sind Modulbaukästen mit nahezu beliebig austauschbaren Teilen. Nie war er originell. Kein Satz von ihm besitzt literarische Qualität. Er liebte die Literatur, aber sie wies ihn zurück. Das Kompensationsgelärme, das er veranstaltete, galt den Illiteraten als Literaturkritik. Das »Gemüt eines Dreschflegels« bescheinigte ihm Eckhard Henscheid. Reich-Ranicki war ein »Gaudi-Bursch« (nochmals Henscheid), der den Leuten überdies das gute Gefühl gab, wenn sie ein Buch nicht verstünden, läge das immer am Buch. Das mag seine vergleichsweise breite Popularität erklären.

Der »Keritiker« (Martin Walser) hat damit Schule gemacht, sein Geist lebt unter anderem fort bei den kriterienfrei herumkrakeelenden Buchbeurteilern auf Amazon. In gewissem Sinne muss auch *FAZ*-Herausgeber Frank Schirrmacher als sein Zögling gelten, was er im Nachruf eindrucksvoll unter Beweis stellt. Bereits die Überschrift »Ein sehr großer Mann« lässt Subtilitäten *sui generis* ahnen, und so folgt denn alsbald die epochale Feststellung, Reich-Ranicki sei »der große Kritiker in der Geschichte der deutschen Literatur und der größte unter seinen Zeitgenossen und Nachgeborenen« gewesen. Der Größte unter den Nachgeborenen, dergleichen Flachsinn verzapfte noch

nicht einmal die kommunistische Propaganda. Schirrmacher
weiter: »Natürlich würden ihn Superlative in diesem Nachruf
nicht stören: der Größte, Wichtigste, Witzigste, Gefährlichste –
und der Witz ist ja, das würde auch alles stimmen.« Während
der Superlativ des am stärksten auf den Kopf Gefallenen wiederum nur dem Herrn Schirrmacher zusteht.

Ich las 1999 Joachim Fest am Telefon einen Satz aus Reich-
Ranickis Autobiographie vor, nämlich: »Wenn ich mich recht
erinnere, hat Fest nie versucht, die nationalsozialistischen
Verbrechen direkt zu rechtfertigen.« Fest darauf zu mir: »Steht
das wirklich dort?« Und dann fiel am anderen Ende der Leitung
leise, doch sehr deutlich das Wort: »Kanaille!«

Gleichwohl möge der Größte, Große, sehr Große und jedenfalls Allerlauteste in Frieden ruhen.

24. September

Die FAZ interviewt den australischen Historiker Christopher
Clark, dessen Buch Die Schlafwandler den Ausbruch des Ersten
Weltkriegs behandelt. Darin nimmt Clark das Reich dezidiert
gegen den Vorwurf in Schutz, mehr Schuld als die Entente-
Staaten am Kriegsausbruch zu tragen, was unter den meisten Historikern, speziell in der angelsächsischen Welt, ohnehin längst Konsens ist. Clark führt unter anderem aus, dass
die deutsche Flottenrüstung die Briten nicht übermäßig beun-
ruhigte, weil ihre eigene Überlegenheit allzu deutlich war, er
nennt das französisch-russische Zusammengehen »das aggres-
sivste Bündnis auf dem europäischen Kontinent«, welches ausschließlich gegen Deutschland gerichtet war, und er thematisiert das seit dem Dreißigjährigen Krieg bestehende deutsche

Trauma der geographischen Mittellage, welches zwar ohnehin mit Händen zu greifen und anhand der diplomatischen und militärischen Dokumente leicht zu beweisen ist, von bundesrepublikanischen Historikern in den letzten Jahrzehnten aber gern belächelt, kleingeredet oder pathologisiert wurde. Dass Clark mit solchen Feststellungen in manchen deutschen Redaktions- und Gelehrtenstuben, wo man allmorgendlich »Unsere tägliche Schuld gib uns heute« betet, nicht besonders willkommen ist, sollte niemanden überraschen.

Aber warum eigentlich nicht? Wären wir nicht überrascht, wenn russische, englische und französische Medien anfingen, den Anteil ihrer Länder am Kriegsausbruch 1914 besonders herauszustreichen? Würden wir uns, um den Bogen gleich weiter zu spannen, nicht wundern, wenn polnische Öffentlichkeitsarbeiter plötzlich die Zwischenkriegspolitik ihres Landes als aggressiv und konfliktfördernd brandmarkten? Wären wir nicht bass erstaunt, wenn englische Zeitungen im großen Stil darauf insistierten, dass die Royal Air Force den Bombenkrieg gegen zivile Ziele lange vor Hitler in Nordafrika trainiert habe? Würde es uns nicht verblüffen, wenn russische Historiker plötzlich mit Nachdruck darauf bestünden, dass keineswegs Hitler den Zweiten Weltkrieg allein begonnen habe, sondern man als Kriegseröffner mit ihm und trotz seiner kalkulierten vierzehntägigen Verspätung Stalin in einem Atemzug nennen müsse?

Nicht, dass man dergleichen Ansichten, die ja schwerlich von der Hand zu weisen sind, in diesen Ländern überhaupt nicht lesen könnte, aber sie wären dort nicht gesellschaftsfähig. Die anderen halten es einstweilen noch für angezeigt, das eigene Land und das eigene Volk im Zweifelsfall eher zu verteidigen als anzuschwärzen. Nur hierzulande gilt absonderlicherweise das Gegenteil. Ein gewisser akademischer oder intellektueller Typus will sich die deutsche Universalschuld an allen Übeln ab ca. 1871 und also auch am Ersten Weltkrieg nicht nehmen lassen, ob nun aus einem perversen Vergnügen, aus schierer Denkfaulheit oder zum prosaischen Zwecke der Diskursherrschaft. Wie es auf einen ausländischen Beobachter wirkt, wenn diese Allzudeutschen ständig ihre Vorfahren bezichtigen, mag sich jeder selbst zusammenreimen. Die psychologisch interessante Frage lautet, wie sehr die Bereitschaft vieler bundesrepublikanischer Meinungsmacher, ihrem Land eine historische Sonderschuld weit über das Dritte Reich hinaus aufzuladen, mit der Bereitwilligkeit der momentanen politischen Eliten dieses Landes korreliert, für die Schulden anderer europäischer Staaten nahezu bedingungslos zu haften.

Für die deutsche Version der 1919 zu Versailles zementierten These von der Kriegsschuld des Kaiserreichs zeichnete bekanntlich der Historiker Fritz Fischer mit seinem 1961 erschienenen Buch *Griff nach der Weltmacht* verantwortlich. Über Fischer sollte man wissen, dass er sich bereits in der Weimarer Republik bei den Völkischen engagierte, 1933 in die SA und 1937 in die NSDAP eintrat und 1939 Stipendiat des NS-Historikers Walter Frank wurde. Ich weiß, das muss nichts bedeuten, aber angesichts der Tatsache, dass die Schärfe, moralische Aufladung und der »Drive« der sogenannten Vergangenheitsbewältigung in fast allen Einzelfällen mit persönlichem bzw. familiärem Verstricktsein der Bewältiger zusammenhängen, unterstelle ich im Falle Fischers mindestens ein gewisses Quantum des berühmten Renegateneifers.

Clark nimmt Fischer im *FAZ*-Interview übrigens in Schutz, indem er ausführt, dieser habe das Kriegsschuldkapitel erst auf den Druck von Kollegen nachträglich in sein Buch eingebaut.

Aber wie wir Nachgeborenen inzwischen kapiert haben sollten, ist keiner, der 1939 bis 1945 in das Regime involviert war, zu einer wirklichen Objektivität imstande. Solche Leute werden nie eine unabhängige, von Hintergedanken und Bußübungen freie Ansicht zu einem Thema äußern, das in irgendeiner Weise mit dem Dritten Reich in Verbindung gebracht werden könnte. Man soll es also auch nicht erwarten.

27. September

Nachtrag zum 24. September: Leser N. N. bekundet sein Erstaunen über Christopher Clarks These, Fritz Fischer sei zu der Aufnahme des Kriegsschuldkapitels erst nachträglich genötigt worden. Er habe sich Anfang der 1990er Jahre mit Fischer im vertrauten Kreis über dieses Thema unterhalten: »Ich signalisierte, dass für mich – insbesondere angesichts des französischen Revanchebedürfnisses nach 1871 – eine deutsche Alleinschuld keineswegs eine ausgemachte Sache sei. Er hingegen bestand auch (mit seinen damals 85 Jahren) nachdrücklich auf seiner These, verwies auf seine Archivfunde und machte keinesfalls den Eindruck eines Menschen, der zu einem solchen pointierten Standpunkt genötigt worden war.«

Und weiter: »Fischer war der erste deutsche Historiker, der von den Alliierten Zugang zu den ADAP (Akten zur deutschen auswärtigen Politik – M. K.) des entsprechenden Zeitraumes erhielt. Es war klar, dass den Alliierten nur an der Bestätigung der Alleinkriegsschuldthese gelegen sein konnte. (...) Ein Zweifel an der Alleinschuld hätte notwendigerweise eine Mitschuld der Siegermächte am späteren Aufstieg Hitlers und somit auch am Zweiten Weltkrieg bedeutet. Dies wiederum hätte der

Nachkriegsordnung nach 1945 die moralische Grundlage entzogen.«

A prima vista scheint es erstaunlich, dass mit Fischer ein Historiker mit NS-Vergangenheit als erster diese Dokumente einsehen konnte. »Aber auf den zweiten Blick scheint es durchaus sinnvoll, einen nicht mehr ganz jungen Historiker mit befleckter Vergangenheit, der aber noch etwas werden und seine Scharte auswetzen will, mit dieser Angelegenheit zu betrauen. In jedem Falle müsste man naiv sein zu glauben, dass die Alliierten Fischer zugestanden, ergebnisoffen zu forschen.«

Dass er in der Encyclopedia of Historians and Historical Writing (London 1999) als der wichtigste deutsche Historiker des 20. Jahrhunderts bezeichnet wird, darf getrost als späte Danksagung der Briten an ihren willigen Helfer verstanden werden.

2. Oktober

Man nennt heute gemeinhin den Neid als das Gegenteil des Mitleids (»Neid muss man sich verdienen, Mitleid nicht«). Aber das entspringt einer Luxusvorstellung von Wirklichkeit. Das tatsächliche Gegenstück des Mitleids ist, worauf unter anderen Ernst Jünger hingewiesen hat, der Schutz. Auch in unseren Breiten werden die Menschen wohl wieder lernen, dass sie sich den Schutz verdienen müssen.

5. Oktober

Was lehrt uns das neuerliche Flüchtlingsdrama vor Lampedusa? Vor allem die Hilflosigkeit der Westeuropäer gegenüber dem wachsenden Einwanderungsdruck aus Afrika, wo inzwischen über eine Milliarde Menschen leben, also dreimal so viele wie in Mittel- und Westeuropa (vor hundert Jahren hatten Deutschland und Frankreich zusammen etwa so viele Einwohner wie der gesamte schwarze Kontinent). Aus moralischen Gründen muss sich der Realismus maskieren und entrüstet tun, aber was Europa mit unausgebildeten jungen Männern aus Schwarzafrika anfangen kann, lässt sich zum Beispiel in Marseille gut studieren. Zwanzig, dreißig Millionen von ihnen – womöglich nur ein Bruchteil von denen, die kommen wollen –, und das Abendland wäre erledigt.

Afrika ist offenkundig nicht imstande, sich allein zu helfen, die europäischen Entwicklungshilfen haben im wesentlichen Diktatoren und Bürgerkriege finanziert, die wirtschaftliche und vor allem die Sicherheitslage in den meisten afrikanischen Ländern ist hinreichend übel, um das Risiko, im Mittelmeer zu ersaufen, nicht sonderlich abschreckend erscheinen zu lassen, und Westeuropa, das ohnehin seine Probleme hat mit gewissen Einwanderern aus muslimischen und südosteuropäischen Ländern, verheddert sich in seinen moralischen Standards. Wer heute fordert, Armutsflüchtlinge aufzunehmen, sollte sich über die Folgen seines kurzen öffentlichen Prestigegewinns im klaren sein oder keine Kinder haben. Je mehr Flüchtlinge Europa hereinlässt, desto mehr von ihnen werden sich logischerweise auf den Weg machen. Kein Arbeitsmarkt, kein Sozialsystem, kein Bildungssystem kann das auffangen. Kein »klassisches« Einwanderungsland käme auch nur auf die Idee.

Dennoch würde jeder europäische Politiker seine Existenz riskieren, wenn er sagte, wir dürfen keine afrikanischen Armutsflüchtlinge aufnehmen, weil das Millionen andere als Ermunterung verstünden; kein europäischer Politiker gerät indes in Schwierigkeiten, wenn er Europäerinnen zur Hintanstellung des Kinderwunsches und gegebenenfalls zur Abtreibung ermuntert. Etwa ein Drittel der ohnehin raren eigenen Föten beseitigen und stattdessen unausgebildete ethnisch und kulturell Fremde ins Land lassen, und das alles nur, damit sich ein paar Gauner als Frauenselbstverwirklichungsversteher hie und Humanitaristen da feiern lassen können: das ist die neue »europäische Idee« *in nuce.*

PS: Erinnert sei in diesem Zusammenhang an die China-Reise des weiland Außenministers Joseph (»Joschka«) Fischer, der dortselbst die »Einhaltung der Menschenrechte« anmahnte und von seinen chinesischen Gesprächspartnern daraufhin gefragt wurde, ob Deutschland denn bereit sei, drei Millionen chinesische Dissidenten aufzunehmen. Fischer fand diese Bemerkung »zynisch«. Er wollte natürlich niemanden aufnehmen, sondern in eigener Sache moralisieren, ein Häkchen unter den Tagesordnungspunkt »Heiligenscheinpolitur« machen und zu Tische gehen.

PPS: Eine Leserin fragt, ob ich es denn nicht für möglich hielte, dass jemand tatsächlich ein Humanitarist sein könnte. Aber ja! Jeder, der einen Flüchtling bei sich daheim beherbergt! Wohingegen diejenigen, die sich mit der Forderung aufblasen, irgendwer möge irgendwo jemanden aufnehmen, weit weg am besten, eben Gauner und Spitzbuben sind.

6. Oktober

Bei der Verleihung des PR-Preises »Echo Klassik« fällt auf, dass nahezu alle Redner fordern, die klassische Musik vornehmlich dem jungen Publikum näherzubringen, quasi mit allen Mitteln, speziell jenem des sogenannten Crossings. »Klassik ist die Pop-Musik von früher«, sagt etwa der Musikproduzent Christopher von Deylen, was schierer Unsinn ist, weil sich weder die Phänomene noch der sich in ihnen manifestierende Geist noch die Zeiten noch das Publikum auch nur vergleichen, geschweige gleichsetzen lassen. Die gute alte Klassik soll als Hure drapiert werden und in Konkurrenz zu den anderen, jüngeren musikalischen Hürchen treten, die sich fürs Publikum aufstrapsen, wie würdelos. Und aussichtlos obendrein, denn die Alten bekommen eben kaum Freier ab.

Nein, besser wäre es, man hörte auf mit dem Werben und zöge sich vom Markt zurück. Diese Kunstgattung ist viel zu bedeutend, als dass sie sich auf ein Stechen mit dem zeitgenössischen Tinneff einlassen müsste, sie wird leben, solange es Menschen gibt, aber sie wird immer nur eine Sache für wenige sein (auch in ihrer Entstehungszeit war diese Musik, ob gehört oder gespielt, ein Privileg der höheren Klassen und fast nie Massenunterhaltung). Man soll im Gegenteil das Publikum reduzieren, den Zugang beschränken! Es gibt ja auch nicht Château Lafite-Rothschild für alle! Es würde der Klassik guttun, wenn sie wieder exklusiv, elitär, geheimnisvoll würde!

Letztlich werden die unfrommen Publikumsvergrößerungswünsche nur geäußert, um den Produzenten ihren Umsatz zu erhalten und die große Schar ausgebildeter Musiker in Lohn und Brot zu bekommen. Irgendwann muss mit der verantwortungslosen Produktion künftiger Schlechtestbezahlter eben aufgehört werden. Der diesjährige Nachwuchspreisträger hat ja gezeigt, dass man als Hobbypianist auch ganz passabel spielen kann. Freilich sollte es für solche Darbietungen keine Preise mehr geben.

7. Oktober

Jemand sagte in einer Abendgesellschaft ungefähr folgendes: »Emanzipation bedeutet gemeinhin nicht Aufstieg der zu Emanzipierenden, sondern Abstieg derjenigen, aus deren vermeintlicher Vormundschaft die Emanzipationskollektive entlassen zu werden wünschen. Die Emanzipation der Frau verweiblichte den Mann, die Emanzipation des Proletariers proletarisierte den Bürger, die Emanzipation der Rassen nimmt jeder einzelnen das Spezifische und zerstört alle Hierarchie zugunsten zugangsbeschränkungsfreier Multikultur, die Emanzipation des Dummkopfs planiert die Elite und so fort. Am Ende aller Emanzipation steht, so Gott kein Einsehen hat und eine neue Flut schickt, der androgyne, herkunftslose, offiziell gleichbegabte, belanglose Einheitsmensch.«

8. Oktober

»Deutschlands Reiche immer reicher!«, schlagzeilt die Münchner *AZ*. Deutschlands Arme zwar auch, aber diese viel interessantere Headline findet nicht statt.

10. Oktober

»Ich bin zu alt und schwach geworden, um noch laut ›Scheiße‹ zu brüllen«, sagt G. M. auf der Frankfurter Buchmesse. So sei es denn hiermit getan.

12. Oktober

In einer Unterhaltung versteigt sich ein Sozialwissenschaftler zu der These, Homer sei eine Art Autorenkollektiv resp. eine Art Endredakteur gewesen und müsse als Verfasser in Anführungsstriche gesetzt werden. (Ich habe aus Gefallsucht vergleichbaren Mindersinn vor Jahren über Shakespeare geschrieben.) Nein, halte ich dagegen, ein Autorenkollektiv bekommt bestenfalls eine *Spiegel*-Titelgeschichte, ein Parteiprogramm oder einen Abriss der marxistisch-leninistischen Weltanschauung zustande. Dass Homer und Shakespeare alles verfügbare Material in ihre Werke kompiliert haben, bedeutet nicht, dass sie nicht die Autoren dieser Werke sind (egal, wie sie wirklich hießen). Die Geschichte der Polyphem-Blendung oder das Kirke-Intermezzo kann sonstwer erfunden haben, aber den ungeheuren Spannungsbogen von Odysseus' Heimkehr nach Ithaka bis zu dem Moment, da Penelope ihn erkennt, hat nur einer, und zwar einer der Allergrößten, geschaffen.

14. Oktober

Übrigens: Wenn an Europas Gestaden Afrikaner ertrinken, ist das keine Schande für Europa, sondern für Afrika.

22. Oktober

Die gestrige TV-Gesprächsrunde unter der Moderation des Herrn Plasberg belehrte mich, dass Roma in ihren Heimatländern Rumänien und Bulgarien in slumartigen Verhältnissen leben und deshalb nach Deutschland streben, wo viele oder einige von ihnen ausweislich der ebenfalls bei Plasberg gezeigten Bilder in ihren neuen Unterkünften sofort wieder slumartige Verhältnisse herstellen, anstatt es sich halbwegs gemütlich zu machen. Warum sie dann überhaupt nach Deutschland kommen, wurde in der Gesprächsrunde nicht gefragt, desgleichen nicht, warum Roma-Banden ihre neuen Gastgeber beklauen und bespucken, welche Clanstrukturen oder Charaktereigenschaften ein solches jeder Gastfreundschaft ins Gesicht schlagende Verhalten auslösen und was Länder wie Rumänien und Bulgarien überhaupt in der EU zu suchen haben.

1. November

Angelegentlich der Verfertigung einer kurzen Rückschau auf das Wagner-Jahr stoße ich auf einen *Spiegel online*-Kommentar zum sogenannten Düsseldorfer »*Tannhäuser*-Skandal«. Letzterer bestand darin, dass das Publikum sein womöglich sauer verdientes Geld nicht für einen von SS-Schergen besiedelten und nun endlich mit der bei Wagner schon lange fälligen Gaskammer ausgestatteten Venusberg hingeblättert haben wollte, wie es die Inszenierung von Burkhard C. Kosminski in wohlfeil-trendkonformer und skandaleinkalkulierender Gesinnungskasperei vorsah, sondern eine romantische Oper um Verdammnis und Liebeserlösung zu erleben gedachte. Besagter Kommentar lieferte in zwei Sätzen die zeitgeistkompatible und in ihrem Duktus einmal mehr die »Gnade der späten Geburt« exemplifizierende Definition, warum die Täternachkommen im Parkett darauf kein Recht hätten, nämlich: »Richard Wagner war ein ekelhafter Antisemit, seine Opern wurden von führenden Köpfen des nationalsozialistischen Politiker-Packs geliebt und zum Inbegriff deutscher Kultur-Wertarbeit verklärt. Deshalb liegt es ziemlich nahe, zwischen Wagners möglicherweise genialem musikalischem Werk und den Verbrechen der Nazis Verbindungen herzustellen.«

Säße man mit dem Genossen Journalisten auf einem Podium, könnte man ihn vorführen mit der Bitte, er möge doch einmal Zeugnisse für seine Behauptung beibringen, führende Köpfe des Packs (was es nicht alles gibt!) hätten Wagner geliebt, ja, er möge nur die entsprechenden Namen nennen – den Einen, Einzigen einmal ausgenommen; der liebte Wagner tatsächlich und kannte ihn besser als Merkel, Stoiber, Gottschalk und er, Pressbengel, zusammen. Und um das betretene Schweigen, welches diese Aufforderung unweigerlich auslösen würde, gnädig abzubrechen, wäre als zweiter Einwand die Frage angezeigt, warum diesem als Reichskanzler schon lange und nicht ganz unverdient vorzeitig außer Dienst Gestellten heute noch die Dignität eignen sollte, diktieren zu dürfen, wie Wagners oder irgendjemandes Werke zu verstehen und zu interpretieren seien, ob er, Kommentator, sich nicht schäme, 60 Jahre nach Hitlers Hinscheiden immer noch »Führer befiehl, wir folgen!« zu plärren.

Tatsächlich wäre Wagners Karriere im Dritten Reich ohne die Passion Hitlers für seine Musik wohl eher unauffällig verlaufen. Unter NS-Funktionären genoss der Kunstrevolutionär, Pazifist und Schöpfer psychologisch hochproblematischer Bühnenfiguren höchst selten jene Popularität, wie sie heute dem Regime *al fresco* unterstellt wird. Der Presse- und Kulturwart Curt von Westernhagen schrieb 1935 in einem Brief, die Sympathie des Führers dürfe »keineswegs darüber hinwegtäuschen, daß weite Kreise unserer Bewegung der Gesamtpersönlichkeit Wagners fremd oder ablehnend gegenüberstehen«. Die NS-Ideologen Hans Günther und Alfred Baeumler waren Wagner-Gegner, und

Alfred Rosenberg, der einen mystischen Wotan-Kult etablieren wollte, hätte sich und dem Reich den moralisch anstößigen »Ring«-Obergott gern vom Hals geschafft.

Goebbels behauptete zwar, Wagner zu mögen, aber weder in seinen Reden noch seinen Tagebüchern findet sich eine mehr als oberflächliche Bezugnahme auf dessen Werk und Ansichten. Der Beitrag des Reichspropagandaministers zur Wagner-Exegese beschränkte sich darauf, den »Wach auf!«-Chor im dritten Akt der *Meistersinger*, mit dem sich die Volksmenge an Hans Sachs wendet, in einen »Wacht auf«-Chor zu verwandeln, welcher, so Goebbels, »von sehnsuchtserfüllten, gläubigen deutschen Menschen als greifbares Symbol des Wiedererwachens des deutschen Volkes aus der tiefen politischen und seelischen Narkose« empfunden worden sei.

»Die einfache Wahrheit lautete, dass viele Nazis an hoher wie niedriger Stelle Wagner zum Heulen langweilig fanden«, resümierte der englische Autor Jonathan Carr in seinem grandiosen Buch *Der Wagner-Clan*. Am Beginn der *Meistersinger*-Galavorstellung zum NSDAP-Parteitag 1933 war so wenig Publikum anwesend, dass ein erboster Führer Greiftrupps in die Bordelle und Biergärten aussandte, um die Parteigenossen der Hochkultur zuzuführen. Im Jahr darauf hatten seine Paladine zwar für ein von Anfang an gefülltes Haus gesorgt, aber viele Anwesende schliefen oder klatschten an den falschen Stellen. Wie Hitlers Sekretärin Traudel Junge berichtete, wurde während einer *Tristan*-Aufführung ein Angehöriger von Hitlers Entourage, der eingeschlafen war und über die Brüstung zu kippen drohte, gerade rechtzeitig von seinem Sitznachbarn festgehalten, der Sekunden zuvor ebenfalls noch im Bubu-Land geweilt hatte.

Wie sollte es auch anders gewesen sein? Man stelle sich vor, der Chef eines großen Unternehmens würde heute seine Untergebenen bei Strafe des Sympathie-Entzugs verdonnern, mit ihm sämtliche Wagner-Opern zu hören. Warum sollte es also den Allerwelts-Nazis anders gehen als beispielsweise dem Bayreuth-Besucher Paul de Lagarde? Nachdem der Kulturphilosoph 1881 die Festspiele erlebt hatte, klagte er, es sei »zum Sterben langweilig« gewesen, und er werde sich »einer derartigen Qual« kein zweites Mal aussetzen. Gleichwohl feierten ihn die *Bayreuther Blätter* als Vor- und Mitkämpfer gegen das Judentum. Die Bayreuther Ideologie band mindestens ebenso wie die Werke des Gründers.

Dass sich der Dichterkomponist auch anders interpretieren lässt, als eine ganze Generation von Publizisten und Regisseuren wähnt, illustriert etwa die 1928 veröffentlichte Broschüre *Der Fall Wagner. Eine Revision* von Bernhard Diebold. »Unglaubliches ist geschehen!«, notierte der Musikschriftsteller. »Das politisch rechts stehende Bildungspublikum hat seit dem Kriege Richard Wagner zu seinem speziellen Kunst- und Kulturgott erhoben. In Ermangelung eigener schöpferischer Kulturgeister erwählten die Mannen von rechts den Revolutionär, den Flüchtling und jahrzehntelang Verbannten von 1848/49 zum Erfüller ihrer nationalistischen Bedürfnisse.« Dagegen habe die Linke eine »fatale Gedankenlosigkeit bewiesen«, indem sie »auf den ungeheuren Kultur-Kredit dieses weltberühmten Namens« und »den mächtigen Propagandawert des größten Kunst-Revolutionärs« verzichtete, der zugleich ein »Märtyrer des liberalen Gedankens« gewesen sei. Dessen Nürnberg-Oper, die fünf Jahre später als musikalischer Höhepunkt des ersten NSDAP-Parteitages im Dritten Reich herhalten musste, nannte Diebold das »singende Lust- und Festspiel der Demokratie«.

Dreißig Jahre vor Diebold hatte bereits George Bernard Shaw in seinem Buch *The perfect Wagnerite* den *Ring des*

Nibelungen als ein Drama mit sozialistischem Kern darge-
stellt und postuliert, dass die Tetralogie »eigentlich moderne Kostüme erfordern würde, Zylinder statt Tarnhelmen,
Fabriken statt Nibelheimen, herrschaftliche Villen statt
Walhall«, denn das alte Nibelungen-Epos sei dem Komponisten nur »Vorwand und Namensverzeichnis« gewesen.
1933 wiesen die *Bayreuther Blätter* Shaws Sicht der Dinge
mit dem Bescheid zurück, Wagners Werk symbolisiere das
Menschliche schlechthin und könne »niemals aber die kalte
Wirklichkeit mit all ihren komplizierten Einrichtungen und
sozialen Problemen« darstellen.

Nach dem Zweiten Weltkrieg nahmen die Schwierigkeiten
der Fortschrittsparteiler mit ihrem 80-Prozent-Gesinnungs-
genossen erst richtig krude Formen an. Politisch eher
links stehende Autoren, Journalisten und Regisseure führen seither die Nazifizierung Wagners unter umgekehrtem
Vorzeichen mit wachsendem Ingrimm zu Ende. Besonders
frivol daran ist, dass diese staatlich subventionierten Kulis-
senumstürzler, die zeitlebens nie etwas riskiert haben, dem
originären Revolutionär und Exilanten vorwerfen, er habe
sich mit seinem Werk dem deutschen Machtstaat ange-
dient. Der deutsche Gute umtanzt heute die Totempfähle der
Vorfahrenschmähung mit derselben Inbrunst wie zuvor der
gute Deutsche jene der Ahnenglorifizierung; neuerdings we-
delt auch Hügelchefin Katharina Wagner beflissen mit dem
Urgroßvaterskalp.

Aber man vergesse nie: Wagner war ein linker Utopist, der
das Geld, die katholische Kirche und die Klassenschranken
abschaffen, die Frauen und die Tiere emanzipieren wollte –
und außerdem ein künstlerischer Modernisierer durch und
durch. »Kinder, schafft Neues«, lautete seine Maxime. Erst das

Bayreuth nach seinem Tod wurde zum Ort der Erstarrung und des Opportunismus. Bislang haben sich die Festspiele noch mit jedem politischen System arrangiert. Das Angepasstsein an den Zeitgeist ist bis heute der Markenkern Bayreuths. Von den standardisierten Provokationen und gutgeölten Gegen-den-Strich-Bürstereien der »noch immer ganz ernsthaft so genannten Opernregisseure« (Eckhard Henscheid) über den Vergangenheitsbewältigungs-Exhibitionismus bis zum Public Viewing: die Festspielverantwortlichen haben gelernt, was man dem Feuilleton und den *Chattering Classes* vorsetzen muss. Da die Hakenkreuzfahnen draußen nicht mehr wehen dürfen, hat man sie auf die Bühne geholt, neben allerlei anderem Tinneff; die sogenannte »Entrümpelung« der Klassiker ist ohne Gerümpel offenbar nicht zu haben. Die Werke werden zu Bayreuth heute betont unelitär, unschön, unpathetisch und zwanghaft politisiert dargeboten, fern aller Mysterien und auch noch im Klamauk unter der großen historischen Schuld ächzend. Urenkelin Katharina hat die Festspiele zu einer Veranstaltung gemacht, wo der Geist, der deutsche allzumal, höchstens noch spuken darf. Ein Vers von Kurt Tucholsky auf Friedrich den Großen, leicht abgewandelt, fügt sich hier gut: Dreh still dich im Grabe, / verbirg dein Gesicht: / sie haben dein Festspielhaus, / deinen Geist haben sie nicht.

3. November

Heute morgen, beim Öffnen des Fensters, ist es wieder passiert: Ich habe einem (in diesem Falle blonden) sozialen Konstrukt hinterhergeschaut.

5. November

Der Gedanke ist weder originell noch neu, verdient aber angesichts des momentanen Boheis um die Wiederentdeckung zahlreicher Werke, die im Dritten Reich als »entartete Kunst« beschlagnahmt worden waren, eine neuerliche Erwähnung: Letztlich haben Hitler und die Seinen den Siegeszug der modernen Kunst erst so richtig ins Rollen gebracht, und zwar nicht allein deshalb, weil gegen die Werke der von ihnen konsfiszierten und geschmähten Maler sowie die Produkte von deren Adepten nach 1945 schlechterdings kein kritischer Vorbehalt mehr möglich war, ohne dass derjenige, der ihn äußerte, in die braune Ecke gestellt worden wäre, sondern vor allem auch deswegen, weil die von Hitler präferierte gegenständliche (oder realistische) Malerei ebenfalls unter Faschismus-, mindestens aber unter Kitschverdacht geriet (beides gehört zusammen) und dort lange verharrte.

»Inzwischen gelingt dem Bruder Straubinger (i. e. Hitler – M. K.) posthum sein erstaunlichster Schwindel: Er wird zum Träger aller Ideen gemacht, deren er sich zu seinem Betrug bedient hat«, notierte Carl Schmitt in seinem *Glossarium* und erblickte »eine geistesgeschichtliche Peripetie von unglaublicher Wirkung: wenn in Zukunft jeder, der sich von der Musik des *Tristan* ergreifen läßt, gezwungen sein wird, an H. zu denken und dessen Bild mit dieser Musik zu verbinden.« Dieselbe Peripetie besteht umgekehrt darin, dass der Verfolger der »Entarteten« letztlich ihr größter Förderer war.

7. November

Nachtrag zum 5. November: Führers Kunstgeschmack ist ja zu Recht umstritten (wobei man nicht vergessen sollte, dass er selber vom Niveau der NS-Kunst, speziell der Malerei, sehr enttäuscht war), aber eine Sache hat er richtig erkannt und in seiner Eröffnungsrede zur Großen Deutschen Kunstausstellung 1937 zu München ausgesprochen, nämlich dass die Implementierung des Begriffes »modern« in die Kunstsphäre zum einen zwangsläufig eine Kriegserklärung an alles nunmehr Nichtmoderne darstellte, zum anderen, dass dortselbst fortan nicht mehr das Vortreffliche oder Überzeitliche Geltung besitzen werde, sondern die munter einander ablösenden Moden. So ist es gekommen. Unter dem Gedröhne der intellektuellen Lautsprecher formierte sich das neue Publikum, den modischen Parolen willig hingegeben, während der kundige Mäzen ebenso sukzessive im Aussterben begriffen ist wie der kundige Liebhaber, der über Kriterien verfügt, ein Bild, gleich welcher Epoche, nach seinem tatsächlichen Wert und nicht nach dem eigenen zufälligen Geschmack oder gar nach dem Preis – »Und bei genauerer Betrachtung / steigt mit dem Preise auch die Achtung« (Wilhelm Busch) – zu beurteilen.

10. November

»Die Roboter sollen sich nicht zu früh freuen – die nächste Revolution könnte auch sie befreien.«
Stanisław Jerzy Lec

11. November (Martini)

Wenn ein neuer, in seinen Lebensgewohnheiten etwas fremd-
artiger Mieter ins Haus zieht – und die Rede ist von einem sehr
alten Haus, wo schon Generationen auf ihre Art lebten und leben –, wie werden sich die angestammten Mieter verhalten?
Werden sie sich in möglichst vielen Belangen nach dem Neuen
richten? Werden sie ihre Gebräuche ändern, weil er andere
pflegt? Werden sie keine Witze mehr machen, die er plötzlich
auf sich beziehen könnte? Keine Musik mehr hören, die ihn
vielleicht stört, weil er andere mag? Werden sie prophylaktisch
alle Bücher aus ihren Regalen entfernen, die ihn in seinen religiösen Gefühlen beleidigen könnten, auch wenn er sie niemals
zu Gesicht bekäme? Werden sie ihren Kindern verbieten, sich
darüber zu beschweren, ja überhaupt zu erwähnen, dass der
neue Nachbarssohn sie gehauen habe?

Aber was denn sonst, denkt sich der deutsche Gute allweil und
heißt die Fremden nicht willkommen, indem er ihnen selbstbewusst und offen entgegentritt, sondern indem er verdruckst das
Eigene leugnet und abzuschaffen sucht. Neuestes Beispiel ist die
Eliminierung des hl. Martin in besonders progressiven, zufällig
noch in Deutschland gelegenen Kindertagesstätten, weil morgenländische Zuwanderersprösslinge sich von einem Laternenumzug
in Gedenken an einen frühen Christen und Abendländer in ihrer
Identität (die bei ihren deutschen Altersgenossinnen und -genos-
sen keine Rolle spielt) beeinträchtigt, wenn nicht gar provoziert
fühlen könnten. Und mit einem Christen möchte der endaufge-
klärte Kulturrelativist natürlich zuallerletzt verwechselt werden!
Wie meistens bei solchen Gelegenheiten agierten die Abschaffer
im vorauseilenden Gehorsam, kein Muslim hatte sie aufgefordert,
dem Gedenktag des frommen Mantelteilers abzuschwören.

Alles nicht weiter wild, könnte man sagen, ist doch gut gemeint. Gewiss, die einzelnen Fälle sind immer harmlos und mit übertriebener Freundlichkeit zu begründen, aber alle zusammen offenbaren eine Struktur – vom Muslima-Tag im steuerfinanzierten öffentlichen Bad bis zur aus Angst vor Protesten abgesetzten blasphemisch misszuverstehenden Theaterinszenierung, vom kommentarlosen Verschwinden des Schweinefleisches aus den Speiseplänen von Kindertagesstätten über das Beschweigen der Christenverfolgung in muslimischen Staaten bis zur »kultursensiblen« medialen Berichterstattung über importierte Straftäter und Sozialhilfeabgreifer, vom Verhängen »anstößiger« Aktdarstellungen in Galerien bis zur Nobilitierung des sogenannten »Kiezdeutsch« als Hochsprache.

Hier addiert sich die westliche, insbesondere deutsche kulturelle Selbstverachtung zur allgemeinen Schwäche einer überalterten, feminisierten, jederzeit kuschbereiten sogenannten Zivilgesellschaft und zum kulturrelativistischen, antirassistischen Zeitgeist, der tatsächlich ja den Rassismus und die kulturellen Rangordnungen bloß umkehrt. Strukturell betrachtet sind solche Vorgänge nichts anderes als Unterwerfungen. Es handelt sich um eine an die Zuwanderer adressierte Bitte um Wohlverhalten, derselben Mentalität entspringend wie die milden Strafen für gewalttätige Jugendliche aus vitalen Einwanderermilieus. Dieses Wohlverhalten, das normale Gesellschaften im Zweifelsfall erzwingen, soll hierzulande durch permanente Nachgiebigkeit quasi erbettelt werden. Durch ihr Entgegenkommen erhoffen sich die sukzessiven Abräumer der eigenen Tradition und Rechtsvorstellung, dass sie nicht länger mit dieser Tradition identifiziert und bei künftigen Auseinandersetzungen verschont werden.

Damit sie nicht vollends als Feiglinge dastehen, pflegen sie eine Rhetorik der Anklage gegen den vermeintlichen Rassismus und die angebliche Aggressivität des eigenen Volkes, dessen Nachwuchs auf den Straßen und Schulhöfen längst das Gegenteil erlebt, während die hilfsunfähigen Älteren wütende Leserbriefe und Online-Kommentare schreiben, die dann wieder als Belege des gefährlichen deutschen Extremismus herbeizitiert werden. Wie ein Zuwanderer, der etwas auf sich hält, auf diesen Endkampf der Kriecher gegen die Impotenten blickt, mag sich jeder selber denken.

16. November

An der Carl von Ossietzky-Universität Oldenburg findet ein Symposium mit dem Titel »Wagner – Gender – Mythen« statt, um die längst fällige »kritische musikwissenschaftliche Genderperspektive auf Wagner« zu richten. Erwartungsfroh harren wir der Symposien »Bach – Gender – Kontrapunkt« oder »Chopin – Gender – Rubato«. Aber auch vor »Schach – Gender – Damengambit« oder »Raumfahrt – Gender – Venus-Mission« sollte nicht vorschnell zurückgeschreckt werden!

21. November

Birgit Kelle merkt an, dass sich inzwischen in den familienpolitischen Positionsblättern aller Parteien außer der CSU die Beteuerung fände, die traditionellen Familienstrukturen müssten »aufgebrochen« werden, und stellt gleich die richtige Frage: Warum eigentlich? Die Antwort, so man sie denn für eine solche halten will, lautet: Weil Deutschland und Westeuropa von Sozialisten regiert werden und Sozialisten, wie der Name schon sagt, die Menschen in ihrem Herrschaftsbereich sozialisieren wollen. Der elementarste Konkurrent, wenn nicht Gegner solcher Bestrebungen war und ist immer die Familie. Vor allem die Kinder sollen möglichst früh in die staatlichen Gewahrsame getrieben werden, damit sie die entsprechende Dosis sozialistischer Erziehung in ihre aufnahmewilligen zarten Hirne verabreicht bekommen, derweil ihre Mamis gesellschaftlich nützliche Tätigkeiten verrichten (zum Beispiel fremde Kinder betreuen). Was den Sozialisierern derzeit sehr in die Karten spielt, sind die »Problemfamilien« – und hier vor allem die kriminellen Großclans – aus dem Morgenland, denen wohl selbst der entschiedenste Libertäre eine gewisse Sozialisierung wünscht. Aber natürlich rechtfertigt die Existenz von Kampfhunden keine Zwangsmaßnahmen gegen sämtliche Hunde.

Erhellend wirkt auch in diesem Zusammenhang die Lektüre der Klassiker. Das *Kommunistische Manifest* fordert die »Aufhebung der Familie« und die »öffentliche und unentgeltliche Erziehung aller Kinder« (von solchen Absendern ist das eine Drohung); in Marx' vierter Feuerbach-These heißt es: »(…) nachdem z. B. die irdische Familie als das Geheimnis der heiligen Familie entdeckt ist, muß nun erstere selbst theoretisch und praktisch vernichtet werden.«

Das gibt sich heute moderater; nicht vernichtet, sondern »aufgebrochen« muss werden, doch was die Linken aller Zeiten und Fraktionen eint, ist ihr Hass auf die bürgerliche Familie, die uns inzwischen multimedial als ein von allerlei »bunten« Alternativen abzulösendes Auslaufmodell präsentiert wird. Familienpolitisch reckt der »Sozialismus mit menschlichem Antlitz« sein Haupt inzwischen recht ungescheut sogar in den Reihen jener Spitzbuben, die sich selbst immer noch Christdemokraten nennen.

23. November

Bildungserfolg: Einer der Söhne liest die *Schatzinsel*. Egon Bahr brachte seinen Spross noch zur Lektüre mit dem Angebot, jedes Buch, welches er lese, dürfe er behalten. Unsereiner muss mit der Offerte daherkommen, wenn das Buch gelesen ist, gibt es das Nintendo zurück. Außerdem kann sich der Bub eintausend Euro verdienen, wenn er mir einleuchtend begründet, warum ihm Stevensons Meisterwerk nicht gefällt.

Meisterwerk? Aber ja. Ich halte Stevensons *Treasure Island* für das beste (mir bekannte) Jugendbuch, noch vor Kiplings *Dschungelbuch*, das auch ein Solitär und bedeutende Literatur ist. Ein untrügliches Zeichen für große Schriftstellerei liegt ja dann vor, wenn es einem Autor gelingt, Gestalten zu schaffen, die sich wie Archetypen ins kollektive kulturelle Gedächtnis prägen. Das ist, sicherheitshalber sei es angemerkt, keineswegs dasselbe wie der Umstand, dass die halbe Welt eine literarische Figur kennt, speziell heute, wo das Kino und die Massenmedien für die Verbreitung von allem und jedem sorgen. Nichts gegen Harry Potter, Voldemort und Snape, aber neben Jim Hawkins, Israel Hands und vor allem John Silver sind das Pappkameraden, von der literarischen Sprache gar nicht zu reden (wenn ich meinen Jungs zeitgenössische Autoren vorlese, bin ich dauernd stilistisch am Korrigieren).

Meine Lieblingsstelle der *Schatzinsel* ist John Silvers Rückkehr zu Kapitän Smollett. Nachdem er die Meuterei organisiert, das Schiff in seinen Besitz gebracht, mehr als ein Dutzend Mannschaftsangehörige auf dem Gewissen und am Ende wieder die Fronten gewechselt hat, tritt der einbeinige Pirat und Schiffskoch vor seinen von den Meuterern verwundeten Dienstherrn, der, als er ihn erblickt, verblüfft fragt:

»Is that you, John Silver? What brings you here, man?«
»Come back to my dooty, sir,« returned Silver.
»Ah!« said the captain; and that was all he said.

Das »Melde mich wieder zum Dienst zurück« ist schon ko-
misch genug, aber dieses »Ah!« führt uns in die Regionen der
Hochkomik und des literarischen Genies, wobei sich in diesem
Ausruf auch die tiefste Menschenkenntnis offenbart.

24. November

Wagner-Jahr, nächste Fortsetzung: In der nur ihm und niemandem sonst in solchem Maße eignenden Fähigkeit zur
Verschmelzung von Scherz, Satire und tieferer Bedeutung (i. e.
enormer Kennerschaft) hat Eckhard Henscheid das womöglich beste Buch zum Jubiläum vorgelegt. Es handelt sich um
ein ausführliches *Dramatis personae* vom *Ring des Nibelungen,*
sprich um eine Vorstellung des gesamten Personals, welches in
Wagners *Opus maximum* auftritt, unter dem belanglosen Titel
Menschen, Götter und sieben Tiere. Wobei der Titel das einzig
Uninspirierte an diesem Buch ist. Man findet darin wundervolle Begriffsneuschöpfungen (die »waldwebenumwobenen
Worte«), präzise Lakonismen (»In gut zehn Minuten macht
Fricka alles kaputt«) und Lästereien (Siegfried, »welcher wiederum auch nach Brünnhilde die erste Frau heiratet, die er trifft,
Gutrune, und zwar sofort. Und ums Haar gleich drauf notfalls
eine der Rheintöchter, wie's kommt. Sieht so der Welterlöser
aus? Genau.«)
   Kundig, präzise und lakonisch beantwortet Henscheid auch
die leidige Frage, ob das Wagnersche Personal judenkarikie-
rend oder gar antisemitisch kontaminiert sei, die im *Ring* vor al-

lem (bzw. einzig und allein) die Figur des Mime betrifft. Einen recht unverdächtigen Kronzeugen für diese Unterstellung hat der Mahler-Biograph und Opernkenner Jens Malte Fischer ausgegraben: 1898 dirigierte Mahler an der Wiener Hofoper den *Siegfried* und sagte danach im kleinen Kreis über den Sänger des Mime: »Das Ärgste an ihm ist das Mauscheln. Obwohl ich überzeugt bin, daß diese Gestalt die leibhaftige, von Wagner gewollte Persiflage eines Juden ist, in allen Zügen, mit denen er sie ausstattete: der kleinlichen Gescheitheit, Habsucht und dem ganzen musikalisch wie textlich vortrefflichen Jargon, so darf das hier um Gottes willen nicht übertrieben werden, wie Spielmann es tat.«

Also: Der Jude Gustav Mahler verstand Mime als von Wagner intendierte Juden-Persiflage, wobei Mahler damit kein Problem hatte, sondern nur mit der Übertreibung des Persiflierens. An der Figur selber hatte er offenbar nichts auszusetzen – warum auch? Mime ist eine interessante Gestalt mit großartigen Textpassagen (»Einsam will ich / und einzeln sein, / Lungerern lass' ich den Lauf«; »Ich weiß mir gerade genug; / mir genügt mein Witz, / ich will nicht mehr«), jedenfalls keineswegs ein bloßer Unsympath und Bösewicht, wie manche wähnen, sondern ein durchaus ambivalenter Charakter, ein Underdog zwar, aber ein seit je beim Publikum beliebter und in seiner Geplagt- und Geschlagenheit zur gelegentlichen Identifikation einladender. Das »in Haß, Gram und Aufruhr Brütende inmitten einer vermeintlich romantisch-idyllischen mythischen und Märchenwald-Welt«, notiert Henscheid, »macht den sozial tiefstehenden Gnom und Malocher und im Grunde doch Einzelgänger von der Artung Hagestolz noch inferiorer, depravierter, asozialer inmitten der Welt der Gewinner und Geldsäcke, der Siegfriede und sonstigen Rabauken und müßiggehenden Wandergötter – es stellt jedoch hier erstmals ein Gefühl sich ein, das wir vom Mime des *Rheingold* her schon ein bißchen kennen: beklommene Sympathie.« Und auf die Judenfrage eingehend, fährt Henscheid fort, »daß man, ob Jude oder nicht, Mime in seinem Haß auf den genuingenetischen Herrenmenschen, auf diese ›blonde Bestie‹ *in statu nascendi*« – Siegfried also – »gut nachempfinden kann«.

Der im ästhetisch-dramaturgischen Sinne entscheidende Punkt aber ist, dass die Frage, »ob Jude oder nicht«, sich als vollkommen gleichgültig erweist, denn Wagner schafft bei seinen Gestalten, so Henscheid sehr in meinem Sinne, »fast immer und immer unabdingbar poetische Gerechtigkeit«. Und: »Die etwas gescheitere Frage, ob Wagner als Charakter latent oder gar offen antisemitisch ist oder nur im Sinne des Dramas, in dem sein Held eben u. a. bösartig zu sein hat: Auch sie ist im Grunde so platitüdenhaft langweilig, daß wir besser mit uns zurate gehen, wie anders denn der Komponist die Sache hätte angehen sollen.«

Damit ist im Grunde alles gesagt. Das Thema ist schlechterdings unwichtig; es zu traktieren fruchtet im Hinblick sowohl auf die Darbietung der Werke als auch auf die sogenannte Auseinandersetzung mit ihnen nichts. Die unentwegte Wiedervorlage hat andere Gründe. Henscheid dazu: Der »Wille, den Führer mit seinem zeitweisen bzw. angeblichen Lieblingskomponisten zu verschmelzen, er ist hier ein zählebiger und ganz besonders probater Quark. Und nimmt vielleicht sogar nochmals zu, zumal jetzt, wo, wie man liest, alles auf eine sogenannte *Reductio ad Hitlerum* hinausläuft, als Gemeinplatz für die Arbeitsplatzbeschaffung sonst unausgelasteter Forscher des neueren Akademikerproletariats.«

25. November

Im niedersächsischen Garbsen brannte im August dieses Jahres eine christliche Kirche völlig nieder; dass Brandstiftung die Ursache war, gilt als sicher, dass die Täter im Milieu ausländischer Jugendbanden zu suchen sind, die das Städtchen seit langem terrorisieren und dabei schon so einige Brände fidel gestiftet haben, ist dermaßen wahrscheinlich, dass offiziellerseits zu Garbsen, ähnlich wie im ebenfalls niedersächsischen Kirchweyhe, phantasievollerweise der »Kampf gegen rechts« aktiviert wurde. Garbsen wehrt sich gegen »rechte« Kritik an seinen ausländischen Schlägern, Räubern und Feuerlegern! Das ist deutsche Folklore in ihrer moralischen Höchstverkommenheit und entspricht letztlich, wie ich andernorts dargelegt habe, der erbärmlichen Bitte, selber beim nächsten Angriff verschont zu bleiben, was hier aber nicht Thema ist. Sondern:

Obwohl ich ja quasi in einem Epizentrum des deutschen Journalismus sitze und, auch gegen meinen Willen und Zutun, ständig irgendwelchen Medien ausgesetzt bin, erfuhr ich von diesem Brand weiland – nichts. Erst jetzt stieß ich durch einen Zufall darauf und suchte sofort bei *Spiegel online*, wo man ja jede nicht korrekt ausgetretene Kippe in der Nähe einer Moschee oder Synagoge meldet, aber die Biedermänner aus Hamburg taten des Vorfalls mit keiner Silbe Erwähnung. Hut ab, meine Damen und Herren! Und das ganz ohne DDR-Sozialisation!

Übrigens erhielt ein gewisser Mohammad K., 21, Anführer einer Garbsener Jugendgang, als er Anfang des Jahres wegen Körperverletzung, Bedrohung, Unfallflucht, Raub, Diebstahl und einer Brandstiftung in einer Schule mit einem Schaden in Höhe von 300 000 Euro vor Gericht stand, zwei Jahre Jugendstrafe auf Bewährung. Noch Fragen?

26. November

2014 steht das nächste Jubiläum für unseren in journalistische Zeitzonen gegliederten Erinnerungsbetrieb an: Im August vor hundert Jahren brach der Erste Weltkrieg aus. Wahrscheinlich werden die großen Magazine ihre Artikel wie immer verfrüht publizieren, und man wird neben ausgiebigen Schilderungen des Schreckens der Materialschlachten gewiss sehr viel moralisieren und von Schuld reden, von deutscher selbstredend. Speziell die *Zeit* wird erschütternde Kontinuitäten zwischen Kaiserreich und Drittem Reich bloßlegen, der *Spiegel* wird vermutlich nassforsch den Ersten als Probelauf für den Zweiten Weltkrieg präsentieren, vielleicht erstmals mit dem jungen Hitler auf dem Titel, und ganz sicher wird Frau Merkel, die Soubrette der Alternativlosigkeit, unter dem beifälligen Nicken von Bundesfreiheitsbuffo Gauck und verbreitet von allen Sendeanstalten die EU als Retterin, ja Erlöserin von der mörderischen europäischen Zwietracht und dem deutschem Hegemonialstreben in angemessen schlechtem Deutsch lobpreisen, die Kontinuität der Schande von Ludendorff bis Zschäpe dabei hoffentlich wenigstens andeutend.

Was dagegen höchstwahrscheinlich nicht zu hören sein wird, dürfte der Hinweis auf gewisse ganz andere Kontinuitäten deutschen Wesens bzw. Unwesens sein. Mich erinnert zum Beispiel die Politik des Kaiserreiches in ihrer Realitätsblindheit und grandiosen Sturheit im Fortsetzen des nun einmal eingeschlagenen Weges sehr an Merkel-Schäubles Eurorettungspolitik. Die merkwürdige Konstante deutscher Politik seit dem Tode Bismarcks besteht in ihrem Illusionismus, ihrer Wunschweltenbesiedlung und ihrer aggressiven Besserwisserei. Einzusehen, dass ein Ziel unerreichbar geworden ist, das ist nicht deutsch. Deutsch ist vielmehr, bis zuletzt stramm in der Illusion zu verharren und, wie wir von einem großen deutschen Philosophen wissen, eine Sache um ihrer selbst willen zu tun; sollte sich die Wirklichkeit indes gegen die Illusion spreizen, dann ist das, mit den bekannten Worten eines anderen großen deutschen Philosophen, desto schlimmer für die Wirklichkeit. Neben der Euro-Rettung sollen hier die Stichworte Energiewende (»Klimarettung« statt Pragmatismus), Familienpolitik (»buntere« Lebensformen statt Kindern) und Einwanderung (»Willkommenskultur« nach allen Seiten statt Anwerbung von Fachkräften) genügen, das Schema ist ja klar. Die Politik der Merkelschen Bundesrepublik ist so alternativlos, das heißt sturheil korrekturresistent, wie seinerzeit der Schlieffen-Plan.

27. November

In einem Vortrag über Familie, Adoption und Kinder merkt Bernhard Lassahn mit feinem Gespür für Nuancen an, dass in dem unter anderem auch von Walser und Grass unterzeichneten offenen Brief an alle Mitglieder des Bundestages zur Legalisierung der Homo-Ehe die verräterischste Formulierung lautete: »Gleichgeschlechtliche Liebe ist Liebe wie jede andere auch.« Es gibt nämlich kein »jede«, sondern eben nur eine, die normale, ewige, zumindest tendenziell der Fortpflanzung der Gattung dienende Liebe – und eine Reihe von Normabweichungen mit gewiss individuell hohem Amüsementwert, aber eben ohne Kinder als Ziel und Ergebnis und folglich aufs Gattungsgeschichtliche gerechnet keineswegs gleichwertig. Da den Autoren des Briefes das natürlich klargewesen sei, so Lassahn, haben sie das einen vermeintlichen

Plural oder gar Pluralismus suggerierende, die Tatsachen indes vernebelnde Wörtchen »jede« gewählt.

Aber existieren nicht homosexuelle »Familien« durch Adoption oder künstliche Befruchtung, mithin eben doch mit Kindern als Ziel? Nun, es gibt kein Kind auf dieser Welt, das nicht Vater und Mutter hat. Homosexuelle »Familien« sind damit per se Trennungsfamilien – mindestens ein Elternteil fehlt immer und wird durch den gleichgeschlechtlichen Partner ersetzt. Das Kind wird seinen Vater oder seine Mutter entweder nie kennenlernen oder in seelische Konflikte geraten. Das ist für Homosexuelle eine tragische Situation, ohne Frage, und wie alle ernsthaften Probleme eben nicht zufriedenstellend zu lösen. Auch hier kommt Lassahn mit sicherem Gespür auf den wunden Punkt: Bislang galt das Schicksal, ein Trennungskind zu sein, immerhin als nicht wünschenswert. Nun wird es im Sonderfall homosexueller »elterlicher« Selbstverwirklichung auf einmal zweitrangig und vernachlässigbar. Warum eigentlich? Weshalb sollte das Wohl der »Eltern« wichtiger als das des Kindes sein?

Wer solche Fragen öffentlich diskutieren will, wird gemeinhin von der Homosexuellenlobby (die es gar nicht gibt!) niedergebrüllt und nicht ins Fernsehen eingeladen. Ich kenne freilich einige Schwule, die sagen, dass man als Homosexueller akzeptieren müsse, anders zu sein und nicht alles haben zu können, was Heteros bekommen. Einer bezeichnete seine Kinderlosigkeit sogar als eine »Wunde«, die er zeitlebens mit sich trüge. Ein Homosexueller mit Distinktion könnte sich ungefähr so äußern: Im Grunde ist Homosexualität eine Familiengründungsbehinderung, etwa wie Einbeinigkeit eine Gehbehinderung ist, ohne dass Einbeinige in irgendeiner Weise weniger wert wären als Zweibeiner, nur in puncto Laufen dann

leider wohl doch. Aber unsere Gleichmacher und Nivellierer aller Fraktionen, Fakultäten und Redaktionen wollen das nicht
akzeptieren, nicht bei den Zeugungs- und strenggenommen
auch nicht einmal bei den Gehbehinderten. Einbeinigkeit ist
nämlich eine Fortbewegungsart wie andere auch.

30. November

Im SZ-Interview beschreibt der israelische Start-up-Investor
Yossi Vardi den großen Einfluss der israelischen Armee auf den
Zusammenhalt des Landes und auf die patriotische Mentalität
vieler Firmengründer. In Israel werde jeder späte Teenager
vor der Rekrutierung auf seine Stärken und Schwächen
»durchgecheckt« und in der Armee entsprechend ausgebildet: »Mathematisch begabte Kinder zum Techniker oder
Programmierer, andere mit Führungsqualitäten als Offiziere,
wieder andere als Piloten. Wenn sie dann 22 sind, weiß die
Gesellschaft mehr oder weniger, in welchen Berufen sie später arbeiten werden. So entstehen gleichgesinnte Gruppen,
die kameradschaftlich verbunden bleiben« – ökonomische
Stoßtrupps sozusagen.

Das Militär, überhaupt irgendeine höhere Autorität als Schule
der Nation, das klingt hierzulande anrüchiger als Kinderporno-
graphie, und man hat sich so daran gewöhnt, dies reflexhaft zu
bestätigen, dass es bis zum jüngsten Tag dieser Republik funktionieren wird. Doch hören wir weiter Herrn Vardi zu, der über
Israel sagt: »Der Zusammenhalt in dieser Gesellschaft ist stark.
Jeder kennt jeden, viele sind seit Kindertagen eng verbandelt.
Wettbewerber wissen, dass sie beim nächsten Militäreinsatz ne-
beneinander kämpfen werden. (...) Wenn die Leute hier Firmen

gründen, dann ist das mehr als nur ein Start-up, es ist eine Mission, sie tun es für ihren Staat. Jahrelang arbeiten sie bis drei, vier Uhr morgens, so lange, bis ihr Produkt Erfolg hat. Sie folgen einem inneren Appell, schaffen Jobs, exportieren. Auch wenn sie das Land verlassen, bleiben sie in Kontakt.«

Eine Symbiose von Egoismus und nationalem Kollektivismus, für die späte Bundesrepublik ist das ein Buch mit sieben Siegeln. Der Egoismus gilt per se als schlecht – eine Mehrheit der Deutschen, so haben jüngst Umfragen ergeben, spricht sich gegen die freie Marktwirtschaft aus –, aber auch das Kollektiv besitzt unseren intellektuellen Wortführern zufolge diabolische Eigenschaften, sobald es männlich, weiß, heterosexuell, steuerzahlend, konservativ, katholisch und – *horribile dictu* – gar biodeutsch wird. Gute, »fortschrittliche« Kollektive gibt es zwar durchaus, unter anderen die Frauen, die Schwulen, die (nichtweißen, nichtchristlichen) Mitbürger mit Migrationshintergrund, aber das einzige wirklich endsieghaft anzustrebende Kollektiv ist die »Menschheit«, die sozialistische Gleichheit aller emanzipierten Erdenkinder.

Ich würde wetten, dass es nie dahin kommt, wenn meine Tage nicht zu begrenzt wären, als dass ich den Gewinn einstreichen dürfte. Aber das ist nicht einmal eine gute Nachricht angesichts dessen, was stattdessen geschehen könnte. Dieser Planet wird mit hoher Wahrscheinlichkeit ein Pluriversum bleiben, nur muss man sich darin um die Deutschen und die Europäer überhaupt große Sorgen machen dergestalt. Die Deutschen sind vermutlich noch zu zahlreich, und unter ihnen eben zu viele vom rot-grünen Bildungssystem produzierte Dummköpfe und Mario-Barth-Gucker, hausgemachte und importierte Alimentierte, antideutsche Intellektuelle und *One-world*-Spinner, um den Ernst der Lage zu erkennen; dieses Land bzw.

Volk muss womöglich entschieden geschrumpft werden, auf dass es in einem bis dahin ohnehin tribalisierten Europa wieder Zusammenhalt entwickelt und seine kollektive Intelligenz im eigenen Interesse einsetzt.

Wie Israel und Palästina braucht auch die Bundesrepublik eine Zwei-Staaten-Lösung. Der eine Staat soll von denen besiedelt werden, die an die Freiheit und die »konventionelle« Familie glauben, die nicht an Sozialismus oder »sozialer Gerechtigkeit«, sondern an Eigenverantwortung interessiert sind, die sich nicht den absonderlichen Diktaten eines Zentralkomitees mit Sitz in einer belgischen Kleinstadt unterwerfen, denen der Rechtsstaat so heilig ist, dass sie ihn mit Gewalt gegen jedermann durchsetzen, der ihn angreift, die einen weltoffenen Patriotismus pflegen und religiös tolerant sind, ohne sich ihre Traditionen wegdiskutieren zu lassen, die Sozialleistungen nur für wahrhaft Bedürftige zahlen und Zuwanderer, die ihre Rechnungen selbst bezahlen wollen, willkommen heißen, die anderen aber stracks vor die Tür setzen. In den zweiten, den fortschrittlichen, emanzipierten, sozialistischen, »antirassistischen« Staat mag dann der Rest ziehen und, Gott befohlen, sehen, wo er bleibt.

1. Dezember

In Berlin-Kreuzberg kampierende Afrikaner haben gemeinsam mit deutschen Linksextremisten das dortige Rathaus gestürmt, um ihr Bleiberecht zu erzwingen, und die Bezirksverordneten daran gehindert, die turnusmäße Sitzung abzuhalten. Die Polizei griff nicht ein, die CDU-Fraktion verließ aus Protest den Saal, die grüne Bürgermeisterin lud zur Diskussionsrunde ein. So sehen Fanale der *Willkommensbarbarei* aus.

Späterer 1. Dezember

Selbstverständlich steht mir ein Schwarzer, der Beethoven spielt, weit näher als ein rappender Weißer.

2. Dezember

»Kamelgeruch liegt über Europa.«
Paul Claudel

3. Dezember

Ein Lehrer erzählt von einem Zwischenfall in einer norddeutschen Oberstufenklasse. Ein schwarzer Schüler mit offensichtlichen Schwierigkeiten, seine Hormone unter Kontrolle zu halten, habe eine »bildhübsche« Russin so beharrlich und übergriffig angemacht, dass die moskowitische Maid ihm schließlich vor der gesamten Klasse schwungvoll in die Eier trat. Ausnahmsweise sei die Sache bis zur Direktion gedrungen, wo man kurzzeitig ins Grübeln geriet, wie man den Kasus bewerten solle: Mädchen bzw. Frau verteidigt sich gegen Kerl, das war eindeutig positiv zu sehen, aber Weiße tritt Schwarzen ergab rassistische Konnotationen. Da es sich aber um keine Deutsche handelte, sei man schließlich übereingekommen, die Dinge auf sich beruhen zu lassen.

Es gäbe freilich, führte der Lehrer weiter aus, noch eine Lektion auf Meta-Ebene aus dem Vorfall: Die ethnische Durchmischung der Gesellschaft werde letztlich an den allzu wählerischen weißen Frauen scheitern. Diese Frauen könnten

allerdings auch, gestatte ich mir in meinem notorischen Kultur-
oder auch Zivilisationspessimismus hinzuzufügen, in hundert
Jahren vor allem als Beute figurieren.

5. Dezember

Nelson Mandela ist tot. Ohne seine integre Symbolfigur steht der
ANC nur noch als das da, was er ohnehin seit Jahrzehnten ist: eine
linksextreme Terrorvereinigung, die schon zu Zeiten der weißen Herrschaft nach stalinistischem Muster Abweichler in Lager
sperrte oder gern auch liquidierte und die in Südafrika inzwischen
die Apartheid mit umgekehrtem Vorzeichen teils fortführt, teils
duldet. Es vergeht kaum eine Woche, in der nicht ein Weißer er-
mordet wird, in der Regel sind es Farmer, und wer die Meldungen
verfolgt, mag, je nach Naturell, die offenbar unvermeidliche
Tragik erwägen, die darin besteht, dass Befreiungsbewegungen
stets in ziellose Brutalität ausarten, oder sich fragen, welches
Mordsgesindel da eigentlich befreit worden ist. Zuletzt las ich,
dass schwarze Banden ihre Opfer in deren Häusern neuerdings
bevorzugt verbrühen, einen Professor hatte man auf diese Art
langsam zu Tode befördert, und auch ein zwölfjähriges Mädchen
sei lebendigen Leibes mählich gegart worden.

6. Dezember

Die Rechtschreibreform sei »auf ganzer Linie gescheitert«,
schlagzeilt die *Junge Freiheit*. Aber nein, sie ist wie keine zweite Reform gelungen! Wer die Völker gleich Zuckerwürfeln zunächst im europäerlosen Europa und sodann in der multikul-

turellen Weltgesellschaft auflösen will, tut gut daran, ihnen neben dem Heimatgefühl vor allem die Behausung in ihrer Sprache zu nehmen – nicht auf einmal, vielmehr schrittweise: da eine Unsicherheit, dort eine Spur Entdifferenzierung, an anderer Stelle ein bisschen Müll ... Während heute kaum ein Schüler mehr weiß, wie er recht schreiben soll und die »progressiven« unter den Pädagogen mit dem Vorschlag exzellieren, jeder möge eben die Buchstaben so setzen, wie ihm der Schnabel ge- oder verwachsen ist, während die exponiertesten Bratenriecher unter den Linguisten Fellachenidiome wie das sogenannte »Kiezdeutsch« als Bereicherung, ja fortgesetzte Kultivierung der Sprache darstellen (nach wie vor harren wir der »Kiezmathematik«), nimmt zugleich die Fähigkeit des Nachwuchses, komplexe Texte zu verstehen, noch schneller ab als Sigmar Gabriel zu.

Bei Inkaufnahme einer gewissen Verwahrlosung Elitäres abzubauen, gewachsene Strukturen zu zerstören und unter dem Signum von Freiheit und Individualität Gleichmacherei zu treiben: das ist moderne sozialistische Politik *par excellence*. Es sei an dieser Stelle daran erinnert, dass bereits eine aggressive Unterart von Sozialisten, die Nationalen nämlich, eine ähnlich vereinfachende, nivellierende, dem Horizont ihrer Anhänger angepasste Schreibreform durchführen wollte; Joseph Goebbels notierte weiland, dies sei die anmaßendste und ungebildetste Idee gewesen, welche sein Verein je gehegt hätte. Manche Reformen brauchen eben Zeit.

»Reden wir nicht schlecht vom Nationalismus«, schrieb Nicolás Gómez Dávila vor mehr als 30 Jahren. »Ohne die nationalistische Virulenz würde über Europa und die Welt schon ein technisches, rationales, uniformes Imperium herrschen. Rechnen wir dem Nationalismus mindestens zwei Jahrhunderte geistiger Spontaneität, freien Ausdrucks der Volksseele, reicher historischer Mannigfaltigkeit zum Verdienst an. Der Nationalismus war die letzte Zuckung des Individuums angesichts des grauen Todes, der seiner harrt.«

7. Dezember

Im Koalitionsvertrag, dessen Sprache mir aus DDR-Tagen vertraut erscheint, steht geschrieben, dass Aufsichtsräte von börsennotierten Unternehmen künftig eine »Geschlechterquote von mindestens 30 Prozent« aufweisen sollen, und es wird angedroht, »dass bei Nichterreichen dieser Quote die für das unterrepräsentierte Geschlecht vorgesehenen Stühle frei bleiben«. Die neutrale Formulierung klingt amüsant – wenngleich eine »Geschlechterquote von mindestens 30 Prozent« dann der bare Nonsens ist (sofern nicht die Transen und Zwitter als drittes und viertes Geschlecht mit je 20 Prozent eingerechnet sind). Doch daran wollen wir uns nicht aufhalten, denn die Drohungen, in die schon ehedem nicht wirklich freie Wirtschaft einzugreifen, fallen danach prügeldicht:

»Wir werden börsennotierte Unternehmen gesetzlich verpflichten, ab 2015 verbindliche Zielgrößen für die Erhöhung des Frauenanteils im Aufsichtsrat, Vorstand und in der obersten Management-Ebene festzulegen.«

»Darüber hinaus werden wir Maßnahmen für die Privatwirtschaft ergreifen, die eine Förderung von Frauen in allen Betriebshierarchien zum Ziel haben.«

»Die Koalition wird im Einflussbereich des Bundes eine gezielte Gleichstellungspolitik vorantreiben, um den Anteil von

Frauen in Führungspositionen und in Gremien zu erhöhen und Entgeltungleichheit abzubauen.«

»Auch für wissenschaftliche Führungsgremien wollen wir ...« –

Halten wir an dieser Stelle erschöpft inne und fragen wir uns: Warum nur Frauen? Die Unternehmer sollten nicht meinen, dass es mit diesem angeblichen Benachteiligtenkollektiv sein Bewenden haben wird, im Gegenteil dürften diese Eingriffe nur der Testlauf sein für weitere Zwangsintegrationsleistungen, welche den Firmen als Diskriminierungsbeseitigungsmaßnahmen abverlangt werden, zunächst die weitere Verschärfung der Quotenregelung (man sieht bei den Grünen, wo das hinführt; eine Partei, die mehrheitlich aus Männern besteht, muss sich von mindestens 50 Prozent, tatsächlich überwiegend von Frauen führen lassen). Ich kenne übrigens eine als Politikerin gescheiterte und auch zuvor in ihrem Beruf nicht eben als Begabungsgranate in Erscheinung getretene SPD-Frau, die momentan ihre persönlichen Kontakte in die Wirtschaft in aller dreister Unschuld abarbeitet, um sich ein paar Aufsichtsratsposten legal zu ergaunern.

Zurück zur Zukunft: Nach den Frauen stehen verschiedene Zuwanderergruppen bzw. -ethnien bereit, die ja bekanntlich exakt so intelligent und damit für Führungspositionen oder wissenschaftliche Führungsgremien begabt sind wie der Autochthone auch und folglich nicht länger benachteiligt werden dürfen. Später vielleicht eine Transsexuellen- oder Kopftuchträgerinnenquote?

Das Trauerspiel ist, dass sich die Privatunternehmen, geknebelt vom Zeitgeist der Begabungsgleichheit und der Menschenrechte, nicht werden wehren können, ohne an den Öffentlichkeitspranger zu geraten. Sie müssen vermutlich irgendwann ihre Stellen geschlechter- und rassenparitätisch vergeben und hoffen, dass sich der dadurch entstehende Schaden in Grenzen hält, während es den EU-Kommissaren behagen wird, dass »Made in Germany« eine gewisse Modifizierung gen schwellenstaatliches Normalmaß erfährt.

8. Dezember

Wer gegen Frauenquoten argumentiert, weil sie Menschen einzig wegen ihrer Gruppenzugehörigkeit privilegieren, ist ein *Frauenfeind*; wer meint, es existierten fundamentale Unterschiede biologischer Art zwischen den Geschlechtern, und die Theorie, dies seien nur anerzogene Rollen, für noch erstaunlicheren Unsinn hält als das ptolemäische Weltbild, weil dieses wenigstens dem Augenschein entsprochen habe, ist ein *Sexist*; wer einer Frau sagt, dass sie schön sei, desgleichen; wer sich gegen die Eheschließung von Homosexuellen ausspricht, weil diese Beziehungen der ehelichen Verbindung zwischen Mann und Frau eben nicht gleichwertig seien, denn es können daraus ohne Hilfe Dritter keine Kinder entstehen, ist *homophob*; wer darauf hinweist, dass gewisse Ausländergruppen erhebliche soziale und vielen Bewohnern dieses Landes auch handfeste Gesundheitsprobleme bereiten, ist ein *Ausländerfeind*; wer zu allem Übel noch behauptet, besagte Probleme resultierten nicht nur aus sozialen Ursachen, sondern seien auch ethnisch-kulturell bedingt, ja wer überhaupt meint, dass es andere als soziale Unterschiede zwischen den Menschen gibt, ist ein *Rassist*; wer obendrein den Verdacht äußert, die Lehre Mohammeds sei gar nicht so friedlich wie z. B. die des Jesus Christus oder des Gautama Buddha, ist ein *Islamfeind*; wer der Ansicht zuneigt, die Bevölkerungsentwicklung sei unser

Schicksal, ist ein *Biologist*; wer wiederum wähnt, die Deutschen bekämen zu wenige Kinder und man könne nicht einfach die ansässige Bevölkerung in kurzer Zeit durch ethnisch Andersartige austauschen, ohne das gesamte System aufs Spiel zu setzen, ist ein *Nationalist*; wer an der Vielfalt Europas hängt, die EU für den wüstesten Zentralismus in der Geschichte des Kontinents hält und die Brüsseler Eurokraten für durch nichts und niemanden legitimierte sozialistische Bevormunder, ist ein *Europahasser*; wer nicht zur Wahl geht, weil ihn bereits der Anblick der Kandidaten bei ausgeschaltetem Ton anwidert, ist ein *Antidemokrat*; wer aus der multimedial verbreiteten deutschen Verbrechenskunde aussteigen und wieder Universalgeschichte treiben bzw. lehren möchte, ist ein *Geschichtsrevisionist*; wer die sogenannte moderne Kunst im Normalfall für eine Veranstaltung unbegabter Künstler, aber talentierter Gauner hält, ist ein *Antimodernist*; wer zwischen den verschiedenen Kulturen eine Rangordnung statuiert und nicht daran glauben mag, dass die Welteinheitskultur ein erstrebenswertes Ziel sei, ist ein *Reaktionär*; wer wiederum Europa als kulturelles Maß aller Dinge verteidigen will, ist ein *Faschist*; wer mit Menschen, die weder einen ungefähren Überblick über die vergangenen 3 000 Jahre Geschichte besitzen noch Gedichte auswendig wissen, gar nicht erst reden mag, ist *elitär* ... – diese Kriterien mögen einstweilen genügen, um einen kultivierten, angenehmen, zum Gespräch einladenden Menschen zu beschreiben.

9. Dezember

Im Jahr 1887 gab Friedrich Engels eine erstaunlich exakte Prognose für den nächsten Krieg ab, indem er orakelte, es sei

für »Preußen-Deutschland« kein anderer Waffengang mehr
möglich »als ein Weltkrieg«, dessen Dimensionen er folgen-
dermaßen abschätzte: »Acht bis zehn Millionen Soldaten werden sich untereinander abwürgen«, und dabei würden »die
Verwüstungen des Dreißigjährigen Krieges zusammenge-
drängt in drei bis vier Jahre und über den ganzen Kontinent
verbreitet« (dass die Entwicklung der Artillerie zumindest
im Westen zu einem jahrelangen Grabenkrieg nahezu ohne
Raumgewinn führen würde, konnte Engels nicht ahnen, das
ahnten ja nicht einmal die Militärs). Ferner prophezeite der
Kommunistenführer »Hungersnot«, »allgemeinen Bankrott«
sowie den »Zusammenbruch der alten Staaten und ihrer traditionellen Staatsweisheit, derart, daß die Kronen zu Dutzenden
über das Straßenpflaster rollen«. Und ganz am Ende, natürlich – keine Prognose ist vollkommen – »die Herstellung der
Bedingungen des schließlichen Siegs der Arbeiterklasse«.

Rechtgläubige Kommunisten könnten jetzt einwenden,
auch dies sei eine zutreffende Vorhersage gewesen, immerhin
habe die Revolution in Russland gesiegt, doch gab es in diesem
Agrarland weder eine zahlenmäßig relevante Arbeiterklasse,
noch hatte der Marx-Dioskure bei seiner Weltgeistplanvorschau
das Zarenreich im Blick. Weit interessanter und letztlich alle
Prophezeiungen über den Haufen werfend ist indes, dass
ausgerechnet das Deutsche Kaiserreich, aus Engels' Warte
die reaktionärste Macht des gesamten Kontinents, die russische Revolution beförderte, indem man den bolschewistischen Bandenchef heimlich ins Land schleuste und seine
Spießgesellen auch finanziell unterstützte, um nach erfolgtem
Umsturz einen Separatfrieden im Osten auszuhandeln – eine
der bizarrsten Koalitionen der Weltgeschichte. Und gleichzeitig
eine wunderbare Illustration der Tatsache, dass die Geschichte

letztlich doch immer nur macht, was sie will, und auch die gescheiteste, fundierteste Vorhersage vor Klios überbordender Phantasie und ihrem wilden Drang ins Anarchisch-Unerwartete kapitulieren muss.

Späterer 9. Dezember

Der Verleser mindestens des Monats: Der *Weltwoche* entnahm ich staunend, die Schweizer »Skicross-Weltmeisterin« Fanny Smith erteile Auskunft über ihre Ambitionen bei Olympia und außerdem über ihre Lieblingspianisten. Erst beim dritten Lesen erkannte ich, dass es Lieblingspisten heißt ...

10. Dezember 2013

Ich hatte einen Alptraum. Ich war Angela Merkel, und während ich an meinem Schreibtisch im Kanzleramt saß, die Hände über dem gerade mit Verdauungsobliegenheiten beschäftigten Bauch gefaltet, schlief ich ein. Mir (also der Kanzlerin) träumte (in meinem Traum) folgendes: Ich saß im Bunker unter dem Kanzleramt, vor mir auf dem Tisch Karten und Statistiken, um mich, mit betretenen, ja verzweifelten Gesichtern Pofalla, Mißfelder, Tillich, Bouffier, Beate Baumann, Eva Christiansen und ein schwer besoffener Gauck, der, während die anderen düster schwiegen, Worte wie »Freiheit des Christenmenschen« und »Mitbürger mit Migrationshintergrund« vor sich hin brabbelte. Am Nachmittag war noch Karl Theodor zu Guttenberg vorbeigekommen, um sich von mir (also der Kanzlerin) zu verabschieden; Ursula von der Leyen, deren Kinder die ganze Zeit

im Bunker herumgetobt hatten, war jetzt mit ihnen in einem separaten Raum verschwunden und hatte sich eingeschlossen.
Der Staatssekretär des Innenministeriums rapportierte. Die
rumänischen Einheiten, sagte er, stießen nicht weiter vor, allerdings keineswegs, weil sich ihnen Widerstand entgegenge-
stellt hätte – »Das habe ich auch streng untersagt!« unterbrach
ich (also die Kanzlerin) ihn –, sondern weil sie sich mit ihrer
Beute in ihre Wagenburgen zurückgezogen und zu feiern begonnen hätten. Der Stoßkeil der Levantiner sei ebenfalls mit
dem Plündern sowie mit der Gründung von Gebetsstätten beschäftigt und habe gezielte Angriffsaktionen eingestellt. Aber
es stünden die beiden großen afrikanischen Verbände direkt
an der Stadtgrenze, wo sie sich gerade vereinigten, um die
letzte Offensive zu starten. Im Reichstag hätten sich deutsch-
landtreue Türken verbarrikadiert. Der Schuft Seehofer habe
sich in einer Alpenfestung zu meiner Nachfolgerin ernannt.
EU-Kommissare, deren Namen ich vorher weder gehört hatte
noch wirklich verstand, so fremdländisch klangen sie, forderten
mich in mir unbekannten Idiomen, die von ehemaligen grünen
Bundestagsabgeordneten in ein holpriges Englisch übersetzt
wurden, zur Kapitulation und zur Übergabe des Staatsschatzes
auf. »Wo ist Schäuble!« schrie ich. »Wir müssen doch noch
Einnahmen aus den Sozialkassen haben, mit denen wir sie stoppen können! Mißfelder, wo ist Schäuble?« Mißfelder machte
wie immer ein dummes Gesicht, und während mir der Name
»Fegelein« durch den Kopf schoss –
    – erwachte ich in meinem Traum aus dem Traum der
Kanzlerin. Ich sah mich erleichtert am Schreibtisch des
Kanzleramtes sitzen, vor mir Statistiken über neuerlich gestie-
gene Steuereinnahmen. Erleichtert griff ich (die Kanzlerin)
nach dem »Nicht hilfreich«-Stempel und wandte mich dem

Stapel zu, der Berichte über die in den vergangenen Monaten durch Armutszuwanderer entstandenen Problemgebiete sowie Prognosen über zu erwartende Immigrantenströme enthielt.

Worauf wiederum ich (also ich) erwachte …

11. Dezember

Johannes Gross empfahl, den Smalltalk auf deutschen Akademiker-Partys mit dem Ausspruch Gregors des Großen »Alle Macht ist gut« zu eröffnen, um sich hernach an den schnappatmend vorgetragenen Entgegnungen zu delektieren (man muss, um die Richtung dieses Satzes zu goutieren, nicht Carl-Schmittianer sein, Apolliniker genügt). Dieser Tage las ich, dass Schweizer Bürokraten in ihrem »Lehrplan 21« Unterstufen-Kinder dazu nötigen wollen, über Machtmissbrauch zu diskutieren. Wörtlich lautet das – auf deutsche Schulen mühelos übertragbare bzw. dort vermutlich längst schon praktizierte – »Kompetenzziel« für Vier- (!) bis Achtjährige: »Die Schülerinnen und Schüler können über Macht, Machtbegrenzung und Machtmissbrauch nachdenken (Prinzip der Machtbegrenzung).«

Bei dieser Gelegenheit fiel mir ein, dass ich etwas Vergleichbares beziehungsweise eben doch nicht Vergleichbares bei der Einschulung meines Mittleren erlebt hatte; ihn und die anderen Probanden hatte man beim Eignungstest für die jüdische Schule unter anderem gefragt, was Macht sei – von Missbrauch war keine Rede –, und der Bub, damals fünf, gab zur Antwort, Macht sei Magie (keine Ahnung, wo er das herhatte).

Ein Volk, dem vor nicht allzu langer Zeit das eigene Blut bis zum Hals stand, hat eben kein Verhältnis zu den Lüstchen der Dekadenz.

13. Dezember

»In jeder Art seid ihr verloren; / Die Elemente sind mit uns verschworen, / Und auf Vernichtung läuft's hinaus«, spricht Mephistopheles, und recht hat er.

15. Dezember

Mit der sogenannten Twitterei erreichen die modernen Kommunikationsverhältnisse endlich das Format des Ameisenbaus – woran sonst könnten diese Knappestmitteilungen erinnern als an die per Sekretaustausch sich vollziehende Informationsweitergabe im Millionengewimmel der Sechsbeiner? Wobei sich der nackte Affe vom Hautflügler insofern unterscheidet, als er »Follower« akquirieren und Informationen von vollendeter Nutzlosigkeit twittern kann.

16. Dezember

Zu vorgerückter Stunde entpuppt sich ein naturwissenschaftlicher Autor und langjähriger Kollege als ehemaliger Violinist und nennt auf die Frage nach seinen Lieblingswerken eine geschmackvolle und repräsentative Trias: »Die Kunst der Fuge«, Mozarts »Requiem« und Beethovens späte Streichquartette. Struktur, Endlichkeit und Freiheit. Darauf könnte man sich einigen.

17. Dezember

Schon wieder wurde die Frauenquote schändlich missachtet:
9890 Personen nahmen sich 2012 in Deutschland das Leben,
drei Viertel davon waren Männer.

18. Dezember

Während der vergangenen 24 Stunden hat der Rassismus in
Deutschland neuerlich in einem entsetzlichen Maße zugenom-
men, und kein Ende ist abzusehen.

20. Dezember

Als Gestalt ist Waldimir Putin der einzige echte Charakter unter
den derzeitigen Politikern; neben ihm nehmen sich die anderen
durchaus zwergenhaft aus, Obama etwa, sogar Netanjahu, und
die Führungsklonriege der EU-Staaten sowieso.
Womöglich fällt Putin, dem ehemaligen KGB-Mann, die Rolle
des aktuellen Katechon zu – wie man von Carl Schmitt weiß, besitzt jede Epoche ihren Katechon und ist diese Position niemals
unbesetzt –, und womöglich war Benedikt XVI. sein Vorgänger.
Aber über diese Frage lässt sich als Zeitgenosse nur spekulieren.

22. Dezember

Ich würde gern eine Zeitung lesen, auf deren Titelblatt Gauck
prangte mit der Zeile »Der Opportunist«. Der Abstieg die-

ses Mannes und langjährigen zumindest Integritätssimulanten
zur Schranze, zum Eurokraten-Mietmaul, zum vor Eitelkeit
leider denn doch nicht platzenden Platitüden-Automaten,
Souveränitätsverzichtsprediger und »Freiheits«-Bänkelsänger,
der inzwischen jeden vernünftigen Satz zurückgenommen hat,
der vor seinem Amtsantritt von ihm zu hören war, kurz: zum
kaum für möglich gehaltenen Wulff-Unterbieter, dieser Abstieg,
sage ich, sollte vielleicht zum Anlass genommen werden, das offenbar jeden Inhaber noch über dessen ohnehinnige *déformation
professionelle* hinaus deformierende Schwätzer-Amt endlich abzuschaffen, damit uns weitere Peinlichkeiten und Anbiedereien
erspart bleiben.

23. Dezember

Die deutsche Presse feiert, dass Putin einen führenden Wirt-
schaftskriminellen seines Landes sowie drei mit westlicher
Unterstützung prominent gewordene Kirchenschänderinnen
begnadigt hat, als einen Sieg der Freiheit und Folge des westlichen Drucks auf das Reich des Bösen. Nun, jeder hat die Helden,
die er verdient. Stellen wir uns seitenverkehrt die Reaktionen
vor, wenn ein deutscher Ganove und Steuerhinterzieher,
der vor seiner Inhaftierung die AfD finanzierte, in die russische Freiheit retirierte, gefolgt von drei deutschen Mädels,
die im Betsaal einer Moschee unter dem Absingen von Allah-
Verwünschungen obszöne Tänze dargeboten (und das Ganze
überlebt) hätten, und lächeln wir darüber. Auf die Gefahr, mich
zu wiederholen: Ich unterstütze nicht Putins Innenpolitik, sie
interessiert mich gar nicht. Ich bin nicht närrisch genug, anzunehmen, sie ginge mich etwas an. Ich interessiere mich aller-

dings zuweilen für die Zustände im smarten Gesinnungsstaat hiesiger Ausprägung, und da taugt das verteufelte Russland gut als Folie.

Russische Bekannte waren pikiert, als sie zu München Demonstranten begegneten, die u. a. mit gemalten knutschenden Matrjoschkas und der szenetypischen äußerlichen Derangiertheit gegen die Unterdrückung von Homosexuellen in Russland protestieren zu müssen meinten. Tatsächlich hat solche Homosexuellenprotestfolklore ja immer etwas Billiges, Fatzkehaftes, Schamloses, Abstoßend-Exhibitionistisches, weil diese Leute im Grunde nichts anderes tun, als aggressiv auf die Bedürfnisse ihrer Genitalien hinzuweisen, wovor sich zu ekeln allzeit legitim ist. Putin hat insofern recht, dass zumindest Jugendliche davon verschont bleiben sollten. (Das sage ich als einer, dessen halber Freundeskreis im Spät-Teenageralter einer Interessensgemeinschaft älterer und damit für uns faszinierender schwuler Akademiker in die Hände gefallen ist; zwei der Freunde litten später noch lange darunter.)

Das Putin-Bashing aus nebensächlichen Gründen ist ein weiteres trauriges Zeugnis für die quasi schon regierungsoffizielle Ersetzung vernünftiger deutscher Interessenspolitik durch Moralisiererei. Man darf nicht vergessen, dass sich die Westgrenze des russischen Imperiums seit 1990 über 1000 Kilometer nach Osten verschoben hat, dass die momentan gen EU geköderte Ukraine historisch zu Russland gehört wie Bayern zu Deutschland, dass EU-Europa letztlich Nato-Gebiet und damit amerikanischer Einflussbereich ist und dass Russland uns jederzeit die Pipelines zudrehen kann. Auch die künstliche Empörung über die flächendeckende Bespitzelung Deutschlands durch den US-Geheimdienst, das naive oder dämliche Gerede von Freunden, die uns hintergangen hätten, als ob es unter Staaten Freundschaften gäbe, gehört in diesen Kontext der Interessensvergessenheit. Dass die Kanzlerin nichts gegen diese Bespitzelung unternimmt, also weder sich selber noch die Wirtschaftsunternehmen ihres Landes zu schützen versucht, sagt alles über den Souveränitätsgrad desselben. Womöglich wäre Amerikas Ohr für deutsche Befindlichkeiten offener, wenn Berlin und Moskau sich öfter mal die Hände reichten?

Zurück zur Begnadigung von Chodorkowski und der Nuttchen von »Pussy Riot«: Es ist nicht unwahrscheinlich, dass Putin dem Westen damit Konzessionen machen wollte. Leider übersehen unsere Politiker und Meinungsverbreiter die Geste. Putin gilt bekanntlich als deutschfreundlich und steht, was man hierzulande endlich kapieren sollte, politisch sozusagen links vom Großteil seines Volkes. Dieses Land ist mit deutschen Maßstäben nicht regierbar, und es ist kindisch, diese Maßstäbe auf Russland übertragen zu wollen. Im übrigen treibt man Außenpolitik, um zu überleben, nicht um andere Staaten zu »bessern« – und Russland ist nicht Nordkorea oder Saudi-Arabien.

Ich verstehe sehr gut, dass ein Mensch lieber auf einem (inzwischen etwas ramponierten) Luxus-Liner reist statt auf einer merkwürdigen Mischung aus Galeere, Kriegsschiff und Vergnügungsdampfer, aber was, wenn der Liner gekapert wird oder ihm der Strom ausgeht? Entscheidend ist, welches Schiff ans Ziel kommt. Russland ist keine Exil-Alternative, doch wenn ich mir ausmale, welche Zwangsbeglückung uns die EU-Sozialisten, die Antidiskriminierer, die Weltklimaretter, die Gesellschaftsnivellierer und Meinungsfreiheitsbeschneider noch angedeihen lassen werden, möchte ich die Option nicht vollends ausschließen.

27. Dezember

Was die Wahl des Diminutivs »Nuttchen« für das Trio »Pussy riot« betrifft: Tatsächlich handelt es sich um schwerstobszöne, narzisstische, vermutlich sacht verhaltensgestörte Exhibitionistinnen, deren »Performances« wie zum Beispiel die Einführung eines toten Huhnes in die Vagina, öffentlicher Gruppensex im Moskauer Museum für Biologie – die Tolokonnikowa war dabei im neunten Monat schwanger –, deren Album mit dem Titel »Töte einen Sexisten« oder deren hierzulande von *Bild* bis *Spiegel* in kondebiler Schamferne so genanntes »Punk-Gebet« im Allerheiligsten der Christ-Erlöser-Kathedrale (O-Ton: »Die Kirche ist die Scheiße Gottes«) von westlichen und vor allem hiesigen Journalisten zu substantiellen Beiträgen zum Freiheitskampf gegen Wladimir den Schrecklichen erklärt werden.

Späterer 27. Dezember

Dem Weltkriegsausbruchsjubiläum im kommenden August schon hoffnungsfroh zugewandt, räumt das Feuilleton der *FAZ* seine erste Seite für »Die besten Bücher über den Ersten Weltkrieg«; dreizehn sind's beziehungsweise zwölf – *Im Westen nichts Neues* kommt zweimal vor –, empfohlen von Gastautoren: Historikern, Literaten usw. Unter ihnen befindet sich auch der Fernsehdoku-Produzent Heinrich Breloer, der Arnold Zweigs womöglich allzu didaktisches Opus *Erziehung vor Verdun* womöglich allzu didaktisch anpreist, während Jüngers *Stahlgewitter* fehlen und Wilfred Owens *Poems* natürlich dabei sind; man hat sich mehrheitlich eingeschworen aufs

Pazifistische und Gutgemeinte, wogegen ja, außer einer gewissen Trendhörigkeit, nichts einzuwenden ist. Remarque hat übrigens Jüngers Kriegstagebuch im Juni 1928 rezensiert; er schrieb: »Den Ablauf der Geschehnisse zeichnen die *Stahlgewitter* mit der ganzen Macht der Fronterfahrung am stärksten, ohne jedes Pathos geben sie das verbissene Heldentum des Soldaten wieder, aufgezeichnet von einem Menschen, der wie ein Seismograph alle Schwingungen der Schlacht auffängt.« Ich war allzeit der Ansicht, dass Remarque und Jünger unbedingt nebeneinandergestellt werden müssen, um den Krieg auch nur ansatzweise zu verstehen. Gleichwohl ist Jünger wahrscheinlich die bedeutendste Gestalt von allen schreibenden Weltkriegsteilnehmern, weil er der Mutigste, Härteste, für den Feind Tödlichste, am häufigsten Verwundete und mit seiner präzisen, skandalös unterkühlten Sprache vermutlich auch der Objektivste, wenn nicht gar auf entomologische Weise Wahrnehmungsstärkste unter ihnen war, ein einsamer Heros und Solitär inmitten einer Schar von Pazifisten und Angsthasen wie du und ich.

Doch nicht über Ernst Jünger soll hier referiert werden, sondern über das Buch, welches wiederum der Geschichtsprofessor John C. G. Röhl als das beste über den Großen Krieg in Stellung bringt (sofern er die *FAZ*-Titelzeile zuvor überhaupt kannte), nämlich Fritz Fischers *Griff nach der Weltmacht*. Was dieses Werk angeht, so mag man zunächst je nach Geschmack degoutant oder erheiternd finden, wie der Verfasser im Begleitwort zur Neuauflage von 1977 dem von 1909 bis 1917 amtierenden Reichskanzler Bethmann Hollweg vorwirft, er habe seinerzeit »weder eine Parlamentarisierung noch eine Demokratisierung Deutschlands« angestrebt (hatte Deutschland kein Parlament?), während er selber, Fischer, einige Jahre nach Bethmann Hollwegs Abdankung und einige Sündenjährchen vor der

Niederschrift seines Werkes, nämlich von 1933 bis 1945, im Dienste von SA und NSDAP sein bescheidenes Scherflein zur Demokratisierung Deutschlands beitrug und, um keinem Kalauer aus dem Wege zu gehen, an der Parlament-Arisierung mitwirkte. Es ist ein Gaudium und wahrer Jammer gleichermaßen, dass man in dieser Noch-Republik seit 60 Jahren von alten Nazis und seit 1968 bzw. mit vereinten Kräften seit 1990 von ehemaligen Kommunisten über die Wichtigkeit von Demokratie und Parlamentarismus belehrt wird.

Fischer wollte in seinem Buch anhand der deutschen Kriegsziele zeigen, dass das Kaiserreich nach der Weltmacht gestrebt und hierfür den Krieg ausgelöst habe. Über Deutschland als Hauptkriegsauslöser (nicht Hauptkriegsverursacher!) lässt sich reden – aber für den Zusammenhang zwischen dem In-den-Krieg-Ziehen und irgendwelchen globalen Eroberungszielen hat Fischer keinen einzigen stichhaltigen Beweis. Von Nebelkerzen wie: »Die deutsche Politik im Juli 1914 (...) erscheint erst dann im rechten Licht, wenn man sie als Bindeglied zwischen der deutschen ›Weltpolitik‹ seit Mitte der 90er Jahre und der deutschen Kriegszielpolitik seit August 1914 betrachtet« wird sich niemand täuschen lassen, zumal der Autor unter die auf knapp 30 Seiten abgehandelte deutsche »Weltpolitik« auch aggressive Akte wie den Bau des Leipziger Völkerschlachtdenkmals subsumiert. Was Fischer aber gewissermaßen gegen seinen Willen nachweist, ist die freilich schon vor ihm nicht ganz unbekannte Tatsache, dass das Reich erst nach Kriegsbeginn anfing, Kriegsziele zu formulieren – Bethmann Hollwegs Septemberprogramm, von Fischer als vermeintliches Schlüsseldokument grotesk überbewertet, eröffnete den garstigen Reigen. Diese Ziele wurden immer kühner und bizarrer, je länger der Krieg dauerte und je deutlicher wurde, dass er für Deutschland nicht zu gewinnen war. Will sagen: Die

deutschen Kriegsziele und die närrischen Debatten darüber gehören eher in den Bereich der nationalen Psychopathologie oder
der heroischen Dichtung als in den der Realpolitik. Sebastian
Haffner sprach von »Schlemmerphantasien eines Hungernden«,
wobei das Hungern mit zunehmender Kriegsdauer sogar wörtlich zu nehmen ist.

In Wirklichkeit hat Deutschland Frankreich angegriffen, um
sich aus der russisch-französischen Klammer zu befreien, alle
anderen Motive und Scheinmotive kamen später hinzu. Bis
heute staunen Geschichtsschüler darüber, dass ein serbisch-
österreichischer Interessenskonflikt auf dem Balkan mit einem deutschen Großangriff auf Frankreich beantwortet wurde, aber die Tektonik der Bündnisse liefert die Erklärung. Das
russisch-französische Abkommen von 1891/92, »das aggres-
sivste Bündnis auf dem europäischen Kontinent« (Christopher
Clark), richtete sich seit der Jahrhundertwende ausschließlich gegen das Kaiserreich. Henry Kissinger bezeichnete es
als »die Wasserscheide auf Europas Weg in den Krieg«. Und
wenn man sich anschaut, wie beharrlich die Entente-Staaten
während des Krieges sämtliche Friedensverhandlungsofferten
der Mittelmächte brüsk ablehnten – der Freiburger Emeritus
Hans Fenske hat ein kleines kluges Buch darüber geschrieben: *Der Anfang vom Ende des alten Europa* –, wie sie das
Massenschlachten im Vertrauen auf ihren längeren Atem,
ihre größeren Ressourcen und die Unterstützung aus Übersee
fortsetzten, um schließlich in Versailles Deutschland als
Großmacht zu erledigen, wenn man, sage ich, das betrachtet, erscheint einem die ganze zivilisatorisch-demokrati-
sche Rhetorik in wünschenswerter Deutlichkeit als bloße
Heuchelei und Ummäntelung schnöder Pirateninteressen.
Heute zahlen alle Europäer gemeinsam dafür mit dem rasen-

den Bedeutungsverlust ihres Erdteilchens und dem allmähli-
chen Aussterben seiner Bewohner.

Zurück zu Fischer, dem Ex-Nazi, der in demokratischen
Diensten das Kaiserreich verurteilte, indem er ihm die
Kriegsschuld in die Stiefel schob. So notiert er im Kapitel
»Rüstungswettlauf und Generalstabsplanung«, dass die im
Jahr 1913 vom Reichstag bewilligte Aufstockung des deutschen
Heeres um 132 000 Mann (Ludendorff hatte 300 000 gefordert)
auf 750 000 Mann »Gegenmaßnahmen der Nachbarn« auslö-
ste. Noch während der Reichstagsberatungen hatte Frankreich
die Einführung der dreijährigen Dienstzeit verkündet und
gewann damit 160 000 Mann zusätzlich, während Russland
mit 1,5 Millionen Mann allein ein größeres Heer besaß als
die Mittelmächte zusammen und eine Aufstockung auf zwei
Millionen plante. So sehen also »Gegenmaßnahmen« aus.

»Die russischen und französischen Armeen erreichten 1913/14
eine Gesamtstärke in Friedenszeiten von 2 170 000 Mann, dagegen betrug die Gesamtzahl der Deutschen und Österreicher
1 242 000. 1912 betrug dieser Unterschied nur 794 665, 1904 hatte er 260 982 betragen«, bilanziert Niall Ferguson. »Das hieß,
dass das deutsche Heer im Kriegsfall über eine Gesamtstärke
von ungefähr 2,15 Millionen Mann verfügte, hinzu kamen 1,3
Millionen Soldaten des Habsburgerreiches. Die Gesamtstärke
der Streitkräfte Serbiens, Rußlands, Belgiens und Frankreichs
belief sich im Kriegsfall auf 5,6 Millionen.« Auch wenn das
deutsche Heer seinen Gegnern qualitativ überlegen war, hatten Deutschlands Umzingelungsphobien offenkundig sehr
handfeste Ursachen. Man musste darauf keineswegs mit
Präventivschlägen reagieren, Bismarck etwa hätte es nicht getan, sondern sich Verbündete gesucht. Aber wenn es ein deutsches Kriegsziel vor Kriegsausbruch gab, dann tatsächlich den

vielbeschworenen »Durchbruch« durch den Ring von Feinden. 1914 hätte kaum ein Mensch den Begriff Kriegsschuld verstanden; der Krieg galt damals als legitimes Mittel von Staaten, ihre Interessen durchzusetzen. Doch die Entente-Propaganda erkannte die Chance, die eine »Wendung zum diskriminierenden Kriegsbegriff« (Carl Schmitt) bot, und brachte diese wirkungsvolle Waffe rasch zum Einsatz (das Reich war viel zu stolz dazu), um die Millionen Opfer der Materialschlachten vor den eigenen Völkern zu rechtfertigen. Mit dem Vertrag von Versailles, den die Vertreter des Deutschen Reiches im Juni 1919 unter Protest unterzeichneten, zog der Kriegsschuldbegriff in die Politik ein. 1918 hatte das Kaiserreich in Brest-Litowsk Russland einen Frieden diktiert, der in puncto Gebietsabtretungen noch härter war, aber in Versailles geschah etwas Neues. Bislang verhielt es sich so, dass Staaten gegeneinander Krieg führten, Frieden schlossen und der Sieger dem Verlierer Land wegnahm. So war etwa Frankreich unter Ludwig XIV. in den Besitz von Elsass-Lothringen gekommen, dessen Verlust 1871 die französischen Revanchegelüste einleitete, die 1919 befriedigt wurden. Doch in Versailles verhandelten nicht mehr Staaten, sondern die Reinen verurteilten die Schurken. Das Reich und seine Verbündeten mussten zu allen Gebietsverlusten und Reparationen die alleinige Kriegsschuld auf sich nehmen, die deutschen Delegierten durften an den Verhandlungen nicht teilnehmen und wurden schriftlich über deren Resultate informiert, ihre Staatsordnung wurde als rückständig und aggressiv denunziert. In Deutschland erkannte von politisch rechts bis links niemand dieses Schulddiktat an.

Das geschah erst nach dem Erscheinen von Fritz Fischers Buch anno 1961. Der Historiker lud darin dem Reich »den entscheidenden Teil der historischen Verantwortung« am

Kriegsausbruch auf. Später spitzte er zu, dass »im Juli 1914 ein
Kriegswille einzig und allein auf deutscher Seite bestand«.
Der Entschluss Englands, in den Krieg einzutreten, resümiert
Fischer, »richtete sich gegen die Macht, die das europäische
Gleichgewicht zerstören wollte«. Schon richtig, aber wie funk-
tionierte dieses Gleichgewicht? Es bedeutete, dass in Europa
keine Führungsmacht existierte, sondern ein den Engländern
genehmes Patt waltete, während außerhalb Europas England
herrschte. Bismarck hatte das akzeptiert, und das Kaiserreich
hätte gut daran getan, es ebenfalls zu schlucken, zumindest was
Englands Herrschaft außerhalb Europas anging. England und
Frankreich haben ihren überseeischen Raub gegen einen potentiellen neuen Räuber verteidigt; der Raub gewinnt dadurch
nicht an Dignität. Freilich: Ein deutscher Historiker, der so formuliert wie eben zitiert, ist ein Lakai Englands – und das war
Fischer im selben Maße, wie übrigens und ganz am Rande sein
Namensvetter Joseph (»Joschka«), der mit einem zwar weniger gelehrten, aber vergleichbar einseitigen und irgendwie gei-
stesverwandten Buch namens *Risiko Deutschland* hervortrat,
ein Lakai Amerikas war. Beide lebten letztlich sehr gut im ge-
hobenen Sklaven- oder meinethalben Satrapendienst. Nur ihre
Abhandlungen sollte man inzwischen allenfalls als historische
Dokumente aus der Spätzeit des einstmals mächtigen Karthago
lesen.

Ganz später 27. Dezember

Zum letztenmal apropos Fritz Fischer: Auf seine Weise, also
durch das Ausblenden aller Zusammenhänge und die *Reductio*
auf belastende Dokumente nur eines Landes, lässt sich mühelos

nachweisen, dass Polen in der Zwischenkriegszeit auf einen bewaffneten Konflikt mit Deutschland hingearbeitet hat und 1939 davon träumte, Berlin zu erobern, also der eigentliche Aggressor und Kriegsschuldige war.

28. Dezember

Ein deutscher Migrationsforscher erklärt, die meisten Einwanderer aus Rumänien und Bulgarien seien hochqualifizierte Fachkräfte »wie Ärzte und Ingenieure«; Frau von der Leyen wird Verteidigungsministerin; an der Uni Bochum stürmen vermummte Linksextremisten eine Vorlesung, um einen angeblich rechtsextremen Studenten zu »enttarnen«, und schlagen auf den Dozenten ein, als der die Aktion beenden will, woraufhin die Universität den Kampf gegen »rechts« zu forcieren verspricht: Satiriker in Deutschland muss einer der elendsten und hoffnungslosesten Jobs sein, der sich denken lässt ...

30. Dezember

Die weiße Rasse hat mehr als zwei Jahrtausende lang die Alte und später auch die Neue Welt beherrscht und vor allem geprägt. Ihre kulturellen und technischen Leistungen markieren den bisherigen Gipfel aller Schöpfungen der Menschengattung. Heute befindet sich die weiße Welt bekanntlich unter enormem demographischem Druck. Europa und Nordamerika werden von Fremden invadiert, Europa vor allem von Levantinern und Schwarzafrikanern, Amerika besonders von Latinos, beide überdies von Asiaten, wobei

letztere nicht weiter auffallen, weil sie sich umstandslos zumindest in die jeweiligen Bildungs- und Wirtschaftssysteme
zu integrieren pflegen. Der Populationsverschiebungsdruck
wirkt nur in eine Richtung; weder streben Weiße in nen-
nenswerter Zahl nach Afrika oder in den muslimischen
Raum noch gen Asien oder Lateinamerika. Oberflächlich betrachtet kann der Eindruck entstehen, die Attraktivität der
Lebensweise Europas und Amerikas ziehe diese Menschen
an; tatsächlich werden sie im selben Maße aus ihren demographisch weit vitaleren, aber unproduktiveren Weltgegenden
verdrängt. Die Bevölkerungszahlen in der arabisch-musli-
mischen Welt explodieren; Schwarzafrika, wo vor hundert
Jahren so viele Menschen lebten wie in Deutschland und
Frankreich, hat heute deutlich mehr Einwohner als das gesamte Europa, und die Europäer waren verrückt genug, diesen
Bevölkerungszuwachs aus schlechtem Kolonialgewissen mit
immer neuen Hilfsgeldern zu unterstützen. Da die Weißen im
Gegenzug ihre Vermehrung peu à peu einstellen, stoßen die
Neuankömmlinge in sich sukzessive leerende Räume; da die
Zahl der Menschen auf der Erde immer noch rapide wächst,
wird die Welt in hundert Jahren ein fast nur noch von Asiaten,
Schwarzen, Orientalen und Latinos bevölkerter Planet sein,
auf dem Weiße exotische Ausnahmen darstellen werden. – Ist
das schlimm? Oder bloß phänomenal?

Die natürlichste Reaktion eines Weißen auf diese Entwicklung
müsste zumindest eine sorgenvolle sein, aus der Kapitulation
samt Verzicht auf Nachwuchs ebenso resultieren könnten
wie eine trotzig forcierte Zeugungsneigung samt politischen
Gegenmaßnahmen – oder das achselzuckende Eingehen von
Partnerschaften mit Fremdstämmigen bei Inkaufnahme der
daraus resultierenden Anpassungsprobleme, vor allem was die

Behandlung der Frauen betrifft (noch fällt es nicht weiter ins Gewicht, aber bei sich verschiebenden Mehrheiten werden sich auch die Sitten gravierend ändern; unsere viertelnackt auf die Straße gehenden Schwestern und auch die Homosexuellen werden sich noch umgucken). Aber statt begründeter Sorge erleben wir, dass immer mehr Angehörige der zahlenmäßig im Niedergang befindlichen Rasse oder Ethnie die Ansicht äußern, es sei egal, wie viele Weiße, Schwarze, Orientalen oder Asiaten existierten und wie sie den Planeten untereinander auf- bzw. sich über ihn verteilten. Die Bundesliga-Absteiger erklären die Tabelle für unwichtig. Sie tun dies voller Hoffnung, dass es so sein möge...

Nachdem der Westen die Idee der Menschenrechte erfunden und sie zwischenzeitlich zur Legitimation für jede Art Einmischung in die Angelegenheiten von Staaten der Zweiten und Dritten Welt verwendet hat, weshalb sie Karriere machen konnte, ist diese Waffe inzwischen gegen ihn selber gekehrt worden. Vor allem Europa hat sich mit der Menschenrechtsideologie und der in einem Atemzug mit ihr unterstellten Gleichheit aller Menschen in die Falle begeben, weil den Europäern nun die Argumente fehlen, warum sie die Invasion der Fremden in die sozialstaatlichen Paradiese ihres Kontinents abwehren sollten – jede Anmeldung von Eigeninteresse fällt längst unter Rassismus, fremd ist »bunt«, und geheuchelte Fernstenliebe das Mantra der Kinderlosen. Europa wird womöglich für die Menschenrechte verarmen müssen, denn solange es etwas zu verteilen gibt, werden immer neue Zuwanderer kommen. Am Ende wird die Menschenrechtslage auf dem kleinen Kontinent am Westrand Asiens zwar schlechter sein als zuvor, aber niemand kann mehr behaupten, die Europäer hätten es nicht versucht, sie für alle anderen zu verbessern.

Die Menschenrechtsideologie funktioniert wie ein Viren-programm, das nicht ruht, bis die Festplatte zerstört ist, sofern sich keine Anti-Viren-Software findet (sie könnte auf die Namen Eigeninteresse oder Zynismus hören, aber sich einstweilen noch bis zum Faschismus steigern, was ebenfalls keine rosige Aussicht wäre). Tückischerweise lässt dieses Programm im Anfangsstadium der Zerstörung viele Europäer noch von der Invasion der Fremden profitieren, teils symbolisch-moralisch, teils unmittelbar durch Gelder für die Förderung der Fremden, an denen die Förderer kräftig partizipieren. Westliche Öffentlichkeitsarbeiter betonen gern, dass die Zuwanderung ethnisch Andersartiger in jeder Hinsicht positiv sei, denn sie verhindere zum einen das Entstehen neuer aggressiver Nationalismen, speziell des deutschen, sie er-setze ferner den fehlenden Nachwuchs der Europäer durch im-portierten, und überhaupt sei es doch egal, welcher Rasse, Ethnie oder Kultur Menschen angehörten, wenn sich nur alle gut ha-bermasianisch vertrügen und arrangierten. Das ist sozusagen der Schlieffenplan der Multikulturalisten, den die Wirtschaft auf der Suche nach billigen Arbeitskräften unterstützt und zu dem keine Alternative, kein Plan B existiert. Scheitert er, werden eines na-hen Tages wahrscheinlich die Sozial- und Sicherheitssysteme kol-labieren; Vorgeplänkel waren und sind in den Pariser Banlieus, in Marseille, in Tottenham zu beobachten. Dann träten wir in die rustikale Phase der Völkerwanderung ein. Herder beendete sei-ne Beschreibung des spätantiken Originals mit dem Satz: »Dann war da nur noch das dunkle Getümmel ziehender Barbaren.« Stammes- und Rassenkämpfe inmitten zerfallender Reststaaten würden in diesem Fall entscheiden, wer überleben darf, denn auch der technische Fortschritt endet, wenn der Fellache mit Baseballschläger oder Kalaschnikow im Laboratorium auftaucht. Soweit die düsterste Version.

Dagegen läuft, wie gesagt, seitens der – im weitesten Sinne – Linken die Wette, dass es möglich sei, die demographisch erschöpften Europäer resp. die Weißen sukzessive durch andere, vitalere Ethnien zu ersetzen resp. sie mit ihnen zu vermischen, ohne dass sich die rechtlichen, zivilen und intelligiblen Standards dieses Erdteils gravierend verändern (jener Teil der Linken, der es tatsächlich auf deren Zerstörung anlegt, bleibe hier unberücksichtigt). Bekanntlich sind die Möglichkeiten des Dagegenwettens stark eingeschränkt, denn wer es nur versucht, gilt als Rassist und wird nicht mehr eingeladen. Der Rassismusvorwurf kann sich nur gegen Weiße richten; er ist ein Symptom des Niedergangs dieser Rasse, so wie die *Political Correctness* der Abschiedsbrief der Weißen an die Welt ist. Die Folgen des Abdankens der Weißen können von mir aus friedlich, ja menschheitsfortschrittlich sein, ich möchte sie gleichwohl nicht begrüßen, denn ich überlebe weder genetisch noch geistig in einem Asiaten, Araber oder Bantu.

Was aber, wenn Schwarzafrikaner eines Tages überall auf ihrem Kontinent Bach und Chopin spielen, wenn die besten Sommelières aus Ankara und Timbuktu kommen, der ultimative Whisky aus Nouakchott, die besten Riesling-Spätlesen (Januar!) aus Islamabad, der zarteste »Parmaschinken« aus Medina, die unbestechlichste Schule der Geschichtsschreibung aus Peking? Wenn die UNO nach dem Verschwinden der weißen Spinner den Geschlechtsunterschied zum Weltkulturerbe erklärt und die beliebteste globale Satiresendung »Gender-Studies« heißt? Wenn die UNO sich feierlich zur Ungleichheit aller Menschen bekennt und den Sozialismus für immer ächtet? Wenn die führenden Altphilologen aus Südostasien, Zentralafrika und Mittelamerika sich zu regelmäßigen Deutsch-Kongressen verabreden? Wenn in überfüllten Schulen von

Madagaskar Goethe, Baudelaire und Aischylos im Original gelesen werden? Wenn der *Stern des Bundes* plötzlich in New Mexico neu erstrahlt? Wenn der Muezzinruf die Christen in ihre Kirchen bittet, auf deren Glockengeläut hin wiederum die Muslime sich zum Gebet gen Mekka neigen? Wenn asiatische und morgenländische Weisheit der weißen Gier nach Weltvernutzung Einhalt geboten haben und es sich angenehm plaudern und flanieren lässt in den Metropolen der Erde, wo sich immerhin umgekehrt das alte westliche Bildungsideal gegen alle Geistesträgheit durchgesetzt hat? Dann wird es aus meinem Grab murmeln: »Ich habe mich immerhin nur zur Hälfte geirrt.«

31. Dezember

Als die bemerkenswerteste Szene des vergangenen Jahres sollte in dauerhafter Erinnerung bleiben, wie Frau Merkel nach dem Wahlsieg ihres merkwürdigerweise immer noch mit einem C und einem D präfigierten Vereins dem Generalsekretär der Union, Gröhe, der sich anheischig machte, fröhlich mit einem Deutschland-Fähnchen zu wedeln, dasselbe mit angewiderter Miene aus der Hand riss und vom Podium entsorgte, woraufhin Gröhe, jeder Zoll und vor allem jedes Gramm ein offenbar sturheil demütigungsresistenter Speichellecker, als säße noch Väterchen Stalin im Präsidium, mit Grinsen und fröhlichem Händeklatschen reagierte, anstatt sich die Dame mal zur Brust zu nehmen und zu fragen, ob sie nicht, erstens, gerade etwas übertreibe mit ihrer Matriarchatsprosa, ob sie, zweitens, nicht irgendwie ihren Amtseid auf diese Fahne abgelegt habe und ihr, drittens, zu bedeuten, dass eine derartige öffentliche Vorführung seiner, Gröhes, Abwatschbarkeit eine Unverschämtheit sondergleichen darstelle und auch unter Mannweibern bzw. Weibmännern Satisfaktion erfordere. Und dieses würdelose Diederich-Heßling-Update ist Parlamentarier, also Gesetzgeber, und neuerdings sogar Minister.

Mitternacht 2013/2014

Der Jahreswechsel beginnt aufgrund der Zeitverschiebung zuerst im russischen Fernsehen mit den Glocken des Kreml, einer würdig-ernsten Ansprache des Staatschefs und der Nationalhymne in großer Chorversion. Zwei Stunden später die öffentlich-rechtliche deutsche Variante des Neujahrsempfangs: ein Moderator fünf vor zwölf im Gespräch mit einem Feuerwerker, Schlag zwölf dann das dazugehörige Feuerwerk; krakeelende Menschenmassen auf der Straße des 17. Juni in Berlin, teils als Herde aus der Luft gefilmt, teils im Zoom banale Neujahrsbotschaften absondernd; später eine Rockband, die Beethovens *Fünfte*, Mozarts *Requiem* und Griegs *Peer Gynt* als Leckerli in ihren Gitarrenbrei verwurstet. Dort ein Staat – hier eine Menschenansammlung. Welche Zeremonie wird sich öfter wiederholen?

III.
ACTA DIURNA 2014

Neujahr

Es leben die Völker dieser Erde! Es leben ihre Religionen, ihre Sitten, ihre Sprachen! Es lebe die traditionelle Familie! Es lebe die Ehe! Ein Hoch auf die Geschlechterrollen! Es lebe der Sexismus! Vive la Mademoiselle! Es lebe die Aristokratie! Es lebe die Meritokratie! Es lebe die Kallokratie! Es leben die Sezessionen! Es lebe das Recht ohne Ansehen der Person! Es lebe die schrankenlose Freiheit der Rede! Es leben das Versmaß und der Satzbau, das Komma und das Semikolon! Es leben das Bonmot, die Sottise und das Aperçu! Es leben der Kontrapunkt und die Polyphonie! Es lebe die Distinktion! Es leben die Klassenschranken! Es lebe die soziale Ungerechtigkeit! Es lebe der Luxus! Es lebe die Eleganz! Es lebe das gute Gewissen gegenüber den Predigern des schlechten! Es leben die Kathedralen, Kirchen und Tempel! Es lebe das Papsttum! Es lebe die Orthodoxie! Es leben die Atomkraft und die bemannte Raumfahrt! Es lebe der private Waffenbesitz! Es leben der Aberglaube, der Geschichtsrevisionismus und der Biologismus! Es leben die Politikverdrossenheit und die Parteienschelte! Es leben die Vorurteile und die Gemeinplätze! Es leben die Mythen! Es lebe die Meisterschaft in Kunst und Handwerk! Es leben Velázquez und Claude Lorrain! Es lebe die Gewohnheit! Es leben der Alkohol, das Rauchen und das Fett im Essen! Es leben die High Heels! Es leben die naturbelassenen Brüste und die traditionellen Rebsorten! Es lebe die Bosheit! Es lebe die Ungleichheit!

13. Januar

Computerspiele machen nicht dumm, sekundiert der älteste Sohn, 14, dem aktuellen *Spiegel*-Titel, sie rauben einem nur sehr viel Zeit, in der man klüger werden könne.

14. Januar

Homophobie, das Eselswort der Gegenwart, bedeutete bis gestern bzw. hätte bis gestern Menschenscheu oder -angst bedeutet (außer unter Gräzisten). *Tempi* bekanntlich *passati*. Daraus folge, erläutert Freund D., dass *Ecce homo* nach neuer Lesart nur heißen könne: Seht, welch eine Schwuchtel! Und *Homo mendax* sei wahrscheinlich nur ein Synonym für Volker Beck.

15. Januar

Eine Berliner Geschichtsprofessorin, namenlos, aber mit Doppelnamen, hat eine 160 Seiten starke »erste Überblicksdarstellung der deutsch-jüdischen Geschichte der Neuzeit aus geschlechtergeschichtlicher Perspektive« geschrieben, worin sie laut Verlagsankündigung unter anderem »den Auswirkungen« nachforscht, »die Verfolgung, Vertreibung und Massenmord im 20. Jahrhundert auf die Geschlechterbilder und -rollen innerhalb der jüdischen Gemeinschaft hatten«. Als Folgeprojekt böte sich an: »Frauen in der Gaskammer. Eine Studie zu Geschlechterstereotypen in Grenzsituationen«.

16. Januar

Seitdem die Französische Revolution den Dritten Stand als dringend zu emanzipierende (bzw. im Falle eigener Unwilligkeit auch zu massakrierende) Großgruppe entdeckte, hat die Linke die Welt bekanntlich mit immer neuen Emanzipationskollektiven beschenkt, beglückt, bezirzt gar, neuerdings mit den Lesben, Schwulen, Bisexuellen, Transgender, Transsexuellen und Intersexuellen, den sogenannten *LSBTTI*-Menschen, und kein Ende ist ab- bzw. einzusehen, denn noch harren erwartungsfroh all die Queeren, Sodomiten, Sadomasochisten, Verwandtenpenetrierer, Selbstlecker, Amelotatisten (Amputiertenliebhaber), die Kopro-, Nekro-, Gerontophilen und gemäßigten Päderasten ihrer engagierten Mitwirkung am gesellschaftlichen Gleichstellungswerk. Wozu vordringlich sämtliche sexuellen Holzwege zu Fahrspuren der Hauptstraße erklärt und Menschen, die nicht wissen, ob sie Onkel oder Tante sind, nicht länger als seelisch gestört abqualifiziert, sondern als Pioniere der Emanzipation hofiert und von den sozialistischen Medienschaffenden wohlwollend porträtiert werden müssen. »In der paradiesischen Zukunft fortschrittlicher Träume schwingt die Erdkugel im Rhythmus allgemeiner Kopulation«, notierte Don Nicolás.

Man könnte jetzt mit Fontane fragen: Was soll der Unsinn? Aber der unterleibszentrierte Spaß hört auf, wo Kinder ins Spiel kommen. In Baden-Württemberg will das regierende rotgrüne Ressentiment tatsächlich die sogepredigte »sexuelle Vielfalt« als neue Norm (nicht Normalität) gegen die bislang waltende, diskriminierende Heteronormativität und Familientraditionalität bis in die Lehrpläne hinein durchsetzen, auf dass bereits der Nachwuchs lerne, wer wen im Dienste

von Aufklärung, Chancengleichheit und Selbstverwirklichung
an welchen Stellen lecken muss, wogegen sich jetzt der Widerstand wackerer Württemberger weidlich regt, weil es ja ihre
durchweg minderjährigen und überwiegend im präsexuellen
Alter stehenden Kinder sind, die in diese Gegenwelt gedanklich
hinabsteigen und dort die Freakshows und Darkrooms durch-
wandern sollen, ohne wenigstens nach Beatrice zu suchen,
und ihr Einfühlungsvermögen in die Praktiken von *LSBTTI*-
Menschen am Ende gar noch benotet wird. Bekanntlich verwechselt die Linke gern Freiheit und Gleichheit, und nichts
macht Menschen gleicher als die Sexualität. Wenig nimmt den
Menschen außerdem in einem solchen Maße die Würde wie das
öffentliche Zurschaustellen ihrer Sexualität – der Christopher
Street Day erteilt alljährlich eine Lektion darin –, und die Würde
gehört ja ebenfalls zu den Hindernissen des Fortschritts. Dass
solche staatlichen Eingriffe ins Allerprivateste wie in Baden-
Württemberg immer zugleich Angriffe auf die Familien sind,
ist ohnehin klar, und allein deswegen kann der Protest dagegen
gar nicht entschieden genug ausfallen. Die *LSBTTI*-Propaganda
ist nichts weniger als Minderheitenschutz; es handelt sich im
Gegenteil um eine der inzwischen zahlreichen quasi molekula-
ren Bürgerkriegserklärungen an die Mehrheit (und zwar unter
Indienstnahme einer Minderheit, die selber gar nicht erst gefragt und nur von ein paar linken Aktivisten »vertreten« wird),
was diese Mehrheit endlich begreifen sollte, statt sich in falsch
verstandener Toleranz an die Pranger der Intoleranten zerren zu
lassen. Deren Taktik ist ja stets dieselbe, ob nun bei den gefor-
derten Homosexuellen-Selbstbloßstellungen im Fußball oder
der Durchsexung diverser Unterrichtsfächer im Ländle: Die
Mehrheit wird mit Zumutungen behelligt, ein paar Trolle reagieren über, ihre Äußerungen werden in den Medien wie Skalpe

präsentiert und mit geheuchelter Erschütterung beplärrt, denn sie sollen beweisen, dass die Homo-, Trans-, Xeno-, Gyno- und weiß der Geier welche weitere Phobie aus der sogebellten Mitte der Gesellschaft kommen, auf dass munter weiter die aus der geschmähten Gesellschaftsmitte sprudelnden Steuergelder in die Taschen derer fließen mögen, die sie beschimpfen, bekämpfen, ihnen ihre devianten sexuellen Gepflogenheiten präsentieren, und das alles im Namen der Toleranz. Das *Perpetuum mobile* existiert also doch!

Nebenbei: Es ist bemerkenswert, wie präzise Aldous Huxley in seiner Dystopie *Brave New World* das alles vorausgeahnt hat, nicht nur die totale Entkopplung von Sex und Fortpflanzung, das Ende von Liebe, Familie und fester Partnerschaft, die »pneumatischen« Körperformen der Alpha-Frauen und das kollektive Roboterglück durch Sex, Soma und Arbeit, sondern eben auch die Frühsexualisierung der Kinderseele – am Beginn des dritten Kapitels lesen wir: »Naked in the warm June sunshine, six or seven hundred little boys and girls were running with shrill yells over the lawns, or playing ball games, or squatting silently in twos and threes among the flowering shrubs. (...) Two children, a little boy of about seven and a little girl who might have been a year older, were playing, very gravely and with all the focussed attention of scientists intent on a labour of discovery, a rudimentary sexual game.« Und der Direktor, der gerade eine Studentengruppe durch sein Reich führt, kommentiert: »Charming, charming!«

Allerdings besitzen weder die rotgrünen Schulstoffergänzungen noch brachialrespektable Selbstoffenbarungen vom Schlage Hitzlspergers irgendeine Relevanz für die Zukunft dieses Landes; es handelt sich im Gegenteil um spätluxuriöse Sumpfblüten einer entnervten und unfruchtbaren, für die reizvollen Seiten der Dekadenz leider unbegabten Gesellschaft, deren egalitäre Aktivisten und emanzipatorische Lautsprecher vielleicht tatsächlich glauben, dem Fortschritt der Menschheit zu folgen (so wie es manche Sowjetkommunisten ja auch taten, bis ihnen die Rechnung präsentiert wurde), wobei sich hinter ihren schienenwölfischen Abräum- und Einebnungsbestrebungen zugleich auch, bewusst oder viertelbewusst, die Lust von Nachkommens- und Traditionslosen auf ein letztes wärmendes Freudenfeuer verbergen dürfte.

Ein französischer Bekannter, der selbst noch in Algerien dabei war und das heutige Frankreich für verloren hält, bemerkte, so unerträglich die allgemeine Erosion und der inzwischen das große Wort führende Menschentypus auch seien, möge die Verwesung sich lange hinziehen, denn ein Bürgerkrieg sei so unendlich viel schlimmer, dass wir uns nach den Zeiten des bloßen Niedergangs zurücksehnen würden. – Was nicht heißt, dass man den Abräumern und Beförderern des Verfalls nicht doch bei jeder Gelegenheit auf die klebrigen Finger hauen sollte.

17. Januar

Appendix zum 16. Januar: »Nichts ist widerwärtiger als die Majorität«, sagt Goethe mit allen wahren und guten Gründen, und ich habe, wenn's dieser Autorität überhaupt bedarf, keineswegs vor, ihm darin zu widersprechen, auch nicht, indem ich mich angesichts der rotgrünen Sexualkunde-Gaunereien im Ländle auf die Seite der ohnehin geknebelten, kujonierten und finanziell geplünderten Mehrheit stelle; es gibt leider zuweilen übermächtige, windmachende Minderheiten, deren Widerwärtigkeitsgrad sogar jenen der Majorität übertrifft, so dass es zu einer Frage der Redlichkeit wird, sich auf die Seite der größeren Zahl zu schlagen, wie weit man sich diese auch sonst vom Leibe wünscht.

19. Januar

Was bedeutet es, wenn sich im sogenannten Dschungelcamp ein paar Kretins beiderlei Geschlechts vor den Augen der deutschen demokratischen Öffentlichkeit allabendlich erniedrigen und entwürdigen (lassen)? Nun, man stelle sich Friedrich Schiller beim Betrachten dessen vor, was aus der ästhetischen Erziehung des Menschengeschlechts geworden ist. Die Feinsinnigen unter den *Zeit*-Abonnenten und *Kulturzeit*-Guckern würden jetzt wohl dagegenhalten, dass wir es bloß mit einem vom Boulevard angeheizten und zugleich ausgebeuteten Unterschichtsphänomen zu tun hätten, doch das ist ja nicht wahr; jede Galerie für moderne Kunst und nahezu jede zeitgenössische Theater- oder Operninszenierung belehren uns mit unbeirrbarer Konstanz darüber, dass die Präsentation von Sperma, Kot und Müll, dass Entblößung und Erniedrigung, Verhässlichung und Destruktion hierzulande auch Modus, Habitus, Gestus, Duktus und Spasmus der allenfalls noch im Scherz so genannten Hochkultur sind. Da die Erhebung von Menschen zu Klassikern diskriminierend ist, gehört die Klassikerverhunzung auf deutschen Bühnen zu den edlen Taten der Emanzipation.

Das Omegaprominentencamp im Busch ist den deutschen Bühnen sogar noch insofern überlegen, als dort immerhin keine Genies, sondern bloß die besagten Kretins zum Defäkieren und Defäkiertwerden freigegeben bzw. bloßgestellt sind. Man könne, notierte Boris Groys, »die gesamte künstlerische Avantgarde ohne weiteres als eine ständige Verunstaltung und Beschmutzung des würdigen Menschenbildes interpretieren«, und in der kommerziellen Massenkultur sei der »programmatische, kalkulierte Verlust der menschlichen Würde« längst zum »Hauptverfahren« geworden.

Vor diesem Hintergrund besitzt es eine gewisse Pikanterie, dass sich ein Verein in Deutschland lebender schwarzer Menschen über die parallel zum allerneuesten Madenfressen und Schlammschlucken anlaufende TV-Schau der Eisschnellläuferin Annie Friesinger entrüstet. In dieser Sendung bringt die Athletin i. R. drei Mohren das Schlittschuhlaufen bei, und deren erste Versuche auf dem Eis werden gewiss so ulkig ausfallen wie die jedes anderen Anfängers auch, was nach Ansicht der erwähnten Kritiker auf eine Vorführung ihrer Rassengenossen und mithin eine mehr oder weniger subtile Art von Diskriminierung hinauslaufe. Man stelle sich nun erst das Dschungelcamp mit durchweg schwarzen Insassen und zwei weißen Dompteuren vor! Aber solange nur Bleichgesichter entwürdigt werden, geht die Sache allweil in Ordnung.

23. Januar

Lektüre, zum ersten: Hilal Sezgin rechnet in ihrem Buch *Artgerecht ist nur die Freiheit* vor, dass jedes Jahr in Deutschland 600 Millionen Hühner ihr Leben verlieren und anno 2011 weltweit 65 525 000 000 Tiere geschlachtet wurden, wobei nur gezüchtete Landwirbeltiere in diese Zahl einflossen, es kommen noch die Fische und die Jägerei hinzu. Das ständige Wachsen der menschlichen Population wird auch diese Zahlen weiter steigen lassen.

Dazu mag sich jetzt jeder verhalten, wie er will (vermutlich stammt das Fleisch demnächst ohnehin nicht mehr vom Tier, sondern wird in vielstöckigen Plantagen auf Nährlösungen angebaut); ich nehme diese Horrorzahlen nur zum Anlass für die Frage: Wer war unter den bedeutenden Künstlern dieser Erde der entschiedenste Prediger des Vegetarismus? Es war Richard Wagner. Im Alter hielt er die vegetarische Ernährungsweise sogar für den Schlüssel zur Lösung sämtlicher Menschheitsprobleme. Überdies war Wagner ein radikaler Pazifist, »Menschenmord« und »Tiermord« hingen nach seiner Ansicht unmittelbar zusammen. Des Meisters Pazifismus haben die *Bayreuther Blätter*, so nationalistisch und völkisch sie sich später präsentierten, stets die Treue gehalten, auch im Dritten Reich, und während des Ersten Weltkriegs stimmten sie nicht in den Chor der Bellizisten ein, worüber man hierzulande aber wenig erfährt, und schriebe nicht der achtbare Udo Bermbach seine Bücher, ich wüsste es selber kaum. Auch über Wagners Pazifismus und Vegetarismus war im Jubiläumsjahr wenig zu lesen, denn man hatte zwanghaft den vermeintlichen Antisemiten herauszukehren, freilich ohne den Hinweis, dass Wagners Judenfeindschaft im wesentlichen Antikapitalismus und Antimammonismus gewesen ist (inwieweit begründet, steht auf einem anderen Blatt; ich glaube nach eingehender Lektüre seiner vor allem späten Schriften inzwischen nicht einmal mehr, dass er im rassischen Sinne Antisemit war).

Und damit wären wir bei der nächsten Lektüre: Das *FAZ*-Feuilleton macht auf mit einem ganzseitigen Artikel zum Ablauf der *Parsifal*-Schutzfrist vor hundert Jahren, womit Bayreuth sein Exklusivrecht auf dieses Opus verlor. Der Verfasser kommt zu dem bemerkenswerten Schluss, das anno 1914 weltweit waltende »*Parsifal*-Fieber« habe nicht direkt, aber irgendwie mit »dem allgemeinen Kriegsfieber« und dem »kollektiven Begeisterungstaumel« korrespondiert, von dem Europa damals erfasst worden sei (dieser »kollektive Taumel« ist übrigens auch nur ein Klischee, niemals ergriff die Kriegsbegeisterung irgendwelche Großgruppen). Und ganz besonders sollen die Begeisterten, o Wunder, im Kaiserreich herumgetaumelt sein. Zwar sei nicht bekannt, wie viele Soldaten »eine *Parsifal*-Partitur im Tornister trugen« (nicht einer, wette ich, denn die ist viel zu schwer), aber: »Etliche Bewunderer des Werkes dürften etwas Immaterielles mitgenommen haben, nämlich den Gedanken der ›Weihe‹, von Segnung, Auserwähltheit und Opfer in einem, den dieses Werk so suggestiv zelebriert. (...) Der kultische Geist des ›Bühnenweihfestspiels‹ kreuzte sich mit den jugendbewegten Idealen einer Epoche, die Jüngertum, kollektive Hingabe an eine Sache und schließlich das bedingungslose Opfer für Volk und Vaterland bis zur Hysterie propagierte.« Soweit der *FAZ*-Feuilletonist Christian Wildhagen, nebenher Jury-Mitglied beim Preis der deutschen Schallplattenkritik und Lehrbeauftragter an der Leipziger Hochschule für Musik und Theater.

Der *Parsifal*? Die Mitleids-Apotheose schlechthin, die wohl pazifistischste und friedfertigste aller Opern, in der die Tötung eines Schwans als schweres Verbrechen geschildert wird? In der Gralsritter auftreten, die gemäß Textbuch und Partitur »des Heilands Werke« verrichten, Männer, »die ihr Karma abgetragen« (Stefan Mickisch) und sich verpflichtet haben, ausschließlich Gutes zu tun? Deren Titelheld nach der Rückgewinnung des heiligen Speers diese Waffe trotz aller Gefahren, in die er gerät, wie Textbuch und Musik verraten, nicht anwendet, also selber Pazifist wird? Das Werk, in dem Wagner Christentum und Buddhismus verbinden wollte, um auf eine friedliche »Regeneration« der gesamten Menschheit hinzuwirken? Die Oper, welche die Nazis am Vorabend des nächsten Weltkrieges aus ebendiesen Gründen von allen Spielplänen verbannen sollten? Mit diesem Werk wurde 1914 die Jugend, die es zu ca. 96,3 Prozent nie gehört hatte, auf Krieg und Opfertod eingestimmt? Und nur die *Bayreuther Blätter*, deren Mitarbeiter es allesamt auswendig kannten, haben nichts mitbekommen?

Man muss schon verdammt lange die absonderliche öffentliche Meinung dieser Republik konsumiert haben und ansonsten buchstäblich nichts wissen, um dergleichen zu schreiben oder gar zu meinen. Dass der Autor am Ende des Artikels »Stefan Herheims grandiose *Parsifal*-Inszenierung« aus dem Jahr 2008 lobt, wo eingespielte Filmaufnahmen aus dem Ersten Weltkrieg den Anschein erweckten, »als zögen die Gralsgläubigen, frisch gestärkt durch die Feier des ›letzten Mahles‹ und mit Wagners Verklärungsklängen im Ohr, direkt aus dem Gralstempel in die Schützengräben«, ist so folgerichtig wie eben dem Werk und der Intention Wagners gegenüber infam falsch – und vermutlich nicht einmal als historischer Vorgang zu halten. Es ist die schiere bundesrepublikanische Zeitgeistfolklore, ein Bratenriecher und Tendenzvollstrecker (oder vielleicht auch nur trendhöriger Einfaltspinsel; man soll ja nicht niedrig vom Menschen denken) lobt den anderen, es sind Kulturbeamte eines Landes, das in 60 Jahren kein einziges Kunstwerk erzeugt hat, welches zehn beliebige Takte des dritten *Parsifal*-Aufzuges aufzuwiegen vermöchte, dafür aber unentwegt Spitzbuben und Fatzkes produziert, die Werke wie dieses mit falschen Bedeutungen zumüllen.

26. Januar

2014 ist übrigens nicht nur Weltkriegsausbruchsgedenkjahr, sondern auch der 150. Geburtstag von Richard Strauss muss *in annum* mit bedacht und maßvoll abgefeiert werden. Kürzlich las ich, dass Strauss in seinen Anmerkungen zur Berliner Erstaufführung von *Also sprach Zarathustra* erklärte, er habe mit dieser Tondichtung eine »Vorstellung von der Evolution der menschlichen Rasse« geben wollen, von den Ursprüngen über verschiedene Phasen ihrer Entwicklung bis zu Nietzsches Übermenschen. Ob Stanley Kubrick diese Äußerung gekannt hat? Im Film *2001. A Space Odyssee* erklingt, wie jeder weiß, die *Zarathustra*-Eingangsfanfare, basierend auf den Tönen c'-g'-c'', sowohl im Expositionsteil als auch am Schluss, um zwei Evolutionssprünge der Gattung zu markieren: den Beginn des Denkens (genauer: des Werkzeugbenutzens) beim Affen sowie die Geburt des mysteriösen Sternenkindes, einer höheren Art Mensch. In Stephan Sperls Buch *Die Semantisierung der Musik im filmischen Werk Stanley Kubricks* las ich nun, dass der Regisseur seinen Produzenten Jan Harlan gebeten habe, ihm für den Film eine »großartige, majestätische Musik« zu suchen, »die schnell zu einem Ende kommen« müsse, und Harlan habe den *Zarathustra*-Beginn vorgeschlagen. Es scheint bei Kubrick also eher Intuition gewesen zu sein. Gleichwohl passt jene Fanfare, die bei Strauss einen Sonnenaufgang beschwört – näherhin den Entschluss Zarathustras, aus seiner Berghöhle zu den Menschen hinabzusteigen (ihnen also aufzugehen) –, sehr gut zur Geburt des Menschen und noch mehr zu der des kleinen Übermenschen am Ende dieses rätselhaft-großartigen Films.

28. Januar

Wir werden im Strauss-Jubiläumsjahr sicherlich wieder viel über des Meisters Rolle im Dritten Reich hören, denn er war von 1933 bis 1935 Präsident der Reichsmusikkammer und hat also irgendwie den Nationalsozialismus gefördert, ihm zur Legitimation verholfen und dergleichen mehr. Außerdem hat Strauss den üblen »Protest der Richard-Wagner-Stadt München« gegen Thomas Manns Vortrag »Leiden und Größe Richard Wagners« unterzeichnet, als er noch gar nicht ahnen konnte, welchen tatsächlichen Schwurbel über Wagner Thomas Mann später verzapfen würde (»Es ist viel ›Hitler‹ in Wagner«). Wer die intellektuellen Regenpfeifer dieser Republik zum Maßstab nimmt, könnte ohnehin zu dem Schluss kommen, dass Männer wie Strauss, Furtwängler, Heidegger oder Benn im Grunde weit mehr zum Nationalsozialismus beigetragen haben als zum Beispiel die Lagerkommandanten oder die Gauleiter, weil sie dem Regime angeblich oder tatsächlich ihr Renommee schenkten, und natürlich hätten sie allesamt bereits 1933 wissen müssen, worauf es mit Hitler und den Seinen hinauslaufen werde (was man den bis in die späten Dreißiger nahezu unisono emigrationsunwilligen jüdischen Deutschen seltsamerweise nie vorwirft).

Im Falle Strauss verhielt es sich so, dass seine Schwiegertochter Jüdin war, womit seine Enkelkinder als Halbjuden galten, was ihm speziell die Nazis in Garmisch übel vermerkten. Im Juni 1935 wurde zu Dresden seine Oper *Die schweigsame Frau* mit dem Libretto von Stefan Zweig uraufgeführt, und der vermeintliche Opportunist Strauss bestand immerhin darauf, dass der Name des Juden Stefan Zweig auf dem Programmzettel und den Plakaten abgedruckt wurde. Hitler soll daraufhin aus

Protest der Aufführung ferngeblieben sein, das Stück wurde nach drei Wiederholungen abgesetzt und nie wieder im Reich aufgeführt, während man dem Komponisten nahelegte, sein Präsidentenamt niederzulegen. Goebbels notierte am 5. Juni 1935 in sein Tagebuch: »Richard Strauß (sic!) schreibt einen besonders gemeinen Brief an den Juden Stefan Zweig. Die Stapo fängt ihn auf. Der Brief ist dreist und dazu saudumm. Jetzt muß Strauß auch weg. (...) Diese Künstler sind doch politisch alle charakterlos. Von Goethe bis Strauß. Weg damit! Strauß ›mimt den Musikkammerpräsidenten‹. Das schreibt er an einen Juden. Pfui Teufel!«

Dass Strauss, der damals bereits die 70 überschritten hatte, nicht an Emigration dachte, sondern sich einerseits anpasste, indem er dem Regime gelegentlich als künstlerisches Feigenblatt diente, sich andererseits ins Private zurückzog, um für seine Kunst zu leben und seine Familie möglichst aus der Schusslinie zu halten, ist überaus einleuchtend oder zumindest nichts als gewöhnlich. Welche Alternativen hatte er denn? Er hat die Welt mit seiner Musik schöner gemacht, wie das damals noch die Art und Weise des Künstlers gewesen ist, und man soll die Artisten in Frieden lassen mit Vorwürfen, nur weil sie bekannter sind als all die tatsächlichen Mörder und deren Handlanger. Ein großer Künstler ist kein normaler Mensch, für ihn gelten andere Kriterien als für einen Buchhalter, Pressbengel oder Sozialwissenschaftler, weil in ihm andere Kräfte wirken, die nach draußen drängen – wobei ich gern zugebe, dass die Feuilletons inzwischen alle Kriterien für Größe verwischt haben und im Abendlicht einer Kultur bekanntlich auch die Zwerge lange Schatten werfen.

In der *Odyssee* wird Phemios, der Sänger, der den Freiern beim Mahle die Zeit vertrieb, von Odysseus bei seiner Rache als einziger verschont, und zwar auf seine Worte hin:

Flehend bitte ich dich, erbarme dich meiner, Odysseus,
Später wird dir die Reue kommen, wenn du den Sänger
Tötest, der für die Götter und für die Menschen ich singe.
Selbstunterrichtet bin ich; der Gott aber pflanzte mir Lieder
Allerlei Art in den Sinn; mir scheint, ich könne vor dir hier
Singen wie vor einem Gott; drum schlage mir nicht das
Haupt ab.

Überdies, versichert Phemios noch, hätten die Freier ihn
gezwungen, für sie zu singen, aber das ist nebensächlich. Der
entscheidende Umstand besteht darin, dass der Sänger als
Bote der Götter jeder Verantwortung, jeder Schuldfähigkeit
enthoben, dass sein Gesang absichtsfrei und rein ist, anderen
Gesetzen unterworfen als die Worte und Taten der Menschen.
Der Gedanke der künstlerischen Freiheit ist nie radikaler formuliert worden.

Dass diese Freiheit weder von den religiösen noch von säku-
larreligiösen Inquisitoren geduldet wurde, ist bekannt. Doch
auch heute wäre es töricht, darauf zu insistieren. Wer heute als
Künstler oder als Dichter spricht, haftet als Gleicher. Kein Gott
redet aus ihm, denn er ist wie alle anderen ein soziologisch be-
schreibbares Subjekt mit Konsumverhalten, Steuernummer,
sexueller Orientierung und gesellschaftlicher Verantwortung.
Wehe Dir, Sänger oder Dichter, wenn Du Dir nicht jedes Wort
genau überlegst! Wehe, wenn Dich der Ekel an der besten aller Welten übermannt! Wehe, wenn Du nicht für Demokratie,
Menschenrechte, Emanzipation und Fortschritt eintrittst!
Die Journalisten, Kritiker und Wikipedisten werden ermitteln, wo Deine Gedanken herkommen, die Du der Welt als
Inspiriertheiten verkaufen wolltest, und sie werden Deinen
Namen grundgesetzdick mit Schande überziehen. Das gilt in-
zwischen auch rückwirkend, quasi bis in die Antike.

Was uns zu Richard Strauss zurückführt, dessen Garmischer Villa nach dem Einmarsch der Amerikaner 1945 requiriert und den Truppen als Quartier zur Verfügung gestellt werden sollte wie andere Häuser auch. Aber ein US-Offizier erkannte im greisen Hausherrn den berühmten Komponisten, und die Villa blieb daraufhin unangetastet. Viele Soldaten baten Strauss um ein Autogramm, die meisten dazu um ein paar Takte aus dem *Rosenkavalier*, andere wollten mit ihm gar über seine Musik sprechen. Das klingt zum einen wie ein Märchen aus der Spätzeit der Kultur – heute würden GIs wohl eher Lady Gaga oder irgendwelche Rapper umlagern –, zum anderen führten die Soldaten vor, dass die Argumente des Phemios sogar in der US Army eine gewisse Geltung besaßen (keineswegs überall, wie der Fall des im Käfig ausgestellten Ezra Pound illustriert). Doch unter moralisierenden Egalitaristen und deutschen Strebern im Besiegtsein wird es für den Künstler sogar mit der Narrenfreiheit eng.

29. Januar

Ob all diese Emanzipationskollektive sich nur deshalb so geifernd und zähnefletschend gebärden, weil sie instinktiv ahnen, wie wenig Zukunft ihnen bleibt?

1. Februar

Aus dem linken Milieu ist den Veranstaltern des Wiener »Akademikerballs« vorgeworfen worden, sie hätten ihre Veranstaltung in der Vergangenheit »extra« auf den 27. Januar,

den Tag der Auschwitz-Befreiung, gelegt. Ich weiß nicht, ob
sie den Termin diesmal wegen solcher Vorwürfe verlegt haben oder aus anderen Gründen, es ist auch egal, ich halte die
Auschwitz-Befreiung eher für einen Grund zu tanzen als für
einen, in der Innenstadt Fensterscheiben einzuschmeißen;
aber worum es hier eigentlich geht, ist die schiefe sogenannte Denke der Antifanten, dieses Irgendetwas-Wittern um jeden Preis, bei welcher Gelegenheit mir einfällt, dass ich 1998
den Oberstaatsanwalt Manfred Wick interviewte, und zwar zu
dem Ermittlungsverfahren der Münchner Staatsanwaltschaft
gegen den Vorsitzenden des französischen Front National,
Jean-Marie Le Pen, wegen des Verdachts der Volksverhetzung
gemäß Paragraph 130, Absatz 3, Strafgesetzbuch, weil der
Franzose auf einer Pressekonferenz die Gaskammern als
»Detail« der Geschichte des Zweiten Weltkriegs bezeichnet hatte. Danach schrieb ein Leser an den *Focus*, ob wir das
Interview absichtlich auf die Seite 88 gesetzt hätten – das H
sei nämlich der achte Buchstabe im Alphabet, und in Neonazi-
Kreisen zirkuliere das Kürzel »88« als Chiffre für »Heil
Hitler!« ...

Hören wir bei dieser Gelegenheit noch einmal in das noch
immer recht jugendfrische Interview hinein:

Focus: Historiker, die den Zweiten Weltkrieg zum Gegenstand haben, widmen in ihren Werken den Gaskammern immer nur wenige Seiten, behandeln sie also als Detail – auch ein
Grund, Ermittlungsverfahren einzuleiten?

Wick: Es kommt immer auf den Einzelfall – auf die Formulierung – an.

Focus: Wenn ein Historiker schriebe, daß die Kapazität der
Gaskammern »stark übertrieben« wird, wäre das ein möglicher
Straftatbestand?

Wick: Je nachdem, in welchem Zusammenhang diese Äußerung fällt. Es wäre auf jeden Fall zu prüfen, wenn durch die
Äußerung die Ermordung der Juden durch die NS-Diktatur verharmlost wird.

Focus: Dieser Satz steht in der Einleitung von Daniel Gold-
hagens Buch *Hitlers willige Vollstrecker.* Werden Sie gegen
Goldhagen ermitteln?

Wick: Ich kenne den Satz und den Zusammenhang, in dem er
steht, nicht, und möchte mich dazu auch nicht äußern.

Es gibt nur zwei Varianten: Der Satz ist entweder (eher) wahr
oder (eher) falsch; hier freilich werden wir belehrt, dass es darauf ankomme, wer ihn ausspricht oder hinschreibt – man stelle
sich vor, es wäre zum Beispiel Ernst Nolte gewesen! Das ist das
Problem mit Gesinnungsparagraphen, sie statuieren verschiedene Gruppen von Rechtssubjekten und hebeln eben damit das
Recht aus. Diese Feststellung darf von mir aus überall auf Seite
88 stehen.

2. Februar

Absurde Diskussion darüber, ob der FC Bayern, also näherhin
der Herr Hoeneß, Borussia Dortmund als Konkurrenten »zerstören« wolle. Natürlich will er das, nämlich exakt seit dem
2:5 im Pokalfinale 2012, und gegen den Götze-Transfer hätte
man neben ästhetischen vor allem sozusagen kartellrechtliche
Einwände vortragen können (natürlich nur rhetorisch gemein-
te, Kartellrechtsverletzung ist in dieser Sportart der normale
Modus). Es gibt Menschen, die Boxkämpfe genießen, bei denen einer der Konkurrenten so überlegen ist, dass der andere

verprügelt wird und hinreichend oft zu Boden geht, und es gibt wiederum solche, die *gentlemanlike* einen ausgeglichenen, spannenden, bis zuletzt unentschiedenen Kampf bevorzugen. Der Typus »Fan« präferiert gemeinhin Version eins. Hoeneß ist der größte »Fan« des FC Bayern, er besitzt in diesem Belang, wie so viele »Macher« dieser Welt, offenbar die Charakterstruktur eines Kindes, das ja, wenn etwas nicht nach seinem Sinn läuft, gern auch mal das Spielzeug kaputtmacht. Nur dass der erwachsene Herr Hoeneß eben nicht mehr so närrisch ist, sein eigenes Spielzeug zu demolieren.

4. Februar

Führende Grüne haben in periodischen Abständen immer wieder verkündet, dass sie den Souverän erst ausdünnen und dann abschaffen wollen, dass sie also Verfassungsfeinde sind; fragt sich, warum gegen sie niemals ein Verbotsverfahren angestrengt wurde.

5. Februar

Syllogismus: Männer sind Schweine. Schwule sind Männer. Also: ...

6. Februar

Es würde mich wenig wundern, wenn demnächst irgendein Bildungsministerium beschlösse, dass Kinder aus sozial prekären Milieus in der Schule bei der Notenvergabe »positiv diskriminiert« werden sollten, denn es lassen sich weder die Gleichheit und auch nicht einmal die Chancengleichheit anders herbeiführen. Die eigentliche und größte Herausforderung für eine gerechte Gesellschaft bestünde freilich darin, den sozial Deklassierten attraktive Sexualpartner zu verschaffen, wenn nicht dauerhaft, so doch wenigstens hin und wieder, vielleicht als eine Art Sexualsteuer für Vermögende, deren attraktive Frauen sich beispielsweise jedes Jahr am 1. Mai gerechtigkeitshalber zur Verfügung stellen, den Armen zum Nutz, dem sozialen Frieden zum Frommen. Auch ansehnliche Linksparteilerinnen sollten sich diese Option sozialer Wohltätigkeit, die ja nicht einmal Geld kostet, durch ihren reizenden Kopf gehen lassen. (Ich hätte überdies eine linke Ministerin im Auge, die durch die Verabfolgung von *blow jobs* sogar reihenweise NPD-Austritte veranlassen, nein: bewirken könnte!) Jedenfalls: Schluss mit der sexuellen Pauperisierung und Diskriminierung! Erotische Armenspeisung für alle!

7. Februar

Google empfängt seine Kunden heute mit einem Zitat aus der Olympischen Charta, nämlich: »Die Ausübung von Sport ist ein Menschenrecht. Im Sinne des olympischen Gedankens muss jeder Mensch die Möglichkeit zur Ausübung von Sport ohne Diskriminierung jeglicher Art haben. Dies erfordert gegenseitiges Verstehen im Geist von Freundschaft, Solidarität und Fairplay.« Die Homosexuellen (auf welche dieses Zitat ja wohl zielt) haben dieses Recht nicht nur bei uns, sondern natürlich auch in Russland, aber wer weiß, vielleicht ist ja eine unse-

rer Schlittenfahrerinnen oder Skiläuferinnen mit dem falschen
Freund liiert?

8. Februar

»Die peinliche Erinnerung an alles, was sich bei der Dresdner
und der Berliner *Elektra* dem Auge darbot, sowohl als beweg-
ter Körper wie als Bühnengestaltung, mußte ich gewaltsam
wiederholt unterdrücken – sonst hätte ich mitten im zweiten
Akt des *Rosenkavalier* zu arbeiten aufgehört«, schreibt Hugo
von Hofmannsthal am 18. Dezember 1911, die Querelen im sogenannten Vorfeld der *Ariadne*-Uraufführung bedenkend, an
Richard Strauss. Hätte er geahnt, was sich dereinst auf den
Bühnen der späten Bundesrepublik subventioniert suhlen sollte, es gäbe wahrscheinlich nicht einmal die *Elektra*.

9. Februar

Es gab also, zeigt ein neuer Hollywood-Schinken, im Zweiten
Weltkrieg in der US Army sogenannte *Monuments Men*, sprich
Männer, die von den Nationalsozialisten geraubte Kunstschätze
unter Einsatz ihres Lebens zu bergen suchten, während die
amerikanische und die britische Luftwaffe zugleich Kirchen,
Bibliotheken, Museen und Paläste in Schutt und Asche legten,
was den Eindruck erwecken könnte, dass, salopp formuliert,
die rechte Hand nicht wusste, was die linke tat, wobei man fai-
rerweise sagen muss, dass die Bomben vor allem Zivilisten und
nicht vordergründig Kunstschätze treffen sollten, wenngleich
eine gewisse Zerstörung der immobilen kulturellen Grundlagen

Deutschlands befreierseits womöglich doch intendiert gewesen sein mag.

10. Februar

Der Limburger Bischof Franz-Peter Tebartz-van Elst ist kein Mensch, in dessen Anblick sich der Betrachter mit Wohlgefallen vertieft, sondern eher ein RTL2-Gesicht, wie gemacht als Katholiken-Karikatur bzw. zum schleunigen Wegzappen. Dafür kann er nichts oder wenig. Seine angeblich kolossale Verschwendung von Geldern, die zumindest die nichtkatholische Öffentlichkeit kaum etwas angehen, weil es Kirchengelder sind, bewegt sich im Vergleich zum Milliardengrab Berliner Flughafen – welches wiederum alle Welt (minus ca. die Hälfte der Berliner) bekümmern müsste, weil es sich um allgemeine Steuerverschwendung handelt – doch eher im Bereich homöopathischer Dosierungen, ohne dass deutsche Medien auf den Berliner Hauptverantwortlichen, den Herrn Partybürgermeister Wowereit, eine auch nur im Ansatz vergleichbare Hatz inszeniert hätten wie auf den bizarren Limburger Kirchenmann. Im Gegenteil, die Geldverbrennung zu Schönefeld ist witzig, eine Art Sexy-Metropole-Folklore.

Was einzig und allein damit zusammenhängt, dass der eine, kleine Verschwender Katholik ist und zölibatär lebt, also irgendwie ein Perverser, während der andere als SPD-Mitglied und überdies wegweisender *Das-ist-auch-gut-so* ein ganz anderes Quantum an Nachsicht und generell für sein Dasein Applaus verdient. Ob Tebartz-van Elst tatsächlich etwas »Wertiges«, wie es neudummdeutsch heißt und von ihm selber nachgeschwätzt wurde, hat errichten lassen, vermag ich nicht zu beurteilen (einige zurechnungsfähige Leute haben immerhin versichert, das Ensemble des neuen Diözesanen Zentrums sei überaus gelungen und schön). Aber immerhin steht zu Limburg überhaupt etwas neu und nach Plan Gebautes, das heißt, das Geld ist weder in irgendwelche Gaunertaschen geflossen, noch hat es sich in nichts aufgelöst.

Der Fall zeigt nicht nur, welch gemütvolle Mit-zweierlei-Maß-Messerei unter hiesigen Medienschaffenden offenbar schon vorbewusst waltet, sondern wirft außerdem ein erhellendes Lichtlein auf diese Gesellschaft insofern, als deren im weitesten Sinne Repräsentationsarchitektur – weil angeblich *per se* und *a priori* Geldverschwendung und als solche von der demokratischen Öffentlichkeit stets schon im Planungsstadium zu kujonieren – von einer erschütternden Piefigkeit, Mickrigkeit und Billigkeit ist. Es soll ja möglichst nichts Repräsentatives mehr gebaut werden, sondern lieber Begegnungsstätten, Sozialbauten, Gesamtschulen, Windräder, Mediamärkte oder Wohlfühl-Knäste mit Schwimmbädern, und letztlich ist es immer noch besser, Steuereinnahmen zu vernichten, als sie in die Errichtung sozial ungerechter Architektur zu stecken. Hat die Bundesrepublik Deutschland in ihrer 64jährigen Geschichte ein einziges Bauwerk errichtet, zu dessen Bestaunung und Bewunderung, jedenfalls wohlgefälliger Betrachtung Touristen in diesem Land vorstellig werden? (Ich meine im nichttechnischen Sinne – die Atomkraftwerke waren ja offenbar bewundernswert.) Nein, die Touristen kommen wegen der Schlösser des ach so verrückten Ludwig II., wegen der gotischen Kathedralen und Barockkirchen, wegen Wartburg, Goethehaus und königlicher Gemäldegalerien, wegen rekonstruierter historischer Innenstadtreste und fürstlicher Lustschlösser.

Speziell an den bayerischen Märchenkönig musste ich im Zusammenhang mit dem Limburger Exoten zuweilen denken, denn man stelle sich den Aufschrei vor, den nur die bescheidenste seiner architektonischen Spinnereien heute auslösen würde! Aber ohne diese realisierten Phantasien (und des Kronprinzen Ludwig Oktoberfest) befände sich Bayern weder in seiner kommoden wirtschaftlichen Lage, noch hätte es sich jemals derart nachhaltig ins globale Bewusstsein eingeprägt. Was wäre wiederum München ohne die Bauherrentätigkeit Ludwigs I., also ohne Ludwigstraße samt Feldherrnhalle und Universität, ohne Königsplatz, und Alte Pinakothek? Man kann verallgemeinern, dass nahezu – nein, dass ausnahmslos alle wert-, pracht- und wundervolle Architektur auf diesem Planeten aus Verschwendung entstanden ist, meistens aus Steuerverschwendung, und dass selten bis nie Sozialdemokraten oder gar Grüne, so versiert sie in puncto Steuerverschwendung auch sein mögen, daran beteiligt waren, denn sogar wenn Sozialdemokraten oder Grüne Konzerthallen bauen lassen, verzichten sie auf menschenverachtende Freitreppen und faschistoid prunkende Portale und lassen die irgendwie diskriminierende Zentralachse wenigstens auf der Damen- bzw. Unisex-Toilette enden.

Um nach diesen Abschweifungen auf Tebartz-van Elst zurückzukommen: Das einzige, was ihn jetzt noch retten und am Ende gar salvieren könnte, wäre ein *Coming out* samt Anklage seines Vereins wegen Diskriminierung und der Beteuerung, er habe lediglich seinen unterdrückten Trieb ins Architektonische kanalisieren, sublimieren, ja emanzipieren wollen bzw. müssen. Dürfen? Nein, müssen.

11. Februar

Der Mechanismus funktioniert relativ einfach: Je näher man an die Julikrise 1914 herangeht, desto größer wird die Verantwortung der Mittelmächte für den Ausbruch des Krieges, und je weiter man den Vorkriegszeitraum fasst, desto größer stellt sich die Verantwortung der Entente-Staaten dar. Ich halte Version zwei ganz fallunabhängig für die seriösere Vorgehensweise.

14. Februar

Wenn der Fall Edathy irgendetwas zeigt (was nicht sicher ist), dann wohl eins, nämlich dass Leute, die in der Öffentlichkeit mit dem Zeigefinger wedeln und andere Menschen mit ihrer Moralisiererei belästigen – ein Kollege von mir erhielt vor kurzem noch einen Brief von Edathy, in welchem der Strolch ihm vorwarf, er habe die NS-Verbrechen verharmlost, weil er über Kriegsverbrechen der Engländer berichtete (übrigens auf der Grundlage englischer Akten) –, dass solche Leute nicht nur in der Regel einen an der Waffel, sondern vermutlich überdurchschnittlich oder gar signifikant häufig Dreck am Stecken haben.

16. Februar

Es besteht wenig Grund zu der Annahme, dass sich die Linke der Gegenwart stärker für die Probleme der Homosexuellen interessiert als die Linke vor 100 Jahren für die der Proletarier.

20. Februar

»Dresden war keine unschuldige Stadt.« Also sprach die heutige Dresdener Bürgermeisterin Helma Orosz zum Jahrestag der Bombardierung. Doppelte Verneinung, das weiß auch eine DDR-Kinderkrippenleiterin, die ein großer Jokus namens bundesdeutsche Parteienkarriere ins Rathaus einer halbwegs weltbekannten Stadt geschmierseift hat, bedeutet Bejahung. *Dresden war eine schuldige Stadt.* Das hat sich die Christdemokratin nicht getraut zu sagen, aber meinen hätte sie's doch dürfen, wir leben ja in einem freien, auch gern oberkörperfreien Land, wo halbnackerte Piratenpartei-Maiden sich bei Sir Arthur Harris per Tittenbemalung ungeniert bedanken können, dass er die Schuldstadt hat niederbrennen lassen, schön mit Phosphor, der sich in die Haut und bis auf die Knochen brannte und die Nazikinder höllisch heulen ließ beim mählichen Verschmortwerden.

Meine Mutter, damals zehn, schuldig bis mindestens ins nächste Glied, wohnte in einem Dresdner Vorort, als die Nazisiedlung dankenswerterweise abgestraft wurde, und sie lief im Nachthemd auf die Straße, denn die munter lodernde Stadt strahlte so viel Hitze ab, dass man Mitte Februar in den Vororten sommerlich bekleidet im Freien sich ergehen konnte und theoretisch auch mit blankem Busen ohne zu frieren den Bombern hätte Dank abstatten können, derweil drinnen im Glutofen die Altersgefährten meiner Mama und auch die Jüngeren und Älteren wie Zunder brannten; sie brannten so gut und verschwanden so rückstandslos, dass es im nachhinein bei den Verbranntenzählungen immer weniger werden – die »bürgerliche« *FAZ* ist inzwischen bei 20 000 angelangt, dem historischen Tiefststand –, was eigentlich eine Verharmlosung des

Nationalsozialismus ist, schließlich handelt es sich nach neuer kanonischer Lesart um Opfer Hitlers, denn der hat doch den Krieg und irgendwie überhaupt alles angefangen, wie auch die Royal Air Force allmählich Protest einlegen sollte gegen die Unterstellung, dass sie gewissermaßen vor dem Tor noch weniger treffsicher gewesen sei als, sagen wir mal, David Beckham.

Man hat von einer bundesrepublikanischen Parteifunktionärin nicht zu erwarten, dass sie die komplizierte Geschichte des Dreißigjährigen Krieges von 1914 bis 1945 so weit überschaut, um die wechselseitige Eskalation staatlicher und industrialisierter Gewalt wenigstens ansatzweise zu verstehen und nicht nur bequem zeitgeistkonforme Alleinverurteilungen Deutschlands abzusondern. Aber kann eine Christdemokratin nicht einfach ein Gebet sprechen und der Opfer gedenken? Muss sie sich sogar an den (meist nicht einmal vorhandenen) Gräbern der herrschenden Tendenz andienen?

Für die Esel unter meinen Lesern füge ich ein: Es gibt bekanntlich gute Gründe, Nazideutschland zu verurteilen. Ich kann den Plan von Auschwitz aus dem Kopf aufzeichnen. Aber nicht einmal Auschwitz ist ein schwarzes Loch, das andere Untaten einfach aufzusaugen und alle Kausalitäten in die Singularität, hier nur physikalisch gemeint, zu überführen vermag. Außerdem spielten weder die Lager noch irgendwelche anderen Kriegsverbrechen im Luftkrieg eine ursächliche Rolle; er wäre exakt genauso abgelaufen, wenn in Auschwitz KdF-Touristen gelustwandelt wären. Man erkennt diesen Sachverhalt sehr einfach, wenn man einmal nachvollzieht, wem in den vergangenen knapp 100 Jahren Engländer und Amerikaner so alles Bomben auf die Köpfe geschmissen bzw. wen sie ausgehungert haben; gut organisierte Vernichtungslager betrieben die wenigsten davon.

Doch zurück zur Dresdener Bürgermeisterin. Nannte ich sie eben eine Christin? Nein, Christdemokratin. Eine Christin würde sich erinnern, dass Abraham für Sodom gebetet hat und Gott die Schonung der Stadt zusagte, wenn er nur zehn Gerechte in ihr fände. Er fand sie nicht. Sodom, die schuldige Stadt, ward ausgelöscht. Wie verhielt es sich mit Dresden im Frühjahr 1945? Verbrannten nicht auch die Gerechten mit den Schuldigen zu einer Asche? Und wie, Herr, verhält es sich eigentlich mit den heutigen Selbstgerechten?

»Dresden war keine unschuldige Stadt.« Seit diesem Satz hat zumindest Dresden keine unschuldige Bürgermeisterin mehr. Dresden 1945 war ein reines Massaker (das sagt sogar der Historiker H.-U. Wehler, restbekannt als der Sancho Pansa von Don Habermas), ein Massaker wie Nagasaki, ein militärisch vollends überflüssiger, ausschließlich der Einäscherung von deutschen Zivilisten und Kunstschätzen dienender Angriff, der überdies den auf Dresden vorrückenden Russen zaunpfahlwinkend demonstrieren sollte, was die alliierte Luftwaffe inzwischen zu leisten imstande war, und womit sich Harris und Churchill hinaufarbeiteten in die Gefilde der NS-Schlächter von Leningrad oder Warschau. Jener Churchill, der am 17. Oktober 1940 im Raucherzimmer des Unterhauses zu einem Konservativen, der die uneingeschränkte Bombardierung Deutschlands forderte, gesagt hat: »Sie und andere haben vielleicht den Wunsch, Frauen und Kinder zu töten. Wir haben den Wunsch (und haben dabei Erfolg), militärische Objekte der Deutschen zu zerstören. Mein Wahlspruch ist: Erst die Arbeit, dann das Vergnügen.« (Zit. nach Nicholson Baker: *Human Smoke.*) Brecht notierte in seinem *Arbeitsjournal*, Oktober 1948, zur zerbombten Reichshauptstadt: »Berlin, eine Radierung Churchills nach einer Idee von Hitler.«

»Dresden war keine unschuldige Stadt.« Wie würde dieser Satz wohl auf Sir Winston himself gewirkt haben? Er hätte gewiss aus tiefster, teerverkrusteter Brust gelacht und sich nach dem Abebben des allfälligen Hustenanfalls zitiert mit den Worten: »Du hast die Deutschen entweder an der Kehle, oder sie lecken dir die Stiefel.« Und hier muss ich mich leider wiederholen: Aber dass sie eines Tages auch die Sohlen mit ablekken wollen, überstieg denn wohl doch die Phantasie des kreglen Städteabfacklers aus der Downing Street.

21. Februar

Man kennt den Schriftsteller Maxim Biller, der zu den bedeutendsten Autoren seiner Straße zählt, vor allem wegen seiner Hepta- oder gar Dodekalogie »Ich bin Jude und du nicht«. Jetzt hat Biller in der *Zeit* einen Essay veröffentlicht, dessen Arbeitstitel lautete: »Deutschlands Autoren schaffen sich ab«. Biodeutsche Schriftsteller könnten aus rassischen oder sonstigen in ihrem kranken Volkscharakter wurzelnden Gründen einfach nicht und speziell keine Romane bzw. Belletristik schreiben, legt er feinsinnig dar, die deutsche Literatur habe noch etwas getaugt, als Juden sie erledigten, und sie würde heute zwar etwas weniger als damals, aber doch mehr als eben wie derzeit überhaupt nichts wert sein, wenn endlich und wenigstens die Migranten sich ihrer annehmen würden und die stumpfsinnig-böswilligen Nazi-Enkel nicht nur aus den schlechteren Stadtteilen, sondern auch aus den Verlagshäusern verdrängten. Er, Biller, Jude und irgendwie auch Migrant, figuriert gewissermaßen als der beide literarischen Epöchlein verleimende Archaeopteryx in der Ödnis schreibender, lesender, lektorierender und ohnehinniger teutonischer Minderwertigkeit.

Schon versichert Dietmar Dath, weder Jude noch Migrant, in der *FAZ* eilends, er lese doch gar keine deutschen und vor allem keine deutschen Gegenwartsautoren, er sei bloß einer. Natürlich liest Biller auch keine deutschen Gegenwartsautoren, sondern er ist bloß einer und schreibt vor allem wie einer, Jude hin, Migrant her; natürlich ist die deutsche Gegenwartsliteratur fast ausschließlich Schrott, was weniger am Volkscharakter als vielmehr am Liliputanerwesen dieser Republik bzw. dieses Zeitalters liegen mag, und den kongenialen Liliputaner Biller ärgert maßlos, dass das Publikum, so deutsch wie minderbemittelt, immerhin hinreichend kundig ist, nur in einer ungefähr den masochistischen Teil der *Zeit*-Abonnentenschaft umfassenden Zahl seine Blähzwergenprosa und stattdessen größtmehrheitlich anderen Schrott zu kaufen. – Hier endet die Geschichte, sie hat leider keine Pointe, und eigentlich müsste Daniil Charms sie aufschreiben. Oder, um einen Autor ins Spiel zu bringen, der dieses Niveau schon vor Jahrzehnten anstrebte, Julius Streicher.

22. Februar

Ein »Osteuropa-Experte« von der Uni Köln äußert im Fernsehen, dass die wünschenswerte Verwestlichung der Ukraine gewiss auch die prowestlichen Kräfte in Russland bestärken werde, womit der spät- bzw. restdeutsche Staatsmythos vom »langen Weg nach Westen« bzw. ins Heil seine längst fällige Osterweiterung erlebt, nachdem die Ostverschiebung deutscher Ideale 1941 ff. ja eher unglücklich verlief. Was aber bedeutet Verwestlichung für die Länder, die von diesem Phänomen beglückt bzw. heimgesucht werden? Nun, sie würden in den nächsten Jahrzehnten:

– fast alle nationalen Hoheitsrechte einbüßen;
– aber immerhin mehr westliche Waren importieren (dürfen bzw. müssen);
– (noch) weniger Nachwuchs zur Welt bringen;
– mehr Zuwanderer aus Afrika und dem Orient aufnehmen (müssen), die das mit den Geburten dann schon ausgleichen, weshalb sie selber anschließend noch weniger Kinder bekommen;
– als Folge daraus einen rapiden Zuwachs an Kriminalität und inländerfeindlicher Gewalt sowie die Invadierung von Teilen des Staatsgebietes durch kulturell und ethnisch Fremde hinzunehmen haben;
– aber auch einen Zuwachs an vor allem billigen Arbeitskräften verzeichen können;
– ihr Staatsgebiet womöglich als ein Territorium zu deklarieren haben, auf welchem für jeden Menschen der Erde dieselben unveräußerlichen Rechte gelten;
– ihre Kultur und Sprache sukzessive verlieren bzw. gegen eine »bereicherte« Version eintauschen;
– die Landesverteidigung aufgeben und sich sogenannten kollektiven Sicherheitssystemen unterwerfen;
– ihre Armee wenigstens teilweise in eine unter fremdem Kommando operierende Polizeitruppe verwandeln;
– traditionelle Familienstrukturen einer intendierten und staatlich geförderten Erosion anheimzustellen haben;
– ihre Religion(en) und Sitten dem Spott subventionierter Intellektueller aussetzen;
– die Männlichkeit und die Weiblichkeit als soziale Konstrukte verachten und sukzessive beseitigen lernen;

– ein permanentes Wachsen der Staatsausgaben und der Steuern hinnehmen müssen;
– sich ebenso permanent schuldig zu bekennen haben u. a. des Rassismus, Sexismus, der Dritte-Welt-Ausbeutung sowie der Unterdrückung im Zweifelsfall rasch aufzutreibender Minderheiten;
– aber auch Toleranzpreise ausloben und Lehrstühle für Gender Studies einrichten dürfen;
– sukzessive als Volk bzw. Nation zu existieren aufhören, um, bestenfalls, als heterogenes, unsicheres, tribalisiertes Wirtschaftsgebiet zu überleben, aus dem sich die Wirtschaft bei allzu großer Unsicherheit jederzeit verabschieden mag.

Als ultimative Belohnung dürfen sie zuletzt, vielleicht nach der Türkei, Syrien und dem Irak, Mitglieder der EU werden. Warum um alles in der Welt sollte so ein vernünftiges, aufgeklärtes und leidgeprüftes Land wie Russland das ablehnen?

25. Februar

Nahezu gleichzeitig erreichen mich erstens die Information eines kleinen rechtsintellektuellen Verlages, dass Amazon klammheimlich und ohne jede Begründung sämtliche aktuellen Bücher desselben aus dem Angebot genommen hat – keine Sorge, die Werke Lenins, Stalins und die Bekenntnisse der RAF-Veteranen kann man dort weiterhin beziehen (und immerhin, das ist gut so!) –, sowie zweitens der Brief eines aus der diskursiv sich permanent besinnenden deutschen Öffentlichkeit seit längerem exkommunizierten Professors, der sich darüber beschwert, dass in offiziellen und halboffiziellen (i. e. Medien-) Darstellungen der Reichskristallnacht im vergangenen Jahr entgegen der von ihm sauber dokumentierten Quellen, ja diese oft in ihr Gegenteil verkehrend, der Eindruck erweckt wurde, »die« Deutschen hätten weiland der Judenverfolgung freudig johlend ihre Zustimmung nicht versagt, aber keine hiesige Gazette sei bereit gewesen, seine Version abzudrucken. Und nochmals gleichzeitig erfahre ich nahezu unisono aus sämtlichen Medien, das neue Sarrazin-Buch sein ein (weiterer) Schmarr'n eines PR-geilen Querulanten, denn in der Bundesrepublik walte natürlich Meinungsfreiheit, was allein daran zu erkennen sei, dass einer wie Sarrazin publizieren und Talkshows besuchen dürfe.

Bei der Berliner Pressekonferenz, auf welcher der dissidente Sozi sein neues Werk präsentierte, wurde ihm genau dieser Vorwurf genüsslich unterbreitet, worauf der neben Sarrazin auf dem Podium sitzende Mainzer Medienprofessor Hans Kepplinger bemerkte, dass es darum gar nicht gehe, denn zwar sei Sarrazin durch seine Prominenz und seine hohen Auflagenzahlen in die kommode Situation versetzt worden, seine Ansichten medienverstärkt (und, wie ich mir anzumerken gestatte, medienverzerrt) unters Volk zu bringen, aber all die namenlosen anderen, die wie er dächten, besäßen diese Gelegenheit nicht (bzw. allenfalls im privaten Kreis), weil sie eine nicht ganz unbegründete Angst vor den Konsequenzen hätten. Schon kündigt irgendeine Toleranz-Kommission der EU an, dass Sarrazin zum Schweigen gebracht werden müsse, womit der Schulterschluss zwischen Brüssel und der Antifa hergestellt wäre, wie überhaupt innerhalb der Brüsseler Politbürokratie interessante Pläne zur toleranzfördernden Bevormundung und antirassistischen bzw. -sexistischen Lenkung der europäischen Presse zirkulieren. Wir gehen ersichtlich großen Zeiten entgegen.

26. Februar

Wenn sich nach den schüchternen ersten Anfängen bei Amazon nun Google auf die Seite des Menschheitsfortschritts stellte und alles, was rechts ist, einfach aus seinen Datenbeständen tilgte und auch die sozialen Schwätzwerke sich unsiono anschlössen, würden diese Gedankenverbrecher quasi nicht mehr existieren. Es gäbe sie einfach nicht! Das ist doch der Traum jedes warmherzigen Linken und jedes grundgütigen Fortschrittlers: das Böse sozial vernichten, ohne ihm dabei ein Haar krümmen und sich die Hände schmutzig machen zu müssen.

28. Februar

Es bleibt dabei: Wer sein Denken davon abhängig macht, ob ihm eventuell die Falschen zustimmen, kann es gleich ganz einstellen. Jede Seite ist die falsche.

8. März

Warum fällt im Zusammenhang mit der Krimkrise eigentlich nie das seitenverkehrte Stichwort »Monroe-Doktrin«? Und warum ist die – einstweilen angebliche – Destabilisierung der Ukraine durch Russland so viel ärger und die Springer-Presse spornender als die unbestrittene jahrzehntelange Destabilisierung diverser süd- und mittelamerikanischer Staaten durch die USA?

12. März

Richard-Strauss-Jahr, Fortsetzung. Zu den großen und wahrscheinlich unwiederbringlichen Verlusten der jüngeren Zeit gehört die musikalische Bildung. Obwohl der gesamte Planet von früh bis nachts in Musik gehüllt ist, kann kaum ein Mensch mehr Noten oder gar Partituren lesen, außerhalb vor allem konfuzianischer Teile Asiens scheint niemand mehr ein Instrument ernsthaft spielen können zu wollen, und auch der Gesang stirbt allmählich aus, weil überall das Radio oder der Player dudelt; sogar in *Bella Italia* singen die Bäcker und Handwerker nicht mehr bei der Arbeit und die Gondolieri allenfalls nach Aufforderung. Noch vor einem Jahrhundert beherrschte jeder Gebildete mindestens ein Instrument und las Noten so selbstverständlich wie Homer und Horaz jeweils im Original, besonders in Deutschland, dem musikalischen Herz des Planeten. Man hockte nicht vor Fernsehen oder Facebook, sondern trieb Hausmusik. *Tempi passati.*

Es hat nicht den Anschein, als werde kollektiv etwas vermisst, die meisten Menschen interessieren sich nicht für Musik beziehungsweise bedienen sich ihrer, wie sie sich der Nahverkehrsmittel oder Gaststätten bedienen. Immerhin, die von den Medien als beachtenswert eingestuften öffentlichen Darbietungen sogenannter ernster Werke sind vergleichsweise gut besucht, wobei sie zusehends ins Zirzensische abdriften; dort treffen und tummeln sich die Reste des bürgerlichen Kulturpublikums und ein paar interessierte Neulinge aus der Brave New Amüsierworld. Migranten aus gewissen Weltgegenden, die hier in den nächsten Jahren die Mehrheitsverhältnisse ändern werden, exkludieren sich mehrheitlich *per se* vom abendländischen Kulturbetrieb.

Es ist nicht nur in diesem Kontext rührend, wenn man den Brief über das humanistische Gymnasium liest, den Richard Strauss unmittelbar nach Kriegsende geschrieben hat (er brachte ähnliche Ideen bereits in seinen »Zeitgemäße(n) Glossen für Erziehung zur Musik« von 1933 zu Papier) und in dem er konkrete Vorschläge macht, wie man dem sich ausbreitenden musikalischen Analphabetentum im Gymnasialunterricht entgegenwirken könne. Ein paar Kilometer weiter östlich sollte übrigens ein gewisser Hanns Eisler vergleichbare Gedanken entwickeln, wenn auch mit anderer, politischer, den Kunstsinn der Arbeiterschaft so ehrenwert wie vergeblich in den Blick nehmender Tendenz.

Strauss empfiehlt die Preisgabe von ein paar Stunden Naturwissenschaften, die ohnehin Spezialistentum und den meisten zeitlebens nichts nutz seien; interessanterweise schlägt er überdies vor, die gymnasiale Bildung um Grundkenntnisse der Rechtslehre zu erweitern. Das sogenannte »kunstsinnige Publikum«, welches die Konzertsäle und Opernhäuser bevölkert, vergleicht Strauss mit einem »zehnjährigen Kind, dem man den *Wallenstein* in chinesischer Sprache vorführt«. Damit dürfte auch der durchschnittliche Opern- und Konzertbesucher der Gegenwart exakt charakterisiert sein, der nicht einmal mehr die Textbücher der Opern kennt, weshalb die Libretti über der Bühne eingeblendet werden, auf dass der Zuschauer das Orchester überhaupt nicht mehr zur Kenntnis nehme, regelbestätigende Ausnahmen vernachlässigt. Strauss sprach sich bei anderer Gelegenheit und wiederholt auch für einen besser beleuchteten Orchestergraben (und gegen den verdeckten zu Bayreuth) aus, damit das Publikum sich auf das Wesentliche, die Musiker und den Kapellmeister, konzentriere, statt den eher unwichtigen Geschehnissen auf der Bühne zu folgen, die man nach ca. der dritten Aufführung ja ohnehin kenne, während es in den Partituren der Großen auch nach 50 Aufführungen immer Neues zu entdecken gebe.

Wenn, so Strauss, in den sechs höheren Klassen in wöchentlich drei Stunden – »1 Stunde Theorie, 2 Stunden Klavier« – das Studium von Harmonielehre, Kontrapunkt, Satztechnik etc. brav betrieben werde, dann »werden zwei Drittel der Absolventen des humanistischen Gymnasiums in fünf bis zehn Jahren den Stamm eines Konzert- und Theaterpublikums bilden, dem einen *Tristan* vorzuspielen wirklich lohnt und das eine Schubertsche Sinfonie oder eine Fuge der *Jupiter-Sinfonie* mit dem gleichen Verständnis anhören wird, wie *Nathan den Weisen* oder die *Jungfrau von Orleans*.«

Noch einmal hundert Jahre, und die Menschen werden sich in den Opernhäusern und Musiksälen, wie auch immer die dann ausschauen mögen, umrauscht jedenfalls von den Klängen der vielleicht noch klassisch genannten Werke ungefähr vorkommen wie Touristen in ägyptischen Tempeln, die sie mit einem abgeklärten Staunen durchschreiten, deren irgendwie künstlerischen Wert sie durchaus anerkennen, aber deren Inschriften sie weder lesen können noch wirklich verstehen wollen.

13. März

Heideggers »Schwarze Hefte«, die von ihm selbst nicht veröffentlichten Aufzeichnungen der Jahre 1934 bis 1941, sind jetzt bei Klostermann erschienen, und das Feuilleton ist sich wie inzwischen meistens und überall auch hier wundersam einig, nämlich darüber, dass diese Notizen den Mann erledigen, mindestens final überführen, ein Nationalsozialist und Antisemit gewesen zu sein (diejenigen Journalisten, die überhaupt nichts von ihm gelesen haben, aber auch ein paar Zeilen dazu schreiben dürfen, fügen noch den »Rassisten« hinzu bzw. haben das Wort in ihren Schreibprogrammen automatisch drin).

Heidegger war ein Nationalsozialist und Antisemit? Himmler war ein Nationalsozialist und Antisemit. Goebbels war ein Nationalsozialist und Antisemit. Heydrich war ein Nationalsozialist und Antisemit. Diese Worte kann in Bezug auf den Denker im Grunde nur verwenden, wer Differenz nicht mehr erträgt. Sei's drum. Wenn in 500 Jahren noch Menschen Deutsch lernen sollten, dann vor allem wegen Heidegger (ferner, vermute ich, wegen Hölderlin, Kant, Nietzsche, eventuell Kleist und natürlich Richard Wagner). Es ist schon je nach Gusto ulkig oder ekelerregend, wenn Journalisten und Professoren fingieren, sie könnten über einen Kopf solchen Karats *de haut en bas* urteilen, weil sie nach neueren soziologischen Erkenntnissen sowieso auf du und du mit allen großen Köpfen und außerdem moralisch einen Sockel höher stünden; es wäre unerträglich auch dann, wenn der Besitzer dieses Kopfes kleine Kinder gegrillt hätte oder, schlimmer noch, Hitlers schöne Hände bewundert hat. Wenn meine Bibliothek brennen sollte, würde ich Prousts *Recherche* und *Sein und Zeit* retten.

Ich wollte vor einigen Jahren ein Stück schreiben, in dem unter anderen Heidegger und Hitler aufeinandertreffen, und habe deshalb Heidegger-Texte aus den fraglichen Jahren in gezielter, sozusagen journalistischer Suche nach NS-nahen oder wenigstens dorthin verdrehbaren »Stellen« gelesen. Vielleicht bin ich ja zu blöd, aber gefunden habe ich nichts. Die (wenigen) »schlimmen« Passagen aus den »Schwarzen Heften« brächten mich heute ein Weniges weiter, bestätigen aber andererseits die unüberbrückbare Kluft zwischen dem Denker und den Nazis. Es handelt sich, auf alle drei Bände gerechnet, eher um Marginalien; daraus einen »seinsgeschichtlichen Antisemitismus« zu konstruieren, wie es der Herausgeber Peter Trawny tut, halte ich für wenig mehr als ein zeitgemäßes Gegröle nach Aufmerksamkeit und Beförderung. Tatsächlich hat sich Heidegger noch weniger für das Judentum interessiert als Carl Schmitt, was den beleidigten Furor einiger der Verfolger erklären mag.

Und die Feststellung, was denn nun schon Antisemitismus sei und was noch nicht, ist ja bekanntlich eine nicht ganz so eindeutige Angelegenheit. »Sie wissen so gut wie ich, daß die Juden Christus gekeuzigt haben und es jederzeit wieder tun würden, die Juden allein auf der weiten Welt.« Ist dieser Satz antisemitisch? Im Original steht statt »die Juden« zweimal »wir«, und geschrieben hat diese Worte Franz Rosenzweig anno 1916 in einem Brief an Eugen Rosenstock-Huessy. Ist der Satz jetzt ein bisschen weniger antisemitisch? Wenn Heidegger sagt – bzw. gesagt haben soll, es handelt sich um eine Mitschrift und eines der raren Zitate zum Thema außerhalb der »Schwarzen Hefte« –, »den semitischen Nomaden« werde »die Natur unseres deutschen Raumes ... vielleicht überhaupt nie offenbar«, wertet das der heutige journalistische oder philosophieprofessorale Beobachter als antisemitische Aussage. Wenn ein Jude dies notiert hätte, sähe die Sache anders aus. Und im Kontext Heideggerschen Denkens erhält der Passus überdies einen ganz anderen Sinn als in den Fahnderaugen deutscher intellektueller Erkennungsdienstler. »Die Frage nach der Rolle des Weltjudentums ist keine rassische, sondern eine metaphysische Frage nach der Art von Menschentümlichkeit, die schlechthin ungebunden die Entwurzelung alles Seienden aus dem Sein als ›weltgeschichtliche‹ Aufgabe übernehmen kann«, heißt es in den »Schwarzen Heften«. Nimmt man das »Welt«

vor dem Judentum (und Heideggers Seinsbegriffe) weg, könnte
der Satz von Walther Rathenau oder von sonstwem stammen.
So riecht er nach Schwefel. Mehr aber auch nicht.

Heideggers lange unveröffentlichte Aufzeichnungen zeigen
indes etwas, das mir bei der Verwünschung derselben fahr-
lässig unterbelichtet und folglich ungepriesen bleibt (Jürgen
Kaube in der *FAZ* erwähnt wenigstens das explizit), nämlich
die Tatsache, dass der Philosoph in diesen Notaten im antisemitisch und völkisch *interpretierbaren* Sinne weiter geht als in
seinen zur gleichen Zeit veröffentlichten Texten. Selbst wenn
die Unterstellung stimmen sollte (auch die neuen Belege geben es meiner Ansicht nach nicht her, doch das führt hier
zu weit), dass der Seinsbegrübler aus Todtnauberg all das
Schlimme dachte, meinte und war, was man ihm heute an-
klebt: Er behielt es (seit 1934) für sich! In Hitlers Staat, wo
das Bekenntnis zum Judenhass geboten und karrieredienlich
war, schwieg er öffentlich – das ist, als wenn ein Stalinist in der
Sowjetunion der dreißiger Jahre seine Sympathie für Stalins
Bekämpfung der »Klassenfeinde« verheimlichte. Unterstellen
wir, er habe eine Aversion gegen das Judentum gehabt, so gab
er es immerhin nicht zu, als die Antisemiten an der Macht waren, sondern notierte es nur für den Privatgebrauch. Das erinnert mich an die Worte Rudolf Augsteins, sein Vater sei zwar
Antisemit gewesen, aber er habe 1933 sofort damit aufgehört.
Denn was könnte erbärmlicher sein, als sich der Meute anzu-
schließen?

Ich bin geneigt, wenigstens diesen Verhaltensmodus charak-
tervoll, ja beinahe sympathisch zu finden.

Später 13. März

»Ein Katholik, den das Schicksal der katholischen Kirche mit Besorgnis erfüllt, hat aufgehört, Katholik zu sein.«
Nicolás Gómez Dávila

14. März

Ich bin übrigens sehr dafür, dass man beharrlich der Vergangenheit gedenkt, vor allem der Malerei des 17. und der Literatur des 18. Jahrhunderts.

15. März

Jetzt soll sich also Valery Gergiev von seinem Landesvater Putin distanzieren, sofern er tatsächlich 2015 Chefdirigent der Münchner Philharmoniker werden will. Meint unter anderen Frau Büning von der *FAZ*. »Ist Gergiev für München noch tragbar?«, gibt die Dame die angeblich an der Isar »hochkochende« Frage wieder, nachdem der Dirigent die russische Krimpolitik gutgeheißen hat. Die Moskowiter trennen sich eben nicht so bereitwillig von russisch besiedelten und geostrategisch wichtigen Ländereien, wie die Deutschen es nach der großen Prügel zweier verlorener Kriege zunächst zähneknirschend taten und dann beflissen für vorbildlich erklärten. Als es noch die Sowjetunion gab, war man deren Staatskünstlern gegenüber hierzulande toleranter, und auch amerikanische Artisten bleiben durchweg unbehelligt von der Frage, ob sie sich nicht von ihrer Regierung distanzieren wollen, weil die USA in den vergangenen Jahren

Aggressionskriege gegen den Irak, Afghanistan und Libyen geführt haben, die Abertausende Zivilisten das Leben kosteten. Aber Putin als der diensttuende Feind der Menschheit und *One-world*-Verweigerer muss wenigstens rhetorisch – und, was Gergiev anbelangt, symbolisch – angegangen werden, wo er sich so erschütternd wenig um die angedrohten Sanktionen der nicht nur in seinen Augen machtpolitisch kaum satisfaktionsfähigen europäischen Moralprediger und Moresverleugner schert.

Ich vermute, dass der Dirigent als stolzer Russe eher auf den Job verzichten wird, als gegenüber Leuten klein beizugeben, die weder zwischen nationalen Interessen und frommen Wünschen noch zwischen Männern und Wichten zu unterscheiden wissen. Aber vielleicht gibt es in der süddeutschen Phäakenstadt ja hinreichend viele und vor allem einflussreiche Menschen, die unsere selektiven Tugendbolde zur Abwechslung daran erinnern, dass ein Musiker politisch meinen kann, was er will, solange er nur große Kunst abliefert.

16. März

Talleyrands Favoritin Catherine Grand war eine bildschöne Frau von imposanter Einfältigkeit, deren Dummheiten in der Pariser Gesellschaft ein beliebtes Unterhaltungsthema bildeten. Zum Beispiel verwechselte sie Vivant Denon, der ihr sein Buch über Napoleons Ägyptenfeldzug überreicht hatte, mit Daniel Defoe, dessen *Robinson Crusoe* zufällig zugleich auf ihrem Tisch lag, und fragte Denon bei der nächsten Assemblée, warum er denn seinen Freitag nicht mitgebracht habe. Talleyrand heiratete sie schließlich. »Man muss«, sagte er, »der Geliebte von

Madame de Staël gewesen sein, um das ganze Vergnügen auszukosten, der Geliebte einer Törin zu sein.«

18. März

Gestern griff ich wieder zu einem meiner Lieblingsbücher: Der Privatgelehrte Ulrich Erckenbrecht, der jenseits von Amazon und Buchhandel seit vielen Jahren seinen Selbstverlag (Muriverlag Kassel) betreibt, ein Chopin- und Shakespeare-Liebhaber, hat dort das 66. Sonett des Engländers in weit über hundert deutschen Übersetzungen veröffentlicht und es selber allein fünfzehnmal ins Deutsche übertragen, woraus man unter anderem entnehmen darf, dass es unter uns immer wieder von den Grazien geleitete Zeitgenossen gibt, die ihre Tage mit schönen und sinnvollen Beschäftigungen verbringen. Besagtes Sonett – »Tired with all these, for restful death I cry« –, dieses Lieblingsopus der Nichteinverstandenen, vom alltäglichen Opportunismus Angewiderten, findet in jeder Zeit seine Adressaten und Anlässe, und wenn auch die textnaheste und brillanteste Nachdichtung von George stammt, will ich hier die von Günter Zehm zitieren, weil sie meinem Augenblickbefinden am besten entspricht:

> Müd alles dessen, sehn ich mich nach Tod,
> So wenn Verdienst geht unterm Bettlerhut
> Und pures Nichts in herrscherlichem Rot
> Und frömmster Glaube hohnvoll ausgebuht
> Und wichtigste Ämter schändlich mißverwandt
> Und Mädchenehre grell als Witz belacht
> Und große Tat in Bosheit umbenannt
> Und Macht per Impotenz auf Null gebracht

Und Kunst vom Zeitgeist elend eingeschnürt
Und Wissenschaft ein einziges Narrenschrein
Und schlichter Fakt als Dummheit denunziert
Und Sklave Gut in Hand von Käptn Schwein ...
    Des allen müd, wünsch ich, weit wegzugehn.
    Doch wer wird dann nach meiner Liebe sehn?

Sehr weit davon entfernt, aber irgendwie sympathisch übrigens
die Version auf »Kanakisch« von einem Autor, der sich Kerim
Köstbeck nennt:

Tot will isch sein, weg von was stinkt hier so.
Sossialamt sitztu rum wie Bettla, Lan,
Und gibt kein Spas wo lachen, is blos Show,
Und wenn du ein vatraust, der scheist disch an,
Und was is Arsch, kriekt Orden angesteckt,
Und Kindaficka sitzen nischt in Haft,
Und alles, was is falsch, jetz heißt ›korrekt‹.
Und is wie Bein in Gips und weggeht Kraft,
Und Werbung sagt dir vor, was schön sein soll,
Und Lehra gar nix weiss, gibt Untariascht,
Und wer wo sprischt blos gans normal, heißt ›Proll‹,
Und machen, was Idiot dir sagt, is Pflischt.
    Weg will isch, aba geht nisch. Bin isch Schwein?
    Lass isch hier doch mein Freundin nischt allein.

20. März

Wie konnte ich bloß vergessen, dass »Shakespeare« gar nicht
Shakespeare war, und ohne diesen Hinweis eines seiner

Sonette zitieren! Prompt weisen mich zwei »Anti-Stratfordians« – »Stratfordians« werden die konservativen Literaturwissenschaftler wegen ihres Festhaltens an dem Mann aus
Stratford genannt – auf mein Versäumnis hin. Der eine vertritt die These, Edward de Vere, der 17. Earl of Oxford, sei der
tatsächliche Autor der genialen Theaterstücke und Gedichte
gewesen, ein anderer favorisiert den Dichter Christopher
Marlowe als »wahren Shakespeare« und fügt hinzu, meine kurze Interpretation von Sonett 66 als »Lieblingsopus der
Nichteinverstandenen und vom alltäglichen Opportunismus
Angewiderten« sei zwangsläufig falsch, weil ich eben »keine
wirkliche Vorstellung vom autobiographischen Hintergrund
dieses Textes und vom wahren Autor und Sonettschreiber« hätte, denn in diesem Gedicht werde die »tragische autobiographi-
sche Situation sichtbar, aus der heraus es entstanden ist«.

Nun, letzteres ist eine Binse. Eine weitere Binse ist indes,
dass jeder Text bei der Veröffentlichung den Autor und dessen Intentionen verlässt wie der Pfeil die Sehne. In besonderem
Maße gilt das für Werke der Lyrik, des subjektivsten aller Genres.
Was er im Gedicht findet, entscheidet letztlich der Leser; kein
Gedicht überlebte sonst die Jahrhunderte. Freilich: Sonett 66 als
ein Werk des Nichteinverstanden- und Angewidertseins zu interpretieren läuft angesichts der Eindeutigkeit seiner Aussagen
wohl eher auf eine Trivialität hinaus. Geschenkt.

Aber wer war nun der wahre Herr Schüttelspeer? Das
Absonderliche am Lebensweg des historischen Shakespeare
ist, dass man quasi nichts von ihm weiß. Trotz einer Jahr-
hundertsuche nach Briefen oder Tagebuchnotizen von der
Hand des Barden hat die Forschung nur dürre Materialien
über sein Leben auftreiben können. Zwar lässt sich die Vita
des Provinzmenschen umrisshaft bis zu seinem Tod anno

1616 verfolgen, doch bestürzenderweise schweigt sogar das erhaltene Testament von jenem Ruhm, den das Werk mit der Autorenangabe »Shakespeare« zweifellos schon damals besaß. Sollte allen Ernstes ein »Landlümmel aus dem Drecknest Stratford« (Alfred Kerr) Verfasser der Königsdramen sein? Sollte wirklich ein Handschuhmachersohn, von dem nicht einmal belegt ist, dass er lesen und schreiben konnte, *Hamlet* und *King Lear* ersonnen haben?

Tatsache ist: Am 26. April 1564 wurde in Stratford-upon-Avon ein Erdenbürger auf den Namen »Gulielmus filius Iohannes Shakspere« getauft. 18 Jahre später heiratet er eine gewisse Anne Hathaway, später ist urkundlich von Kindern, diversen Grundstückskäufen und geschäftlichen Transaktionen die Rede – 1598 verkauft er in Stratford zum Beispiel eine Ladung Steine oder wird dort als Besitzer von Korn und Malz registriert. Dass diese prosaische Figur zugleich jener weltmännische Poet sein sollte, dem schon 1594 die Autorschaft an einem galanten Epos namens *Lucrece* attestiert wurde, wollten viele Schöngeister einfach nicht glauben. Gut, Schauspieler in London mochte der Mann aus Stratford allenfalls noch gewesen sein. Aber die Dichtungen, die auf so unerhörte Weise das Wissen der ganzen Epoche subsumieren – die muss doch bitteschön ein anderer geschrieben haben, ein edlerer, ein interessanterer, womöglich sogar aristokratischer Mensch, mit Zugang zur höchsten Bildung und zu den Zirkeln der Macht, ein Superhamlet gewissermaßen.

Und so gruben die »Anti-Stratfordians« einen »Original«-Shakespeare nach dem anderen aus. Knapp 60 Personen wurden im Lauf der Zeit als Kandidaten gehandelt, neben de Vere und Marlowe sind der Philosoph Francis Bacon sowie, meine Lieblingsversion, Queen Elizabeth I. die prominentesten. Nur ein gebildeter Adliger, keinesfalls aber ein Handwerkersohn vom Lande, argumentiert etwa die de-Vere-Fraktion, sei in der Lage gewesen, das vor Anspielungen auf alle möglichen Wissensgebiete nur so strotzende Werk zu verfassen. Der Autor müsse die gesamte antike Literatur gekannt haben, bibelfest und in allen möglichen Künsten bewandert gewesen sein. Er müsse über historische und geographische Kenntnisse verfügt haben und in der Lage gewesen sein, Regierungsgeschäfte zu beurteilen – ein Argument, das schon Otto von Bismarck an einem nichtadligen »Shakespeare« zweifeln ließ. Nach dieser Logik freilich müsste Homer geradezu ein Gott gewesen sein; niemand kannte sich schließlich besser auf dem Olymp aus als der Verfasser der *Ilias.*

Das ist alles sehr amüsant, auch interessant, jedoch recht müßig, weil mit einer Klärung der Angelegenheit nimmermehr zu rechnen ist. Wer sich aber lange Zeit im bloß Spekulativen bewegt, wird dabei immer monomanischer, närrischer und zugleich frustrierter, weil die blöde Welt seine Spekulationen nicht teilt oder goutiert. Ich meinesteils werde mich für die Frage nach dem »wahren« Shakespeare so wenig interessieren wie beispielsweise für die Umstände der Ermordung – hui, sehen Sie, ich meine: des Todes – von Uwe Barschel, zum einen, weil es mir völlig egal ist, wer dieses kostbare und einzigartige Werk geschaffen hat, denn es würde ja durch eine Änderung des Autorennamens keinen Deut weniger kostbar und einzigartig, zum anderen aus Gründen der Lebenszeit und ihrer halbwegs rationalen Verwendung, und, *last but not least,* weil ich keineswegs die Absicht habe, vor der Zeit und aus falschem Anlass verrückt zu werden.

23. März

Ein Bekannter trägt die These vor, dass es vollkommen ausrei-
chend wäre, wenn in Deutschland nur drei Parteien existierten:
CDU, AfD, Linke, und je mehr ich darüber nachdenke, desto
einleuchtender erscheint mir der Vorschlag.

25. März

Gestern ein wunderlicher Klavierabend mit Valentina Lisitsa
im Prinzregententheater. Man kennt die Dame von ihren zahl-
losen Youtube-Videos, wo sie die gesamte Klavierliteratur und
bevorzugt die schwierigen Sachen fröhlich herunterrattert,
technisch hochklassig, zuweilen nur einige die B-Note betref-
fende Wünsche offenlassend. Ihre Online-Auftritte machten
sie so bekannt, dass sie inzwischen konzertiert – also genau
der umgekehrte Weg wie üblich –, und quasi als Erinnerung
an die Unkonventionalität ihres Aufstiegs zum relativen Ruhm
darf sich die Zuhörerschaft an der Auswahl der dargebote-
nen Stücke beteiligen. Was sich heuer so gestaltete, dass Frau
Lisitsa drei Programmblöcke zur Wahl stellte, das Publikum
vor dem Konzert per Stimmzettel wie gewünscht zwei davon
auswählte – und die Künstlerin dann doch alle drei spielte.

Das Programm war schlechterdings verrückt: Bachs
»Chaconne«, Beethovens »Pathétique« und »Sturm«-Sonate,
als zwischenzeitliche Erholung ein paar Stücke von Michael
Nyman, nach der Pause die h-Moll-Sonate von Liszt sowie
dreizehn Chopin-Etüden (wenn ich richtig gezählt habe, jedenfalls waren mit Ausnahme von op. 10 Nr. 2 sämtliche
Kracher dabei), und hätte das Auditorium nicht durch Abwan-

derung der ersten Erschöpften, die wohl auch noch ihre Bahn bekommen wollten, signalisiert, dass drei Stunden genug seien und das Eintrittsgeld künstlerisch vollauf beglichen, sie hätte nicht nur alle 24 Etüden dargeboten, sondern säße wohl immer noch da und spielte jetzt vermutlich gerade Godowsky oder Alkan. So aber erkundigte sich die Überfidele mitten im Chopin beim Publikum, wie spät es sei, und machte nach Standing Ovations und zwei Zugaben Schluss, zumal ja noch eine Signierstunde anstand.

Als wir unmittelbar nach dem Konzert hinter der Bühne zum Gratulieren bei ihr vorsprachen, wirkte sie eher so, als begänne ihr Auftritt gerade erst. Es war eine erstaunliche Darbietung pianistischen Athletentums. Kein anderer sogenannter Star-Pianist würde sich dergleichen antun – und die als führend gehandelten Damen des Gewerbes wie Khatia Buniatishvili, Hélène Grimaud, Alice Sara Ott und wohl auch Yuja Wang wären heillos überfordert. Ich fühlte mich an Berichte über die Auftritte von Anton Rubinstein erinnert, der auch Programme von drei Stunden dargeboten haben soll und einmal Chopins b-Moll-Sonate als erste, Mendelssohns »Sieben Charakterstücke« als zweite Zugabe offerierte. Allerdings spielte man damals noch mit Noten.

26. März

»Eine Familie ohne Ikone in der Ecke, ohne Penaten am Herd, ohne Koran über dem Eingang ist nichts anderes als schreckliche Prosa.«
Konstantin Leontjew

29. März

Von den wenigen Kompositionen Adornos wurden zu dessen Lebzeiten nur die »Sechs kurzen Orchesterstücke« op. 4 gedruckt. Und zwar nicht bei Schott in Mainz oder in der Wiener Universal Edition, die für dergleichen wohl kein Geld übrig hatten, sondern bei Ricordi in Mailand, dem Verlag Rossinis, Verdis und Puccinis. Diese Tatsache entbehrt, wie man sagt, nicht einer gewissen Komik.

30. März

In der DDR selig lief die Sache so, dass jeden Nachmittag das Presseamt in den Redaktionen der Zeitungen anrief und den Genossen Journalisten vorgab, mit welchem Thema, welchen Fotos, in welcher Spaltenbreite und mit welchen Schlagzeilen die Zeitungen »aufzumachen« und womit sie ihre politischen Seiten des weiteren zu gestalten hatten. Die dazu passenden Kommentare lieferte die staatliche Nachrichtenagentur ADN sicherheitshalber auch gleich selber. In der Bundesrepublik sind die Medien bekanntlich frei, was den durchschnittlichen Journalisten Tag für Tag vor das schwerwiegende Problem stellen würde, wie er Themen zu gewichten und mit welcher Tendenz er sie zu kommentieren habe, weil er immer nur meinen kann, was andere auch meinen, und sogar seine Entrüstung üblicherweise aus zweiter Hand bezieht. Als Wegweiser aus diesem Dilemma existieren sogenannte Leitmedien, so etwas wie Leitplanken, an denen sich der mediokre Journalist orientieren darf, möchte, ja muss und die er, wenn's ungefährlich ist, sogar zuweilen couragiert links zu touchieren wagt.

Woher beziehen aber nun diese Leitmedien ihre Richtlinien? Gibt es informelle Treffen, exzellent funktionierende Verbindungen, politische Klüngel, in denen ausgehandelt wird, dass am Ende die veröffentlichte Meinung über den staatsreligiösen »Kampf gegen rechts« hinaus so uniform ist, wie sie ist? Auf welche Weise geschieht es, dass wie auf Zauberwink oder eben Presseamtsbefehl regelmäßig alle Medien zu welchem Thema auch immer tendenziell dasselbe schreiben? Sei es über Putins Schreckensregime oder über das nahezu gleich schreckliche Fukushima (wo es ja nur einen Toten weniger gab als auf der Krim, nämlich keinen), über die nahende Klimakatastrophe und teuflisches Kohlendioxid, über schlechter bezahlte (stimmt zwar nicht, aber 24 Prozent!) und überall benachteiligte Frauen, denen die Gesellschaft mit »positiver Diskriminierung« von Männern zu helfen hat, über »Jugendliche« garantiert ohne Herkunft, die anderen auf den Kopf treten, über Rassisten, die an so etwas wie Herkunft auch nur denken, und Nazis, die »Heimat« dazu sagen, über trendige Regenbogenfamilien und peinliche Hausfrauen, über die ins Mittelalter gehörende katholische Kirche und den zu Deutschland gehörenden Islam, über die tollen, charmanten, innovativen, weltoffenen Grünen und die hinterwäldlerischen, peinlichen, dumpfen Rechtspopulisten von der AfD, über die »gruppenbezogene Menschenfeinlichkeit« der »extremistischen Mitte«, über homophobe Heteronormati... – brechen wir hier ab. Vielleicht haben sie ja unisono recht!

Momentan folgen sie allesamt dem Wink, Bücher wie die von Sarrazin oder das neue von Akif Pirinçci als wutspießergrolltriefende »Das wird man ja wohl noch sagen dürfen«-Literatur zu verspotten – diese Formulierung taucht auf einmal gehäuft auf – und den solchen Dunkelmännerpamphleten gezollten Applaus von Menschen, die alltäglich unter leitmedial beschwiegenen Problemen leiden, als rassistisch und »rechts« zu diskreditieren. – Wie, um die Frage zu repetieren, kommt dieser Chorgesang zustande? Wer bestimmt die Tonart? Wer gibt den Einsatz? Wer schlägt den Takt?

Ich vermute, dass es nur ein paar hundert Menschen sind, die hierzulande die öffentliche Meinung machen: Journalisten, Verleger, Parteipolitiker, Wirtschaftslobbyisten, Verbandsfunktionäre und Professoren, also tatsächlich Klüngel, und zwar nicht nur Paul Sethes bekannter Sottise folgend, Pressefreiheit sei die Freiheit von zweihundert reichen Leuten, ihre Meinung zu verbreiten, sondern im direkten Sinne einer Produktion und Selektion von medial zu verbreitenden und damit für zulässig erklärten Ansichten. (Die von Sethe genannten Reichen finanzieren das Prozedere gemeinhin nur und geben da und dort die Richtung vor; man darf ja nicht vergessen, dass kein privater Medienbesitzer auch nur annähernd über solche Ressourcen verfügt wie die zwangsabgabefinanzierten öffentlich-rechtlichen Anstalten.)

Gewiss, über bestimmte außenpolitische Fragen werden die publizierenden Herrschaften auf transatlantischem Wege eingenordet, aber wie ein bloßes Zeitgeistphänomen innerdeutscher Relevanz zu behandeln ist, entscheiden letztlich eine Handvoll Journalisten und ihre Einflüsterer. Wie sie dazu kommen und warum sie es tun, weiß ich nicht, und ebenso unklar ist mir, weshalb sie überhaupt meinen, sie sollten etwas meinen und damit fingieren, es sei an ihnen, der Nation bzw. Bevölkerung den Weg zu weisen, statt sie einfach nur zu informieren – vielleicht können sie nichts anderes, und sie müssen schließlich irgendwie ihr Geld und ihre Reputation erschleichen. An diesen paar Hanseln mit schwer durchschaubaren, aber wahrscheinlich erschütternd trivialen Motiven orientieren sich wiederum zunächst die Streber, sodann die Mitschwimmer in den jeweiligen Redaktionen. Der Rest nimmt den medial produzierten – bzw. reproduzierten – Zeitgeist mit einem Organ wahr, welches der Seitenlinie der Sardine gleicht und beim Deutschen besonders ausgeprägt zu sein scheint.

Allerdings ist Schwarmzugehörigkeit unter vernunftbegabten Kreaturen eine tägliche Entscheidung, und das gelegentliche Überfliegen der Leserkommentare unter den Einlassungen der Meinungsvorturner aus den Leitmedien, nicht nur den Fall Putin betreffend, erweckt den Eindruck, dass der Schwarm derer, die sich von den besagten Klüngeln mal dahin, mal dorthin und jedenfalls regelmäßig in die Irre dirigieren lassen, tagtäglich kleiner wird.

31. März

»In diesem verfluchten Land gibt es nichts als Amerikaner, die überall ihr ewiges ›Geschäft, Geschäft‹ betreiben«, schreibt Sergej Rachmaninow am 28. November 1908 aus New York. »Alle Leute sind nett und freundlich zu mir, aber es langweilt mich alles entsetzlich, und ich habe das Gefühl, dass mein Charakter hier ganz verdorben wird.«

1. April

Der dieswöchige *Spiegel* handelt von der »Modetugend« Konsumverzicht. Was leider in der Titelgeschichte fehlt, ist eine Betrachtung der Frage, woher das zwanghafte kollektive

Konsumieren, die Stillung immer neuer, noch kurz zuvor un-
geahnter Bedürfnisse eigentlich rührt. »Künstlich die Triebe
zu wecken, um sich an ihrer Befriedigung zu bereichern, ist das
unverzeihliche Verbrechen des Kapitalismus«, schreibt Gómez
Dávila. Aber ist es wirklich der Kapitalismus? Oder steckt noch
etwas Tieferes, Biologisches dahinter? Das Paarungsverhalten
vielleicht? Hat die wirtschaftliche Unterentwickeltheit der
muslimischen Welt nicht mit der aus der Öffentlichkeit fernge-
haltenen, der Freiheit der Partnerwahl beraubten Frau zu tun?
Und der wirtschaftliche Erfolg des Westens, ob Pyrrhussieg
oder nicht, mit dem ewig angestachelten und ins Produktive
kanalisierten Konkurrenzkampf der Männer um die Frauen?
Andersherum gefragt: Ist nicht das Märchen vom Fischer und
seiner Frau der Basistext allen westlichen Wirtschaftens? Und
wiederum auf den *Spiegel*-Titel bezogen: Ist nicht die Frau die
eigentliche Anstifterin und Hauptursache jeglichen Konsums?
Die, auch nachdem der Mann sie »errungen« (Schiller) hat, immer mehr will?

　　Am individuellen Kaufverhalten lässt sich das mühelos nachweisen, und auch in Partnerschaften ist in der Regel sie diejeni-
ge, die den Konsum forciert, weil sie das Heim vergrößern und
verschönern, den Nachbarn oder die Freundin ausstechen will
und den Mann triezt, er solle mehr Kapital für die Stillung ihrer
tatsächlich unersättlichen Wünsche herbeischaffen, während er
doch lieber faul herumläge und Bier tränke. So sind denn die
Konsumverzichtsbeispiele des Magazins samt den dort zitier-
ten sogenannten Vordenkern des aus meiner Sicht durchaus
löblichen Trends mit einer Ausnahme Männer.

　　Donnerwetter, sollte der Mann als solcher am Ende nicht
allein-, ja nicht einmal hauptverantwortlich für die industriel-
le Verhässlichung und Ausplünderung des Planeten sein? Aber

dergleichen Erwägungen wären im Zusammenhang mit der
Verkündung alt-neuer Tugenden vermutlich *frauenfeindlich*.

PS: Ein Leser moniert, dass Männer auch ohne weiblichen
Einfluss und ohne die Absicht, die Gevatterinnen zu beein-
drucken, konsumierten, besonders und logischerweise die
Schwulen, die ein sehr exklusives Segment des Konsums darstellten. Klar, deren Verhalten »am Markt« gleicht dem der
sogenannten Dinks (*double income no kids*), sie geben viel für
Luxus und Kultur aus, natürlich nicht wegen irgendwelcher
Damen, aber um des Eros willen am Ende wohl doch. Es bleibt
freilich ein Randphänomen. Ich wollte mit meinem knap-
pen Hinweis auf die Frau als Konsumanstifterin und eigentliche Konsumentin nicht gleich die Welt erklären, sondern nur
eben eine Andeutung machen; dass Männer selber und zuweilen eher brunftfern Geld ausgeben können, ist mir geläufig, dass
sie winters Mäntel primär tragen, um nicht zu frieren, und essen, um nicht zu verhungern, bleibt meinerseits unbestritten,
aber ihr »demonstrativer Konsum« (Thorstein Veblen) fände, des bin ich mir sicher, ohne den Kampf um die Weibchen
(und bei ein paar Prozent: die Gegen-Männchen) nicht statt,
wie viele Männer eben auch ihren Arbeitsaufwand penibler
mit dem Erfolg verrechneten, wenn die weibliche oder erotische Trophäe nicht winkte. Und dass in den meisten Familien
bzw. Partnerschaften sie bestimmt, was angeschafft wird, ist gewissermaßen gefühlte Empirie und entspringt zugleich meiner
nachgerade intimen Kenntnis der maskulinen Primatenseele.

Man darf neugierig darauf sein, wie sich die Dinge bei immer weiter zunehmender weiblicher Berufstätigkeit entwickeln, sofern die allzu berufstätigen Weibchen nicht einfach
sukzessive aussterben. Es stammen ja (noch) fast alle Patente,
Entdeckungen, Denkleistungen und bedeutenden Kunstwerke

von Männern (so wie einstweilen sämtliche Kinder von
Frauen), vollbracht unter anderem oder hauptsächlich, um sich
vor den Mädels zu spreizen – oder, wie der Evolutionsbiologe
sagen würde, sich durch Differenzgewinn Paarungsvorteile zu
verschaffen. Camille Paglia hat geschrieben, dass die Frauen
heute noch in Schilfhütten leben würden, hätten die Männer
nicht Häuser für sie gebaut; womöglich wird auch umgekehrt ein Schuh daraus, nämlich dahingehend, dass die meisten Männer heute noch in Schilfhütten leben würden ohne
die Existenz begehrenswerter Frauen (wir klammern in diesem
Bild den Schutz vor Kälte, wilden Tieren etc. aus). Aber solche
Erwägungen sind müßig; das Dasein funktioniert eben nur im
preiswürdigen, unser kurzes Verweilen auf diesem wundersa-
men Planeten erst lebenswert machenden Zusammenspiel beider Geschlechter.

2. April

Es war einmal ein Kontinent, der zum Klingen gebracht werden
wollte. Wer sich zuerst dort niederließ, ist nach Jahrtausenden
nicht mehr genau rekonstruierbar, aber er wurde schon sehr
früh, wenngleich nur spärlich, besiedelt. Von diesen Pionieren
besitzen wir nur dürftige Kenntnisse, einer der bedeutendsten soll Orpheus geheißen haben. Die Gründer der ersten
Städte hießen Palestrina, Monteverdi, Frescobaldi. Nach ihnen kam ein Gigant namens Bach und nahm ein riesiges Areal
in Besitz. In seiner Nähe siedelten Couperin, Rameau und
Händel. Es folgten Mozart und Beethoven mit gewaltigen
Landnahmen fast Bachschen Ausmaßes, sodann Schubert,
Liszt und Chopin, Brahms und Tschaikowski. Mussorgski riss

einen Urwald an sich und Wagner ein Gebirge, Mahler und Bruckner ließen sich an gewaltigen Strömen nieder, es erschienen Debussy, Ravel, Strauss, Verdi, Puccini, Schönberg, Berg, Strawinsky, Janáček, Bartók und andere, wobei immer wieder Gebietsüberschneidungen und Grenzkonflikte entstanden, auch mit den Reichen der Vorgänger, und schließlich waren nur noch kleine, unwirtliche Landstriche in Steppe und Wüste frei, die von Männern wie Ligeti oder Henze besiedelt wurden. Auch manche Fata Morgana wurde dort gesichtet, einer gab man den Namen Stockhausen. Eines Tages war kein weißer Fleck auf dem Kontinent mehr übrig. Seine Eroberung war beendet. Es gab zwar immer noch Neuankömmlinge, aber sie mussten auf längst entdecktem und bewirtschaftetem Land siedeln. Sie gehören nicht mehr zur Geschichte, sondern bereits zur Nachgeschichte des wahrscheinlich schönsten Kontinents aller Welten.

3. April

Während in der *Zeit* die deutsche Vergangenheitsbewältigung endlich ins Multikulturelle abschwirrt – der Literaturchef, ein Halbnigerianer, vergleicht den deutsch-türkischen Autor Akif Pirinçci mit Hitler – schreit im *ZDF-Mittagsmagazin* der Aufnahmeleiter der Moderatorin, die Pirinçci live interviewt, »Abwürgen! Abwürgen!« in den Ohrstecker, als der fidele Deutschtürke die deutsche Politik »grün-rot versifft« und die Grünen eine »Kindersexpartei« nennt, die »dieses Land kaputtgemacht« habe. Die Sternstunde des öffentlich-rechtlichen Rundfunks endet mit Pirinçcis Bekenntnis: »Ich möchte mein altes Deutschland wiederhaben. Ein Deutschland, wo ich mich nicht wie im Orient fühle.«

Der historische Auftritt verschwindet prompt aus der ZDF-Mediathek, wird kurz darauf indes, offenbar aufgrund massiver Zuseherproteste, in etwas »bereinigter« Form wieder online gestellt. Pirinçcis Buch *Deutschland von Sinnen. Der irre Kult um Frauen, Homosexuelle und Zuwanderer* steht bei Amazon seit Erscheinen auf Platz eins. In den Verkaufszahlen, den wütenden Reaktionen der etablierten Medien und den Leserkommentaren spiegelt sich dasselbe Phänomen, das schon im Fall von Thilo Sarrazin zu beobachten war: Durch die deutsche Gesellschaft geht ein Riss. Die veröffentlichte Meinung deckt sich immer weniger mit der öffentlichen.

Das Außergewöhnliche an Pirinçcis Buch ist, neben der Herkunft des Autors, sein Ton. Es handelt sich um einen teils gossenhaften, teils grandiosen Wutausbruch, eine Art Amoklauf des gesunden Menschenverstandes. Die Sprache ist ordinär, oft räudig und kraftmeierisch bis zum Kindischen. Aber verglichen mit dem, was sich der deutsche Otto-Normal-Bruttosozialprodukterwirtschafter seit Jahren von den Wortführern dieses Landes über seinen Nationalismus, Rassismus, Sexismus, seine Homophobie, Ausländerfeindlichkeit, latente Nazinähe usf. anhören muss, handelt es sich um ein geradezu ausgewogenes, moderates, feinsinniges Werk. Probe: »Alles, was dieses Land den Bach runtergehen lässt, die unkontrollierte Zuwanderung von uns ewig auf der Tasche liegenden Analphabetenhorden, der physikalisch unmögliche Erneuerbare-Energien-Schwachsinn, unsere Ausbeutung und Versklavung durch irgendwelche Faulenzer-Länder über ein demokratisch nicht legitimiertes Bürokratiemonster namens EU, die Zerstörung der Familie durch Lockangebote an die Labilen, die ihre Lebenspartner so selbstverständlich wie ihre Unterhosen wechseln sollen, die Aufrechterhaltung ei-

nes grün-links-versifften Acht-Milliarden-Desinformations-
Molochs mit dem irreführenden Namen ›Öffentlich-recht-
licher Rundfunk‹«, so Pirinçci, rühre einzig daher, »dass wir
am Ende sowieso für die ganze Scheiße zahlen«.

Wieder wird ein gewisses Milieu unruhig, weil nach Sarrazin
der nächste verwerfliche Autor an die Spitze der Verkaufslisten
klettert und den sogenannten »Extremismus der Mitte« befeuert. – Sollte es irgendwann zu einer Art deutscher *Tea-
Party*-Bewegung kommen, darf man den Menschen deswegen
nicht allzu sehr grollen; man richte vielmehr seinen Blick beharrlich auf die Verantwortlichen in den Redaktionsstuben,
Universitäten und Abgeordnetenbüros und erinnere sie ebenso
beharrlich an ihre Urheberschaft. Es kann nicht ewig gutgehen,
auf Kosten anderer seinen guten Willen zu bekunden.

Späterer 3. April

»Einen Koffer mit Kleidern und Wäsche in den Händen,
mit einem unerschütterlichen Willen im Herzen, fuhr ich
nach Wien« (Hitler). »Wir sind nur mit einem Pappkoffer
in der Hand nach Deutschland eingewandert« (Pirinçci).
»Gerade die Angehörigen unserer sogenannten Intelligenz
sind am schwersten zu einer wirklich klaren und logischen
Vertretung ihrer Interessen und der Interessen ihres Volkes
nach außen zu bewegen. Sie sind nicht nur belastet mit einem förmlichen Bleigewicht unsinnigster Vorstellungen und
Voreingenommenheiten, sondern haben zu allem Überfluß außerdem noch jeden gesunden Trieb zur Selbsterhaltung verloren
und aufgegeben« (*Mein Kampf*). »Der deutsche Intellektuelle
der Gegenwart ist von Natur aus dumm, weil er in einer abge-

schotteten Welt mit seinesgleichen lebt, in einem wohlbehüteten Milieu mit Holzdielenböden und Stuck an der Decke, jedes Jahr zur Frankfurter Buchmesse fährt und meist keine Kinder hat. Deshalb haben die Vaterlandsverräter – ich weiß, ein altmodisches Wort, das heute nur noch Rechtsradikale benutzen, aber das ist mir kackegel – ein leichtes Spiel mit ihm. Er gleicht dem Wirt, dessen Verhalten von Parasiten gesteuert wird.« (*Deutschland von Sinnen*). – Adolf und Akif: Ausländer in Deutschland.

4. April

Ein besonders krasser Fall »gruppenbezogener Menschenfeindlichkeit« ist der »Kampf gegen rechts«.

5. April

Hugo von Hofmannsthal hatte die geniale Eingebung, in seiner Erzählung oder besser seinem Mysterienspiel *Die Frau ohne Schatten* ungeborene Kinder auftreten zu lassen, die in einer Anderswelt ihren potentiellen Eltern begegnen. »Wir bestellen nichts, wir verkünden nichts. Daß wir uns zeigen, ist alles, was uns gewährt ist«, sprechen die kindlichen Schemen. Hier ist nicht der Ort, das unendliche Zartgefühl des Dichters bei der Verwirklichung dieser Szenen zu rühmen, sondern es soll nur der verstörende Gedanke im Raum stehen, man könne einen phantastischen Ort betreten, an welchem man seinen ungeborenen, seinen niegeborenen Nachkommen begegnet. Das muss man erfühlen, darüber muss man meditieren…

In Richard Strauss' gleichnamiger Oper, deren Libretto der Erzählung vorausging, singen die Ungeborenen sogar – meines Wissens ein singulärer Fall in der abendländischen Musik, wenn nicht aller Kunst (»Mutter, Mutter, laß uns nach Hause! / Die Tür ist verriegelt, wir finden nicht ein, / wir sind im Dunkel und in der Furcht! Mutter, o weh!«). Andeutungshalber geht es bei einem der beiden Paare, denen in Hofmannsthals Text die Hauptrollen zufallen, um Abtreibung, jene heute mit dem Euphemismus aller Euphemismen »Schwangerschaftsabbruch« geheißene Tötung des Kindes in *statu nascendi*. Dass ungefähr jedes dritte werdende Leben in Deutschland »an der Wand der Unwillkommenheit zerschellt« (Peter Sloterdijk), ist eine Tatsache, zu der man sich irgendwie verhalten muss. Wie für jedes wirkliche Problem gibt es auch für dieses keine verbindliche Lösung; ein fühlender Mensch kann sich weder ernstlich auf die Seite der rigiden Abtreibungsbefürworter noch auf jene der kompromisslosen Abtreibungsgegner stellen, weil es immer extreme Fälle gibt, die eine Tötung des Fötus als das kleinere Übel, das geringere Vergehen, die verzeihlichere Sünde erscheinen lassen, und es gab Zeiten, wo mir der Begriff »Sünde« in diesem Kontext wie ein klerikalfaschistisch inspirierter Witz erschienen wäre, doch die Frage wird nicht nur erlaubt, sondern geboten sein, warum die »Mein Bauch gehört mir«-Fraktion sich hierzulande so unangefochten, ja triumphal durchsetzen konnte, warum es so befremdend einfach ist, den »Abbruch« vornehmen zu lassen, warum die Anlässe dafür zuweilen so gering sein können, warum sich so viele Frauen – und Männer!! – daraus kein Gewissen machen.

Und ich wüsste gern, warum nicht einer – nur einer! – unserer modernen Kakophoniker den Schrei der zu Abertausenden abgetriebenen Föten in einem musikalischen Werk

ertönen lässt, warum nicht ein einziger unserer kolossal frei-
geistigen Künstler ihre zerfetzten Körperchen malt oder mei-
ßelt oder »inszeniert«, warum keiner unserer preisbehängten
Autoren, keiner unserer wunder wie wilden Bühnendichter und
Theaterregisseure ihnen eine Stimme gibt, als seien sie wahr-
haftig nichts und nichtig, als existierte dieses ungeheuerliche
Problem überhaupt nicht.

7. April

Merke: Reaktionär bedeutet niemals menschenfeindlich. Und:
Ethisch ist immer ästhetisch. Das Gute wird kenntlich im
Schönen. In diesen beiden Punkten sollte sich ein Mensch von
Geschmack auf keinerlei Diskussionen einlassen.

8. April

Der Hamburger Rechtsphilosoph Reinhard Merkel weist in der
FAZ darauf hin, dass keine Annexion der Krim durch Russland
stattgefunden habe, sondern eine Sezession der Krim von der
Ukraine. Folglich sei die Abspaltung auch nicht völkerrechts-
widrig gewesen.

10. April

Erdoğan hat völlig recht: Twitter ist die Pest. Sollte er sich jetzt
noch entschließen, Mobiltelefone zu verbieten, wäre das fast
ein Grund, in der Türkei um ästhetisches Asyl zu bitten.

13. *April*

»Stellen Sie sich vor, X. ist ein sexistischer, rassistischer, reaktionärer Autor!« – »Ach tatsächlich! Aber schreibt er denn auch schön?«

16. *April*

Treffen mit Jörg Friedrich, der soeben sein Buch über den Ersten Weltkrieg abgeschlossen hat. Nach *Der Brand* (Bombenkrieg über Deutschland), *Yalu* (Koreakrieg) und *Das Gesetz des Krieges* (Russlandfeldzug) handelt es sich um die vierte Monumentaldarstellung eines militärischen Großkonflikts von seiner Hand. Friedrich sitzt in einer seiner beiden großzügigen Charlottenburger Altbauwohnungen inmitten eines Schlachtfeldes aus Weltkriegsliteratur, um ihn reihen und türmen sich Gesamtdarstellungen, Biographien, Dokumentensammlungen, Memoiren aus hundert Jahren und aller kriegsbeteiligter Herren Länder, immer wieder pittoresk unterbrochen von Schallplatten- und CD-Stapeln. In den Regalen, die sämtliche Wände bis zur Decke einnehmen, ist kein Zentimeter Platz mehr. Denn eigentlich ist Friedrich ja Schallplattensammler. Das will einiges heißen bei einem Mann, der nach jahrelangen Recherchen dicke Bücher über die Kriegsführung im 20. Jahrhundert schreibt, von denen eines zum erfolgreichsten Werk eines deutschen Historikers seit Joachim Fests Welterfolg *Hitler* avancierte. Und dessen heimische Bibliothek circa 20 000 Bände zählt. Aber die Platten schlagen denn doch alles.

An die 40 000 Stück hat der Bombenkriegshistoriker gehortet, darunter 10 000 aus dem hochsoliden Schellack, überdies Tausende CDs, natürlich durchweg Klassik, und es werden täglich mehr. Diese Schellackplatten werden noch da sein, wenn alle CDs zu Staub zerfallen sind, sagte Friedrich einmal. Beispielsweise die *Tosca*-Gesamtaufnahme von 1938 mit Beniamino Gigli und Maria Caniglia, so groß und schwer wie eine Gehwegplatte. In mehreren Zimmern stehen zum Teil pittoreske Plattenspieler, umrahmt von gewaltigen Lautsprecherboxen. In diesen Räumen bin ich längst darüber belehrt worden, dass die CD keineswegs – oder nur für Halbtaube und Gehörindolente – ein technologischer Fortschritt gewesen ist und sogar die alten DDR-Platten Marke »Eterna« ihre Qualität haben; die wahre Ursache meiner damaligen Verzweiflung über das Knistern, Knirschen und Übersteuern seien einzig die miserablen ostdeutschen Abtastnadeln gewesen.

Mein letzter Besuch galt dem Erscheinen des Buchs *Yalu*, in dem der moderne Tacitus unter anderem vom amerikanischen Luftkrieg über Nordkorea erzählt, der an die drei Millionen Zivilisten umbrachte — eine gewisse Zumutung für diejenigen, die die Bombardierung Nazi-Deutschlands für ein ethisches Strafgericht halten und nicht für eine Zwischenstufe auf der Eskalationsskala des totalen Krieges. In diesem Jahr aber dreht sich für den Historiker alles um den ersten großen Krieg, den Auslöser aller Greuel des 20. Jahrhunderts. Er konfrontiere neuerdings seine Bekannten mit der Frage, ob sie mit dem Ausgang des Ersten Weltkrieges eigentlich zufrieden seien, und amüsiere sich über die irritierten Antworten, erklärt Friedrich. Mit der Niederlage des Kaiserreichs hätten sie meist weniger Probleme als mit dem Sieg der anderen, der Länderaufteiler und Kolonialherren. Ob ich mir übrigens erklären könne, warum inzwischen alle Welt mit den Worten George F. Kennans von der »Urkatastrophe« Erster Weltkrieg spreche? Nach kanonischer

Lesart habe damals schließlich das Gute gesiegt, Deutschland sei demokratisiert und ein Stück verwestlicht worden, habe später noch einmal stur dagegen aufbegehrt, um dann endgültig bekehrt im Westen anzukommen und den Weg zur europäischen Union einzuschlagen. Was suche der Begriff »Urkatastrophe« in dieser Heilsgeschichte?

Ich schlage eine Art Freudscher Fehlleistung als Erklärung vor. Offiziell gelte die Heilsgeschichtsversion, aber jeder wisse, dass aus dem dreißigjährigen Krieg von 1914 bis 1945 weniger ein geläutertes und geeinigtes, als vielmehr ein ermattetes, überlebtes, von den neuen Großmächten kolonialisiertes, als Mittelpunkt der Welt nicht mehr infrage kommendes Europa hervorgegangen sei, dessen vor allem demographische Erschöpfung immer mehr zutage trete und das in zwei, drei Generationen nicht mehr jenes Europa sein werde, das wir kennten, sondern ein Ableger des Orients, günstigerenfalls Asiens, schlimmstenfalls Schwarzafrikas und naheliegenderweise alles zusammen. Das meine der Terminus »Urkatastrophe« viertel- oder unterbewusst. In den beiden selbstmörderischen Kriegen seien nicht nur der europäische Geist und die europäische Kultur demoliert worden, der kollektive Amoklauf habe zudem das Leben so vieler junger Männer gekostet – also jenen Teil der Gesellschaft empfindlich reduziert, der zur materiellen und kulturellen Selbstbehauptung am unverzichtbarsten sei –, dass man durchaus von einer tödlichen Verwundung sprechen könne. Die Epoche der EU sei, verglichen mit den Weltkriegen, universalgeschichtlich betrachtet ein völlig nebensächliches Spätzeitphänomen, ungefähr so bedeutend wie die theodosianische Dynastie für die Geschichte Roms. – Ich sei ein Schwarzseher, sagt Friedrich. – Ich sähe gern rosig, aber was soll ich tun?

Als Historiker lässt er sich auf Prognosen nicht ein, weshalb wir noch die Kriegsschuldfrage durchhecheln, die er für überflüssig hält, ein zu Propagandazwecken erfundenes Wort, das der – den Begriff einmal wieder wörtlich genommen – tragischen Urgewalt des Krieges nicht im mindesten gerecht werde, auch wenn das Gros der deutschen Historiker und insonderheit bundesdeutsche Politiker den Artikel 231 des Versailler »Vertrages«, im Gegensatz zu den deutschen Offiziellen weiland und zur nahezu kompletten angelsächsischen Historikerschaft heute, lange akzeptiert hätten. Aber der Kriegsausbruch sei ein ganz konventioneller Vorgang gewesen in einer Zeit, in der Staaten eben Kriege zur Durchsetzung ihrer Interessen führten. Der Skandal, die Verantwortung oder eben die »Schuld« beginne später, in der bedingungslosen Fortführung des festgefahrenen Krieges, in der unausgesetzten Opferung von Hunderttausenden um ein paar Kilometer Raumgewinn, im verbissenen Nicht-miteinander-Sprechen der Kontrahenten, im gewissenlosen Durchziehen des Sich-gegenseitig-Massakrierens.

Genug vom Krieg. In Friedrichs Ali-Baba-Höhle gibt es immer neue musikalische Schätze zu entdecken. Hier hörte ich zum Beispiel das Quintett aus den *Meistersingern* erstmals in der Version aus London 1931, unter John Barbirolli, mit dem überirdischen Einsatz von Lauritz Melchior. Hier schloss ich den rumänischen Pianisten Radu Lupu, der das Reinheitsgebot ins Schubert-Spiel eingeführt hat, in mein kaltes Herz. Hier hörte ich zum erstenmal das hauchzarte Pianissimo Giesekings *wirklich* (die CD weiß davon nichts). Hier schoss mir eine Gänsehaut über den Rücken, als Anja Thauer zum erstenmal ihr Cello aufstöhnen ließ. Unvergesslich bleibt Alfred Cortot mit Chopins g-Moll-Ballade auf Schellack – nie saß ich näher zu Füßen eines dahingegangenen pianistischen Gottes. Oder das singuläre Zusammentreffen von Innigkeit, Runenzauber und Stahl in der Stimme von Germaine Lubin, Führers Lieblings-Isolde, nebenbei »die schönste Frau, die je eine Opernbühne betrat« (Friedrich). Diesmal nehme ich die ungarische Violinistin Johanna Martzy mit, die nach einer kurzen, steilen Karriere 1979 vollkommen vergessen an Krebs starb. »Sie spielt nicht auf einer Sehne, sondern auf einem Nerv«, sinniert Friedrich, als der beeindruckende Tonarm sich mit der Behutsamkeit einer landenden Libelle auf die Platte senkt. »Im Grunde ist es Totenbeschwörung. Diese Menschen sind lange tot, und nun betreten sie über eine Abtastnadel das Zimmer.«

Es ist jene Gesellschaft, in der ich möglichst viele meiner Tage verbringen möchte, bis auch ich dorthin gehe.

18. April

Aus Moskau schreibt Leser B. über Putins TV-Fragestunde, die ich hier auszugsweise verfolgt habe: »Obwohl mit Sicherheit eine gewisse Vorauswahl der Fragen und Frager stattfindet, zeigen sowohl unangenehme Fragen von Oppositionellen als auch kleine Ausrutscher, dass hier kein Theater gespielt wird und Putin sich durchaus nicht sicher sein kann, womit er als nächstes konfrontiert wird. Umso beeindruckender ist die Souveränität, mit der der russische Präsident über vier Stunden hinweg Fragen aus den verschiedensten Bereichen sachlich und bisweilen auch mit Humor beantwortet. Am meisten besticht Putin durch seine Zahlenkenntnis – ob dies nun der Brotpreis, das durchschnittliche Gehalt in St. Petersburg oder ein Ukas Katharinas der Großen über die Krimtataren ist. Man möchte sich nicht ausmalen, wie führende deutsche oder EU-Politiker sich in dieser Situation schlagen würden. Es wird einen guten Grund geben, warum wir sie jenseits von oberflächlichen, in der Regel bereits durch Themen- und Gästewahl durchorchestrierten Talkrunden kaum sehen.«

Dieser Gedanke ist in der Tat lustig; allerdings dürfte man sich ziemlich sicher sein, dass in Deutschland ohnehin niemand außerhalb der Anonymität des Internets die falschen Fragen stellen würde, weil ihm das vor allem in seinem beruflichen Umfeld erheblich schaden könnte, denn wir leben schließlich in einer überaus hilfreichen Gesellschaft. Es würde also wahrscheinlich niemand Frau Merkel höflich um Auskunft bitten, ob die Deutschenfeindlichkeit und Gewaltkriminalität gewisser Zugewanderter aus einer speziellen Weltkulturgegend ebenfalls, wie der NSU, eine »Schande für Deutschland« seien, ob das Abdriften ganzer sozialfinanzierter Stadtteile ins Asoziale, nicht nur in Duisburg oder Dortmund, sondern sogar in der alten und neuen Hauptstadt der DDR, noch zum Konzept der »bunten« Republik zähle oder bereits als Sezession zu betrachten sei, weshalb dort auch im Falle schwerster Gesetzesbrüche das »Doch seht, die brave Polizei / Eilt wie gewöhnlich schnell herbei!« (Wilhelm Busch) nicht mehr gelte. Wohl niemand würde Auskunft begehren, wie viele Schwarzafrikaner Europa bzw. wenigstens Deutschland ungefähr »brauche« – und vor allem wofür – und was mit den Überzähligen geschehen solle, die dort dermaßen schnell nachgezeugt werden, dass man in Europa mit den raumschaffenden Abtreibungen kaum hinterherkommt; warum ferner die grünen Bestmenschen oder die schelmischen Weltbeglücker von Pro Asyl nicht wenigstens ein paar hundert Afrikaner bei sich daheim oder in ihren Büros aufnehmen, wie viele Millionen kommen wollen sollen oder gekommen sein werden müssen, bis man sämtliche Flüchtlinge wieder nach Afrika zurückschickt, wie viele Windräder es pro Afrikaner zusätzlich braucht und ab wann man öffentliche Plätze einfach komplett überdacht, damit die Neuankömmlinge nicht nass werden, während sie für ihr Bleiberecht streiten und der dafür notwendige Wohnraum requiriert wird. Zum Beispiel. Oder warum Italiener und Griechen ein größeres Pro-Kopf-Privatvermögen haben als Deutsche, welch letztere diese Länder gleichwohl so fröhlich alimentieren dürfen wie auch die wahrscheinlich nur wenigen Nicht-Ärzte und Nicht-Ingenieure aus Rumänien. Oder wie viele »Transphobe« es hierzulande gibt, dass man ihre dringend gebotene Bekämpfung in den Koalitionsvertrag aufgenommen hat. Fragen nach den außenpolitischen deutschen Interessen verböten sich ohnehin aufgrund der erwartbar EU-kompadebilen Antworten. Womit wir wieder bei der Fragestunde von Wladimir dem Schrecklichen wären, ich zitiere weiter:

»Apropos Krimtataren: Auf die Frage eines solchen nach Wiedergutmachung für die Repressionen unter Stalin antwortete Putin, dass dies auf jeden Fall auf seiner Agenda wäre, allerdings müsste eine solche Wiedergutmachung auch andere Völker umfassen, die unter Stalin gelitten hätten, beispielsweise Armenier oder Deutsche (!). Es ist schon erstaunlich, dass der Spross einer Leningrader Familie, die unter der deutschen Belagerung litt, sich so um die Deutschen bemüht, auch wenn es in dieser Situation (wie auch sonst meistens) für Deutschenfreundlichkeit garantiert keinen Blumentopf zu gewinnen gab.«

Vor allem in Deutschland nicht. Spätere Historiker, vornehmlich wohl Asiaten, werden zu diesem Thema interessante Abhandlungen verfassen. Weiter im Text:

»Von diesen Dingen wird man aber wohl kaum etwas in den Zusammenfassungen der westlichen Presse lesen. Am wenigsten über folgende Bemerkung: Auf die Beziehungen zu Westeuropa angesprochen, sagte Putin, es bereite ihm Schwierigkeiten, außenpolitische Fragen mit den westeuropäischen Staaten zu besprechen. Da diese einen Gutteil ihrer Souveränität bereits abgegeben hätten, sei es überhaupt nicht mehr möglich, geopolitische Fragen vernünftig zu diskutieren. Darüber hinaus würden sie selbst zu Hause nur flüstern aus Angst, abgehört zu werden. Dieser letzte Satz – und nur dieser – findet sich auch auf *Spiegel online*. Von dem viel grundsätzlicheren Problem – der delegierten Souveränität an EU und Nato und im Falle Deutschlands auch der Unfähigkeit, eigene Interessen zu vertreten, ja überhaupt die Formulierung derselben als ureigenes Recht einer souveränen Nation und als Pflicht ihrer gewählten Vertreter zu sehen – findet sich nichts.«

Was dieses Problem irgendwie bestätigt.

Putin wiederum – ich wiederhole mich hier – ist keineswegs der schlimme Autokrat, der sein Volk knebelt und Russland wieder zur Weltmacht führen will, sondern, auf die gesamte Geschichte gesehen, der moderateste russische Herrscher überhaupt. Die UdSSR-Nachfolgerin GUS ist unter ihm quasi verschwunden. Den Afghanistan-Krieg des Westens, der nicht legitimer ist als die Krim-Vereinnahmung, hat er unterstützt. Als Dank rückten ihm die Amerikaner via Nato noch ein bisschen näher auf den Bärenpelz. Nur dass die Krim eben so russisch ist wie Helgoland deutsch.

Noch nie herrschte ein so businessfreundlicher, öffentlich kritisierbarer, westlich orientierter Regent über das russische Reich. Es könnte alles viel schlimmer sein. Wir sollten aufhören, dem Rest der Welt unsere Kriterien aufzunötigen und sie mit Zauberformeln wie »Menschenrechte« oder »Völkerrecht« zu bemänteln, an die sich der Westen selber nicht hält. Die anderen haben keine zwei Weltkriege verloren, sie wollen nicht aus Selbstekel und Toleranz aussterben – natürlich nur als »Volk«, keineswegs als »Individuen« –, und sie haben auch keinen »Nato-Partner«, den sie, närrisch fixiert wie Lorenzsche Graugänse, für ihren großen Bruder halten und hinter dessen Hosenbeinen sie sich vor der Welt verstecken (manche haben es auch bis hinauf ins Gesäß geschafft). Es wird interessant sein zu beobachten, was passiert, wenn der vermeintliche Bruder seine eingebildeten Verwandten einfach abschüttelt und sich absentiert. Also zu wem sie dann hilfesuchend krabbeln bzw. watscheln. Denn irgendjemand muss es ja sein, seitdem der Führer tot ist.

PS: Nichts gegen die USA übrigens. Einem Land, in dem die Freiheit der Rede zumindest theoretisch (und außerhalb der Universitäten) gilt, in dem jeder, der will, eine Waffe tragen oder auch nur für den Fall der Fälle daheim im Nachttisch deponieren kann, in dem ein erheblicher Teil der Bevölkerung den Staat als seinen natürlichen Feind betrachtet, wo man aber dennoch besser die Hände am Lenkrad lässt, wenn die Polizei einen anhält, und das Einwanderern die offenbar immer noch zündende Idee zu vermitteln versteht, dass sie Amerikaner seien, gehört durchaus meine Sympathie.

PPS: Aber muss man den armen Flüchtlingen aus Schwarzafrika nicht helfen? Ich gestatte mir, zwei Passagen aus einem Interview zu zitieren, das der Verhaltensforscher Irenäus Eibl-Eibesfeldt am 20. Mai 1996 dem *Focus* gab, weil damit im Grunde alles gesagt ist: »Ich würde vorschlagen, daß sich Europa unter Einbeziehung Osteuropas großräumig abschottet und die Armutsländer der Dritten Welt durch Hilfen allmählich im Niveau hebt. Wenn wir im Jahr 1,5 Millionen Menschen aus der Dritten Welt aufnähmen, würde das dort überhaupt nichts ändern – das gleicht der Bevölkerungsüberschuß (...) in einer Woche wieder aus, solange es keine Geburtenkontrolle gibt. Man kann gegen eine Bevölkerungsexplosion in diesem Ausmaß sonst nichts tun, bestenfalls das Problem importieren, wenn man dumm ist.« – »Der Mensch kann alles pervertieren, auch Freundlichkeit oder Gastlichkeit, und wenn die Folgen sich als katastrophal erweisen, schleichen sich die Wohlmeinenden meist davon und sagen: Das haben wir nicht gewollt.«

Es gibt natürlich noch die christliche Version: Gehe hin und tue desgleichen, also nimm einen armen afrikanischen Flüchtling auf, unterweise ihn im Gebrauch von Alphabet, Zahnbürste, Kondom und Kolonialschuldvorwurf oder finanziere ihm eine Ausbildung; dass diese Version so unpopulär ist, hängt mit der pervertierten Tugendauffassung hierzulande zusammen, welche darin besteht, dass sich diejenigen als moralisch Edle feiern lassen, die von den anderen fordern, die Integrationsleistungen zu erbringen – ein Vorgang, den man gar nicht oft genug denunzieren kann. Jeder, der fordert, Deutschland solle noch mehr ungebildete, alimentierungsbedürftige Zuwanderer aufnehmen, müsste in einer Gesellschaft, die nicht völlig verblödet oder moralisch bis zur Selbstaufgabe erpressbar geworden (also ebenfalls völlig verblödet) ist, gefragt werden, was ihn zu dieser Forderung legitimiert und was er bzw. sie selber dafür leistet, dass diese Leute, bildlich gesprochen, nicht mit Fischen versorgt, sondern zum Angeln angeleitet werden.

19. April

Ein guter Freund rät nachdrücklich davon ab, sich zum runden Geburtstag, zu Hochzeit, Kindstaufe oder Bar Mizwa Geld zu wünschen: »Wer zu wenig schenkt – und die meisten schenken zu wenig –, den hasst du dein ganzes Leben lang!«

22. April

Die hier bereits thematisierten Reaktionen auf die Veröffentlichung der nachgelassenen »Schwarzen Hefte« Heideggers werfen, wie man sagt, ein Schlaglicht auf den erbärmlichen geistigen Zustand einer doch ehemals in Geistesdingen nicht ganz unbedeutenden Weltgegend respektive Mundartgemeinschaft. Nahezu unisono und wie verabredet beziehungsweise neurotisch gewährten die Rezensenten einen tiefen Einblick in ihren Konditionierungsmodus, indem sie einen Randaspekt der privaten Notizen zum Kapitalverbrechen deklarierten. Die Heidegger-Gesamtausgabe beläuft sich auf 103 Bände (der Nietzsche-Doppelband als einer gezählt), und sogenannte Intelligenzblätter verkündeten in barbarischer Einhelligkeit, dass der Philosoph nun durch vier, fünf Nachlass-Seiten als Antisemit »überführt« und »erledigt« sei. Es ist immer wieder delikat, wenn sich wirklich freie teutsche Geister zum Aufklärungs-Thing versammeln.

Natürlich ist es ziemlich belanglos, was Feuilletonisten und Professoren, die morgen kein Mensch mehr kennt, über einen Denker schreiben, der dem kleinen Gremium derer angehört, die bleiben werden. Solch wohlfeil-trendkonforme Anklagen, erhoben aus der Tiefebene täglicher intellektueller Brotberufsausübung und gerichtet nach ganz oben (»ganz oben« meint Heidegger als Kopf, nicht als Mensch), haben ja etwas maßlos Komisches, Groteskes, Den-Mond-Anbellendes, Sich-selbst-Erledigendes; man liest Heidegger in allen Teilen der Erde und wird ihn lesen, nachdem Deutschland längst verschwunden ist, ob mit oder ohne »antisemitische« Giftspuren, weil er die ewigen Fragen stellt und sich dafür eine vollkommen neue Sprache geschaffen hat, über deren hirnzerknüllende Zumutungen sich der lektüreschwache Fortschrittsfolklorist besonders ereifert. »Gönn' ihm die geifernde Lust«, singt Wotan im *Rheingold*, und so wollen wir es halten.

Immerhin bleibt die Frage, woher Heideggers vereinzelte ablehnende Äußerungen gegenüber »dem« Judentum rühren. Bei dieser Gelegenheit scheint es geboten, daran zu erinnern, dass keineswegs jedes kritische oder distanzierende Wort über »das« jüdische Denken beziehungsweise jüdische Denker Antisemitismus ist, weil sonst das jüdische Denken insgesamt von einer so teuflischen Vollkommenheit sein müsste, wie sie der schlimmste Antisemit nicht halluzinieren könnte. Den Antisemiten nicht ins Garn zu gehen ist das eine; ich lege freilich großen Wert darauf, auch den allzu eifrigen Antisemitismusunterstellern die Gefolgschaft zu verweigern.

Es ist zum Beispiel unsinnig, Heidegger dafür an den Pranger zu stellen, dass er das Judentum als ort- oder heimatlos betrachtete, denn das taten u. a. die Zionisten seiner Zeit auch. Interessant ist vielmehr, welche Rolle diese Feststellung in seinem Denken spielt – und ob es tatsächlich irgendeinen okkulten Anschluss zur NS-Ideologie gibt. Heidegger-Notate wie: »Die Frage nach der Rolle des Weltjudentums ist keine rassische, sondern die metaphysische Frage nach der Art von Menschentümlichkeit, die schlechthin ungebun-

den die Entwurzelung alles Seienden aus dem Sein als
›weltgeschichtliche‹ Aufgabe übernehmen kann«, oder: »Die
›Kultur‹ als Machtmittel sich anzueignen und damit sich behaupten und eine Überlegenheit vorgeben, ist im Grunde ein
jüdisches Gebaren«, in den besagten Intelligenzblättern quasi
mit Schafottbesteigungsbegleittrommelwirbel präsentiert, reißen mich nicht wirklich empört vom Hocker, da bin ich aus dem
späten 19./frühen 20. Jahrhundert anderes gewohnt, auch von
jüdischen Autoren. Die darin manifesten Verallgemeinerungen
mögen tendenziell antisemitisch klingen, aber damals standen die Menschen noch nicht unter dem Bann der Politischen
Korrektheit. Man sprach und schrieb über »die« Deutschen
und »die« Franzosen und »die« Amerikaner und »die« Frauen
und »die« Nietzscheaner und »die« Sozialdemokraten und
»die« Suffragetten und »die« Nachfahren der Wikinger und
eben auch »die« Juden (Relikte dieses Sprechens finden sich
heute noch, etwa wenn von »den« Rechten, »den« Deutschen
als Tätervolk oder dem Extremismus »der« Mitte die Rede ist),
und wenn Sie mich fragen, so scheint mir eine generalisierte
Aussage über »die« Juden, »die« Deutschen, »die« Türken oder
wen auch immer *per se* gerechtfertigter als die momentan herrschende Doktrin, man dürfe Völkern oder Volksgruppen gegenüber nicht die geringste kollektive Zuschreibung treffen, alle
Völkerpsychologie sei rassistisch und was sich wunder wie individuell vorkommende intellektuelle Massenwesen noch weiter
so weihevoll wie welfremd daherschwallen.

Immerhin kamen diese Wohlmeinenden erst dann auf die
Idee, sogenannte Gruppenstereotype für verwerflich zu erklären, nachdem sich die meisten Menschen in allen Teilen
der westlichen Welt immer mehr zum Verwechseln und also
Verallgemeinern ähnlich geworden waren. Sollten sie damit

in gewissem Umfange recht haben, was durchaus möglich ist, muss freilich daran erinnert werden, dass aus ihrer Mitte neue Stereotype wie die »Mutterrolle« oder »Gender« hervorgingen, worüber wiederum die nächste Generation sich je nach Gusto empören oder amüsieren wird. Und so immerdar.

Weiter indes mit den bösen Stellen aus den »Schwarzen Heften«. »Das Weltjudentum, aufgestachelt durch die aus Deutschland herausgelassenen Emigranten, ist überall unfaßbar und braucht sich bei aller Machtentfaltung nirgends an kriegerischen Handlungen zu beteiligen, wogegen uns nur bleibt, das beste Blut der Besten des eigenen Volkes zu opfern«, schreibt Heidegger 1941; das ist schon übler, vor allem der Begriff »herausgelassen«. Andererseits deutet diese Bemerkung an, dass er offenbar keinen Schimmer davon hatte, was den Juden im NS-Machtbereich in diesem Augenblick drohte. Schlimmer wird es nicht mehr. Mit keiner Silbe hat Heidegger – im Gegensatz zu den zahlreichen Stalin-Hofierern der westeuropäischen linken Intelligenzija – je irgendein NS-Verbrechen gutgeheißen, befördert oder angestiftet. Sein teilweise negatives Urteil über »die« Juden bzw. »das« Judentum bewegt sich in einem rein gedanklichen Rahmen. Und diese Notate waren immerhin nicht zur Veröffentlichung bestimmt.

Die »jüdische« Geschäftstüchtigkeit – korrekt formuliert: das signifikant häufige Vorkommen geschäftstüchtiger Menschen jüdischer Herkunft – ist ebensowenig eine Erfindung von Antisemiten wie die »jüdische« Intellektualität (ab hier bilde jeder die korrekt verunallgemeinerte Formulierung selbständig) oder die Rolle jüdischer Intellektueller als »Ferment der Moderne«. In der Geldwirtschaft, in den Naturwissenschaften und in den Künsten war »der« jüdische Geist bzw. waren Juden sehr aktiv an der Entfesselung jener zen-

trifugalen Beschleunigungskräfte beteiligt, die die modernen Gesellschaften prägten. Heideggers Äußerungen zum
Judentum stehen in diesem Kontext, sie gehören zu seinem
Antimodernismus. Es ist vielleicht im Kern zutreffend, wenngleich gewiss undifferenziert, wenn Heidegger »die« Juden
bzw. »den« jüdischen Geist überwiegend oder maßgeblich
der »Machenschaftlichkeit« und dem weltüberstülpenden
»Gestell« zuschlägt, also dem abendländischen Rationalismus
und seinen weltverändernden, weltentzaubernden Folgen, und
dies aus der Heimat- oder Ortlosigkeit »des« Judentums herleitet. Andererseits gibt es zum Beispiel die jüdische Mystik
und die große Schar orthodox-religiöser Juden, die mit diesen Entwicklungen nichts an den Hüten hatten (und haben),
und nicht zuletzt, um den Blick in Heideggers vaterländische Umgebung zu lenken, die von den Nazis außer Landes
getriebenen oder ermordeten kulturkonservativen deutschen Assimilationsjuden, die sich ebenfalls nicht einfach der
Moderne und der Ortlosigkeit zuschlagen lassen.

Wir sollten jedoch in Rechnung stellen, dass es im Wesen
von unausformulierten Notaten liegt, die Dinge auch mal übers
Knie zu brechen, und dass unsere Idee, über Gruppen als solche möglichst überhaupt keine Aussagen mehr zu treffen oder
gar zu urteilen und so lange zu differenzieren, bis nur noch
der Einzelne übrigbleibt (Heiner Müller: »Alles, was für zwei
Menschen gilt, ist falsch«), womöglich zum völligen Erlahmen
des Urteilens führen wird, ohne dass die Unterschiede zwischen
den Kollektiven dadurch verschwinden. Dass zum Beispiel fundamentale Differenzen zwischen Christenum/Judentum auf
der einen und dem Buddhismus auf der anderen Seite bestehen, was das Verhältnis dieser Religionen zur Unterwerfung
und Nutzbarmachung der Erde und damit zur Technik betrifft,

wird niemand bestreiten wollen, wenngleich natürlich auch hier die Ausnahmen in die Millionen gehen dürften.

Anstatt dem bei allen seinen erstaunlichen Kenntnissen etwa der modernen Physik letztlich ziemlich weltfremden Heidegger irgendeine Nazi-Nähe anzudichten, ist es sinnvoller zu verfolgen, wohin der in den »Schwarzen Heften« skizzierte Denkweg führt – nämlich zur berühmten »Kehre«, die sich ja in dieser Zeit vollzog. Überspitzt formuliert: Aus dem Fundamentalontologen Heidegger wurde ein radikaler Grüner (hat nichts mit der Partei zu tun). Hier wäre denn auch die Frage angebracht, ob es eine Verbindung zwischen seinen Vorbehalten gegenüber Judentum und Christentum gibt. Sie dürfte im Gottesbefehl »Seid fruchtbar und mehrt euch und füllt die Erde und macht sie euch untertan« (1. Mose 1, 28) zu suchen sein. Heidegger wollte bekanntlich die gesamte abendländische Metaphysik, dieses Denken der Weltaneignung und Weltvernutzung, aufrollen und zurücknehmen, über Platon hinaus bis zu den Vorsokratikern, und damit auch hinter das Judentum und das Christentum zurück; seine Philosophie strebte fort vom praktischen, die Welt als Objekt betrachtenden und sie unterwerfenden Tun, zurück – oder, wer weiß, voraus – zum Sagen und Schauen, abends vor der Hütte, bei einem Viertele badischen Weines, das Seyn hütend. Er wollte, dass der Mensch, den ohnehin nur ein Gott retten könne, jedenfalls nicht er selber sich, des »Wunders aller Wunder« gewahr werde, nämlich »daß Seinendes *ist*«, und womöglich im gesamten Kosmos nur wir Menschen dazu bestellt sind, dieses Wunder wahrzunehmen.

Aber alle Beschreibung von Heideggers Denken ist trivial und irreführend, weil dieses Denken eben gedacht – mit einem blöden Modewort: nachvollzogen – werden soll; es geht ihm nicht um irgendwelche Resultate, Postulate, Doktrinen, sondern um das Denken selbst. Ansonsten besteht vom späten Heidegger unter anderem eine Verbindung zu Rudolf Bahros *Logik der Rettung* oder Eugen Drewermanns *Der tödliche Fortschritt*. Heidegger muss zuvor für kurze Zeit geglaubt haben, die Nazis seien die berufene Kraft, dem nach seiner Ansicht zerstörerischen Walten der Moderne Einhalt zu gebieten, bis ihm klar wurde, dass von ihnen noch mehr Zerstörung drohte. Die ganze Menschheit war dem technischen Dämon, der Tachokratie und der Seinsvergessenheit verfallen, was die auf den ersten Blick anstößige Tatsache erklärt, dass für Heidegger ein Konzentrationslager und ein Düsenjäger sozusagen Resultate eines identischen Irrweges darstellten. Aus dieser seiner Warte befinden sich die Nationalsozialisten und die Kommunisten gemeinsam mit der Bundesrepublik oder den Amerikanern auf einem ins Nichts driftenden Schiff, was für spätberufene Musterdemokraten natürlich äußerst anstößig ist. Nach herrschender Vorstellung besteht die Mission eines Philosophen schließlich nicht darin, Anstoß zu erregen, sondern um Drittmittel zu werben und ein nützliches Glied der Gesellschaft zu werden wie jede Hure auch. Wir werden nie erfahren, ob die Halbwertszeit Heideggers die der Demokratie übertrifft; aber dass sie über jener der Bundesrepublik liegt, sollte man als sicher nehmen.

»Wir, die wir die Denker ehren wollen«, schrieb Hannah Arendt zum 80. Geburtstag ihres einstigen Lehrers, »können schwerlich umhin, es auffallend und vielleicht ärgerlich zu finden, daß Plato wie Heidegger, als sie sich auf die menschlichen Angelegenheiten einließen, ihre Zuflucht zu Tyrannen und Führern nahmen. Dies dürfte nicht nur den jeweiligen Zeitumständen und noch weniger einem vorgeformten Charakter, sondern eher dem geschuldet sein, was die Franzosen eine ›déformation professionnelle‹ nennen. Denn die Neigung zum Tyrannischen läßt sich theoretisch bei fast allen großen Denkern nachweisen (Kant ist die große

Ausnahme). Und wenn diese Neigung in dem, was sie taten, nicht nachweisbar ist, so nur, weil sehr wenige selbst unter ihnen über ›das Vermögen, vor dem Einfachen zu erstaunen‹, hinaus bereit waren, ›dieses Erstaunen als Wohnsitz anzunehmen‹.

Bei diesen wenigen ist es letztlich gleichgültig, wohin die Stürme ihres Jahrhunderts sie verschlagen mögen. Denn der Sturm, der durch das Denken Heideggers zieht – wie der, welcher uns nach Jahrtausenden noch aus dem Werk Platos entgegenweht –, stammt nicht aus dem Jahrhundert. Er kommt aus dem Uralten, und was er hinterläßt, ist ein Vollendetes, das, wie alles Vollendete, heimfällt zum Uralten.«

23. April

Die Beschäftigung mit dem Ersten Weltkrieg beschert mir ein Gefühl, das man mir zwar bereits als Kind eingetrichtert hatte, mit dessen Wiederkehr ich als nunmehr ehemaliger peripherer Untertan des sowjetkommunistischen Imperiums allerdings nicht gerechnet hätte: Hochachtung vor Lenin. Wenn man sich die Hysterie und Verzweiflung der deutschen Offiziellen (auch der kurzzeitig Untergetauchten) nach dem Diktat von Versailles vor Augen hält und daneben die Amoklaufbereitschaft der führenden Bolschewiken nach dem »Raubfrieden« von Brest-Litowsk, kann man die Nervenkraft und den Schneid Lenins nur bewundern, der sagte: Wir zahlen jeden Preis für die Revolution, auch wenn sie nur in einem russischen Rumpfgebiet stattfindet, und dann holen wir uns alles wieder zurück. Er war ja keineswegs unangefochten unter seinen Spießgesellen, sie hätten ihn als Landesverräter an die Wand stellen können (Trotzkis Stimme verschaffte ihm wohl die rettende Mehrheit).

Auch im Volk besaß Lenin zu dieser Zeit keinerlei Rückhalt; es
war nicht so, dass man in Russland auf ihn gewartet hatte, wie
die spätere Propaganda suggerierte, im Gegenteil, er galt als du-
bioser Geselle mit unklarer Legende, womöglich ein deutscher
Agent, der dem Kaiserreich die Ostfront vom Halse schaffen
und Russland aus dem Krieg lösen sollte (was ja durchaus zu-
traf), und auch seine ersten öffentlichen Auftritte hinterließen
wenig Eindruck. Er handelte damals buchstäblich unter Einsatz
seines Kopfes, aber kalt bis ans Herz. Erstmals bereue ich, dass
sämtliche Lenin-Bände meinem postrealsozialischen Klar-
Schiff-Machen anno 1990 zum Opfer gefallen sind.

24. April

William Faulkner wurde gefragt, ob er, als bedeutender literari-
scher Beschreiber der menschlichen Psyche, denn Freud gelesen habe. Nein, gab der Romancier zur Antwort. Shakespeare
habe seines Wissens übrigens auch nie Freud gelesen.

29. April

Als die Bundeskanzlerin Thilo Sarrazins erstes Buch als »wenig hilfreich« bezeichnete, hat sie womöglich vorausgesehen,
dass die ungeschönte Offenlegung der deutschen Einwande-
rungssituation für alle Beteiligten in der Tat wenig Hilfreiches
bewirken werde: Viele deutsche Steuerzahler würden sich in ihren Alltagserfahrungen bestätigt sehen und zu Wutbürgern formieren; die um ein normales Leben in Deutschland bemühten
muslimischen Zuwanderer würden sich abgelehnt und beleidigt

fühlen, während diejenigen, um die es geht, sich einen Scheitan um die Angelegenheit scheren und weitermachen würden wie bisher. Kurzum, es würde Zoff zwischen denen geben, die sich eigentlich vertragen müssten, die Nicht-Gemeinten würden die Diagnose auf sich beziehen und eine neue Loyalität zu ihren desintegrierten Volksgenossen entwickeln, es würden sich neue ethnische Konfliktlinien bilden. Doch es sollte immer und immer wieder festgehalten werden, dass der reale Sarrazin damit wenig zu tun hat. In Rede bzw. Schmähung stand von Anfang an jener rassistische, xenophobe Sarrazin-Popanz, den die deutschen Öffentlichkeitsarbeiter nach bekanntem Muster gebastelt hatten, um den Mann dann desto ungehemmter verleumden zu können, so wie sie einen Ernst-Nolte-Popanz produziert haben, einen Botho-Strauß-Popanz, einen Eva-Herman-Popanz, einen Hohmann-Popanz, derzeit einen Pirinçci-Popanz usw. usf. Das Gift, welches durch die Sarrazin-Debatte der deutschen Gesellschaft injiziert wurde, entstammt im wesentlichen den Sekreten eskapistischer Medienschaffender und weit weniger den faktengläubigen Einlassungen des ehemaligen Berliner Finanzsenators.

1. Mai

Beseligt vom Wagyu-Entrecôte und vom Châteauneuf-du-Pape strebte ich gestern abend in mein Berliner Hotel, wo ich, noch nicht richtig müde, zwar der Hotelbar-Falle aus dem Wege zu gehen wusste, aber im Zimmer sodann in die Fernseh-Falle tappte und dem Abend einen unnötig unappetitlichen Ausklang bescherte. Es lief die Sendung eines Moderators namens Lanz, und dort gastierte unter anderen ein Sohn des NS-Juristen und Generalgouverneurs von Polen, Hans Frank, welch letzterer bekanntlich 1946 zu Nürnberg durch den Strang vom Leben zum Tode befördert worden ist. Besagter Sohn, Niklas mit Namen, hausiert schon seit vielen Jahren damit, Nachkomme eines nationalsozialistischen Großverbrechers zu sein; er hat mehrere Bücher darüber geschrieben, wie er sich dabei so fühlt, ganz schlecht nämlich. Das kann man tun, muss man aber nicht; andere in ähnlicher Situation gehen diskreter mit ihrem grässlichen Pedigree um. Frank junior präsentierte dem TV-Publikum das bekannte Foto seines Vaters, das die Alliierten unmittelbar nach der Hinrichtung schossen (die Schlinge noch um den Hals), welches er nach eigener Auskunft ständig bei sich trägt, um sich zu vergewissern, dass die Vaterbestie tatsächlich tot sei, wobei ihm das Bild zugleich verdeutliche, dass er ihn nie los werde. Sprach Niklas Frank. Ein paar Sündenjährchen früher hatte er dem angewidert staunenden deutschen Publikum geoffenbart, er habe sogar auf das Bild seines erhängten Vaters onaniert (frei nach Hofmannthals über die familiären Bestien triumphierender Elektra: »Schweig und wichse!«) Mit anderen Worten: Es ist nicht ganz klar, ob der Mann eher ein Fall für den Psychiater oder für die moralisch-erbauliche Abendunterhaltung ist. Womöglich hat er schwer einen an der Waffel, aber er macht das selbstvermarktungsmäßig Beste aus seiner verkorksten familiären Situation. Soweit der noch erträgliche Teil der Freakshow.

Um allfälligen Missverstehern kein Futter zu geben: Es war überaus löblich, Hans Frank aufzuhängen. Ich bin völlig unsentimental, was die Tötung von Kindermördern bzw. gar Kindermassenmördern angeht, und wer von 1939 bis Anfang 1945 in Polen – bei allen Kompetenz-Uneindeutigkeiten des

NS-Systems – das Sagen hatte, sollte nicht deutlich länger auf diesem Planeten verweilen dürfen. Mir wäre es im nachhinein natürlich weit lieber, Polen hätten ihn aufgehängt oder Juden oder, am allerbesten, Deutsche, aber gut, halte man von den Nürnberger Hauptkriegsverbrecherprozessen und den dort produzierten Urteilen, was man will, die Hingerichteten hatten ihren Tod vollauf verdient (Jodl vielleicht ausgenommen), und man kann sich den Henker eben oft nicht aussuchen.

Zurück indes zu Frank junior. Sein Schicksal ist, wie gesagt, beklagenswert, und man soll ihm vieles nachsehen, auch in einer vaterlosen Gesellschaft. Nur eines allerdings nicht, nämlich dass er recht ungeniert versucht, aus der konkreten Schuld seines Daddys und all der anderen NS-Vögte und -Schlächter eine Schuld der Deutschen zu machen, die seinen Darlegungen zufolge sogar bis in die von ihm mit seinen Exhibitionismen traktierte Gegenwart währt. Dass der Nazisohn ein Nazivolk herbeifabuliert, mag ein psychologisch verständlicher Vorgang sein, insofern er seinen Generalgouverneurspapa mehr oder weniger unbewusst teilzuentlasten sucht, indem er möglichst viele Deutsche mit auf die Anklagebank zu setzen wünscht, ungefähr so, wie man Säure verdünnt, indem man Wasser dazugibt. Das Gerede von kollektiver Schuld ist jedoch die größtmögliche Verharmlosung des tatsächlichen Nazismus. Die sogenannte Vergangenheitsbewältigung dieses Landes besteht zu einem erheblichen Teil darin, dass die Täter-Abkömmlinge das gesamte Volk mit ins Joch ihrer Bußrituale nötigen wollen. Aber das – da werde ich wieder ganz unsentimental – müssen die Nazi-Nachkommen schon mit sich selber ausmachen. Diese Jacke zieht sich unsereins ganz gewiss nicht an.

2. Mai

Die heutige Bücher-Post besteht etwas zufällig und vergnügli-
cherweise aus Brillat-Savarins *Physiologie des Geschmacks oder
Betrachtungen über das höhere Tafelvergnügen* und Ciorans *Vom
Nachteil, geboren zu sein*. Aber es fügt sich: Man soll nicht zuviel
erhoffen und nicht zuwenig erwarten.

3. Mai

Die abendländische Literatur, heißt es, hebe an mit dem
Wort »Zorn«. Mēnin aeide, thea, Pēlēiadeō Achilēos: »Singe
den Zorn, o Göttin, des Peleiaden Achilleus« (Voß); »Singe,
Göttin, den Zorn des Peleiaden Achilleus« (Hans Rupé); »Den
Zorn singe, Göttin, des Peleus-Sohnes Achilleus« (Wolfgang
Schadewaldt); »Singe das Lied vom Zorn des Achilleus, himm-
lische Göttin« (Hans Georg Meyer); »Göttin, singe mir nun des
Peleussohnes Achilleus / Unheilbringenden Zorn« (Roland
Hampe); viele Autoren nahmen Bezug auf diesen Zorn, zuletzt etwa Peter Sloterdijk, indem er den Beginn der *Ilias* zum
Nukleus seiner weltgeschichtlichen Betrachtung *Zorn und Zeit*
wählte. Aber stimmt denn die Übersetzung? Dem einen oder
anderen mochte im Laufe der Jahrhunderte aufgefallen sein,
dass »Zorn« die Seelenlage des Peliden ja nicht trifft, der Zorn
will sofortige Stillung, sonst verraucht er. Wer sich lange Zeit
nach der Kränkung rächt – bzw. wochenlang dem Kampfplatz
protestierend fernbleibt –, handelt nicht mehr aus Zorn.

Auch die meisten angelsächsischen Übersetzungen lauten
»rage«, Alexander Pope wählte »wrath«, also ebenfalls Wut/
Zorn. In der Ausgabe der Everyman's Library Classics aller-

dings entschied sich der Übersetzer Robert Fitzgerald für
»Achilles' anger«, einen etwas weiter ausgespannten Terminus,
der zwar durchaus Wut und Zorn bedeuten kann, aber auch
Ärger, Verdruss und – Groll. So nämlich übersetzt der Baseler
Altphilologe Joachim Latacz »mēnin«. Gemeint sei, so Latacz,
kein plötzlicher Affekt, »sondern eine anhaltende, schwelen-
de, verbitterte Ergrimmtheit wegen erlittener Kränkung«. Groll
ist dafür das treffendste Wort. Und es liefert mir die Pointe,
dass die Literatur des Abendlandes mit demselben Affekt beginnt, dessen Allgewalt sie nun in die Zielgerade trägt, nur dass
Achilleus, der stolze Heros, niemals seinen einsam-majestäti-
schen Groll zum egalitären Ressentiment vertieft und verfeinert
hätte, der vorherrschenden, den gesamten Zeitgeist erzeugen-
den Daseinsstimmung unter den ultimativ myrmidonenfernen
Intellektuellen der gegenwärtigen westlichen Welt.

19. Mai

Nachtrag zum »Zorn« oder eben »Groll« des Achilleus: Leser
H. macht darauf aufmerksam, dass schon Thassilo von Scheffer
(in der Sammlung Diederich) die Übersetzung »Groll« gewählt
habe. Doch der Dichter und Übersetzer Rudolf Alexander
Schröder habe in seinem Vortrag »Die Komposition der Ilias«
(1930 in Heidelberg) darauf hingewiesen, dass der Begriff der
Menis im Proömium der *Ilias* nicht nur das konfliktauslösen-
de Verhältnis zu Agamemnon bezeichne, sondern eine wesentliche Charaktereigenschaft des Achilleus: »Sagt es denn überhaupt, daß der Zorn, die Menis, in irgendeinem Sinne gleichbe-
deutend sei mit dem Zwist der Könige? Sagt es nicht vielmehr
deutlich, dieser Zwist sei lediglich Anfang und Anlaß seines

Ausbruchs gewesen? (...) Der Zwist ist Ausgangspunkt, aber die Menis, die Raserei, die unbändige Zornwut des Helden, vor der schon sein greiser Vater gebangt, tobt sich erst in dem Katarakt jener Gesänge, in denen man vorgegeben hat, sie zu vermissen, tobt sich in voller Entsetzlichkeit erst aus, nachdem der Liebhaber der Briseïs, der Hinterbliebene des Patroklos, aus dem Orlando inamorato zum Orlando furioso geworden ist.« Auf den zweiten, geweiteten Blick sei dann »Zorn« doch die treffendere Übersetzung, schreibt H. Bereit zu sein für den gewaltigen Zorn ist aus dieser Sicht sozusagen der normale Ausnahmezustand des Pelidengemüts, der Groll auf Agamemnon setzt diese Zornesbereitschaft nur temporär außer Kraft. Diese Argumention hat viel für sich. Und da Achilleus jung sterben wird und bis dahin viel zu kämpfen bekommt, könnte er solch permanente Entflammbarkeit sogar ein Heldenleben lang durchhalten.

24. Mai

»Ein wahrer Philosoph verzeiht der Gesellschaft seinen Mangel an Vermögen mit derselben Ruhe, mit welcher ein reicher Bankier der Natur seinen Mangel an Geist nachsieht.«
Antoine de Rivarol

25. Mai

Via Schweizer Fernsehen meldete sich aus dem literarischen Dschungelcamp Frau Elke Heidenreich zu Wort (der Vorfall liegt schon ein paar Tage zurück, doch wurde er erst dieser Tage

publik), und zwar mit einem Heidegger-Zitat, das von ihr erfunden ist. Sie behauptete, der Denker habe in den »Schwarzen
Heften« notiert: »Die verborgene Deutschheit müssen wir ent-
bergen, und das tun wir, indem wir die Juden endlich beseitigen
aus Deutschland.« Worüber soll man jetzt mehr staunen: über
den rasenden Denunziationswillen dieser trostlosen Dame –
oder über ihre monumentale Unbildung? Denn dass allein diese Syntax nicht von Heidegger stammen kann, ist ja offenkundig; man darf also folgern, dass die fesche Buchhochhalterin
noch nie eine Seite von ihm gelesen hat. Für eine vermeintlich literarisch tätige Person ist das höchst bemerkenswert –
also nicht, dass sie Heidegger nicht kennt, das muss sie keineswegs, das ist nicht ihr Metier, sondern dass sie meint, trotz ihrer vollendeten Ahnungslosigkeit den Philosophen mal eben
die Juden vernichten gewollt haben lassen zu dürfen, dass, mit
einem Wort, sie und gerade sie ein knalldeutsches Nazissen-
Gemüt zur Schau stellt (von der Gnade der späten Geburt
zu sprechen wäre taktlos angesichts ihrer doch recht frühen).
Freilich wird man mit dergleichen Denunziationen in diesem
Land allweil rechnen müssen, und Heidegger gehört, wie sukzessive alle nicht im KZ befindlich gewesenen Deutschen der
Jahre 1933–45, seit geraumer Zeit in den erlauchten Zirkel der
hierfür uneingeschränkt Freigegebenen. Interessanterweise hat
der Literaturbeschwaflerin Heidenreich, die sich offenbar nicht
vorstellen kann, dass es Autoren gibt, die allein an ihrem Stil zu
erkennen sind, weder ihre Bösartigkeit noch ihre Unbildung geschadet; vielmehr hat der Sender den Co-Moderator entlassen,
weil der durch sein Insistieren darauf, dass sie im Unrecht sei,
das Image der Gebenedeiten unter den Literaturweibern be-
schädigt habe. Hélas!

27. *Mai*

Richard Strauss notierte am 8. November 1918 in seinen
Kalender: »Abdankung des Kaisers, Republik (...), Revolution;
Koffer gepackt; 1 Stunde Tiergarten; abends bei Levin und
Skat.« Diese Mischung aus Indolenz und Grandiosität ist ein-
zigartig. Vermutlich gab es in ganz Europa keinen Menschen,
den die Zäsuren 1914, 1918, 1933 und 1945 weniger mitnahmen als
Strauss, der dickfellig in seinem eigenen Universum lebte. Beide
Weltkriege haben sein kompositorisches Schaffen nicht die
Spur beeinflusst, in seinen Partituren tauchen weder Blut noch
Pulverdampf, weder Schützengraben noch Hungersnot, weder
Tanks noch Millionenheere, weder Diktatur noch Bombenkrieg
auf. Er weilte gedanklich auf Hellas, in den Alpen oder im 18.
Jahrhundert. Einem Sterblichen würfe man Herzlosigkeit oder
gar Schwachsinn vor; Strauss im ruhigen Bewusstein seiner
Unsterblichkeit blieb darüber erhaben. Er schuf parallel zur
schnöden Wirklichkeit seine eigene, schönere, dauerhaftere.

So machte sein Ballett *Schlagobers* – tanzende Pralinen und
Tortenstücke aus der Konditorei Dehmel – anno 1924, zur Zeit
der schlimmsten Inflation, beim Publikum keinen besonders
guten Eindruck. »Ich habe wohl das Recht, die Musik zu schreiben, die mir passt«, beklagte sich Strauss bei Romain Rolland.
»Ich kann die Tragik unserer Zeit nicht ertragen. Ich möchte Freude machen.« – Als der NS-Kreisleiter von Garmisch im
Winter 1943 von ihm verlangte, ausgebombte Landsleute in seiner Villa aufzunehmen, lehnte Strauss ab. Auf die Vorhaltung:
»Auch Sie müssen Opfer bringen für den Heldenkampf unseres Volkes. Denken Sie an die Front, wo Tausende der besten Deutschen fallen«, versetzte der Komponist: »Wegen
mir braucht kein Soldat zu fallen. Ich habe diesen Krieg

nicht gewollt.« – Insgesamt kamen 26 Verwandte seiner Schwiegertochter Alice in Theresienstadt, Auschwitz und anderen Konzentrationslagern ums Leben. »Wieder einmal bestand Strauss' einziger Trost in dieser furchtbaren Zeit Ende 1943/ Anfang 1944 im Komponieren. Er begann seine Sonatine Nr. 2 für Holzbläser zu skizzieren, die seltsamerweise den Untertitel ›Fröhliche Werkstatt‹ trägt«, schreibt sein Biograph Bryan Gilliam.

Was den Komponisten am Ende des Krieges wirklich erschütterte, waren nicht die Millionen Toten, sondern die Zerstörung der Opernhäuser von München, Wien und Dresden sowie des Goethehauses zu Weimar. Da ihn nicht nur die Nationalsozialisten, sondern auch die Musen auf ihrer Gottbegnadetenliste führten, überstand er das Kriegsende nahezu bruchlos. Der amerikanische Major, der seine Villa requirieren wollte, stellte das Haus sofort »off limits«, als er in dessen Besitzer den Komponisten des *Rosenkavalier* erkannte – »ein totaler Sieg des Geistes über die Materie«, wie Strauss anmerkte. Es kränkt das moderne Bewusstsein, dass es Menschen gab, die so weit oberhalb der üblichen moralischen Kriterien existierten und in Gestalt ihrer Werke sogar noch stichhaltige Gründe dafür vorlegen konnten. Aber solche Menschen gibt es anscheinend nicht mehr – und wenn es sie doch gäbe, würde niemand mehr ihren Sonderrang akzeptieren.

PS: Immerhin haben die Weltkriege zweimal Strauss' komplettes Vermögen vernichtet, für einen materiell orientierten Menschen wie ihn eine Katastrophe, und auch sein Wiener Domizil ging verloren. Aber verglichen mit dem, was die meisten seiner Landsleute erdulden mussten, waren das Petitessen, zumal ihm sein weltberühmtes Werk schnell neue Einkünfte verschaffte.

PPS: Alice Strauss sagte nach dem Krieg: »Wir wußten, daß viele Mitglieder meiner Familie nach Theresienstadt gebracht worden waren, und glaubten, dort sei ein Arbeitslager, wo man jüdische Menschen zusammenfaßte, um sie später irgendwo anzusiedeln. Von Vernichtung wußten wir nichts, hätten es auch nicht geglaubt.« Frau Strauss ahnte damals nicht, was deutsche Zeitgeschichtler, Politiker und Medienschaffende später zweifelsfrei nachweisen würden, nämlich dass natürlich alle Deutschen über alles Bescheid wussten.

28. Mai

Im vergangenen Jahr haben Zuwanderer in Deutschland Hartz-IV-Leistungen in Höhe von 6,7 Milliarden Euro bezogen. Fünf Milliarden davon entfielen auf rund 900 000 Nicht-EU-Ausländer, 1,7 Milliarden auf 311 000 Zugewanderte aus der EU. Das teilte das Bundesarbeitsministerium auf Anfrage des stellvertretenden Fraktionsvorsitzenden der CDU/CSU, Singhammer, mit. Ist nicht bereits die Fragestellung rassistisch? Wo bleibt der Aufschrei der Grünen?

30. Mai

Man stelle sich vor, es existierten ausschließlich die Schriften der gerade lebenden Denker bzw. Intellektuellen, und sämtliche Bezüge zu den Geistern der Vergangenheit wären darin getilgt: Was für eine entsetzliche Wüste aus öden liberalen Ideen, Gerechtigkeitskitsch und sozialtechnischer Daseinsoptimierung täte sich auf.

Späterer 30. Mai

Bei einer Abendgesellschaft kommt das Thema zur Sprache, welche Tabus gerechtfertigt seien und welche nicht. Ein Professor für Kunstgeschichte ergreift prompt das Wort und erklärt ebenso prompt, angesichts unserer Geschichte sei jede Art von Antisemitismus ein berechtigtes Tabu, was aber keineswegs bedeute, dass man Israel nicht kritisieren dürfe. Die Gattin lacht kurz auf und entgegnet: »Nein, genau andersherum! Machen Sie von mir aus antisemitische Bemerkungen, aber lassen Sie Israel in Ruhe!«

31. Mai

Von seinem Totenbett schrieb Turgenjew an Tolstoi, er wolle unbedingt noch aussprechen, »wie glücklich ich bin, dass ich Ihr Zeitgenosse sein durfte«. Es ist eine gute Übung in Sachen Selbsthistorisierung, der Frage nachzugehen, wessen Zeitgenosse man in hundert Jahren gewesen sein wird – einmal unterstellt, es werden auch in Zukunft noch Geschichtsdarstellungen verfasst und unser epochales Treiben fände darin Berücksichtigung. »Man soll sagen, ich lebte zu Zeiten Hektors, des Rossebändigers, man soll sagen, ich lebte zu Zeiten des Achilles« (Wallensteins, Napoleons, Newtons, Michelangelos, Beethovens ...) – dergleichen ist wohl passé. Doch welche sind die prägenden Figuren unserer Zeit? Die Betonung liegt auf prägend; weder Frau Merkel noch Herr Obama, ja nicht einmal Gevatter Putin werden wohl eine solche Rolle spielen und allenfalls in Herrscherlisten erscheinen wie die Pharaonen der meisten Dynastien, von denen außer ihren Namen wenig überliefert ist, wobei Obama als erster schwarzer US-Präsident eine gewisse Symbolik in die Zeiten tragen dürfte. Ist man am Ende, garstige Vorstellung, Zeitgenosse von Bill Gates, Steve Jobs oder gar Ray Kurzweil gewesen als den Leonardos und Kolumbussen der künstlichen Intelligenz? Oder ganz gegenstrebig von einer Kämpfer-Figur aus der orientalischen Weltgegend, die als Wiedergänger von Saladin oder Mehmed II. Fatih feierlich historisiert wird? Wohl eher unwahrscheinlich, das letztere zumindest. Kommen diejenigen, von denen dermaleinst Historiker künden werden, aus dem Herzen Asiens und bleiben unsereinem zeitlebens unbekannt? Oder ist vielleicht (womöglich, wahrscheinlich) längst jener Zustand erreicht, wo man buchstäblich niemandes Zeitgenosse mehr ist, weil aus dem königinnenfreien Gewimmel des globalen Ameisenhaufens keine Einzelseele mehr hervorsticht? Oder wird man sich an Popstars erinnern, an Sportheroen, Rapper, Pornodarsteller? Lebten wir zu Zeiten von Madonna und Lady Gaga? Wobei auch das äußerst unwahrscheinlich ist, denn im Gegensatz zu popkulturellen Erscheinungen wie den Beatles oder Pink Floyd steckt in dieser Musik nicht einmal mehr eine Spur von Substanz.

Anders, nicht weniger interessant, aber eindeutiger, stellt sich die Frage dar, wenn sie heißt: Gibt es eine Zeitgenossenschaft, auf die man einen gewissen Stolz empfindet? Was mich betrifft, lautet die Antwort: Stanley Kubrick. Carlos Kleiber.

1. Juni

Kein schöpferischer Mensch kann aus sich heraus ernsthaft »rechts« sein; nur der Zynismus und das Herostratentum einer öffentlichkeitsbeherrschenden Linken treiben ihn dazu.

3. Juni

»Hans Gimpel dreist mir in den Ohren liegt.
Wenn ich entgegne, hat er mich besiegt.«
Peter Hacks

4. Juni

Manneszucht. Ein schönes Wort. Man stelle sich vor den Spiegel
und wiederhole es ungefähr zehn- bis fünfzehnmal. Sodann lau-
sche man dem Rechtfertigungs- und Ironisierungsschamott,
den der innere *Homo compensator* zwanghaft vorzutragen beginnt ...

5. Juni

Spiegel online widmet sich löblicherweise einem neuen Buch namens *The Making of Stanley Kubrick's* »*2001. A Space Odyssey*«.
Die unvermeidlichen Leserkommentare teilen sich in solche,
die den Film ebenfalls für ein Ereignis von kulturgeschicht-
lichem Rang halten und jene, die sich von ihm, wie übrigens
viele zeitgenössische Kritiker, ungeheuer gelangweilt fühlten.
Dergleichen Urteile finden sich in den Online-Kommentaren
über die größten Werke der Kunst, also etwa über Goethe,
Proust, Tolstoi, über *Tristram Shandy* oder Thomas Manns
Josephsroman. Als besonders langweilig gelten auch Wagner-
Opern und Bruckner-Symphonien, wobei sich manch fahriger
»Jetztsasse« (Thomas Kapielski) inzwischen sogar beim *Figaro*
oder *Rosenkavalier* zu Tode ennuyiert. Man könnte die Klagen

übers Gelangweiltwerden als autoselektive Bekenntnisse ästhetisch Unbegabter, möglichweise auch als Vorboten des nächsten menschlichen Evolutionsschritts, auf sich beruhen lassen; ich will sie freilich geradezu umdrehen und formulieren: Fast alle bedeutenden literarischen, filmischen und musikalischen Kunstwerke stehen im Bündnis mit der Langeweile, jedenfalls enthalten sie zahlreiche äußerst unspannende Passagen. Alles, was explizit und um jeden Preis nicht langweilen will, sondern bloß auf Unterhaltung und Zerstreuung zielt, verschwindet so rückstandslos wie Fast food. Große Kunst hat keinerlei Hemmung zu langweilen, und zwar aus dem einzigen Grund, dass sie sich für irgendwelche Unterhaltungsbedürfnisse überhaupt nicht interessiert.

Die Langeweile, welche hier in Rede steht, ist das Gelangweiltwerden als Gegenteil des Zerstreut-, Gekitzelt-, Angefixt- und Abgelenktseins. Es gibt noch die andere, tiefe Langeweile, die Matrix des Philosophierens, um die geht es hier nicht. Der Zivilisationsmensch, vor allem der Städter, langweilt sich gemeinhin, wenn er nichts zu tun hat. Deswegen sucht er sich zeitlückenlos Beschäftigungen, denn mit der Langeweile alleingelassen, wäre er auf sich und das quälende Bewusstsein seiner Nichtigkeit zurückgeworfen. In gewisser Weise ist die Langeweile also eine Gefahr. Während Naturvölker, Eremiten, Mönche und Wüstenwanderer mit ihr ein Arrangement geschlossen haben, würde der sogenannte moderne Mensch, wäre er ihr auf längere Zeit ausgesetzt, unfehlbar verrückt.

Das mag auch die heftige Abneigung des modernen Menschen gegen die Langeweile des Gelangweiltwerdens erklären. Wer sich langweilt, während er doch zugleich beschäftigt wird – also meint, gelangweilt zu werden –, dem verstreicht die Zeit zu langsam. Er wird daran erinnert, dass er eigentlich mit sich selbst nichts anzufangen weiß und Ablenkung benötigt. Er sucht Kurzweil. Da ist er bei Kubrick, wie bei allen Klassikern, falsch; deswegen sind sie ja Klassiker geworden und nicht längst vergessene Animateure ihrer jeweiligen Generation.

Langeweile ist kein ästhetisches Kriterium, sondern ein subjektives Empfinden, das sich objektiv gibt, indem es Dingen zuschreibt zu langweilen. Es gibt gewiss hinreichend viele sozusagen objektiv langweilige Dinge, Interviews mit Wirtschaftsführern zum Beispiel; nur um große Kunstwerke langweilig zu finden, muss man sich auf sein subjektives Empfinden berufen. Wenn der Eindruck nicht täuscht, nimmt die Verlorenheit des Menschen an den Zeitvertreib täglich zu, wobei diejenigen sich am schnellsten zu langweilen scheinen oder vorgeben, die auch sonst wenig Zeit haben oder zu haben behaupten. Tatsächlich fehlt den meisten Menschen (offenbar zunehmend) die Fähigkeit, sich zu sammeln, einem längeren Gedanken zu folgen, sich auf eine Sache oder Idee zu konzentrieren, sich in eine Sinfonie, eine Sonate, ein Epos oder ein Gemälde zu versenken, in einer Stimmung verharren zu können. Sie sind stattdessen ständig auf der Suche nach dem nächsten sogenannten Kick; wenige Accessoires könnten unsere Epoche besser symbolisieren als die Fernbedienung und die Scrollfunktion der Maus. Wir zappen und scrollen Menschen, Events, Webseiten, Orte, wie's eben nur geht. St. Martin sagt dazu (*Die Grundbegriffe der Metaphysik*): »Wir haben keine Zeit, weil wir selbst nicht lassen können von dem Mittun bei allem, was gerade los ist. Am Ende ist dieses *Keine-Zeit-haben* eine *größere Verlorenheit des Selbst* als jenes sich Zeit lassende Zeitverschwenden. (...) Das ›keine Zeit haben‹, das so aussieht wie der strengste Ernst, ist vielleicht die größte Verlorenheit an die Banalitäten des Daseins.«

Ein Mensch, der einen Kubrick-Film langweilig findet und nach schnellerem Kitzel verlangt, wird offenbar in einem ganz besonders schrecklichen Maße von der Angst vor Langeweile beherrscht, er existiert gewissermaßen über einem drohenden Schlund von Langeweile, in den er ständig zu stürzen fürchtet, wenn das eng geknüpfte Netz aus trivialen Ablenkungen an irgendeiner Stelle löchrig zu werden droht. Es sei denn, er ist den von Kubrick aufgeworfenen Problemen geistig dermaßen weit voraus, dass er sich aus Unterforderung gelangweilt fühlt; diesem Menschen sollte dann umgehend eine Pagode aus Gold und Kristall errichtet werden, worin er sich als Genie anstaunen lassen darf.

Jeder möge selber prüfen, an welche Bücher er sich nach Jahren am besten erinnert, welche literarischen Gestalten am plastischsten vor ihm stehen, und ich wette, er wird staunen, wie oft es sich um solche handelt, bei denen man sich zu langweilen glaubte bzw. tatsächlich langweilte. Oft erschließt erst die Langeweile auslösende verhältnismäßige Zähigkeit großer Romane (oder Filme) die Möglichkeit, ihre außergewöhnlichen Aspekte oder Momente ganz aufzunehmen, das Langweilende ist gewissermaßen der Rahmen, der das Bild umschließt, die Stimmung, in welcher das Ereignis stattfinden kann. Im Langweilenden steckt das Anarchische, Authentische, Undesignte, Manipulationsferne, zum Sprung Ansetzende der Kunst. Umgekehrt werden die auf Spannungserzeugung geradezu optimierten Bücher (oder Filme) schnell öde und vorhersehbar, man spürt die Absicht, und man ist verstimmt, weshalb nach spannenden Büchern (oder Filmen) oft ein schales Gefühl und bald gar nichts mehr zurückbleibt. Je spannender das Buch (der Film), desto unaufmerksamer ist der Leser (der Zuschauer), er wird jeden ästhetischen Treffer übersehen, jede literarische Schönheit hastig überlesen, denn er strebt ja der Handlung nach, ja er wird literarische Delikatesse sogar als störend, weil handlungshemmend empfinden.

Das bedeutet nun keineswegs, dass die künstlerische Erzeugung von Langerweile grundsätzlich positiv zu werten sei, im Gegenteil, vieles Langweilige ist tatsächlich bloß langweilig und nichts außerdem. Es gibt allerdings, um den Kreis an dieser Stelle zügig zu schließen, etwas, das mich noch mehr langweilt als Gauck-Reden, die Spielweise von Guardiola-Mannschaften, soziale Gerechtigkeit, die deutsche Küche und die Zukunftsvorstellungen von Technikern: spannende Bücher, spannende Filme.

6. Juni

Es gehört seit Gerhard Schröder zum verdienstvollen Brauch deutscher Kanzler_innen, an den alliierten Feierlichkeiten zum Sieg über Deutschland teilzunehmen, etwa denen zur Invasion der Normandie 1944, und vornehmlich an die US-amerikanischen Soldaten zu erinnern, die für die »Befreiung Europas« ihr Leben ließen, wie es heuer angelegentlich des 70. »D-Day«-Jubiläums Angela Merkel tat. Auf die Ambivalenzen eines solchen Gedenktages hinzuweisen überstiege das an Politikerreden geknüpfte Gebot der Bildzeitungsschlagzeilentauglichkeit, weshalb ich früher schon vorschlug, man möge doch gleich die Formulierung wählen: »In der Normandie trafen unsere Truppen nur auf schwachen Widerstand der Nazis.« Es ist, speziell von außen betrachtet, wenig würdevoll, aber menschlich verständlich, nachträglich auf die Siegerseite wechseln zu wollen und dafür nicht nur die Politkriminellen unter seinen

Altvordern zu verdammen, sondern der Einfachheit halber am besten gleich alle.

Erinnern wir bei der Gelegenheit trotzdem an die »Directive to Commander-in-Chief of United States Forces of Occupation Regarding the Military Government of Germany«, kurz JCS 1067, in welcher es unter Punkt 4 b heißt: »Germany will not be occupied for the purpose of liberation but as *a defeated enemy nation* (Hervorhebung von mir – M. K.). Your aim is not oppression but to occupy Germany for the purpose of realizing certain important Allied objectives. (...) You will strongly discourage fraternization with the German officials and population.«

Kein ernstzunehmender Mensch bezweifelt heute, dass die Niederschlagung des NS-Regimes eine begrüßenswerte Tat gewesen ist, auch wenn der Haupttäter im Osten ein ungefähr genauso schlimmer Finger war wie sein teuflischer deutscher Gegenpart. Aber der Zirkelschluss des Zeitgeistes geht weiter: Amerikaner besetzen nicht, sie befreien. Und wer die Gottesgaben des *american way of life* ablehnt, kann nur ein reaktionärer Finsterling sein, der sich heimlich nach dem Führer oder seitenverkehrt nach Väterchen Stalin zurücksehnt.

8. Juni

Strauss-Jahr, Fortsetzung. Des vorerst letzten deutschen Kaisers Bemerkung: »Die janze Richtung paßt mir nicht« galt der sogenannten künstlerischen Moderne und schloss seinen Hofkapellmeister fest mit ein. Die erste Begegnung mit Wilhelm II. verlief Strauss zufolge so:

Der Kaiser betrachtet ihn stirnrunzelnd: »Sie sind auch einer dieser modernen Musiker?« Strauss salutiert. »Ich habe *Ingwelde* von Schillings gehört, das ist abscheulich, es gibt da keine Melodie.« – »Verzeihung, Majestät, es gibt Melodien, aber sie werden von der Polyphonie überdeckt.« – Der Kaiser sieht ihn streng an: »Sie sind einer der Schlimmsten.« Er salutiert wieder. – »Die ganze moderne Musik taugt nichts, es gibt darin keine Melodie.« – Dieselbe Geste. – »Ich ziehe den *Freischütz* vor.« – »Majestät, auch ich höre lieber den *Freischütz*.« – »Der *Falstaff* von Verdi ist etwas Scheußliches.« – »Majestät, man darf nicht vergessen, daß Verdi achtzig Jahre alt ist und daß es eine schöne Sache ist, wenn man sich in diesem Alter – nach *Troubadour* und *Aida* – schöpferisch noch so erneuern kann, daß man einen so genialen Wurf wie *Falstaff* fertigbringt.« – »Ich hoffe, daß Sie mit achtzig eine bessere Musik schreiben werden.« Darauf, schließt Strauss, gab es nichts mehr zu erwidern.

Nur einmal besuchte der Kaiser auf Zureden des Kronprinzen eine Strauss-Oper, den *Rosenkavalier,* den er mit den Worten verließ: »Det is keene Musik für mich.« Bekannt wurde Wilhelms Satz: »Es tut mir leid, daß Strauss diese *Salome* komponiert hat, ich habe ihn sonst sehr gern, aber er wird sich damit furchtbar schaden.« Strauss, als er davon erfuhr, konterte mit den Worten, von diesem Schaden habe er sich seine Villa in Garmisch gekauft. Während die *Salome* in London und Wien von der Zensur verboten und in New York aufgrund der sittlichen Entrüstung eines der Hauptsponsoren der Metropolitan Opera wieder abgesetzt wurde, ging sie in Berlin komplikationslos über die Bühne, nachdem in der Inszenierung ein kleines Detail hinzugefügt worden war: Am Ende ging über der blutigen Szenerie der Stern von Bethlehem auf; außerdem hatte Strauss dem Kaiser einen neuen Militärmarsch komponiert und eine Sondervorstellung des *Freischütz* dirigiert. Einzig die bizarre *Feuersnot* – dort wird eine böswillige Maid von einem Magier

damit bestraft, dass ihrem nackten Gesäß eine Flamme entspringt, an welcher eine ganze Stadt ihre erloschenen Lichter
wiederentzündet – wurde nach der Berliner Erstaufführung
1902 verboten, wenige Tage später aber schon wieder freigegeben.

»Da habe ich eine schöne Schlange an meinem Busen ge-
nährt«, sagte der Kaiser gegenüber dem Dirigenten Ernst von
Schuch über Strauss (worauf unter den Berlinern prompt
der Ausdruck »Hofbusenschlange« die Runde machte). Max
Steinitzer, der diese Worte überlieferte, fügte ein bezeich-
nendes Detail hinzu: Wilhelm habe sie »gutgelaunt« ausgesprochen. Strauss arbeitete trotz der offenbaren ästhetischen
Differenzen länger am Berliner Hof als irgendwo sonst. Der
Kaiser mochte ihn, zahlte ihm ein gutes Honorar und gewährte seinem Kapellmeister schließlich das halbe Jahr über Urlaub,
bei gleichbleibenden Bezügen, auf dass er komponieren und in
aller Welt Gastdirigate absolvieren konnte. Das ist die preußische Toleranz. Eine andere gibt es nicht.

15. Juni

Es gibt hinreißende, den Trank heiligende, dem nach
Vergessen und Rausch gleichzeitig dürstenden Sterblichen
eine gewisse Absolution erteilende Texte über den Wein, aber
am bitter-schönsten hat des Menschen glühendes Verlangen
nach Trost im Rebensaft wohl der große unfromme persische
Mathematiker und Fatalist Omar Chajjam (um 1048–1131)
besungen, Allah erfülle dennoch seine Wünsche im Jenseits
(ich zitiere hier aus den Trinkliedern in der Übersetzung von
Cyrus Atabay):

I
Obschon ich schön von Angesicht und Farbe bin,
tulpengleich die Wange, die Gestalt zypressengleich,
wurde es nicht klar, warum der ewige Maler
mich schmückte für das Freudenhaus aus Staub.

XXI
Nun, da vom Glück nichts als der Name blieb,
kein reifer Freund zurückblieb als nur der Trester,
halte den Becher fest in der beherzten Hand,
heute, wo der Hand nichts blieb als der Becher.

LXII
Trink Wein, denn das Firmament führt
deine und meine Zerstörung im Schilde;
setzte dich ins Grün und trink klaren Wein,
denn dieses Gras wird reichlich aus deinem und meinem
                                        Staube wachsen.

LXXII
Heiter zu sein und Wein zu trinken, ist meine Regel,
frei zu sein von Glauben und Unglauben meine Religion:
Ich fragte die Braut des Schicksals, was ihre Mitgift sei,
»Dein frohes Herz«, antwortete sie.

LXXVI
Wascht mich mit Wein, wenn ich fortgehe,
bei meinem Begräbnis sprecht ein Gebet, erfüllt von Wein;
wenn ihr mich finden wollt am Tag des Jüngsten Gerichts,
sucht mich im Staub vor der Tür der Schenke.

LXXVII

So viel Wein will ich trinken, daß sein Aroma
die Erde durchdringen soll, wenn ich in ihr liege;
sollte ein Zecher über meinem Staube wandeln,
wird er vom Duft meines Weins entrückt und berauscht.

17. Juni

Am Rande einer Lesung in Dresden erfahre ich, dass dort eine
von alters her vertraute Maxime partiell wieder gilt, nämlich:
»Wir wollen hier keine Zustände wie im Westen.« Nur diesmal ist es nicht die staatliche Propaganda, die dergleichen vor-
schreibt, sondern es äußert sich das aus der Erfahrung bin-
nendeutschen Reisens gewachsene Empfinden sogenannter
Normalbürger. Dieses wiederum würde die mittlerweile aus
dem Westen schallende Propaganda gern exorzieren, denn dass
jemand seine Stadt als *res publica* begreifen und am Ende gar
darüber mitbestimmen wollen könnte, mit wem man in ihr zusammenleben möchte und mit wem nicht, ist der etablierten
politischen Kaste und ihren medialen Begleitschwaflern ein
Greuel und Ärgernis.

18. Juni

Niemand habe »die Streitkultur dieses Landes so befeuert
wie Jürgen Habermas«, schreibt Jürgen Kaube in der *FAZ*
zum 85. Geburtstag des Kommunikationstheologen und
Transzendentaldemokraten, dem Leser selbst die Lösung des
Rätsels anheimstellend, wie jemand deutsche Debatten »befeu-

ern« will, der kein Deutsch kann – und überdies beharrlich einen Generalverdacht nach dem anderen gegen die Bevölkerung des von ihm federführend bewohnten Landes formuliert (wenn auch meist miserabel). Der Panegyrikus verliert kein Wort über die Intrigen, Hinterzimmer-Ränke und Denunziatiönchen des Starnberger Seismographen, der mehr Debatten verhindert, Karrieren beeinflusst, Diskutanten gerufmordet oder rufmorden lassen hat als jeder andere lebende deutsche Intellektuelle. (Was ist los mit Ihnen, Kaube? Schon neulich Ihre Heidegger-Denunziation: Werden Sie bedroht? Ist Ihr Altenteil gefährdet? Sie sind doch sonst bei Trost!)

Nachtrag vom Januar 2015: Ich Huschelchen, wie konnte ich bloß so phantasielos sein? Inzwischen gehört Kaube zum Herausgebergremium der FAZ.

19. Juni

Es müsste doch eigentlich zu denken geben, dass das autoritäre, ständestaatliche, militaristische, reaktionäre, frontalunterrichtende, vom Untertanengeist bis in die Bandscheibenschäden des letzten Dorfbeamten durchdrungene Zweite Deutsche Kaiserreich sowohl wissenschaftlich als auch kulturell unendlich bedeutender war als die freie, aufgeklärte, weltoffene, tolerante, zivilgesellschaftliche, diversifizierte und kolossal bunte Bundesrepublik.

25. Juni

Es gibt kein stärkeres Argument gegen diese Republik als den
Menschenschlag, welchen sie als sogenannte Wortführer verlässlich hervorbringt.

29. Juni

Auf einer Alm im Schwarzwald lasse ich mich unweit einer
Herde Kühe nieder, von denen einige nahezu euphorisch auf
den unverhofften Besuch reagieren und sich zu mir gesellen. Das
Wäldchen in der Talsenke, die sattgrünen, sonnenbeschienenen
Wiesen, der weite Himmel, die Abwesenheit menschengemach-
ter Geräusche, die gutmütigen Wiederkäuer: Alles ist Idylle. Aus
der Nähe freilich bemerke ich die Fliegengeschwader an den
Augen der Tiere, auch vereinzelte Bremsen auf ihren Rücken.
Kühe sind denkbar schlecht ausgestattet, solche Plagegeister zu
verscheuchen, Ohrenwackeln und Schwanzwedeln helfen wenig, sie müssten Hände haben oder bedienstete Wedelträger; so
aber dulden sie stumm und stoisch, mit Ausnahme einer jüngeren schwarz-weiß Gefleckten, die immer wieder versucht, sich
mit den Hinterläufen zu kratzen, oder den Kopf an der Flanke
einer Kameradin reibt, natürlich vergeblich, denn die Fliegen
tanzen nur auf und kehren sofort danach zurück. Keine Paradies
ist vollkommen, dachte ich seufzend. Und mit wurde klar, warum Satan auch der Herr der Fliegen geheißen ward. Auf die
Menschenwelt übertragen: Journalisten …

30. Juni

Die Musik, schreibt Emil M. Cioran, reiche tiefer als der Wahnsinn; ein erlesener Gedanke.

1. Juli

»Ich bin fast nie Ihrer Meinung, lese aber alle Ihre Sachen.« Das ist eines der wenigen Komplimente, mit denen sich's leben lässt. Wenn jemand meine Ansichten teilte, warum sollte er sie dann noch lesen?

3. Juli

Aus der Krankenakte Nietzsches.
Basel, Irrenanstalt Friedmatt:
»Nachmittag spricht Pat. fortwährend wirr durcheinander, zuweilen laut singend und johlend. Der Inhalt seines Gespräches ist ein buntes Durcheinander von früheren Erlebnissen, ein Gedanke jagt den anderen ohne jeden logischen Zusammenhang.« (10. Januar 1889)
»Nachmittags im Garten, geht daselbst laut schreiend und gestikulierend umher.« (15. Januar)
Jena, Großherzoglich Sächsische Landes-Irren-Heilanstalt:
»Zur Abteilung folgt der Kranke unter vielen höflichen Verbeugungen. In majestätischem Schritt zur Decke blickend betritt er sein Zimmer und dankt für den ›großartigen Empfang‹. (...) Während seines Sprechens grimassiert er fast unausgesetzt. Auch in der Nacht ging sein zusammenhangloses Geplauder

fast ununterbrochen fort. Pat. ißt stark.« (19. Januar)
»Sehr laut. Oft Zornaffekte mit unartikuliertem Schreien ohne
äußeres Motiv.« (10. Februar)
»Versetzt plötzlich einem Mitkranken Fußtritte. ›Zuletzt bin ich
Friedrich Wilhelm IV. gewesen.‹« (23. Februar)
»Uriniert in den Stiefel und trinkt den Urin.« (5. April)
»Schreibt an die Wände unleserliches Zeug.« (19. April)
»Oft Zornesausbrüche. Beschmiert sich mit Koth.« (27. April)
»Plötzlich ein Fenster eingeschlagen.« (10. Juni)
»Hält den Oberwächter für Bismarck.« (14. Juni)
»Schlug plötzlich einige Scheiben ein. Behauptet hinter dem
Fenster einen Flintenlauf gesehen zu haben.« (16. August)
»Legt Koth in Papier gewickelt in die Tischschubladen.«
(20. August)
»Trinkt wieder Urin.« (10. September)
Wenn man genau wüsste, wie es endet, wie viele brächten
sich auf der Stelle um!

4. Juli

Als »Kleinbürger mit Abstiegsängsten« bezeichnet die Gesinnungspresse Menschen, die ihr Leben mit Arbeit verbringen,
aber keine Neigung verspüren, für noch mehr fremder Leute
Rechnungen aufzukommen.

5. Juli

Unter den *Spiegel online*-Kolumnisten gibt Georg Diez sozusagen den Bessermenschen auf Speed, der den linksgrünsozial-

demokratischen medialen Mainstream von noch etwas weiter links zu kritisieren fingiert, eine Rolle, mit welcher man sich in unserem womöglich weltnärrischsten Ländle bekanntlich ganz kommod ein Eigenheim weitab der Problembezirke zusammengaunern kann, sofern man nicht wie Kollege Augstein als Erbe geboren wurde und sich seine bestmenschliche Gesinnung als absoluten Luxus im relativen gönnen darf. Ich bin mir bei Gesellen des Diezschen Schlages selten sicher, ob sie ihre Ansichten nicht nur heucheln und sich heimlich ins Fäustchen lachen (würde ich vielleicht, hätte ich mit zwanzig schon Proust gelesen, auch tun), ja ob der an Charakterköpfigkeit nicht mal von Kerner und Friedman übertroffene Gevatter am Ende nicht gar eine Swiftsche Posse aufführt und dem allabendlichen Schenkelklopfen noch ein enthemmtes Wiehern über die Tölpel von Kollegen und Lesern beifügt, welches von den Wänden seines trauten deutschen Heimes widerhallt. In diesem Falle zöge ich den Hut und betrachtete die nachfolgenden Ausführungen als obsolet, zumindest was ihn, den Diez, betrifft.

Ein paar Sätze aus dessen dieswöchiger Kolumne, die sich mit afrikanischen Flüchtlingen beschäftigt, die in Berlin-Kreuzberg mit organisiertem rechtsanwaltlichem und antifaschistischem Beistand Häuser oder Schulen oder was auch immer besetzen:

»Der Artikel 16a des Grundgesetzes, der das Asyl regelt, ist ja nichts, was man einfach so wegnehmen kann, wenn man will – das Asylrecht ist die direkte und praktische Verlängerung des Artikels 1 des Grundgesetzes, aus dem die ganze Demokratie, die Macht, der Staat, die Polizei ihre Legitimität speist.«

»Wenn man diesen Artikel schwächt, schwächt man die Demokratie. Wenn man ihn de facto löscht, bricht das Kartenhaus zusammen, das jede menschliche Ordnung ist.«

»Das Asylrecht ist Kern und Daseinsgrundlage dieser Demokratie.«

»(...) weil die Menschen, Flüchtlinge, Armen der Welt kommen und kommen werden, aus politischen oder, genauso plausibel, aus wirtschaftlichen Gründen, wird es nicht anders gehen: Man darf den Thomas de Maizières dieses Landes nicht das Reden über Asyl überlassen.«

Seit ungefähr 1933 muss ein Redakteur einer deutschen Zeitung vom Souverän, von der Rolle des Staates und vom Staatsrecht bekanntlich nicht die geringste Ahnung mehr haben, aber den Unterschied zwischen einem Flüchtling und einem Asylsuchenden verrät ja sogar das von Diez so beredt beschworene Grundgesetz, wo es heißt: »*Politisch Verfolgte* genießen Asyl.« Dass eine Staatsform aus dem Asylrecht ihre Legitimition beziehen möge, also aus der Bereitschaft, Menschen aufzunehmen, die zu 100 Prozent nicht dem Souverän namens Staatsvolk angehören, ist eine erhabene Idee, die an Güte und Selbstpreisgabe nicht zu überbieten sein dürfte, zumal durch die Ineinssetzung von politischer Verfolgung und wirtschaftlicher Notlage der Kreis der in Frage kommenden neuen Staatsbürger jenen der bereits existierenden um ein Vielfaches übersteigt. Der Gedanke, dass Asyl ein zeitlich begrenzter Status ist, der mit den Gründen der Asylsuche auch wieder wegfällt, taucht gar nicht erst auf. Regierte noch Friedrich der Große, er würde nach der Lektüre der Kolumne deren idealistischem Verfasser spornstreichs drei bis fünf schwarze Zöglinge zu Hege und Herzerwärmung zuweisen. So Gott ein Einsehen hat, geschieht ähnliches auch in absehbarer Zeit auf anderem Wege.

Diez meint also, konsequent zu Ende gedacht, folgendes: Da im Grundgesetz die Würde des Menschen – *jedes Menschen* – verbrieft ist und das Asylrecht die praktische Verlängerung des Würdeschutzgebotes sei, müsse letztlich jeder Erdenbürger, der aus politischen oder wirtschaftlichen Gründen in diesem Land zu siedeln gedenkt, hereingelassen werden, weil er sonst seine Würde und die Bundesrepublik damit ihre Legitimation verlöre. Wenn wir die grundgesetzverbriefte unantastbare Würde derjenigen ca. 80 Millionen Menschen, die sich momentan eher zufällig auf dem skandalöserweise immer noch – wenn auch erfreulich durchlässig – umgrenzten Territorium der Bundesrepublik aufhalten und zu deren Würde ein Recht auf Heimat keineswegs gehört, weil es nicht im Grundgesetz steht und die Legitimität dieser Republik untergrübe, wenn wir also diese heimatlose Würde der Deutschlandbewohner um die Würdegarantie für 10 oder auch 30 Millionen Zuwanderer aus beispielsweise Afrika ergänzen, bleibt die Legitimität dieser Republik gewahrt, während sie zerstört wird. – Jetzt beim nochmaligen Überlesen dämmert mir: Es ist doch Posse.

6. Juli

Die Leugnung der Willensfreiheit ist eine schändliche Beleidigung all derer, die unter der Folter geschwiegen haben.

7. Juli

Wenn Geschlecht ein *soziales Konstrukt* oder eine *Zuschreibung* ist, dann kann Homosexualität unmöglich angeboren sein. Mithin wäre das Gender-Theorem homosexuellenfeindlicher als die katholische Kirche, Putin und Uganda zusammen.

8. Juli

Nach einem Vortrag vor einem kleinen Kreis jüdischer Intellektueller werde ich gefragt, ob ich eine Erklärung dafür
besäße, warum Israel in Deutschland keinen sonderlich guten Leumund genieße. Ich erkläre, es habe wohl damit zu tun,
dass Juden bzw. Israelis in der deutschen Öffentlichkeit nahezu ausschließlich in zwei Gestalten aufträten: als Opfer oder
Überlebende der Shoa – ein Deutscher, der mit dem Thema
Judentum oder Israel konfrontiert wird, erwarte für sich in der
Regel irgendeine Schuldkonstellation – oder als panzerbewehr-
te Palästinenserunterdrücker. Im übrigen sei ich mir keineswegs
sicher, dass es sich mit der Ablehnung überhaupt so verhalte;
man dürfe nicht die Medienmeinung mit jener der Bevölkerung
verwechseln. O doch, versetzt eine junge Frau, sie sei einmal
bei einer Aktion für Israel in der Münchner Innenstadt dabeige-
wesen, und deutliche Reserviertheit sei das mindeste gewesen,
was ihr begegnet sei.

Nun, das habe eben damit zu tun, dass normales jüdisches
Leben wegen der Verengung auf Drittes Reich und Nahost-
konflikt in Deutschland etwas Surreales sei, entgegne ich. Dass
hiesige Medien sich in einem pathologischen Ausmaß für unter-
drückte Palästinenser interessierten, während zum Beispiel die
von Islamisten massakrierten Christen Nord- und Zentralafrikas
auf eine vergleichbar massierte Berichterstattung oder gar auf
Anteilnahme nicht zählen dürften, sei nach meiner Erfahrung
aber eher auf einen versuchshalber umgelenkten Schuldvorwurf
als auf wirklichen Antisemitismus zurückzuführen. Man wolle
einfach mal den Spieß umdrehen. Es handele sich bei den regen
Akrobaten der Gegen-Anklage übrigens eher um Linke als um
Konservative, das heißt um Leute, die der Meinung seien, die

deutsche Vergangenheit »aufgearbeitet« zu haben, und die sich
überhaupt moralisch vorbildlich fühlten. In deren Milieu werde Israel sozusagen als »rechter« Staat wahrgenommen. Dass
die Israelis immer noch wie ein Volk agierten, also sich ethnisch
definierten, das Wohlergehen der eigenen Landsleute wichtiger
nähmen als das fremder Minderheiten und ihr Territorium rustikal verteidigten, widerspräche all den Buntheits-, Multikulti-,
Teilhabe- und Diversifizitätsvorstellungen der hiesigen Wortführer. In diesem Kontext gehöre Israelkritik paradoxerweise auf einmal zum staatsreligiösen deutschen »Kampf gegen
rechts«, auch wenn man gerade den Rechten vorwirft, heimlich
oder offen antisemitisch zu sein. Die deutschen Progressisten
erwarteten von Israel, es möge sich die pazifizierte, auch gegen
ihre Feinde tolerante, auf eigene Souveränität und Verteidigung
weitgehend verzichtende, Selbsterhaltung für Rassismus haltende und das Geld ihrer Bürger munter an Nichtdeutsche verteilende Bundesrepublik zum Vorbild nehmen. Nur wäre Israel,
wenn es sich wie das heutige Deutschland aufführte, übermorgen verschwunden.

Übrigens kommen auf jeden von Israelis getöteten Muslim
mehrere hundert zur selben Zeit von Muslimen getötete Muslime. Und natürlich ist Israel ein »bunteres« Land als die
Bundesrepublik, vor allem auch, was die Meinungsvielfalt angeht, Israelkritik inbegriffen.

9. Juli

Unter der absurden Überschrift »Hier erleben zwei schwule Väter die Geburt ihres Kindes« veröffentlicht *Bild* ein Foto,
das zwei oberkörperfreie kanadische Homosexuelle mit einem

Neugeborenen zeigt. Auf der Originalaufnahme sieht man ganz am Rande noch die Leihmutter, die künstlerisch offenbar wertvollere finale Version des Fotos kommt ohne die Gebärerin aus. Der Text dazu (die Leserkommentarfunktion war vorausschauend gar nicht erst aktiviert worden):

»Kurz nachdem Milo das Licht der Welt erblickte, wurde er in die Arme seiner Väter gelegt. Unter Tränen hielten sie ihren Sohn fest. ›Beide waren oberkörperfrei, weil sich Hautkontakt positiv auf Neugeborene auswirkt‹, sagte die Fotografin Lindsay Foster. Den einzigartigen Moment hielt sie mit der Kamera fest und postete das Bild auf ihrer Facebook-Seite, wo es tausendfach geliked und kommentiert wurde – wie auch von den beiden Vätern Barone und Nelson, die sich für die vielen Glückwünsche bedankten: Sie seien glücklich, einen wunderschönen und gesunden Jungen zu haben. Sie seien sich sicher, dass Milo jeden akzeptieren werde – auch die intoleranten Leute. Und weiter schrieben sie: ›Liebe hat keine Farbe, kein Geschlecht oder sexuelle Vorliebe. Liebe ist bedingungslos.‹«

Nun, so bedingungslos nun auch wieder nicht, denn es braucht dazu eine Mutter, von der Milo, der kleine Glückspilz, sofort nach der Geburt getrennt wird, um an die Brüste seiner Papis zu sinken. Damit die einen ihr vermeintliches Menschenrecht genießen dürfen, muss er auf das Elementarste verzichten, was ein Mensch besitzt. Einem Kind wird die Mutter weggenommen, etwas Schlimmeres kann man ihm kaum antun, und die *Bild*-Zeitung, angeblich Volkes Stimme, tatsächlich ein Zeitgeistflittchen wie alle anderen auch, findet es toll. Die Sache wird nicht einmal ansatzweise problematisiert.

Mal sehen, was Milo dazu sagt, wenn er alt genug ist, um aus dem Loyalitätsverband oder auch bloß Manipulationszusammenhang namens Schwulenfamilie entlassen zu werden. Ob er als ein seelisch gesunder Mensch aus der Selbstverwirklichungsnummer herauskommt. Und ob wenigstens seine Kinder eine Mutter bekommen …

Nachtrag: Inzwischen ist es Forschern bei Mäusen gelungen, das Genmaterial zweier männlicher Tiere zu verschmelzen. Das Mabuse-Experiment läuft so, dass zunächst Stammzellen aus den Körperzellen eines männlichen Tieres hergestellt werden, man diese sodann in einen weiblichen Embryo pflanzt – ganz ohne Weibchen geht es einstweilen noch nicht –, damit sich die Stammzellen zu Eierstöcken entwickeln, die wiederum Eizellen mit männlichem Genom produzieren, also jenem des Männchens Nummer eins. Schließlich werden diese »maskulinen« Eizellen durch Sperma eines anderen Männchens befruchtet. Die entstehenden Nachkommen besitzen die genetische Ausstattung der beiden Männchen, und zwar ausschließlich. Der Homunculus oder was auch immer – vielleicht liefert Sibylle Lewitscharoff die angemessene Terminologie – hat zwei Väter. Ist es der Fluch der (gut gemeinten) bösen Tat, dass sie, fortzeugend, immer Böses muss gebären? Oder zeugen uns die Schwulen am Ende den Übermenschen, eine Kreatur ohne weibliche Bestandteile, Bedürfnisse und Empfindsamkeiten? Wird aus diesem Typus eine neue Subspezies entstehen, die komplett ohne Frauen auskommt? Und wird es den umgekehrten Fall ebenso geben, soll heißen: Ist eine Menschheit denkbar, wo Frauen für sich leben und zeugen und Männer desgleichen? Und Heteros als dritte Herde dazwischen oder sonstwo?

10. Juli

Freund M., promovierter Philo- und habilitierter Vinosoph, äußert beim Weine die tiefsinnige Idee, Spätere würden dereinst Habermas und Sloterdijk gemeinsam in die Rubrik »Linksheideggerianer« einsortieren. Das sich auf meiner Stirn offenbar bildende Fragezeichen wischt er mit der Ergänzung fort, immerhin habe man es auch geschafft, so grundverschiedene Denker wie Kant, Fichte, Schelling und Hegel – allein diese vier decken wahrscheinlich ein breiteres Spektrum ab als sämtliche momentan lebenden philosophischen Autoren der Erde zusammen – in der gemeinsamen Schublade »Deutscher Idealismus« unterzubringen.

14. Juli

Also von mir aus kann der Fortschritt jetzt sofort aufhören.

15. Juli

Strauss-Jahr, Fortsetzung. Modernität heißt jenes Geländer, an welchem sich die Amusischen und die Ideologen festhalten, wenn sie in Gedanken durch die Kunstgeschichte tapern. Es ist sehr wackelig geworden; ein Wunder, dass es überhaupt so lange gehalten hat. Besonders verbreitet war im vergangenen Jahrhundert die Ideologie des Stils, welcher zufolge der Wert eines Musikwerkes sich nicht an dessen geistigem Gehalt, gestalterischer Kraft und ästhetischer Stimmigkeit bemaß, sondern an der Avanciertheit, mit welcher der Komponist das musikalische Material behandelte. So entstand die obskure Idee, es gebe »fortschrittliche« und »reaktionäre« Musik. Welchen Stil ein »fortschrittlicher« Musiker zu bevorzugen hatte, war keineswegs seine Sache, sondern eine objektive historische Notwendigkeit, ungefähr wie der Sieg des Kommunismus oder wenigstens des Sozialismus.

Speziell Schönberg und seine Schüler waren an einer möglichst weiten Verbreitung der Dichotomie *modern–rückschrittlich* interessiert und maßgeblich beteiligt, denn dass sie beim Publikum nicht übermäßig ankamen, konnte ihnen schwerlich entgehen. Das ist insofern bedauerlich, als in ihren Kompositionen ja eine enorme Menge Geist und Begabung steckt, nur gestaltet es sich für den Rezipienten eben schwierig, eine Musik zu verfolgen und zu verstehen, die eher zum Lesen denn zum Hören geschrieben ist. Mit dem Verlassen der Tonalität wurde die Tonkunst immer dissonanter, gefühlloser, unsinnlicher und rein intellektuell, ein hölzernes Eisen. Es war ein Aufbruch ins ewige Eis.

Theodor W. Adorno verlieh der ganzen Tendenz dann noch die soziologische Weihe, indem er suggerierte, man dürfe, erstens, nach Auschwitz keine Gedichte und erst recht keine tonale Musik mehr schreiben, es tauge aber, zweitens, der entfremdete Mensch in der verwalteten Welt ohnehin weder als Adressat noch als Gegenstand einer solcherart affirmativen Kunst. Die Pogrome und Massenschlachtungen *vor* Auschwitz und die Lage des Menschen vor seinem Sturz in die verwaltete Welt waren demzufolge so übel nicht, dass man allein ihretwegen das Dur-Moll-System und die Dichtkunst über Bord hätte werfen müssen. Selbstredend formulierte »Teddy« Adorno mit dieser Wichtigtuerei kaum mehr als seine Kandidatur auf ein Amt als Hohepriester einer weiteren linken ästhetischen

Weltdeutung. Ich gestatte mir die Ansicht, dass ein Mensch, der die Dissonanzen von Auschwitz überlebt hat, ja dass generell jeder Überlebende sich weder zu Adornos Zeiten noch heute die Dissonanzen der Neuen Wiener Schule und ihrer Nachfolger antun musste oder muss, sondern vom Fortschrittsdienst für immer freigestellt werden sollte.

Nun aber zu Strauss. In dessen Biographie fiel bekanntermaßen jene musikalische Revolution, von welcher hier die Rede ist, die Entwicklung einer musikalischen Sprache jenseits der Tonalität, und da sie ungefähr um die Mitte seines Lebens stattfand, galt Strauss die eine Hälfte davon als Avantgardist und die andere als Reaktionär. Mit den harmonischen und klanglichen Exzessen seiner Opern *Salome* (1905 uraufgeführt) und *Elektra* (1909) schien sich der Bayer an die Spitze der musikalischen Entwicklung gesetzt zu haben. »Er ist der genialste Vertreter der Moderne«, schrieb ein Musikkritiker unter dem Eindruck der *Salome*. Nach der Uraufführung von *Elektra* einte die Kritiker der Gedanke, dass Strauss bei der Vertonung des Blutrache-Stoffes mit seinen Akkordschichtungen und extremen Dissonanzen zu weit gegangen sei. Der Meister konterte einem Journalisten gegenüber sarkastisch: »Wenn auf der Bühne eine Mutter derschlag'n wird, kann i im Orchester doch koa Violinkonzert spielen lassen!«

Strauss hätte damals dem Zeitgeist folgen und aus der Tonalität aussteigen können. Der Komponist entschied sich, in seiner eigenen Zeit zu leben. Er verabschiedete sich von den Fin-de-Siècle-Schockern und komponierte als nächstes »eine Mozart-Oper«: den *Rosenkavalier*, sein populärstes Werk. Für die Modernisten war er von da an ein erledigter Fall. Strauss habe erkannt, »dass die Musiksprache des neuen Jahrhunderts bewusst auf stilistische Einheitlichkeit verzichten musste«,

meint sein aktueller Biograph Bryan Gilliam. Tatsächlich gibt
es in Strauss' musikalischer Sprache streng genommen gar keine Entwicklung, sondern nur eine ständige, dem jeweiligen
Stoff entsprechende Verwandlung. *Salome* und *Elektra*, die nach
des Komponisten eigenen Worten in seinem Gesamtschaffen
»vereinzelt« dastehen, markieren keineswegs einen Bruch in
seinem Werk, so sehr sie manche Zeitgenossen als schockie-
rend empfanden, sondern die abartigen Stoffe forderten eine
adäquate Tonsprache. Doch schon Strauss' Zeitgenosse, der
Musikschriftsteller Richard Specht, nannte *Elektra* mit einer
gewissen Lust am Einspruch eine »Belcanto-Oper«. Ähnlich
sah es 80 Jahre später Strauss-Biograph Matthew Boyden:
»Aus heutiger Sicht ist *Elektra* ein Werk von fast konventioneller Gefühlsseligkeit und vielleicht Strauss' flüssigste Partitur,
so sanglich und melodiös wie irgend etwas von Mozart und so
sehr der Tradition verpflichtet wie *Guntram*.« Das mag ein bisschen kokett formuliert sein, trifft im Kern aber durchaus zu.
Der *Rosenkavalier* wiederum ist im Vergleich zur *Elektra* allenfalls ein »Rückschritt« in der Verwendung harmonischer
Extreme, keinesfalls indes was die Komplexität und Farbigkeit
der Partitur betrifft.

Glenn Gould, der Strauss sehr schätzte, hat auf die »außer-
ordentliche Beständigkeit seines Vokabulars« über siebzig
Arbeitsjahre hinweg insistiert, von der frühen Sinfonie op. 12
bis zu den »Metamorphosen«. Keines dieser beiden Werke, so
Gould, enthalte »irgendeine harmonische Fortschreitung, die
notwendig für das andere unverfügbar gewesen wäre«. Was
sich entwickelt, ist die kompositorische Meisterschaft und die
Feinheit der Orchesterbehandlung. »Früher befand ich mich
auf Vorpostenstellung. Heute bin ich fast in der Nachhut. Dies
läßt mich jedoch gleichgültig«, bekannte der Meister selbst

in der besagten Mitte seines Lebens. »Ich habe niemals ein
Werk geschrieben mit der Absicht, als Futurist zu gelten oder
Revolutionär. Ich bin mir allerdings nicht sicher, ob die sogenannten ›musikalischen Futuristen‹ bei der Niederschrift ihrer atonalen und antimelodischen Arbeiten ebenso aufrichtig
sind.« An anderer Stelle heißt es: »Ich glaube weder an Schulen
noch an Tendenzen (...). Ich glaube nur an Musik.«

Für die Avantgardisten war Strauss' Weigerung, ihren Weg
mitzugehen, nicht nur reaktionär und ein Affront insofern,
als sie genau wussten, dass er der bedeutendste Komponist
seiner Zeit war, sie empfanden sein Verhalten buchstäblich
als unmoralisch. Heute sind die meisten Werke der Neutöner
historisch, indes selten klassisch geworden (dass sich Bergs
Opern *Wozzeck* und *Lulu* beharrlich im Repertoire halten, hat
wesentlich mit ihren Texten zu tun), doch der Glaube, dass
ihre Werke Strauss, Pfitzner und anderen gegenüber eine irgendwie höhere Stufe des musikalischen Fortschritts verkör-
perten, ist noch lange nicht passé. Nochmals Glenn Gould:
»Was muß man tun, um solche Leute davon zu überzeugen, daß Kunst nicht Technologie ist, daß der Unterschied
zwischen einem Richard Strauss und einem Karlheinz
Stockhausen nicht zu vergleichen ist mit dem Unterschied
zwischen einer bescheidenen Bürorechenmaschine und einem IBM-Computer?«

Keineswegs werde ich eine Lanze brechen für jenes
Publikum, das sich im Konzertsaal nur von einer schönen Passage zur nächsten schlawinern will, und ich bin mir
der enormen Probleme bewusst, vor denen jeder zeitgenössische Komponist steht. Ich glaube nur nicht an irgendwelche Fortschritte im Reich der Kunst, wie sie etwa in der
Zahnmedizin, der beweibten Raumfahrt oder im Tunnelbau

stattfinden, sondern einzig an den ästhetischen Treffer. Vielleicht kennt die Entwicklung der Musik und der anderen Künste, wenn schon keinen Fortschritt, so doch einen Anfang und ein Ende, vielleicht ist das Material wirklich erschöpft, und für die Ewigkeit bleiben lediglich die Werke der Klassiker, in denen sämtliche menschlichen Konstellationen letztgültig behandelt sind, die man zwar variieren kann, aber über die man nicht mehr hinauszukommen vermag. Dass die Kunst endlich sei, endlicher als der Mensch jedenfalls, haben Denker wie Hegel und Wittgenstein längst ahnungshalber formuliert, Hegel mit brachialem Optimismus (»An ihre Stelle tritt die Philosophie«), Wittgenstein mit der Feststellung, dass ein Ende der Kunst kein Argument gegen die Menschheit sein dürfe.

Für Strauss gilt jedenfalls die absonderliche Dialektik, dass ein Künstler, der sich der Mode verweigert, auch nicht aus derselben kommen kann. Und zum dritten Male Gould: »Das Große an der Musik von Strauss ist, daß sie ein Argument darstellt und untermauert, das über alle Dogmen der Kunst – alle Fragen von Stil und Geschmack und Idiom –, über alle nichtigen, unfruchtbaren Voreingenommenheiten der Chronisten hinausgeht. Sie bietet das Beispiel eines Menschen, der seine eigene Zeit bereichert, indem er nicht zu ihr gehört; der für alle Generationen spricht, indem er keiner angehört. Es ist das äußerste Argument der Individualität.« Diese tatsächlich einzigartige, vollkommen trendabholde Individualität richtet sich majestätisch auf in Gestalt der erstmals nach Strauss' Tod aufgeführten »Vier letzten Lieder«, die so frei, so prachtvoll, so zeitlos, so schön, so ewig tönen, als habe die atonale Revolution nie stattgefunden.

16. Juli

Der mit dem Begriff »Gauchogate« verniedlichte argentinier-
feindliche Auftritt der deutschen Nationalmannschaft in Berlin
war keineswegs nur peinlich oder geschmacklos, wie manche
Zeitungskommentatoren verharmlosend schrieben, sondern
aggressiv, diskriminierend, rassistisch, chauvinistisch und ewig-
gestrig. So hat sich eine deutsche Mannschaft, so haben gerade wir als Deutsche uns nicht zu benehmen! 75 Jahre nach dem
Überfall auf Polen, 100 Jahre nach dem von Deutschland maßgeblich mitangezettelten Ersten Weltkrieg und 2005 Jahre nach
dem letzten Triumph einer deutschen Mannschaft in einem
wichtigen Treffen gegen Italien stellen sich Deutsche kampffä-
higen Alters in Herrenmenschenpose über einen geschlagenen
Kontrahenten, verhöhnen ihn und stacheln Millionen sogenannter Fans zur Völkerverachtung an. Man muss dergleichen
scharf bekämpfen; diesem Eklat sollten Maßnahmen folgen.

Ein paar Vorschläge zur Güte und Beruhigung des zu Recht
hellauf empörten Auslands sowie der eigenen Presse:

1. Deutsche Tore werden künftig nicht mehr bejubelt. Stattdessen begeben sich die Spieler gesenkten Kopfes und möglichst
unauffällig zurück in ihre Hälfte. Freudentrauben und ähnliche
Kundgebungen fehlender Anteilnahme und Empathieferne
sind verboten. TV-Moderatoren informieren nach deutschen
Treffern das Publikum über die sozialen Probleme im Land des
Konkurrenten.

2. Nach einer gewonnenen Partie entschuldigt sich jeder
deutsche Akteur bei seinem Gegenspieler. Interviews werden
in einem dem Ernst der Lage angepassten Ton gegeben. Der
Bundestrainer bittet auf der Pressekonferenz im Namen der
Mannschaft die gegnerischen Anhänger um Vergebung.

3. Nach jedem Sieg legt der Kapitän der deutschen Mannschaft im gegnerischen Strafraum einen Kranz nieder. Fällt ein deutscher Sieg mit mehr als zwei Toren Unterschied aus, organisiert der DFB Soforthilfen für die Opfer und ihre Angehörigen. Die Mannschaft versteigert ihre Trikots und spendet die Einnahmen an die Kinder der Unterlegenen.

4. Hat sich die deutsche Nationalmannschaft für eine Welt- oder Europameisterschaft qualifiziert, durchläuft jeder Kicker ein Antidiskriminierungsprogramm. Findet das Turnier in einem von Deutschland früher einmal besetzten Land statt, haben die Spieler dort entweder in der Landessprache zu sprechen oder zu schweigen.

5. Hat die deutsche Nationalmannschaft in einem Turnier das Viertelfinale erreicht, wird in allen TV- und Radiosendern jede zweite Stunde die Hymne des Gegners gespielt, im Halbfinale jede Stunde. Erreicht Deutschland das Finale, lernen die Schulkinder die Hymne des Endspielgegners auswendig. Boateng, Khedira und Özil singen die gegnerische Hymne im Stadion vor dem Spiel mit.

6. Nach einem gewonnenen Turnier bildet die Bevölkerung im gesamten Land Lichterketten der Solidarität mit den Geschlagenen. Auf öffentlichen Plätzen und in den evangelischen Kirchen werden die Namen der unterlegenen Spieler verlesen. Die Frauenfußballnationalmannschaft kann als Klagechor eingesetzt werden. Die deutschen Fahnen vor offiziellen staatlichen Einrichtungen sind entweder auf Halbmast zu setzen oder durch Fahnen der auf dem Weg ins Finale besiegten Länder zu ersetzen. Die Spieler haben bei der Heimkehr Trauerbinden an den Armen zu tragen und öffentlich ihren Anteil an der kollektiven Schuld zu bekennen. Die Siegesprämien werden an Bedürftige in den Ländern der geschlagenen Kontrahenten abgetreten.

7. Beim Gewinn des Weltmeistertitels herrscht mindestens eine Woche Staatstrauer.

17. Juli

Emil M. Cioran hat sein halbes Leben über das Elend der Existenz und den Suizid geschrieben, aber der Verfasser von Büchern wie *Vom Nachteil, geboren zu sein, Die verfehlte Schöpfung* oder *Geviert* und Urheber der Sentenz, jedes Buch sei ein aufgeschobener Selbstmord, hat sich doch nicht umgebracht; er starb durchaus betagt, 84jährig, auf die gottgefällige natürliche Weise. An einem Charakterzug hätte man notfalls erkennen können, dass es ihm nicht hundertprozentig ernst war mit dem Tod von eigener Hand: Er machte keine Witze.

18. Juli

Im Buch Nimmerlein steht geschrieben: Dem Hegemon nicht in die Quere kommen ist politische Klugheit, aber gleich seine Weltsicht übernehmen die schlimmste aller Kriechereien.

20. Juli

Von allen großen D's dieser Republik befindet sich das zwischen die Buchstaben W und R geklemmte bekanntermaßen in einer besonders prekären Situation, woran diesmal ein Beitrag des Senders zur deutschen Musik im Ersten Weltkrieg erinnert, der die erschütternde Erkenntnis vermittelt, dass 1914 fast alle deutschen Künstler und Intellektuellen ihrem Land den Sieg im Weltkrieg wünschten – so wie fast alle französischen, russischen oder englischen Künstler und Intellektuellen einen Sieg der Entente, was der WDR-Beitrag aber nicht explizit herausstreicht –, und dass einige Musiker sogar patriotische Werke komponierten bzw. sich patriotisch äußerten.

Näherhin geht es um ein Interview mit dem Hamburger Musikwissenschaftler und Emeritus Peter Petersen, welches auf der Webseite des Senders angekündigt wird mit den Sätzen: »Heroisierende Kriegsmusiken gibt es schon seit der Renaissance. Doch nie zuvor hat sich die Musik Europas derart in den Dienst des Nationalismus gestellt wie zu Anfang des Ersten Weltkriegs. Daran beteiligte sich auch die erste Garde der Komponisten – vor allem in Deutschland und Österreich.« Die Rede ist vom »blinden Patriotismus vieler Komponisten«.

Davon abgesehen, dass heroisierende Kriegsmusiken keineswegs erst seit der Renaissance, sondern seit Olims Zeiten gespielt werden, verdienen in diesem Passus die beiden Wörtchen »vor allem« besondere Aufmerksamkeit. Sie werden zwar weder im folgenden Interview noch von den historischen Tatsachen eingelöst, verdeutlichen aber sehr schön die absonderliche, das Ausland seit Jahrzehnten je nach Gusto irritierende oder belustigende Tendenz deutscher Meinungsproduzenten, in historischen Belangen möglichst zuungunsten des eigenen Landes zu argumentieren. Als Alleinrepräsentanten der »ersten Garde« deutscher Komponisten, die sich mit einem Werk »in den Dienst des Nationalismus« stellten, werden auf der WDR-Webseite Felix von Weingartner sowie Max Reger präsentiert, letzterer offenbar wegen seiner »dem deutschen Heere« gewidmeten »Vaterländischen Ouvertüre« von 1914 (die aber seltsamerweise im gesamten Beitrag nicht erwähnt wird), Weingartner mit seiner Ouvertüre »Aus ernster Zeit«.

Weiter heißt es im Vorspann zum Interview: »Petersen spricht geradezu von einer ›musikalischen Mobilmachung im Ersten Weltkrieg‹. Er beschreibt die Ursprünge dieser nationalistischen Vereinnahmung in der Proklamation des Kaiserreichs 1871, zu der so gegensätzliche Komponisten wie Brahms und Wagner Triumphmusiken komponiert haben.«

Teufel auch, da haben sich Brahms und Wagner, diese komponierenden Halunken, also über die Reichseinigung gefreut! Und über die Niederlage jenes Frankreich, das in den Jahrhunderten zuvor beharrlich deutsche Ländereien mit Krieg überzogen, verwüstet, geplündert oder schlechterdings weggestohlen hatte. Einmal unter uns: Hat man je auf einer Webseite einer deutschen Sendeanstalt indignierte Worte darüber gelesen, dass zum Beispiel Verdi und Puccini patriotische Musik schrieben? Verdi etwa mit seiner Oper *La battaglia di Legnano*, die er ausdrücklich als Beitrag zum Risorgimento betrachtete (und in welcher sich der Partiot Arrigo unter dem Ruf »Viva Italia!« – natürlich auf dem hohen C – vom Balkon stürzt). Puccinis Marsch »Inno a Roma« wiederum wurde eine der offiziellen Hymnen des italienischen Faschismus. Auch der Engländer Edward Elgar komponierte vor und während des Krieges vaterländische Werke, etwa die Hymne »Land of Hope and Glory« oder das Chorwerk »The spirit of England« – *so what?* Prokofjew und Strawinsky bekannten sich 1914 als glühende Deutschenhasser, wenngleich nicht in ihren Kompositionen – *ну и что?* Und unsere linksrheinischen Nachbarn singen bis heute bei jeder Gelegenheit, etwa vor Fußballspielen der Nationalelf: »An die Waffen, Bürger, / formiert eure Bataillone, / marschiert, marschiert, / damit das unreine Blut / unsere Ackerfurchen tränke.« *Et alors?*

Weiter auf der WDR-Webseite: »Im Gespräch macht Petersen deutlich, wie der Ausbruch des Krieges das Konzertleben in

Deutschland verändert hat – die Musik der ›Feindstaaten‹ wie
Frankreich und England wurde aus den Programmen gestri-
chen, das zuvor weite europäische Musikpanorama schrumpf-
te zusammen auf ein nationalistisches Fenster. Ein Vorgang, der
sich im zweiten Weltkrieg wiederholen sollte, mit noch verhee-
renderen Folgen für die Musiker.«

In fünf Zeilen so viel Schiefheit, Einseitigkeit und Perfidie
unterzubringen, das beweist Könnerschaft. Schauen wir genauer hin. Zunächst einmal vollzog sich die nationalistische
Exklusion in sämtlichen am Krieg beteiligten Ländern, was
der brave Professor Petersen, dessen Stimme lustigerweise wie
die von Sarrazin klingt, im Gespräch auch erzählt – wozu sollte man es dann noch extra auf die Webseite schreiben? Petersen
weist darauf hin, dass französische Musik in Deutschland nicht
oder kaum mehr gespielt wurde, aber der umgekehrte Fall
eben auch galt. Er führt des weiteren aus, dass in den USA die
deutsche Musik aus dem Konzertbetrieb entfernt und deutsche Musiker in ihrer Arbeit behindert wurden. Er nennt das
Beispiel Karl Muck: Der Dirigent leitete von 1912 bis 1918 das
Boston Symphony Orchestra und wurde von März 1918 bis zu
seiner Ausweisung im August 1919 in einem Lager interniert,
weil er sich geweigert hatte, in einem Konzert die amerikanische Nationalhymne zu spielen. Das findet der Interviewer
nicht weiter schlimm oder gar nachfragenswert, denn er weiß
genau, wer die Guten waren und auf welcher Seite »Musiker als
Täter« (O-Ton des WDR-Fragers) agierten.

Warum das »weite europäische Musikpanorama« nun ausgerechnet bei den Mittelmächten zusammengeschrumpft
sein soll, wüsste man ebenfalls gern. Zum Zeitpunkt des
Kriegsausbruchs wirkten in Deutschland und Österreich neben dem nach Puccini damals weltberühmtesten und im Rang

sicherlich noch etwas über diesem anzusiedelnden Richard
Strauss und dem bereits erwähnten Max Reger unter anderem: Hans Pfitzner, Arnold Schönberg, Alban Berg, Anton von
Webern, Engelbert Humperdinck, Paul Hindemith, Max Bruch,
Eugen d'Albert, Franz Schreker, Erich Wolfgang Korngold, Rudi
Stephan, Max von Schillings, Alexander von Zemlinsky. Gustav
Mahler war 1911 gestorben. Was die klassische Musik als solche
angeht, wäre es ohnehin ein Pleonasmus, sie mit dem Attribut
deutsch zu versehen; deutsche Musik, das ist beinahe ein wei-
ßer Schimmel, der musikalische Parnass befindet sich *sub spe-
cie aeternitatis* fest in deutscher Hand. Wenn wir Rameau und
den göttlichen Chopin ausnehmen, waren die Ersten unter den
Unsterblichen von Bach bis Wagner durchweg Deutsche oder
Österreicher. Dies nur am Rande bemerkt. Durchs »nationalistische Fenster« der Mittelmächte bot sich jedenfalls das mit
Abstand weiteste Panorama unter allen Kriegsteilnehmern.
Und der zuletzt zwanghaft, ja zwangsarbeiterhaft hergestellte
Zusammenhang mit dem Dritten Reich verkörpert – ich werde
es nicht müde, diesen Gedanken zu ventilieren – nur die zeitge-
mäße Form des Heilhitlergebrülls, gewiss nicht so abstoßend
wie jenes, aber ekelhaft genug.

Als »besonders erschreckend« empfindet der Interviewer ein
Bekenntnis von Arnold Schönberg, der Ende August 1914 an
Alma Mahler schrieb: »Ich konnte nie etwas anfangen mit aller ausländischen Musik. Mir kam sie immer schal, leer, wider-
lich süßlich, verlogen und ungekonnt vor. (...) Diese Musik war
längst eine Kriegserklärung, ein Überfall auf Deutschland. Aber
jetzt kommt die Abrechnung! Jetzt werfen wir diese medio-
kren Kitschisten wieder in die Sklaverei und sie sollen den deutschen Geist verehren und den deutschen Gott anbeten lernen.«
Dass ausgerechnet ein Jude so etwas geschrieben hat, macht

ja die ganze NS-Vorläuferschaftsthese kaputt! Tatsächlich enthalten dergleichen Krassheiten, sofern sie von einem bedeutenden Kopf stammen, immer eine Wahrheit *in nuce*, ganz im Gegensatz zum süßlichen Gerede von Kulturgleichwertigkeit und neuerdings (Sozio-)Diversität, das immer verlogen ist.

Auch Professor Petersen findet etwas besonders schlimm, nämlich Gedanken, die Felix Weingartner »noch 1916« geäußert hat und bei denen man sich heute wundere, dass sie überhaupt zu Papier gebracht worden seien. Ihre Quintessenz lautete: »Es gäbe keine höhere Weltordnung, wenn wir nicht die Sieger blieben.« Herr Petersen wird hoffentlich nicht meinen, dass diese Perspektive ausschließlich der Gegenseite rechtmäßig vorbehalten gewesen sei, aber dass sie dort verbreitet war, kann er unmöglich nicht wissen. Ähnliche Gedanken wurden in Frankreich und England x-fach geäußert und publiziert, keineswegs nur in Gestalt der Hunnen- und Abgehackte-Kinderhände-Propaganda, mit welcher sich die Entente-Staaten zu Kämpfern des Lichtes gegen die Mächte der Finsternis logen. Ich habe jetzt keinen Musiker zur Hand, aber der französische Philosoph Henri Bergson beispielsweise statuierte Anfang August 1914: »Der begonnene Krieg gegen Deutschland ist der eigentliche Kampf der Zivilisation gegen die Barbarei. Jeder fühlt das.« Und der Dichter André Suarès erklärte 1915: »Der Deutsche ist der stärkste, wildeste Feind, den die Menschheit je hatte. Man hat aus ihm einen Vernichtungsautomaten gemacht. Seine Armeen sind die Legionen des Teufels. Mensch ist er nur, um zu zerstören und zu töten – beides mit wissenschaftlicher Akribie.« Mir ist kein vergleichbar manichäisches Zitat aus dem Kaiserreich bekannt. Auch der Fall des englischen Philosophen und Mathematikers Bertrand Russell, der wegen pazifistischer Äußerungen ein halbes Jahr im Gefängnis verbringen musste

und seine Professur im Cambridge verlor, hat im Kaiserreich
kein Gegenstück.

Oder nehmen wir – keine Sorge, ich schweife zwar ab, aber
werde einen Weg zurückfinden – den französischen Arzt und
Psychologen Edgar Bérillon, unvergesslich als Diagnostizierer
einer deutschen Kollektivkrankheit namens »Bromidrose«,
sprich der These, dass Deutsche stärker stänken als Angehörige
anderer Nationen. In seinem Aufsatz *La Bromidrose fétide des
Allemands* von 1915 schreibt er: »Viele französische Ärzte, die
deutsche Verwundete zu behandeln hatten, bemerkten spontan einen besonderen, unverwechselbaren Geruch, der diesen
Verwundeten entströmte.« Diese typische Odeur beschränke
sich indes nicht auf Verwundete und Kranke: »Mehrere französische Offiziere haben mir bestätigt, dass sie einen Trupp deutscher Kriegsgefangener nur mit abgewandtem Kopf begleiten
konnten, da sie der ekelerregende Geruch belästigte, den diese Männer verbreiteten.« Aus dem penetranten Germanenmief
erkläre es sich auch, »warum die von Deutschen frequen-
tierten Hotels von den Reisenden anderer Nationen gemie-
den werden. Der Geruch durchdringt Schränke, Kommoden
und alle Möbel.« Überdies und symptomatischerweise
sei deutscher Urin toxischer als der Harn anderer Völker:
»Um ein Kilo Meerschweinchen zu töten, benötigt man
45 Kubikzentimeter französischen Urins. Hingegen genügen
etwa 30 Kubikzentimeter deutschen Urins, um das gleiche
Resultat zu erzielen.«

Zwei Jahre später generalisierte Bérillon seine Erkenntnisse
in der Schrift *La psychologie de la race allemande d'après ses ca-
ractères objectifs et spécifiques.* »Was bei der deutschen Rasse als
erstes auffällt, ist ihre Hässlichkeit, ihr Mangel an Proportion.
Der Deutsche wirkt ungehobelt, unfertig, plump.« Betrachte

man den Kopf eines Deutschen, falle auf, »dass die obere Hälfte
mit den Organen des Denkens, Sehens und Hörens bei ihm
nicht mehr Platz einnimmt als die untere mit dem Mund und
den Kiefern, den Organen des tierischen Appetits.« Die typische »fliehende Stirn« wiederum verrate »das grobe Instrument,
das sie beherbergt«. Analog zum Schädel sei der gesamte
Körperbau der Deutschen fehlproportioniert, was sich in der
»Dominanz der Organe des Unterleibs« und der »exzessiv entwickelten Gesäßpartie« manifestiere. Alles zusammen verweise
auf eine »abnorme Überaktivität des Darms« (»Polychesie«).
Der »daraus folgende häufige Stuhldrang« sei »die Ursache geistiger Schäden, die mit der Befriedigung dieses Bedürfnisses
zusammenhängen«. Es sei bekannt, dass sowohl die öffentlichen als auch die privaten Toiletten in Deutschland ständig besetzt wären. »Die Anwesenheit deutscher Truppen auf unserem Boden hat uns diese Hypertrophie der Darmfunktion bei
den Deutschen erneut ins Gedächtnis gerufen. Immer wenn
germanische Horden ins Innere unseres Landes vordrangen,
hinterließen sie gewaltige Mengen von Kot, mit denen sie ihre
Marschroute markierten.«

Zumindest in einem Punkte mögen die Einsichten von
Monsieur Bérillon ihre Gültigkeit bewahrt haben: Heute de-
fäkiert ein gewisser Typus Deutscher, der ebenfalls an abnor-
mer Überaktivität bei einer Art von Kotproduktion leidet und
dadurch offenkundig geistige Schäden davonträgt (oder umgekehrt), bevorzugt ins eigene Land. Womit wir wieder beim
WDR-Beitrag angelangt wären – und der Kreis sich für heute
schließen möge.

24. Juli

Wenn ein Mensch keine Zeitgenossen mehr findet, mit denen er sich unterhalten kann oder will, steht ihm immer
noch der Weg zu Gesprächspartnern aus anderen Zeiten offen. Das ist der einzige Grund, warum die Literatur Bestand
haben wird. Als reines Unterhaltungs- und Amüsiermedium
ist sie vermutlich komplett ersetzbar. Aber als Exil wird sie
bleiben.

28. Juli

Carlo Bergonzi, der große Tenor, ist gestorben. Er hatte vor ein
paar Tagen die Neunzig überschritten und trat natürlich seit
langem nicht mehr auf. Ich habe ihn allzeit sehr verehrt, spätestens seit ich ihn als Turiddu in *Cavalleria rusticana* »Bada,
Santuzza, schiavo non sono« singen hörte. Seine klare, eben-
mäßige, glanzvolle Stimme, sein strömendes Legato, seine exakte Phrasierung, all das ist mir zum Inbegriff des italienisches
Tenors geworden.

Der gelernte Käsemacher und spätere Hotelier, geboren unweit von Busseto und damit irgendwie prädestiniert für das
Verdi-Fach, war das Gegenteil einer Rampensau und des teno-
ralen Selbstdarstellers. Er besaß nicht das allergrößte Organ,
aber enorm viel Geschmack und wahrscheinlich die perfekte-
ste Technik unter den Tenören seiner Zeit; wenn man ihm (auf
Video) zusieht, hat es den Eindruck, als benutze er seine Kehle
wie ein Blasinstrument, gern legte er auch eine Hand auf die
Gegend des Zwerchfells, als wolle er prüfen, ob noch genug
Druck im Balg zu Gebote steht.

Man muss ihn hören als Radames in der Live-Aufnahme der *Aida* unter Solti 1963 in New York, mit Leontyne Price in der Titelrolle und Cesare Siepi als Ramphis, ein veritables Stimmfestival und eines der Beispiele, wo er das Schluss-B von »Celeste Aida« zunächst *forte* nimmt und dann auf das in der Partitur vorgeschriebene *piano* herunterdimmt; ein technisches Kabinettstück und weit eindrucksvoller als die von fast allen anderen (und oft auch von Bergonzi selbst) präferierte Vollrohr-Variante. Im Teatro Regio in Parma protestierte einmal das Auditorium, weil Bergonzi das B korrekt *piano* sang; er hat das Opernhaus danach nie wieder betreten. Man muss ihn die »Canzoni Napolitane« singen hören, die er mit dem Dirigenten Enrico Pessina eingespielt hat und von denen eine fest für meine Beerdigung eingeplant ist. Man muss ihn als Nemorino in *L'elisir d'amore* hören. Umwerfend und sogar ein bisschen unkultiviert ist sein leidenschaftlicher Des Grieux in der 1960er New Yorker *Manon Lescaut* unter Fausto Cleva, wie Bergonzi überhaupt zu den bedeutenden Puccini-Tenören gehörte, sowohl als Rodolfo wie als Cavaradossi, nur als Pinkerton taugte er nicht, seine Stimme war einfach zu nobel für diesen Fatzke. Und man muss natürlich seine Verdi-Aufnahmen hören, vorneweg den Don Carlos sowie den Richard in *Un ballo in maschera*. Denn das ist ja das Tröstliche, caro Signore Bergonzi, dass Sie auch *post mortem* bei uns bleiben, solange Strom aus der Steckdose fließt.

30. Juli

Absonderliche Diskussion darüber, ob der beinamputierte Weitspringer Markus Rehm, der seinen Sport mit einer Karbon-Prothese ausübt, zu Recht von der Europameisterschaft aus-

geschlossen wurde, weil ihm seine Ersatzgliedmaße einen un-
lauteren Wettbewerbsvorteil verschaffe. Rehm, der die federn-
de Prothese bezeichnenderweise zum Absprung benutzt, hatte überraschend die deutsche Meisterschaft gewonnen. Wenn
ein Behinderter seinen nichtbehinderten Konkurrenten davon-
springt, kann ja einfach etwas nicht stimmen. Wozu also die
Debatte mit ihren moralisierenden Untertönen? Wegen letzterer natürlich. Wie langweilig. Viel interessanter ist doch das
neue Kapitel im Buch vom humanoiden Prothesengott. Das
Kunstglied springt besser als das natürliche. Wann wird der
erste Mensch freiwillig zur Prothese wechseln?

Was mich an dem Fall noch interessiert, ist, wie Pindar über
Rehm geurteilt hätte. Hätte er ihn besungen, wie er vom Balken
schnellt mit dem geschwungenen Glied aus des Hephaistos
Werkstatt? Oder hätte er gesagt: Nein, es ist nicht schön?

2. August

Ich habe immer mit einem gewissen angewiderten Wohlwollen
auf die Muschelzuchtanlagen in der Lagune von Venedig ge-
blickt. Auf diese Weise wird wenigstens ein Teil des Drecks,
den die Touristen in die Stadt schleppen, in deren Mägen und
Gedärmen bei der Abreise wieder entsorgt.

4. August

»Im Zeitalter des Im-Stich-Lassens gibt es kaum eine Schuld,
die nicht schon durch Treue versöhnt würde.«
Arnold Gehlen

6. August

Ist es löblich oder töricht, dass Bundespräsident Gauck sich angelegentlich des Kriegsjubiläumsgedenkens für den Angriff des Kaiserreiches auf das neutrale Belgien mehr oder weniger entschuldigt hat? Es war zumindest erwartbar, die Entschuldigungsattitüde ist fester Bestandteil der bundesdeutschen Staatsfolklore. Joseph »Joschka« Fischer hat sich anno 2001, damals immerhin deutscher Außenminister und Vizekanzler, auf der »Anti-Rassismus-Konferenz« in Durban sogar gewissermaßen im Namen der Weißen für den Kolonialismus und die Sklaverei gegenüber allen anderen Rassen entschuldigt, ein etwas frivoler Akt für einen nachgeborenen Vertreter der unbedeutendsten aller Kolonialnationen. Die wirklichen Kolonialmächte, Belgien etwa, schwiegen schlau und stolz. So auch diesmal. Während Gauck sein Land bezichtigt, erklärt Wladimir Putin, Russland habe 1914 mobilgemacht, um die Serben, seine slawischen Brüder, zu verteidigen, und David Cameron sekundiert, es sei in diesem Krieg um bedeutende Prinzipien gegangen, britischerseits versteht sich.

Nach der Kanzlerin – Angela Merkel sagte am 11. November 2009 in Paris angelegentlich der alliierten Siegesfeierlichkeiten: »Wir werden nie vergessen, wie sehr in der ersten Hälfte des 20. Jahrhunderts Franzosen durch Deutsche zu leiden hatten« – hat nun also auch der Bundespräsident die deutsche Schuld am Ersten Weltkrieg bekannt, nicht die Alleinschuld, o nein, nur als alleiniger Bekenner unter allen. Er sprach vom »durch nichts zu rechtfertigenden Überfall« auf Belgien. Das ist ein merkwürdiger »Überfall«, dem ein deutsches Ultimatum mit der Offerte vorausgeht, das Reich werde für sämtliche Schäden aufkommen, die beim Durchzug seiner

Truppen entstünden – doch hat Gauck, von der tendenziösen Wortwahl abgesehen, recht?

Ja, sagt der Historiker Jörg Friedrich, Belgien war neutrales Gebiet, der Durchmarsch durch neutrales Gebiet ist Unrecht, und da die Belgier die Verteidigung wählten, fielen 6 000 belgische Zivilisten den Deutschen zum Opfer. Was sich dem Krieg in den Weg stelle, werde eben Wüste. Es stehe der Bundesrepublik wohl an, dass Gauck dieses Verbrechen schnörkellos beim Namen nannte. Das gälte allerdings, fährt Friedrich fort, auch für den späteren Einzug von einer halben Million Mann Entente-Truppen in das neutrale Griechenland, um analog zum deutschen Vorstoß nach Frankreich von da aus nach Budapest und Wien durchzustoßen. Dass jemand Griechenland nachträglich um Vergebung bitte, sei freilich nicht zu erwarten und mangels ernster Zivilschäden auch nicht dringlich. Anders verhalte es sich mit den 1600 zivilen Todesopfern und etwa 10 000 Verschleppten, die der zweiwöchige Einfall der Russen in Ostpreußen mit sich brachte. Aber warum sollten sich die Russen für solche Kinkerlitzchen entschuldigen, wo doch kurz zuvor der britische Burenkrieg 30 000 bis 40 000 Zivilisten das Leben gekostet habe und der US-amerikanisch-philippinische Krieg sogar 200 000? Zu schweigen von den Millionen Opfern der belgischen Kolonialherrschaft im Kongo, für die sich ja schon Joschka Fischer mitentschuldigt hat, weshalb es kein Belgier mehr tun muss, schon gar nicht in Gesellschaft von deutschen Neutralitätsbrechern. Außerdem haben *gerade wir als Deutsche* doch gelernt, dass man nicht aufrechnen darf!

Und wie verhält es sich mit den beiden Ereignissen, aus denen im Ersten Weltkrieg die verheerendsten Zivilverluste resultierten, der türkischen Deportation der Armenier und der englischen Hungerblockade? Wie die Türken reagieren, wenn man ihnen den Massenmord an den Armeniern vorwirft, ist bekannt, wenngleich Ministerpräsident Erdoğan jüngst immerhin so etwas wie Beileid äußerte. Als direkte Folge der britischen Hungerblockade gegen die Mittelmächte im Atlantik und im Mittelmeer starben, wie Friedrich anhand einer in der Weimarer Republik erhobenen Statistik vorrechnet, an Hunger und Seuchen im Kaiserreich ca. 800 000 Zivilisten; zuzüglich der österreichischen und türkischen Opfer komme über eine Million in Betracht. Die neuere Forschung sei dieser Zahl nicht nachgegangen, denn sie kümmere keinen. Würde man sie, aus allgemeinem Misstrauen, halbieren, bewege sie sich immer noch in den Dimensionen der Opfer der alliierten *Strategic Bombing Campaign* im Zweiten Weltkrieg.

Aber war die Blockade ein Kriegsverbrechen? Nach Auffassung aller Außenstehenden im Ersten Weltkrieg brach die Nahrungsblockade gegen ein Volk etabliertes Seekriegsrecht. Die Ozeane, so Friedrich, seien 1914 eine neutrale Zone wie Belgien gewesen. Aber England biege sich natürlich sein eigenes Seerecht hin und denke nicht daran, eine Waffe zu kriminalisieren, der es letztendlich seinen Sieg zu verdanken glaubt.

Und die Moral von der Geschicht'? Friedrich: »Da allein die Deutschen sich angewöhnt haben, ihre Verantwortlichkeiten zu benennen, zu beziffern und zu bereuen, entsteht ein merkwürdiger Eindruck. Zwar ist alles ungewiss, strittig, ganz anders gelaufen beziehungsweise völlig in Ordnung gewesen, und man kann unmöglich die Seiten vergleichen! Das Geständnis hingegen ist die Krone der Beweismittel. Der Bekenner tritt nobel aus der ihn umgebenden Grabesstille. Seine Worte finden Beifall. Der Rest hält den Mund, der Fall hat sich geklärt.«

Was das politisch bedeutet, liegt auf der Hand. Indem führende deutsche Politiker mit nunmehr Gauck vorneweg die historische Schuld des von ihnen repräsentierten Landes beharrlich betonen und jetzt sogar noch um Schuldbekenntnisse für den Ersten Weltkrieg erweitern, vertiefen sie keineswegs die allgemeine europäische Verbrüderung, wie sie gern tremolieren, sondern sie liefern vielmehr ihr Land der moralischen Erpressung der anderen aus. Sie verstetigen den für die Bundesrepublik konstitutionellen Zusammenhang von Schuld und Schulden, den Johannes Gross konstatierte, indem sie die Schuldgefühle »frisch und eiternd« (Gross) erhalten. Wer so viel historischen Dreck am Stecken hat und zweimal den Kontinent an den Rand des Untergangs brachte, suggerieren Gauck und Merkel, der darf sich heute nicht zieren, wenn sein Geld für dessen finale Großzusammenleimung verbraucht wird. Mehr als das: Es steht ihm schlechterdings nicht zu. Er hat sich vielmehr glücklich zu schätzen, überhaupt noch mit von der Partie zu sein.

Schauen wir mit dieser Gewissheit nach vorn. 2021 jährt sich der deutsche Sieg über Frankreich samt der fatalen Reichsgründung zu Versailles zum 150. Male, die nächste und leider Gottes nahezu letzte Gelegenheit, sich als Politiker für Deutschland zu schämen und um Pardon zu bitten, denn einige Binnen-Raufereien mit den schließlich von Bismarck exkludierten Habsburgern ausgenommen, haben die Deutschen in ihrer Geschichte ja, anders als Amerikaner, Briten und Franzosen, bestürzend wenige Kriege angezettelt. Alternativ könnte sich der nächste Außenminister auf irgendeiner Konferenz summarisch für die Opfer sämtlicher Luftkriege entschuldigen. Otto Lilienthal war immerhin ein Deutscher.

7. August

Vergessen wir im Weltkriegsausbruchsmonat nicht Thomas Mann, der in seinen *Betrachtungen eines Unpolitischen* beschreibt, wie ein zwanzigjähriger Deutscher auf der Piazza Colonna in Rom ein Wagner-Konzert hört, näherhin den Trauermarsch aus der *Götterdämmerung*, der damals noch, wie in patriotischen Zeiten üblich, von italienischen Wagner-Gegnern versuchsweise niedergebrüllt wurde, bis sie die triumphale Wiederkehr des Nothung-Motivs »zudeckte, zurücktrieb, auf längere Zeit zu verwirrtem Schweigen brachte«. Thomas Mann über jenen Deutschen, der er natürlich selber war: »Wohl möglich, daß er an die Piazza Colonna dachte, zwanzig Jahre später, im August 1914.«

8. August

Die Raumsonde »Rosetta« hat nach einem zehnjährigen Flug durchs All den Kometen Tschurjumow-Gerasimenko erreicht und sendete das erste Signal von dort 400 Millionen Kilometer zurück zur Erde. Zur gleichen Zeit wollen salafistische Gottesterroristen im Irak ein Kalifat nach Regeln gründen, die sich ein redseliger Wüstennomade, Gott segne ihn und schenke ihm Heil, im frühen 7. Jahrhundert ausgedacht hat. Wozu nach extraterrestrischem Leben suchen; diese Spezies ist sich doch selber fremd genug.

Recht später 8. August

»Warum gibt es keine Welle der Solidarität mit uns Juden nach der Welle des Antisemitismus?«, fragt Dieter Graumann, der Vorsitzende des Zentralrats der Juden, nach den antiisraelischen und antijüdischen Demonstrationen mit ihren einstweilen noch überwiegend verbalen Ausschreitungen (»Juden ins Gas!«), die in den vergangenen Tagen die bunte Republik Deutschland noch eine Nuance verwesungsbunter schillern ließen. Ja, warum gab es keine Lichterketten, Aufschreie, Verbotsforderungen und Bundesbetroffenheitsevents, wie sie nach vergleichbaren Furzereien aus biodeutschen Mündern mit unfehlbarer Selbstzufriedenheit stattgefunden hätten? Die Antwort ist bestürzend simpel. Anders als bei der größten regelmäßigen Party, die derzeit in Deutschland für Meutenfeiglinge veranstaltet wird, dem sogenannten »Kampf gegen rechts«, standen diesmal nicht 5000 zivilcouragierte sogenannte Gegendemonstranten samt Antifanten-SA-Eskorte und ohnehinnigem Polizeikordon einer Handvoll NPD-Hanseln gegenüber, sondern es wälzten sich plötzlich ein paar tausend virile muselmanische Testosteronbomben durch die Straßen, vor denen die Polizei zurückschreckte und denen man als zahnmedizinisch mit allzu hoher Eigenbeteiligung versicherter Linksspießer besser aus dem Wege ging und auch künftig gehen wird. *C'est tout.*

Im übrigen hat sich der Zentralrat selber bisweilen symbolisch auf die Seite derer gestellt, aus deren Mitte heute das neue »Juda verrecke« ertönt, beispielsweise in Gestalt von Graumanns konvertiteneifrigem Generalsekretär Stephan J. Kramer, der Thilo Sarrazin nach dem Erscheinen seines Buches *Deutschland schafft sich ab* mit Hitler und Goebbels verglich und damit den Kreis der solidarisierungsbereiten Einheimischen zumindest in Sarrazins Leserschaft, mithin also dort, wo durchaus und womöglich sogar am ehesten Unterstützung zu erwarten wäre, etwas reduziert haben dürfte.

9. August

Warum gelten blonde Frauen als besonders attraktiv und begehrenswert? Evolutionsbiologen haben darauf eine raffinierte Antwort: Das helle Haar werde von den Männern als Fortsetzung der Nacktheit wahrgenommen. Das »rätselhafte Phänomen der statistisch gut bezeugten männlichen Präferenz für blonde Frauen«, schreibt Winfried Menninghaus in seinem klugen Buch *Das Versprechen der Schönheit*, erkläre sich aus der Haut-Präferenz: »Das blonde Haar dehnt gewissermaßen die helle, nackte Haut auf die einzig massiv behaarte Stelle aus und unterstreicht so (...) die aus sexueller Selektion hervorgegangene Farbdifferenz der Geschlechter nach den Polen hellere (jugendlich-weiblich) vs. dunklere Haut (männlich).«

Als der Affe sich aufrichtete und sukzessive sein Fell verlor, wurde die Nacktheit zum Paarungssignal und Paarungsvorteil. Heute hat sie sich bis in die Intimrasur durchgesetzt. Eine rasierte Blondine wäre demnach der nackteste Mensch, nackter jedenfalls als eine rasierte Brünette. Aber ist möglichst viel bloße Haut wirklich das Hauptkriterium, wonach Kerle rollig werden? Dem entgegen steht die Vorliebe vieler Männer für Dessous und dergleichen, für halbbekleidete Frauen, weil ja gerade das Verhüllte die Phantasie forciert und außerdem die Nacktheit der nichtbekleideten Körperteile hervorhebt. Zum Beispiel bei einer Blondine, die einen meinetwegen weißen Rollkragenpullover und sonst nix anhat. Es ist auch keineswegs ausgemacht, dass weiße Dessous für animierender gelten als schwarze. Ich wage die Vermutung, dass die Blondinen-Präferenz zwei andere primäre Gründe hat: zum einen den Beschmutzungswunsch vieler Typen – eine blonde Frau wirkt keuscher, reiner, mädchenhafter, vielleicht auch im Schnitt zivilisierter als eine schwarzhaarige –, zum anderen das simple ökonomische Gesetz des höheren Wertes der selteneren Dinge. Würde die Welt von Blondinen wimmeln, verzehrten wir uns nach Mulattinnen. Ihr vergleichsweise seltenes Vorkommen macht die (gutgewachsene) Blondine zur begehrtesten maskulinen Trophäe. Angesichts der globalen demographischen Entwicklung wird ihr Wert in den nächsten hundert Jahren schneller steigen als der Goldpreis (zwar kann sich auch eine dunkelhaarige Frau blondieren lassen, aber bei einer Schwarzafrikanerin oder Asiatin würde es doch absonderlich ausschauen). Nichtblonde weiße Frauen werden dann der Trostpreis für die Männer aus der mittleren Einkommensschicht sein.

PS: Aber Rothaarige sind noch seltener als Blondinen? Nun, in diesem Fall muss man die größere Nacktheit und die idealere Beschmutzbarkeit der letzteren wohl mit dazurechnen ...

10. August

»Im Gegensatz zu vielen anderen, die, sobald sie etwas Tragisches oder Beschämendes hören, mit spontaner Geringschätzung ausrufen: ›Ach! Wenn ich das gewesen wäre! Wenn ich dort gewesen wäre!‹, murmele ich immer: ›Ach! Ich hätte eine Möglichkeit gefunden, es noch schlimmer zu machen!‹«
Nicolás Gómez Dávila

»Es ist eine gute Sache, in Frankreich zu leben: Das Essen ist besser als in den kalten Ländern, und man hat mehr Appetit als in den warmen.«

Montesquieu

»Eine Philosophie hat erst dann ihre Existenzberechtigung bewiesen, wenn mindestens eine Handvoll Menschen an ihr verrückt geworden sind.«

Egon Friedell

11. August

»Man tröstet sich oft im Unglück durch das Vergnügen, unglücklich zu erscheinen«, notiert La Rochefoucauld. Dieser Gedanke ist sehr europäisch und auf andere Kontinente nicht so einfach übertragbar. Ein deutscher Bekannter, im Management einer großen Automobilfirma in Shanghai tätig, erzählt mir, dass er auf der Straße unmittelbar vor seinem Haus gestürzt sei und sich verletzt habe. Die Nachbarin, Chinesin und Millionärsgattin, sei mit ihrem Hund zum Spaziergang aufgebrochen, habe das Tier den Liegenden kurz beschnüffeln lassen und danach ihren Weg fortgesetzt, ohne irgendeine Notiz von ihm zu nehmen oder gar Hilfe anzubieten. Er wohne, sagt mein Bekannter, jetzt bereits drei Jahre in dieser Gegend, der Nachbar habe ihn noch nie gegrüßt. Das sei aber normal in China, die sozialen Interaktionen seien auf ein Minimum beschränkt und dienten letztlich nur dem persönlichen Vorteil, jeder denke nur daran, wie er und seine Familie zu Geld und Status gelangen könnten. Ein herumliegender Fremder verdiene in dieser Welt nicht die geringste Beachtung.

12. August

In seinen *Noten und Abhandlungen zu besserem Verständnis des West-östlichen Divans* nennt Goethe den Koran ein heiliges Buch, »das uns, so oft wir auch darangehen, immer von neuem anwidert, dann aber anzieht, in Erstaunen setzt und am Ende Verehrung abnötigt«. »Streng, groß, furchtbar« sei diese Schrift, und »stellenweise wahrhaft erhaben«. Als ein Kind des 18. und 19. Jahrhunderts neigte ich lange dazu, den Koran als theologisch eher uninteressant zu betrachten. Inzwischen sehe ich das anders, auch angesichts des täglichen Suren-Turniers, des Stechens und Zurückstechens mit »bösen« und »guten« Koran-Zitaten zum Zwecke des Nachweises, dass der Islam entweder gewalttätig oder friedlich sei.

Man soll aber nicht aus altehrwürdigen und aufgrund ihrer zeitlichen Ferne naturgemäß missverständlichen Texten *Bild*-Schlagzeilen machen, und man soll sich nicht von den Extremisten solche Lesarten aufnötigen lassen. Der Koran verdient es, als Ganzes gelesen zu werden, auf dass sich jenes von Goethe beschriebene ambivalente Lektüre-Erlebnis einstelle und man im Mindestfall über eine Textgrundlage für beziehungsweise gegen das Gelärme im Internet und auf Dinner-Partys verfüge.

13. August

»In den USA häufen sich rassistisch motivierte Übergriffe der Polizei. Ist der Tod des 18-jährigen Afroamerikaners Michael Brown der jüngste Fall?«, schlagzeilt *Spiegel online*. Der junge Schwarze wurde von einem Polizisten in einem Vorort von St. Louis erschossen, wie immer existieren zwei Versionen des

Tathergangs: Brown habe nichts getan, sagen seine Freunde, er habe den Beamten angegriffen, widerspricht die Polizei. Was auch passiert sein mag, interessant ist, dass der Vorfall gleichsam unter einem medialen Vergrößerungsglas wahrgenommen und sofort in eine Anklage gegen die Weißen verallgemeinert wird, während die zahlreichen jungen Schwarzen, die täglich in US-amerikanischen Städten von ihresgleichen erschossen werden, meist in Bandenkriegen, aber auch bei »normalen« Auseinandersetzungen, ersichtlich niemanden scheren. Als Parallele drängt sich, wie man sagt, eine andere Kluft in der Medienberichterstattung auf, nämlich zwischen von israelischen Soldaten getöteten Arabern (enormes Vergrößerungsglas) und solchen, die von ihresgleichen aus der Welt geschafft wurden (zwar ungefähr zehnmal so viele, aber gänzlich unbekakelt bleibend).

Afroamerikaner bilden in den USA 13 Prozent der Bevölkerung, aber jedes zweite Mordopfer ist schwarz, und in neun von zehn Fällen war es der Täter ebenfalls. Junge schwarze Männer begehen vierzehnmal häufiger einen Mord als weiße. Gemäß der Maxime, dass nur »Mann beißt Hund« eine Meldung sei, der umgekehrte Fall dagegen nicht, verhalten sich die Journalisten in ihrer Themengewichtung also vorbildlich.

»Im US-Schnitt ist die Arbeitslosenquote der Schwarzen fast doppelt so hoch wie die der Weißen, ihre Schulen sind schlechter, ihre Haftstrafen länger und die Todeszellen sind überdurchschnittlich mit Schwarzen besetzt«, erläutert *Spiegel online*. Die Passiv-Konstruktion will anscheinend klarmachen, dass diese Zustände naturereignishaft über hilflose Schwarze kommen, die daran keinen Anteil haben, sogar wenn Gefängnisse und Todeszellen mit ihnen besetzt sind; einzig der tägliche Rassismus

treibt sie dorthin – so wie Israels täglicher Terror im Grunde
harmlose Hamasianer (nicht zu verwechseln mit den deutlich ag-
gressiveren Habermasianern) in unwirtliche Tunnel nötigt.

Und jetzt, ich weiß, wiederhole ich mich – aber das mach(t)
en Cl. Roth, Herib. Prantl oder der Reichsminister a. D. Jos.
Goebbels schließlich auch dauernd –: Mit seiner Rassismus-
und Diskriminierungs-Selbstbezichtigung hat sich der Westen
in Gott weiß wie nobler Absicht eine Schlinge um den Hals gelegt. Dass es auch um ihren eigenen Hals geht, werden diejenigen, die sie täglich enger ziehen, womöglich erst merken, wenn
es zu spät ist.

15. *August*

Unterlassungslustig: Dieses schöne Wort trägt nicht nur mein
copyright, sondern beschreibt trefflich meine längst vorherrschende Neigung und Gemütsart inmitten von allzeit
Unternehmungslustigen und ihren sonderbaren Beschäftigungen – man ist hier geneigt, das Wörtchen *merkwürdig*
hinzuschreiben, aber diese Zeitvertreibe sind eben gerade
nicht des Merkens würdig. Gómez Dávila, ein bedeutender
Unterlassungslustiger, brachte den Seufzer zu Papier, er würde
bereitwillig dafür zahlen, die Mehrzahl der Dinge nicht tun zu
müssen, für die andere zahlen, um sie tun zu können. Zwei meiner Lieblings-Unterlassungslustigen waren Kant und Chopin.
Der Königsberger Erzgescheite (ich lese gerade in Herbert
Ullrichs Buch *Schädel-Schicksale historischer Persönlichkeiten*,
dass sein Hirnvolumen etwa 300 Kubikzentimeter über dem
männlichen Durchschnitt lag, aber es hätte dieser Messung
kaum bedurft) hat bekanntlich seine Stadt (so gut wie) nie ver-

lassen, weil er genug Welt in sich trug; nach heutigen Kriterien würde er wegen fehlender Auslandsaufenthalte nirgendwo eine Professur erhalten; auch seine lange publizistische Auszeit vor der *Kritik der reinen Vernunft* würde man ihm an einer heutigen Uni übel vermerken und unter Faulheit verbuchen. Von Chopin wiederum wird unter anderem die reizende Anekdote berichtet, dass er den Freund Delacroix, der ihn in seiner Kutsche durch Paris chauffierte, bat, doch bitte die Vorhänge zu schließen, *er wolle nichts sehen.* Er hatte genug zu hören in sich ... An dieser Stelle sei daran erinnert, dass Chopins Ruhm als Pianist auf nicht einmal dreißig Konzerten beruhte, öfter trat er nicht auf, und bevor er auf die Bühne ging, schloss er sich ein und spielte Bach. Das heißt man wohl Idiosynkrasie. Nichts ist mir verständlicher.

16. August

Die Streichung sämtlicher Subventionen für die Bühnen dieser Republik würde zwar die Kultur des Landes nicht fördern, aber ihre weitere Demolierung stoppen, als eine Art Gnadenschuss, welcher bekanntlich ein Gebot tugendhaften Mitleids ist. Es wäre weit besser, die Werke der Klassiker würden überhaupt nicht mehr gespielt als täglich dem Konformismus gemütsverrotteter sogenannter Regisseure ausgeliefert, denen die Beschmutzung jeder Schönheit und die Denunzierung jeder edlen Regung zur zweiten Natur geworden ist, wie ja überhaupt, seit die Liebe zur Menschheit in den Künsten Einzug hielt, alle Schönheit und alle Achtung vor der Einzelseele aus ihnen verschwand. Sogar die Diktatoren des 20. Jahrhunderts erwiesen der Kunst mehr Wertschätzung als ihre heutigen sub-

ventionierten Verweser, indem sie einzelne Werke indizier-
ten; wieviel Takt, wieviel Zartgefühl, wieviel Herzenswärme
stecken hinter dem Verbot eines Theaterstücks, verglichen
mit einer beliebigen Castorf- oder Neuenfels-Inszenierung!
Vor allem die jungen Menschen, die ganz unbefangen und vor
allem ungeschützt auf einer Gegenwartsbühne zum ersten
Mal eine Wagner-Oper oder ihr erstes Schiller-Drama erleben, also von diesen bösartigen Regieclowns gewissermaßen
ästhetisch entjungfert werden, können einem leid tun, weil ihnen solche Zauber-, Flucht- und Gegenwelten auf die obszön-
ste Weise versperrt werden. »Wer die Bühne missbraucht, um
dort für viel Geld schöne perfekte Töne zu singen, ist asozi-
al«, sprach Peter Konwitschny, und vergleichbar äußerte sich
unlängst Castorf zu seinem Bayreuther *Ring*. – Wenn es, wie
Botho Strauß meint, ohne Bühnensubventionen nur noch
Boulevardtheater gäbe, nun, dann wäre es eben so. Wer die
Klassiker sucht, findet ihre Werke ohnehin in Bibliotheken,
Liebhabertheatern und als Konserven; dazu bedarf's der Hilfe
von Kanaillen nicht.

17. August

Heute ist Jörg Friedrichs 70. Geburtstag, eine gute Gelegenheit,
jene freien Köpfe unter den Historikern und überhaupt zu
rühmen, die keiner Schule angehören, keiner Mode, keiner
Ideologie, keinem Trend folgen, die sich eines Themas nach be-
stem Wissen und Gewissen annehmen und ihre Erkenntnisse
niederschreiben, ohne darauf zu achten, was die Kollegen sagen, was die Journalisten und der Zeitgeist gebieten, die frei von
Anpassungsbedürfnissen, Rückversicherungsbeflissenheiten,

Gesinnungskumpanei und taktischem Kalkül in jedem ihrer Werke das »Hier stehe ich, ich kann nicht anders!« wiederholen. Es geht dabei überhaupt nicht ums Rechthaben – welcher Historiker hätte je »recht«? –, sondern um die tatsächliche geistige Autonomie. Martin van Creveld gehört auch in diesen erlauchten Kreis. Es ist mir eine Ehre und etwas ganz Besonderes, mit diesen beiden Herren auf freundschaftlichem Fuß zu stehen.

18. August

Die Hirnforschung verdient allein deswegen Anerkennung, weil es sich bei ihr um die größte Sisyphosiade der menschlichen Erkenntnisgeschichte handelt, denn dieser Wissenschaftszweig erkundet ja die komplexeste uns bzw. dem Gehirn bekannte Struktur im Universum. Kein Forschungszweig weiß weniger von seinem Gegenstand und sieht sich außerdem mit der paradoxen Situation konfrontiert, dass Forschungssubjekt und Forschungsobjekt in einem solchen Maße übereinstimmen. Kant hat das Problem in seiner *Kritik der reinen Vernunft* vorformuliert: »Die menschliche Vernunft hat das besondere Schicksal in einer Gattung ihrer Erkenntnisse: daß sie durch Fragen belästigt wird, die sie nicht abweisen kann, denn sie sind ihr durch die Natur der Vernunft selbst aufgegeben, die sie aber auch nicht beantworten kann, denn sie übersteigen alles Vermögen der menschlichen Vernunft.«

Es ist also in gewisser Weise folgerichtig, dass manche Neurophysiologen im schwer erforschlichen Superkomplexen die Ursache sämtlicher menschlicher Verhaltensweisen und Problemstellungen erblicken wollen, vergleichbar vielleicht dem

Alldeutungsanspruch der Psychoanalyse nach der Entdeckung des Unbewussten. Von diesen Wissenschaftlern und ihren publizistischen Herolden stammt die inzwischen zum populärwissenschaftlichen Gemeingut gewordene Maxime: Das Gehirn leistet alles, der restliche Mensch ist nur der angeschlossene, die Befehle der Zentrale ausführende Apparat. In den nämlichen Zusammenhang gehört auch die absurde Behauptung einzelner Neurophysiologen, der Mensch besäße keinen freien Willen, die sich allein schon deswegen *ad absurdum* führt, weil sie niemand aufstellen könnte, wenn sie zuträfe.

Eine derartige Überzeugung passt sehr gut in die Ära gehirnartiger Maschinen, die uns das Rechnen und eines Tages sogar das Denken abnehmen sollen. Aber so modern sich diese Auffassung vom Gehirn gibt, sie folgt einem der ältesten abendländischen Irrwege: der Fragmentierung des Menschen. Deswegen sind auch sämtliche Experimente der Hirnforschung fragwürdig, solange dort Menschen agieren, aber ausschließlich deren Hirnaktivitäten gemessen und untersucht werden. Der Mensch denkt mit dem Gehirn, gewiss, aber es ist nicht das Gehirn, sondern der gesamte Mensch, der Entscheidungen trifft und handelt. Die *Bauchentscheidung* ist die Nagelprobe der Hirnforschung. Das Gehirn fühlt nicht. Das Gehirn begehrt nicht. Es ist an der Liebe beteiligt, aber es liebt nicht. Das Herz bricht, nicht das Hirn. Der Schreck fährt in alle Glieder, nicht nur ins Hirn. Der Kummer nistet in den Eingeweiden. Es ist der Mensch, der stolz ist oder zornig oder traurig oder Angst empfindet, keineswegs nur sein Gehirn. Der Mensch ist ein Ganzes; wer nur einen Teil von ihm untersucht, und sei es der allerkomplexeste, wird ihm niemals gerecht.

21. August

Es ist beinahe unmöglich geworden, gesellschaftspolitische Verrücktheiten durch deren Übertreibung ins Maßlose und noch Bizarrere zu ironisieren; viele sogenannte einfache Leute halten einen dann für einen Grünen-Sympathisanten, öffentlich-rechtlichen Journalisten oder ähnliches und nehmen jedes Wort ernst.

4. September

Jeder dritte Deutsche will nicht neben Sinti und Roma wohnen. So lautet das Ergebnis einer Studie der Antidiskriminierungsstelle des Bundes. Im Vergleich zu anderen Minderheiten, heißt es, werde Zigeunern die mit Abstand geringste Sympathie entgegengebracht. Bei der Frage: »Wie angenehm oder unangenehm wäre Ihnen eine bestimmte Gruppe in der Nachbarschaft?« schnitten sie am schlechtesten ab, gefolgt von Asylbewerbern und Muslimen. Als Grund für die prompt so genannte »Diskriminierung« – wer nicht neben mir wohnen will, diskriminiert mich also, ganz egal was ich für einer bin – nennt die Studie eine »fatale Mischung aus Gleichgültigkeit, Unwissenheit und Ablehnung«. Anders formuliert: Mit der Wirklichkeit oder gar irgendwelchen realen Zigeunern hat die Ablehnung überhaupt nichts zu tun, sie rührt aus dem üblen Charakter der Ablehner, denen folglich ganz zu Recht die Rassistenschelle umgehängt wird. Ob Muslime neben Sinti leben wollen oder Roma neben Asylbewerberheimen, wurde offenbar nicht gefragt, sicherlich weil dies methodisch zu schwierig gewesen wäre.

Ebenfalls nicht thematisiert wurde, dass immerhin zwei Drittel der Deutschen offenbar nichts dagegen haben, in der Nähe von Zigeunern oder Asylbewerbern zu leben, was angesichts der Zustände, die in vielen von zugewanderten »Landfahrern« besiedelten Häusern und in manchen Asylantenunterkünften herrschen, doch weit erstaunlicher ist und aus migrationsindustrieller Perspektive enormes Lob verdiente.

Immerhin fragten die Autoren der Studie, wie ein gutes Zusammenleben mit Sinti und Roma erreicht werden könnte. 80 Prozent der Befragten schlugen vor, gegen den Missbrauch von Sozialleistungen vorzugehen, 78 Prozent forderten, die Kriminalität stärker zu bekämpfen, und 50 Prozent meinten, die Einreise für Roma und Sinti sollte beschränkt werden. Mit anderen Worten: Die Leute machten sehr vernünftige Vorschläge. Auch hier wieder das erstaunliche Ergebnis: Vier von fünf Befragten zeihen Angehörige der Gruppe der Zigeuner des Sozialmissbrauchs und der Kriminalität, aber zwei von dreien haben zumindest theoretisch nichts dagegen, wenn sie in der Nachbarschaft siedeln. Mehr Toleranz kann man von Angehörigen eines allzeit pogrombereiten Gebildes namens Volk nun wahrlich nicht erwarten.

Dennoch echauffierte sich in der *Süddeutschen Zeitung* der sich in solchen Fällen unvermeidlich echauffierende Heribert Prantl über »die Hartnäckigkeit und Dynamik von Vorurteilen«, um zu fordern: »Es gilt, einem diskriminierten Volk eine Zukunft zu geben. Das ist eine deutsche und eine europäische Aufgabe.« Mit anderen Worten: jedenfalls nicht seine. Wir wollen jetzt nicht die Frage stellen, ob Prantl in der Nachbarschaft von Zigeunern (oder Asylbewerbern) lebt oder leben will; gerade er muss es am allerwenigsten, weil ihm die Nöte dieser Menschen quasi ständig vor dem inneren Auge stehen und er mit seinen Artikeln weiß Gott genug geleistet hat für ihre Bewillkommnung.

Einen Tag später lärmte *Spiegel online*: »Rechtsextremismus-Studie: Mehrheit der Deutschen lehnt Sinti und Roma ab«, aber pardauz, es war gar nicht dieselbe, sondern bereits die nächste Studie! Wie die erste natürlich wieder vom in diesem Punkte ungefragten deutschen Steuerzahler finanziert, nunmehr von der Uni Leipzig stammend und »Die stabilisierte Mitte« benamst, was angesichts der erschütternden Ergebnisse an Verharmlosung grenzt. Denn stabil ist in Deutschland gar nichts, vor allem die Mitte nicht, wie wir auf *Spiegel online* lesen: »Vor allem Asylbewerber, Sinti und Roma sowie Muslime werden stigmatisiert. Fast die Hälfte aller Bundesbürger möchte der Studie zufolge Sinti und Roma aus den Innenstädten verbannen. 56 Prozent der Befragten geben an, diese Gruppe neige zur Kriminalität. Und fast ebenso viele hätten nach eigenen Angaben ein Problem damit, wenn sich Sinti und Roma in ihrer Gegend aufhielten.« Auch hier gilt axiomatisch und axiologisch sowieso: Wenn Eingeborene nicht neben bestimmten Minderheiten wohnen wollen, ist das, erstens, keineswegs ihre Sache und schon gar nicht ihr Recht, und zweitens hat die Ablehnung nichts mit dem Verhalten von gewissen Vertretern dieser Minderheiten zu tun.

Was also, mit Wladimir Iljitsch Uljanow gefragt, tun? Tun wir, was der weltoffene Deutsche so gern tut: Schauen wir vorbildsuchend ins Ausland. Norwegen leistete sich in den Jahren 1973 bis 1990 ein geschichtlich einmaliges Sozialprojekt, mit dem man die hauptsächlich in Oslo lebenden Roma unter Bewahrung ihrer Eigenart und Kultur in die norwegische Bevölkerung zu integrieren versuchte. Berichten der Zeitungen *Aftenposten* und *Dagbladet* aus dem Jahr 1997 zu-

folge, auf die mich unlängst ein in Norwegen praktizieren-
der deutscher Mediziner mit Blick auf die hiesigen Zustände
aufmerksam machte, scheiterte das Projekt vollständig. In
der Zeit des Integrationsversuches hatte sich die Kriminalität
der so generös Betüdelten keineswegs verringert. Von der bei
den Roma dominierenden Familie der Karoli kamen im Laufe
der 1990er Jahre die meisten erwachsenen Mitglieder ins
Gefängnis, etwa der »Erbprinz« Erik Martin Karoli, der eine
greise Norwegerin um 500 000 Kronen betrogen hatte, oder
vier andere Söhne der Familie, nachdem sie von zwei norwegischen Banken mit Hilfe falscher Diamanten insgesamt
25 Millionen Kronen (etwa 3,3 Millionen Euro) erschwin-
delt hatten. Die norwegischen Behörden gaben im Laufe von
20 Jahren zwischen 600 und 800 Millionen Kronen (etwa 80
bis 110 Millionen Euro) für die Integration von 345 Zigeunern
auf. Heute wissen die Behörden nicht, wo diese Menschen
sich befinden und was sie tun. Nur zwei Jugendliche hätten jemals das Grundschulexamen in Norwegen abgelegt, meldet
Dagbladet. Die meisten der annähernd 40 Zigeuner-Häuser
oder -Wohnungen sind heute leer, zerstört, dem Erdboden
gleichgemacht oder verkauft. Hunderte von Millionen Kronen
hätten überhaupt keine Resultate erbrachten, klagte der Leiter
der Sozialbehörde in Oslo, Lasse Johannessen.

Und nun? Soll Deutschland mit ein paar hundert Milliön-
chen mehr ein *da capo* versuchen? Oder hat Prantl eine noch
grundgütigere Idee? Oder betrachten wir das Problem einfach als unlösbar und wenden uns, um zu sinnvollen Resultaten
zu gelangen, vielleicht doch besser denen zu, die es importieren?

5. September

Zunächst einmal ist all jenen beizupflichten, die erklären, man könne sich seit Ausbruch des Bürgerkrieges in der Ukraine das russische Staatsfernsehen ersparen, weil es überwiegend Progaganda sende. Freilich sollte man sich aus vergleichbaren Gründen auch das Gros der deutschen TV-Beiträge zum Thema schenken – wobei die staatlich autonomen Russen immerhin noch verlässlich russische Propaganda verbreiten, die in allerlei geschichtsendzielnahe Bündnissysteme einbalsamierten Deutschen aber meist bloß amerikanische. Überall marschieren die deutschen Cheerleader des Transatlantikerwesens auf und wedeln mit ihren von den Bilderbergern und subalterneren Clubs verteilten Puscheln, allenthalben will man uns einreden, dass es keineswegs dasselbe sei, wenn Russen und Amis dasselbe tun, vor allem in den angeblich konservativeren Medien, denn ein von den USA getrennter Konservatismus ist im Lande der zweittreuesten europäischen Vasallen Amerikas anscheinend nicht mehr vorstellbar. Die interessantesten Artikel zur Ukraine liest unsereins heute in der Linkspresse. In den deutschen Funktionseliten indes gehört die Amerikatreue so fest zum Kodex wie die Treue zum Paten in einem Mafia-Clan, und wenn ehemalige Linke wie Fischer oder Trittin endlich an den Katzentisch der Gewaltigen geladen werden, platzen sie so vor Stolz, Obrigkeitszugehörigkeitsgefühl und heiligem Durchblick, dass sie ihre Vergangenheit prompt vergessen und nunmehr glühender Wange dem neuen Messias folgen. (Am Rande gefragt: Warum verhängte die EU nach dem Überfall auf den Irak anno 2003 eigentlich keine Sanktionen gegen Amerika?)

Insofern war es durchaus amüsant, als in der gestrigen Plauderrunde des Herrn Beckmann ein leitender *Welt-*

Mitarbeiter seinem russischen Konterpart, einem Nachrichten-
agentur-Chef, versicherte, der Unterschied zwischen ihnen beiden bestünde darin, dass er, Putin-Mann, ein Propagandist sei,
während er, *Welt*-Mann, den Titel Journalist führe. Wozu man
wissen muss, dass jeder Mitarbeiter des Springer-Verlages beim
Eintritt in sein Arbeitsverhältnis einen Gesinnungspassus un-
terschreiben muss (ich tat es 1990 so naiv wie broterwerbs-
bedürftig selber), welcher ihn unter anderem dazu verpflichtet, das transatlantische Bündnis zu unterstützen. Dass unser Journalist den Leuten weismachen will, er vertrete die objektive Seite der Berichterstattung, weil er eben der besseren
Weltordnung angehöre, mag, was ihn persönlich angeht, zynisch oder glaubensdurchglüht sein, ganz sicher ist es ein
Symptom der im Westen vorherrschenden und die westliche
Diplomatie durchsetzenden Überzeugung der eigenen moralischen Überlegenheit, ja Höherwertigkeit. Die meisten deutschen Offiziellen, Politikprofessoren und deren journalistischen Appendixe scheinen sich für Länder wie Russland keine andere Option vorstellen zu können, als den Weg der westlichen sogenannten Demokratien zu gehen.

Mit dieser blasierten Voreingenommenheit *pro domo* lässt sich
natürlich keine sinnvolle Außenpolitik betreiben, sondern nur
eine Art Moralexport, dessen Adressaten empörenderweise oft
die Annahme verweigern. Aber Staaten sind keine moralischen
Anstalten, sondern Träger von Interessen. Die Ukraine mag das
Interesse gewisser nicht ungefährlicher geopolitischer Spinner
aus Übersee berühren – in Zbigniew Brzezinskis Buch *Die einzige
Weltmacht* aus dem Jahr 1997 wird das Land direkt nach Russland
und China am häufigsten erwähnt –, deutsche Interessen finden
sich dort jedenfalls nicht. Im deutschen Interesse liegen dagegen gute Beziehungen zu Russland. Ein EU-Beitritt der Ukraine

hätte für Deutschland die definitive Störung der Beziehungen zu Russland und Transferleistungen in Abermilliardenhöhe zur Folge (auf der Habenseite immerhin neue Nutten für die Paolo Pinkels dieser Republik und weitere Auftrittsgelegenheiten für Bundesfreiheitsbuffo Gauck), während die Amerikaner mehrere Fliegen mit einer Klappe schlügen: Die Europäer verstritten sich ultimativ mit den Russen und trügen die wirtschaftlichen Folgen, von denen die USA vollkommen unberührt blieben, während sich das politisch-militärische Einflussgebiet der Amerikaner im heiklen einstigen Süden der Sowjetunion erweitern würde; zugleich verschwände das ohnedies schwächliche Gespenst einer Achse Paris–Berlin–Moskau, an dessen Exorzierung unsere Transatlantiker bekanntermaßen mit ähnlichem Eifer arbeiten wie die katholische Kirche an der Exorzierung Satans.

Und Russland? Ach, Russland …

Nachtrag: Natürlich erstreckt sich der westliche Moralexport- und Demokratisierungs-Messianismus auch auf den Orient. Sowohl für Afghanistan als auch für den Irak nahmen die Amerikaner und ihre Verbündeten offenbar an, die Menschen dortzulande hätten nichts stärker im Sinne, als ebenfalls amerikanisiert und verwestlicht zu werden. Auch hier verschmolz also Realpolitik mit einer Mischung aus Hochmut und Ignoranz gegenüber den Sitten und der Mentalität der Eingeborenen, ein Verhalten, das frühere Eroberer nicht kannten. Als Napoleon etwa 1798 seinen Ägyptenfeldzug begann, hatte er fast alle Bücher der 1797 von den Franzosen erbeuteten und aus Mailand nach Paris geschafften berühmten Ambrosianischen Bibliothek gelesen, die von orientalischen Belangen handelten; zumindest tragen fast alle diese Bücher Anmerkungen von seiner Hand. Zu seinen Männern sagte er noch auf hoher See: »Soldaten! Ihr steht im Begriffe, eine Eroberung zu machen, deren

Folgen für die menschliche Kultur und den Handel der Welt unberechenbar sind. (...) Die Völker, mit denen wir zusammentreffen werden, behandeln die Frauen anders als wir; gleichwohl ist, wer ihnen Gewalt antut, überall ein Scheusal. Plünderung bereichert nur wenige, entehrt alle, zerstört die Hilfsquellen und macht uns denen verhasst, die zu Freunden zu haben unser Interesse erfordert. Die erste Stadt auf unserem Weg hat Alexander errichtet. Bei jedem Schritt werden wir Erinnerungen großer Taten begegnen, würdig von Franzosen nachgeahmt zu werden.«

Als die Franzosen im Juli 1798 Alexandria genommen hatten, erließ Napoleon seine erste Proklamation in arabischer Sprache an die Einheimischen. Darin versicherte er, als Freund des Sultans gekommen zu sein, um das ägyptische Volk von der Tyrannei der Mamelucken zu befreien. Er pries Allah, bekundete seine Verehrung des Korans, erklärte sich und seine Armee zu »wahren Muselmanen« und trat gelegentlich in orientalischer Kleidung auf. In seinem Tross befanden sich zahlreiche Wissenschaftler und Gelehrte. Bereits am 19. August rief Bonaparte das Ägyptische Institut ins Leben, er selbst wurde dessen Vizepräsident. – Viele heutige westliche Politiker glauben nicht mit heimlichem bonapartistischem Pragmatismus, sondern mit der ideologischen Vernageltheit von Sowjetkommissaren an die Höherwertigkeit des von ihnen repräsentierten Gesellschaftsmodells und sprechen mit den Vormodernen und Nochnichtsoweitgekommenen bevorzugt von oben herab. Nur im eigenen Land kommt es zu einer paradoxen Umkehrung, dort wendet man sich mit pädagogischer Attitüde an die eigene Bevölkerung und mahnt zu mehr Toleranz bei der Aufnahme von vormodernen Fremden, bei denen man aber ebenfalls voraussetzt, dass sie nichts mehr wünschten, als nach westlichen Maßstäben zu leben. Dominanz

macht dumm; diese Lektion wird der Westen in den nächsten
Jahrzehnten schmerzlich lernen müssen.

6. September

Lektürefund: »Die DNS der auf dem Mars gefundenen Bakterien entsprach genau der DNS der irdischen Bakterien. Diese
Festsellung vor allem war es, die mich irgendwie traurig stimmte, in solchem Maße schien diese radikale genetische Identität
ermüdende historische Übereinstimmungen zu versprechen.
Hinter der Bakterie spürte man *summa summarum* bereits
den Tutsi oder den Serben, mit einem Wort all jene Leute, die
sich in genauso langwierigen wie endlosen Konflikten verzet-
teln«, notierte gut nietzscheanisch und festhaltenswert, wenngleich schon eine Zeit zurückliegend, der achtbare Michel
Houellebecq.

7. September

Üblicherweise gerät bei den Medienschaffenden in deutschen
Landen und Gauen unverzüglich in den Ruch der Tümelei, wer
für irgendetwas traditionell Deutsches plädiert, nunmehr also
Frauke Petry, die Spitzenkandidatin der sächsischen AfD, mit
ihrem Wunsch, man möge doch auf Geburtstagen im amerika-
nisierten Nachfolgestaat des Dritten Reiches nicht nur »Happy
Birthday«, sondern auch deutsches Liedgut anstimmen.

   In diesem Zusammenhang sei zunächst daran erinnert, was
sich hiesige Politiker bei ihrem Amtsabschied vom Heeres-
musikkorps im Schnitt so spielen lassen, sofern sie nicht zivil-

gesellschaftlich gesittet überhaupt auf den höchst umstrittenen, weil preußisch-militaristisch kontaminierten Akt des Großen Zapfenstreichs verzichten. War Helmut Kohl noch mit »Nun danket alle Gott« gegangen, schied Gerhard Schröder mit Tränen bei »My Way«, Horst Köhler verabschiedete sich mit dem »St. Louis Blues«, Edmund Stoiber mit »Let It Be«, Karl-Theodor zu Guttenberg retirierte zu »Smoke on the Water«, und Christian Wulff wünschte sich zunächst »Ebony and Ivory«, bevor das Programm aufgrund technischer Einwände der Trompeter des Musikkorps geändert wurde. Der Fisch, sagt man, stinkt vom Kopfe her. Dieses Land ist fest in die angelsächsische Massenunterhaltung eingemeindet, und der überständige Kulturmensch hat bis zu seinem friedlichen Aussterben »immer das Gefühl, heulen oder kotzen zu müssen« (Frank Lisson). Wobei an dieser Stelle, um Missverständnisse im Keime zu ersticken, gepriesen und zur Amerikanisierung der Welt in Vorschlag gebracht seien: Melville, Faulkner, Emerson, Whitman, R. Yeats, Pinchon und meinetwegen auch David Foster Wallace.

Was nun »Happy Birthday« angeht, so handelt es sich geradezu um die Hymne des Globalismus bzw. Globalamerikanismus, gedankenlos angestimmt in Anwaltsbüros wie in Montagehallen, Friseursalons oder Landtagen, bei jedem Proleten-, Nerd- oder Schickeriageburtstag. Wer es freilich in meinem multikulturellen Heim täte, flöge spornstreichs und *subito* aus demselben.

9. September

Strauss-Jahr, Fortsetzung. Der Musikschriftsteller August Spanuth in den *Signalen* über die Uraufführung der »Alpensinfonie« 1915 in Berlin: Am Ende »brach ein Beifall von solcher Wucht und solchem Ungestüm los, als hätte Strauss ihn selbst instrumentiert«.

10. September

Jemand sagte: »Ich mag die Türken. Altes Kriegervolk. Gute Haltung, ausrasierter Nacken, stolz, selbstbewusst. Keine schmierigen Levantiner. Die Männer noch nicht androgynisiert oder feminisiert, deshalb lassen sich schwule deutsche Rechte bevorzugt von türkischen Strichern nageln, und viele Feministinnen fahren auf türkische Machos ab. Noch kein Faxenmacher- und Comedy-Volk, eher latent aggressiv, die Frauen oft von einem geradezu bedrohlichen Ernst. Keine alerten Selbstdarsteller, keine Schlaffis, keine Körnerfresser, keine Säufer, keine Tunten. Von Selbsthass verstehen sie noch weniger als von Selbstreflexion. Als Kolonisten und Eroberer freilich kaum tauglich, wie man am Zustand jener Länder sieht, die einst von Osmanen beherrscht wurden. Aber eine Erholung vom heute tonangebenden westlichen Menschenschlag.«

11. September

Wer an die Costa del Sol reist, ist selber schuld, aber wenn, dann wenigstens fünf Sterne, könnte ein Zyniker sagen, und ein Romantiker könnte ergänzen, dass selber schuld sei, wer überhaupt noch reise. Lebte ich familienlos, ich folgte letzterem und bliebe brav daheim, ein paar Städtereisen und einige auf dem Velo erklommene Alpenpässe ausgenommen. Der

Massentourismus ist das abscheulichste aller zivilen Spektakel mit den schrecklichsten Folgen für die von ihm befallenen Regionen, wo architektonischer und menschlicher Unrat (Tourismusgebiete besitzen die magische Eigenschaft, sogar hochzivilisierte Menschen in solchen zu verwandeln) ehedem reizvolle Land- und Ortschaften auf längere Sicht stärker verheeren als jeder Krieg.

Aber Kinder wollen ans Meer, und so macht sich auch der Kulturpessimist auf, sich in die Schar der Barbaren aus dem Norden zu mischen, die an südlichen Gestaden ihre verwüsteten Körper und Sitten zur Schau stellen, oft beides zusammen. Was soll man von Leuten halten, die auf der überfüllten Fähre von Marbella ins Millionärsretörtchen Puerto Banús nichts Eiligeres zu tun haben, als sich die T-Shirts vom Leibe zu reißen und den Mitschippernden ihre dank beharrlicher Sonnenbaderei ins Krebsrote changierenden, aber unverkennbar skandinavisch-bleichen Wänste zu präsentieren? Beton an den Stränden, Beton in den Schädeln, so passt es denn. Und wenn es wahr ist, dass sich sogenannte kulturelle Entwicklungen früher oder später in den Genen niederschlagen, so wird sich die zukünftige Menschheit, angeschwollen auf zehn, zwölf oder zwanzig Milliarden, in den Rattenkäfigen ihrer Heimatstädte oder Vergnügungsorte dank genetisch fixierter kollektiver Indolenz nicht nur so kannibalisch wohl als wie fünfhundert Säue fühlen, sondern auch ästhetisch enthusiasmiert wie einst Caspar David Friedrich an den Kreidefelsen von Rügen oder Winckelmann in Rom.

Wo bleibt das Positive, Genosse? Nun, neben der vor allem kulinarisch und auch das Auge durchaus reizenden Altstadt von Marbella mit ihren weißen Gässchen die karge Bergwelt im Landesinneren, an den Ausläufern der Sierra Blanca, wilde, zerklüftete, trockene Landschaften, Pinien, Korkeichen und darüber kreisende Greifvögel, alles vor dem inneren Ohr begleitet vom Klageton des Flamenco. Sodann die herrliche Gebirgsstraße durch den nahezu unberührten Parque Natural Sierra de las Nieves hinauf nach Ronda, und natürlich Ronda selber, eines der schönsten Städtchen der Welt, sofern man über Nacht bleibt, wenn die meisten Touristen verschwunden sind, und nur die Altstadt in Betracht zieht, abenteuerlich und wagemutig über steilen Abhängen gebaut, wo ich vom Balkon eines Restaurants, dessen Namen ich vergessen habe, zum Jámon Ibérico und einer Flasche ansprechenden spanischen Chardonnays einen unvergesslichen Ausblick auf die Schlucht des Río Guadalevín und die beide Stadtteile verbindende steinerne Brücke genoss, während sich Ronda abendlich illuminierte. Vielleicht genügt ein solcher Moment ja, um alles andere zwar nicht zu vergessen, aber weniger bedeutsam zu finden.

Joachim Fest hat mir einmal gesagt, er sei nach einer langen Unterbrechung wieder an der Côte d'Azur gewesen und habe mit Erschrecken feststellen müssen, dass die Küste sich in ein einziges Betongebirge verwandelt habe und so gut wie zerstört sei. Das werde das Schicksal großer Teile Europas sein. Die reizvollen Unterschiede, die Europa geprägt haben, gingen dahin, eine Küste, eine Stadt werde wie die andere. »Natürlich«, schloss Fest, »haben diese enormen Veränderungen auch Gewinne gebracht. Aber wenn ich überhaupt irgendeine allgemeine Einsicht aus der Betrachtung von Geschichte und Gegenwart gewonnen habe, dann die, dass es keine Gewinne ohne Verluste gibt.« Diese Aussage erschien mir damals trivial, aber je älter ich werde, desto weiser und endgültiger kommt sie mir vor.

12. September

»Zu bewundern, was uns kein Vergnügen bereitet, ist die Zwischenetappe zwischen der ursprünglichen Phase, in der wir nur bewundern, was uns vergnügt, und der Endphase, in der uns nur vergnügt, was wir bewundern.«
Nicolás Gómez Dávila

13. September

»Ach, Pianistin sind Sie?«, sagt der Münchner Jura-Professor auf einer Party zur Gattin, »ich habe ein Lieblingsstück: ›Für Elise‹. Kennen Sie das?« Ein Anwalt wiederum eröffnet die Konversation mit einer ihm immerhin vollkommen unbekannten Frau mit den Worten: »Unterrichtest du Klavier, oder was?« Wenig später mokiert sich der promovierte Ad-hoc-Duzer, der vor kurzem Israel besucht hat, über die Kulturlosigkeit der Menschen im Kibbuz, etwa deren fehlende Tischsitten. Er habe sich unter Juden etwas anderes vorgestellt. – Deutsche Eliten anno 2014.

14. September

Bei der Tschechow-Lektüre fällt auf, dass der Dichter, wo in der deutschen Übersetzung »Ukraine« steht, im Original »Malorossija« geschrieben hat, »Kleinrussland«. Die Sängerin singt »eine kleinrussische Romanze«, den Gymnasiallehrer erinnert »die kleinrussische Sprache« wegen ihrer Zärtlichkeit und ihres angenehmen Klanges an das Altgriechische und so weiter. Bis vor kurzem fuhr man im Russischen auch nicht »w« (in die) Ukraine, wie man ansonsten »in« alle anderen Länder reist, sondern »na« (an die) Ukraine, an den Rand Russlands sozusagen. Erst neuerdings verbitten sich Ukrainer dieses »na«. Für die meisten Russen ist die Ukraine ein Teil ihres Landes, und historisch ist sie das ja unstrittig. – Was den Ukrainern nun recht sein soll, muss auch den Schotten, Katalanen, Flamen, Basken und, wer weiß, den Bayern billig sein, nicht wahr? Darf bei dieser Gelegenheit daran erinnert werden, aus welchem Grunde der amerikanische Bürgerkrieg stattfand? Aber Amerika, wir vergaßen, ist etwas ganz anderes als Russland.

Späterer 14. September

Apropos Tschechow: In seiner Erzählung *Herzchen* beschreibt er eine Frau, die vollends die Ansichten und Gepflogenheiten ihrer Männer übernimmt und in deren grundverschiedenen Obliegenheiten – Theater, Holzhandel, Veterinärmedizin – mit ganzer Person aufgeht, ohne je wirklich etwas davon zu verstehen. Zwei Männer sterben ihr, der dritte zieht aus beruflichen Gründen ins ferne Sibirien. Alleingelassen besitzt sie keine Ansichten mehr, sie ist sogar unfähig, überhaupt eigene Gedanken zu denken. »Sie sah die Dinge um sich herum und verstand auch, was um sie vorging, doch sie konnte sich darüber keine Meinung bilden und wusste nicht, worüber sie sprechen sollte. Und wie schrecklich ist es, keine Meinung zu haben! Man sieht zum Beispiel eine Flasche stehen, oder es regnet, oder ein Bauer fährt auf seinem Wagen, aber wozu diese Flasche, der Regen oder der Bauer da sind, welchen Sinn sie haben, das vermag man nicht einmal für tausend Rubel zu sagen.« Gottlob vertreiben heutzutage die Medien und sogenannten sozialen Netzwerke Tag für Tag, längst sogar Stunde um Stunde diesen *Horror vacui* und füllen den armen Menschen ihre leeren Köpfe mit Meinungen, die sie dann untereinander eifrig austauschen und zu Kollektivgewissheiten und Exklusionskriterien bündeln können.

Was ist nun besser, die enervierende Leere oder das pausenlose Geschwätz? Die Schriftstellerin Sibylle Berg (man darf sie nicht mit der geradezu exorbitant dämlichen *Spiegel online*-Kolumnistin gleichen Namens verwechseln) schrieb in ihrem grandios düsteren Roman *Der Mann schläft* dazu folgende letztgültige Worte: »Ich habe zu viele eurer nahezu identischen Lebensläufe gesehen, und ohne sie werten zu wollen, langweilen sie mich tödlich. Ihr lest keine Bücher, ihr macht keine merkwürdigen Forschungen, von denen ihr mir berichten könntet, und ganz im Vertrauen: es interessiert mich nicht, zu hören, was ihr in den Nachrichten gesehen habt.«

15. September

Wie ein Bundestagsabgeordneter der Linkspartei enthüllt, hat das Auswärtige Amt ein Papier an den Ausschuss der ständigen Vertreter der EU-Mitgliedstaaten geschickt, in dem ein Berufs- bzw. Publikationsverbot für mehrere russische Journalisten gefordert wird, weil sie Putin-Propaganda trieben. – Sieg Heil, meine Herren! Auch meine Ehre heißt Grundgesetztreue!

16. September

Es drohe in den Künsten eine permanente Häresie, ein zählebiger Irrtum, schreibt Charles Baudelaire, »die *Häresie der Belehrung,* in deren Gefolge unvermeidlicherweise die Häresien der *Leidenschaft,* der *Wahrheit* und der *Moral* erscheinen. Zahllose Menschen sind der Meinung, Ziel und Zweck der Poesie sei irgendeine Art Belehrung, deren Bestimmung es wäre, bald das Gewissen zu kräftigen, bald die Sitten zu vervollkommnen, bald endlich irgendetwas Nützliches zu demonstrieren ... Die Poesie, wenn einer nur ein wenig bereit ist, in sich selbst hinabzusteigen, hat keinen anderen Zweck als sich selbst; sie kann keinen anderen haben, und kein Gedicht wird je so groß, so edel, so wahrhaft seines Namens würdig sein wie das Gedicht, das einzig um des Vergnügens willen, ein Gedicht zu schreiben, geschrieben wurde.

Ich will damit nicht sagen, dass die Poesie nicht zur Veredelung der Sitten beitrage, man verstehe mich recht, – dass sie letzten Endes den Menschen nicht über den Bereich der niederen Interessen erhebe; das wäre offenkundig widersinnig. Ich meine, wenn der Dichter sich einen moralischen Zweck vorgesetzt hat, so hat er seine poetische Kraft geschwächt; und man darf getrost eine Wette darauf eingehen, dass sein Werk unzulänglich sein wird. Die Poesie (...) hat nicht die Wahrheit zum Gegenstand, sondern nur sich selbst.«

19. September

Das 25. Jubiläum des Mauerfalls naht. Für mich eingemauerten Ostberliner mit keinerlei Westkontakt außer dem televisionären war die Bundesrepublik damals das Land, an dessen Tor warnend der kummervolle Herr Bednarz stand. Ein Land, in dem die Luft, die Flüsse und die Kleidung vergiftet oder verstrahlt waren, in dem Ausbeuter die Macht hatten und Neonazis kurz davor standen, sie zu erobern, in dem Armut, Obdachlosigkeit, Drogensucht, Zwangsprostitution zum Alltag gehörten und wo jede Minderheit unterdrückt wurde, ein Land der sozialen Kälte, der Herzlosigkeit, des Chauvinismus und der sterbenden Wälder, also ein Land, in das man keinesfalls einwandern wollte. – Vielleicht sollte man ja die alten *Monitor*-Sendungen aus den Archiven holen, in alle afrikanischen Landessprachen übersetzen und zur Abschreckung überall auf dem schwarzen Kontinent ausstrahlen.

20. September

»Man beginnt sich für die Vorsokratik zu erwärmen, wenn man einen Philosophen auf der Technik-Messe gesehen hat, die Unterlippe klaffend vor Bewunderung ...«
Jürgen Große

23. September

Das Gymnasium, welches einer meiner Söhne besucht und das Chinesisch als Wahlfach anbietet, erwartet eine Delegation aus dem Reich der Mitte. Zum Empfang soll unter anderem ein Kulturprogramm geboten werden. Die Gäste hatten im Vorfeld geäußert, sie würden gern deutsche Musik hören. Nun war die Verlegenheit groß, denn alle Schüler, die ein Instrument auf

Vorführniveau beherrschen, können nur Rock, Pop, Jazz, amerikanische Filmmusik und dergleichen darbieten, aber leider
nichts aus jenem Repertoire, das in Asien als deutsche Musik
und *sub specie aeternitatis* als Musik schlechthin gilt. Bis der
Sohn schüchtern vorschlägt, er könne ja etwas von Mozart auf
dem Klavier spielen. Erleichterung tritt ein. Die Chinesen können kommen. Das Abendland atmet noch.

24. September

Dass sich die Kunst eines Christian Petzold aus der Frosch-
perspektive des hier bereits zweimal gewürdigten *Spiegel*-
Kommissars Georg Diez nicht wahrnehmen lässt, ist so neider-
regend wie vernachlässigbar. Doch wem der HErr das ästhetische Instrumentarium versagte, der entwickelt zuweilen eine
erkennungsdienstliche Art, den Werken zu nahen; und so unterläuft unserem eifrigen *Spiegel*-Ermittler bei seiner Besprechung
von Petzolds neuem Film *Phoenix*, der von einer jüdischen
KZ-Überlebenden handelt, eine so entlarvende Formulierung,
dass ich frevelte, würde ich sie nicht zitieren. »Was«, fragt er
aus der sicheren Deckung seines hinter der herrschenden öffentlichen Meinung aufgeschlagenen Biwaks, »ist übrigens hier
genau die geschichtspolitische Aussage?« Prägnanter lässt sich
die linksliberal-habermasianische Auffassung, dass der Kunst
in einer endaufgeklärten Gesellschaft kaum mehr als eine der
Moral assistierende Rolle zukomme, kaum formulieren.

25. *September*

Nietzsche, schreibt Peter Sloterdijk in seinem Essay mit dem doppelsinnigen Titel *Die Verachtung der Massen* aus dem Jahr 2000, »hat dem sozialdemokratischen Ideal der universellen Befriedigung menschlicher Grundbedürfnisse die Selbststeigerung der werkschöpferischen Wenigen entgegengesetzt, die unter hohen und höchsten Spannungen leben, obwohl ihre umgebende Gesellschaft längste die Parole ›Laß es sein‹ ausgegeben hat. Am minoritären und kulturpolitisch aussichtslosen Charakter dieser Option ist längst kein Zweifel mehr möglich – man zitiert sie allenfalls von Zeit zu Zeit herauf, um sie von neuem lächerlich machen zu können. Um die Wortführung (...) bemühen sich seit dem Zweiten Weltkrieg unzählige Intellektuelle des linkshegelianischen und pragmatischen Hauptstroms, der neuerdings von jungen Aristotelikern und religiösen Begegnungsethikern verstärkt wird. Besondere Erfolge erzielt zur Zeit auf diesem Feld der Philosoph Richard Rorty, der sich ohne Umschweife ins Lager der letzten Menschen stellt – vorausgesetzt daß diese Amerikaner sind – und ihre Kritiker von Kierkegaard und Nietzsche zu Heidegger, Adorno und Foucault unverblümt als anstrengende, unangenehme, heroische Snobs bezeichnet, obwohl er sie weiter in prominenter Position auf seiner Lektüreliste führt. Als Verächter von unten der Verächter von oben predigt der Liberale Rorty, den die Luft von Virginia zum Sozialdemokraten gemacht hat, eine neue Version des amerikanischen Traums – den aufrechten Gang in die Banalität und notfalls eine zweite Trennung von Europa.«

Letzteres wird unnötig sein; die Amerikaner müssen vielmehr achtgeben, dass wir sie dabei nicht überholen.

6. Oktober

Es ist lächerlich, einer Institution, die seit fast 2000 Jahren die Erbsünde predigt, Vorwürfe zu machen, wenn einer ihrer Repräsentanten gesündigt hat.

8. Oktober

Allmählich sollte man dazu übergehen, in Nachrufen und Sterbeanzeigen darauf hinzuweisen, ob die von uns gegangene Person gestorben oder *ausgestorben* ist.

10. Oktober

Auf der Buchmesse erzählt Günter Maschke zwei launige Anekdoten aus seiner Zeit bei der *FAZ*.

Joachim Fest war mit seiner Hitler-Biographie zum Bestsellerautor auf- oder meinetwegen abgestiegen (von Jürgen Kesting stammt die fabelhafte, auf Maria Callas gemünzte Wendung vom »Abstieg in den Ruhm«), und der Jungredakteur Maschke, der immerhin wie Hitler in Landsberg am Lech eingesessen hatte, freilich wegen Fahnenflucht – was man ihm aber nicht als Feigheit auslegen darf und durfte, denn besagte Flucht hatte ihn 1967 nach Kuba geführt, wo er für Castros Sozialismus stritt –, der gar nicht mehr so junge Jungredakteur Maschke also trat in Fests Büro und fragte: »Warum, Herr Fest, kommen Sie eigentlich noch zur Arbeit? Sie haben doch genug Geld verdient, dass Sie daheim bleiben und jetzt ein wirklich gutes Buch über Hitler schreiben könnten.« Woraufhin Fest eine auf seinem Schreibtisch stehende Statuette nach dem Frechling geschmissen, diesen allerdings verfehlt habe.

Die zweite Anekdote betrifft einen Herrn namens Marcel Reich-Ranicki, welcher Maschke eines Tages mit der Frage konfrontierte: »Herrr Maschke, man sagt, Sie rrreden schlächt überrr mich!« Der Angesprochene versetzte: »Ja, Herr Reich-Ranicki – aber immer nur hinter Ihrem Rücken!«

Die Stimmung auf dem Frankfurter Bücherbasar ist heuer recht durchwachsen bis gedrückt; an mehreren Ständen höre ich Prognosen wie: Noch zwei, drei Messen, dann ist es sowieso vorbei. Für viele Verlage lohnt es sich kaum mehr, hier aufzukreuzen, die angebahnten Geschäfte decken kaum die Standgebühren. Wie bekommt eigentlich, fragt man sich, der Pleitier Suhrkamp seinen nach wie vor recht pompösen Auftritt hin – zahlt das Frau Berkéwicz aus der Schatulle? Nur die Mienen der Angestellten wirken, sofern nicht alles täuscht, etwas weniger staatstragend als ehedem.

Die Frage nach dem Finanzier der Standmiete stellt sich erst recht an dem ausladenden »Anti-Rassismus«-Stand, der pikanterweise gegenüber der *Jungen Freiheit* für »Respekt« trommelt, allerdings um ein Vielfaches größer ist als die im allerweitesten Sinne politische Konkurrenz, was etwas verwundert angesichts der Tatsache, dass dort kein einziges Buch verkauft oder beworben, sondern nur eine tugendhafte Gesinnung dargeboten wird, vorwiegend von leicht überengagiert wirkenden jungen Frauen oder Mädchen. Wahrscheinlich sind es die ganz normalen Rassisten draußen im Lande, die mittels Steuern hier zur »Respekt«-Ableistung gebeten werden.

Am Manuscriptum-Stand ist es mir ein besonderes Vergnügen, Akif Priniçci in seinem Spezialgebiet, der Zotologie, behilflich zu sein, indem ich ihn in Kenntnis setze, dass es sowohl in Goethes

Götz von 1773 als auch in Mozarts sogenannten Bäsle-Briefen von 1777 ff. und also womöglich weiland generell »im Arsch lecken« hieß, bevor sich die zahmere, hygienischere, aber auch etwas reizlosere Version durchsetzte (keiner möge glauben, dass sich unsere Altvordern nicht ebenbürtig zu verlustieren gewusst hätten!).

– Kurz darauf erzählt mir der Chef eines Hörbuch-Verlages, dass zwei Schauspieler es abgelehnt haben, Pirinçcis *Deutschland von Sinnen* für die CD zu lesen, weil sie fürchteten, danach keine Engagements mehr zu erhalten. Um jetzt keine wohlfeile Pointe zu plazieren, sei stattdessen und ausgleichshalber darauf hingewiesen, dass diverse andere Mimen kein Problem mit der Suada des Deutschtürken hatten und einer von ihnen schließlich für das Hörbuch ausgewählt wurde. Respekt!

12. Oktober

Die einen drohen mit Schlägen, die anderen damit, sich »einzubringen«.

13. Oktober

Unsere Muslimvertreter wirken meist recht lust- und elanlos, wenn sie sich von den IS-Kalifatsausrufern distanzieren sollen. Zum einen dürfte das am verständlichen Unwillen stolzgeleiteter Männer liegen, öffentlich irgendeiner Sache abzuschwören, zumal wenn es sich um die Distanzierung von einer Mörderbande handelt; es gilt hier die Vortrittsregel Odo Marquards: »Legitimieren Sie sich!« – »Bitte nach Ihnen!« (Nur der brave nachkriegsdeutsche Politfunktionär distanziert sich auf Kommando beflissen von wem auch immer.) Dann aber dürfte es noch einen nicht unerheblichen Teil der muslimischen Community in Europa geben, dessen Sicht auf den IS in leichter Abwandlung eines berühmten Leninschen Buchtitels unter das Motto gestellt werden könnte: »Der Radikalislamismus als Kinderkrankheit des Islamismus«. Wozu in großer Eile und mit allzu abstoßenden Mitteln etwas durchsetzen, mag man dort denken, was sich im Laufe der Jahrzehnte womöglich ohne großen Aufwand nahezu von allein fügt?

14. Oktober

Keine der heiligen Schriften dieser Erde vermag mich schöpfungsgläubiger, ja gottgeneigter zu stimmen als ein Kochbuch mit traditioneller italienischer Küche.

19. Oktober

Das Mordsgelichter des »Islamischen Staats« soll nicht in Betracht kommen gegenüber Hafis, Ibn Baddja, Ibn Khaldun, Jalaluddin Muhammad Akbar, Averroes, Avicenna, Umm Kulthum und den Geschichten aus *Tausendundeiner Nacht*.

20. Oktober

Es gibt für einen Zivilisierten keinerlei Grund, die amerikanischen Neocons weniger zu verabscheuen als die Kommunisten, zumal sich nicht nur beider Fraktionen Zwangsbeglückungs-

und Fortschrittsbefeuerungsattitüden ähneln, sondern allmählich sogar die Opferbilanzen der Neocons kommunisti-
sches Format erreichen, wobei hier die Perspektive noch offen-
steht und einiges erwarten lässt. – Und vergewärtigen wir uns
beim täglichen Nachrichtenempfang, wie grotesk, dreist oder
auch nur komisch es ist, dass Vertreter desselben politischen
Milieus, das unter hemmungsloser Präsentation von Lügen
als Angriffsvorwand die Zerschlagung des irakischen Staats
(Drecksstaat hin oder her, aber immerhin ein Staat) bewerkstel-
ligt, befördert und beklatscht und damit letztlich die Bestie IS
geweckt hat, sich täglich anmaßen, Putin moralisch zu verurteilen, weil er angeblich die Ukraine destabilisiert, wo die Bestien
bislang noch schlummern.

21. Oktober

Der »soziale Brennpunkt« ist weniger eine Ursache als vielmehr
eine unmittelbare Folge der sozialistischen Architektur.

22. Oktober

Gewissen islamischen Autoritäten zufolge soll der Prophet, als
er zufällig Zeynab, die Frau eines freigelassenen Sklaven, noch
nicht vollständig bekleidet erblickte, von diesem Anblick enthusiasmiert, spontan ausgerufen haben: »Gelobt sei Allah!«
(Später heiratete er sie.) Ein frommer christlicher Zeitgenosse
Mohammeds hätte bei ähnlicher Gelegenheit wohl eher Satan
ins Spiel gebracht. Während das Christentum den sündi-
gen Körper etablierte, galt die Fleischeslust den Muslimen als

Quell der Lebensfreude. »Die intensivste und vollkommen-
ste Kontemplation Gottes wird uns durch die Frauen zuteil«,
erklärte der Mystiker Ibn Arabi, »und die leidenschaftlichste
Vereinigung ist der eheliche Beischlaf.« Die Frau »soll sich stets
für ihren Mann bereithalten, damit dieser sich an ihr erfreuen
kann, wann immer er dies wünscht«, empfahl der Philosoph
al-Ghazali. Bis ins 19. Jahrhundert blickte der westliche Bürger
und Christenmensch durch die Haremsbrille auf den Orient. Die
exotische Welt der Vielweiberei erschien ihm frivol, lasterhaft –
und beneidenswert.

Ist es nicht erstaunlich, wie die Dinge sich gedreht haben? Wie
der Durchschnittsmuslim gierig und neidisch auf die trainierten,
pneumatischen und allzeit halbnackerten Beverly-Hills-Weiber
starrt, die für ihn so fern und unbesteigbar sind wie die Eiger-
Nordwand? (Sogar Osama bin Laden soll, behaupten zumindest die Amerikaner, eine achtbare Sammlung von Pornovideos
besessen haben.) Dabei hat sich in der muslimischen Welt in
diesem Punkte überhaupt nichts geändert, nur wurde sie von
der sogenannten sexuellen Revolution des Westens genauso
überrollt und abgehängt wie zuvor durch dessen industriel-
le Revolution. Vielweiberei, nunmehr als Partnerwechsel bezeichnet und aus dem Ehegatter befreit, ist im Westen so normal geworden wie Vielmännerei, im erlesensten Falle Gang
Bang geheißen, was man im Morgenland ja eher nicht kannte
bzw. kennt. Und all das gleichgeschlechtliche Gerammel und
Gewürge mittenmang

Nun tritt allerdings etwas auf den Plan, was Hegel unter List
der Vernunft oder vielleicht sogar Negation der Negation ru-
briziert haben würde. Die sexuell Befreiten stellen überall die
Vermehrung ein, während die Prüden, Gläubigen, Unbefreiten
sich so hemmungslos fortpflanzen, wie die anderen fremd-

vögeln. Der Westen schrumpft, die Umma wächst und gedeiht. Desgleichen die orthodoxen Juden, die bekanntlich enorm »verklemmt« leben, oder, wenn auch in geringerem Maße, das robust christliche Milieu in den USA. In Frankreich, rechnet Michèle Tribalat, die renommierteste Demoskopin des Landes, in ihrem neuen Buch *Assimilation: La fin du modèle français* vor, lag im Jahr 2008 die Geburtenrate von Kindern aus Familien mit mindestens einem muslimischen Elternteil achtmal höher als bei autochthonen Franzosen, auch wenn die Zeugung bei letzteren vermutlich vergnüglicher verlief. Die groteske Verschiedenheit der Weltgegenden offenbart sich derzeit am deutlichsten in der Offerte amerikanischer Großkonzerne, die Eizellen ihrer Mitarbeiterinnen für Spätschwangerschaften einfrieren zu lassen, auf dass die Holden anständig Karriere machen und ihr Unternehmen das Optimum aus ihnen herausholen kann, bevor sie sich ihr Leben als nützliches Glied der Gesellschaft mit dem Gebären versauen. Dass sich ausgerechnet jene Teile der Menschheit explosionsartig vermehren, die am ungebildetsten sind und denen es wirtschaftlich am schlechtesten gilt, während diejenigen, die imstande sind, die momentan auf dem Planeten arbeitende Technik unter Kontrolle zu halten, immer weniger werden, lässt für die Zukunft des Planeten gewisse Verwerfungen und Unrundheiten ahnen.

Die Hoffnung des Westens liegt nun darauf, dass der Rest der Welt die sexuelle Revolution nachholt, die Frauen gleich- und die Vermehrung sukzessive einstellt. Man könnte zugespitzt sagen: Die Hoffnung des Westens beruht auf Pornographie und Promiskuität. Auf dass selbst der gottesfürchtige Wüstennomade und der verlorenste Fellache lernen, dass das Glück des Mannes darin besteht, mit möglichst vielen Frauen Sex und mit keiner davon Kinder zu haben. Und dass es sinnlos ist, von

Frauen erotische Spitzenleistungen zu erwarten, die man selber entjungfert und danach unter Planen versteckt hat. Aufs Ganze gesehen haben wir also die Aussicht auf entweder eine blutige Explosion oder eine klebrige Implosion. Die arme Menschheit steht am Scheideweg zwischen Gott und Gender, zwischen Fatwa und Feminismus, zwischen Muezzin und Mainstreaming, zwischen Gruppengebet und Gruppensex, zwischen Fisting mit oder ohne Sala, zwischen *Haddsch* und *Christopher Street Day*.

Und jedzad mog I nimmer.

23. Oktober

Die *Weltwoche* rühmt – wieder naht ein Jubiläum – den Kampf zwischen George Foreman und Muhammad Ali am 30. Oktober 1974 in Kinshasa (Zaire) als »das bedeutsamste Sportereignis des 20. Jahrhunderts«. Kein Widerspruch. Ich stelle mir oft die Frage, beispielsweise angesichts der Entwicklungen im Radsport (Doping hin oder her), bei der Leichtathletik oder im Fußball, wo das Leistungsniveau immer weiter steigt, aber auch die Schönheit der athletischen Darbietungen immer beeindrukkender wird, warum dies im Boxen nicht der Fall ist. Nimmt man die großen Kämpfe der frühen 1970er Jahre sowie bedeutende Fußballpartien aus derselben Zeit und vergleicht sie mit heutigen Kämpfen und Spielen, tun sich zwei Welten auf. Gegen den heutigen Fußball wirkt der damalige wie in Zeitlupe dargeboten, die brasilianische Weltmeistermannschaft von 1970 oder die deutsche von 1974 würden gegen den FC Augsburg zweistellig untergehen und vermutlich gar nicht in dessen Strafraum kommen. Ob Wladimir Klitschko den jungen George Foreman besiegen oder gar vermöbeln würde, sei zumindest dahinge-

stellt – die heutigen Schwergewichtsboxer bringen zehn bis
zwanzig Kilo mehr auf die Waage als die damaligen –, aber dass
die Kämpfe der Muhammad-Ali-Epoche aufregender, dramati-
scher, schöner, ja besser waren (Lennox Lewis möge mir verzei-
hen), scheint mir unbestritten zu sein.

Womit wir beim »Rumble in the Jungle« wären, dem also womöglich bedeutsamsten Kampf überhaupt, noch vor dem »Thriller
in Manila« ein Jahr darauf, auch wenn Ali sagte, er sei nie dem Tod
näher gewesen als in seinem dritten Duell mit Joe Frazier. Die mythische Dimension des Ali-Foreman-Kampfes kommt daher, dass
Ali auch nach der Ansicht seiner eigenen Betreuer erstens keine
Chance hatte – sein Trainer Angelo Dundee fürchtete, er könne in
dem Kampf ernsthaft verletzt werden, der amtierende Weltmeister
Foreman galt als der härteste Schläger des Planeten und hatte zuvor die beiden Ali-Bezwinger Frazier und Ken Norton in jeweils
zwei Runden nicht nur besiegt, sondern zerstört, gedemütigt,
auf dem Ringboden umherkriechen lassen –; zweitens widerleg-
te der »Größte« (auch diesem Prädikat müssen wir zustimmen)
mit seinem Triumph das Gesetz des »They never come back«
noch eindrücklicher als Floyd Patterson, der sich den verlore-
nen Weltmeistertitel 1960 im direkten Rückkampf gegen Ingemar
Johansson zurückgeholt hatte, während bei Ali sieben Jahre da-
zwischenlagen. Und drittens rankt sich der Mythos des »Rumble
in the Jungle« entlang der taktischen Meisterleistung des Siegers
und der im nachhinein notorisch verzerrten Darstellung des
Kampfverlaufes. Im kollektiven Gedächtnis verblieb das Duell als
Alis Abwehrschlacht gegen Foremans furchtbare Fäuste, als das
Sich-freiwillig-in-die-Seile-Stellen und Alles-über-sich-ergehen-
Lassen mit dem tödlichen Konter in Runde acht als Pointe.
Tatsächlich hätte Ali den Kontrahenten gar nicht auf die Bretter
schicken müssen, er hatte den Kampf auch nach Punkten gewon-

nen. Im Grunde lieferte er in jeder Runde außer der ersten den gesamten Fight noch einmal *en miniature*: Er ließ Foreman schlagen, bis er ausgepumpt war, und landete gegen Ende der Runde immer mehr und vor allem präzisere Treffer als sein Gegner. Die fünfte Runde war der Höhepunkt im Höhepunkt, etwas Mitreißenderes als die letzten dreißig Sekunden hat die Boxwelt wohl nicht zu bieten. Danach dürfte der Favorit geahnt haben, dass er an diesem Abend stürzen würde.

Nur die erste Runde folgte, wie gesagt, nicht diesem Schema; in ihr hatte Ali noch versucht, dem Weltmeister gewissermaßen auf herkömmliche Weise zu begegnen, munter droschen die beiden aufeinander ein, und Ali bemerkte mit Entsetzen, worauf er sich da eingelassen hatte; man muss sich sein Gesicht in der Ringpause ansehen, diese Mischung aus einsetzender Verzweiflung und angestrengter Überlegung, was jetzt gegen diese Naturgewalt zu unternehmen sei – sowie die geballte Wut und Entschlossenheit, die aus seiner Miene am Ende von Runde zwei spricht. Der Knockout wird auch im *Weltwoche*-Artikel gepriesen, er erhält seine singuläre Schönheit dadurch, dass Ali dem bereits fallenden Foreman nicht noch mit einem weiteren Treffer den Rest gibt, obwohl er zu diesem Schlag bereits angesetzt hatte; vielmehr hält er inne, weil er sieht, dass die Dosis genau ausreicht. Mehr Grazie geht nicht in diesem Sport. Dieser Kampf wird die Zeiten überdauern wie eine Furtwängler-Einspielung.

25. Oktober

»Paris«, konstatiert Freund M., ein Frankophiler und regelmäßiger Gast bei den linksrheinischen Nachbarn, »wird allmählich franzosenfrei.«

27. Oktober

Ich verachte den Feminismus nicht, weil er die Männer, sondern weil er die Grazien angreift.

28. Oktober

In Baden-Württemberg haben inzwischen 190 000 Bürger eine Petition unterzeichnet, die sich gegen die Pläne der Landesregierung richtet, die »Akzeptanz sexueller Vielfalt« fächerübergreifend in den Lehrplan aufzunehmen. Das sind dreimal so viele Menschen, wie die Grünen in ganz Deutschland Mitglieder haben. In Niedersachsen, wo vergleichbare Pläne vorliegen, dürfte ähnliches passieren.

Nehmen wir an, jemand forderte, Zwölfjährige sollten im Schulunterricht erklären, was ein Gang Bang ist. Und Dreizehnjährige wären gehalten, ihren ersten Analverkehr pantomimisch vor den Mitschülern darzustellen, gleichgültig ob nun als Hammer oder als Amboss. Welcher Oberbegriff fiele uns bei all dem spontan ein: Aufklärung? Oder doch eher: Dachschaden?

Eine Urheberin dieser Ideen ist die Kasseler Soziologin Elisabeth Tuider. Das Buch *Sexualpädagogik der Vielfalt*, das sie mit vier Kollegen herausgegeben hat, will als Ratgeber für Pädagogen auf die »Vielfalt gegenwärtiger Lebens-, Liebes- und Sexualitätsentwürfe« reagieren. Frau Tuider beruft sich in ihrem Buch explizit auf den Begründer der »neoemanzipatorischen Sexualforschung«, Helmut Kentler, der ein Pädophilie-Versteher war. Auf eine gewisse Pädophilie stößt man in diesem Milieu öfter. Etwa beim Verein »Pro Familia«, der sich für die sexuelle Aufklärung an Schulen engagiert und dessen Mitarbeiter unter anderem in achten Klassen einen sogenannten Kondom-Führerschein abnehmen. Neulich geriet »Pro Familia« in die Schlagzeilen, weil im Vereinsmagazin Artikel erschienen waren, die für Straffreiheit bei sexuellen Kontakten mit Kindern plädierten.

Willkommen im allerfortschrittlichsten Teil der hiesigen Sexualpädagogik! Ein verschwiemelter Zirkel aus Genderisten und linken Gesellschaftsumerziehern, unter denen sich auch ein paar Päderasten tummeln, will die Kinder der anderen – selber haben sie in der Regel keine – endaufklären. Diese Experten sprechen gern von »Stereotypen«, wenn es um Heterosexualität geht. Welchen Einfluss sie auf die Schulen nehmen, hängt letztlich nur von den jeweiligen Lehrern ab. Zwar versichern die baden-württembergischen Sozialdemokraten, Frau Tuiders Sexualkunde habe mit den konkreten Bildungsplänen im Ländle nichts zu tun, aber eine deutliche Distanzierung von dergleichen Aufklärict findet nicht statt. Zugleich liest man in den familienpolitischen Positionspapieren aller Parteien links der CDU, die traditionellen Familienstrukturen müssten »aufgebrochen« werden. In Niedersachsens Schulbüchern kommen bei Mathe-Textaufgaben jetzt nicht mehr Mutter-Vater-Kind vor, sondern zum Beispiel zwei Lesben mit einem Adoptivkind. Was Sozialisten aller Zeiten, Fraktionen und Schattierungen eint, ist ihre Aversion gegen die Kernfamilie, die uns jetzt als ein von allerlei »bunten« Alternativen begleitetes Auslaufmodell präsentiert wird. Laut grün-roten Bildungsplänen in möglichst vielen Fächern.

1. November

Wer noch irgendwo auf ein authentisches Schamgefühl stößt, sollte es hegen wie eine Kostbarkeit.

2. November

«Jüngere Leute denken nicht mehr in Ost-West-Kategorien. Die gängigen Debatten über Unrechtsstaat und Rote Socken sind Debatten von gestern, geführt von Leuten von gestern«, schreibt in der *Süddeutschen* Heribert Prantl, der nahezu seine gesamte Reputation der so steten wie leserseits ermüdlichen Beteiligung an Debatten von gestern verdankt. Ist er zu später Vernunft gekommen? Gewiss nicht; er wird das Gegenteil bei nächster Gelegenheit im »Kampf gegen rechts« sturheil beweisen. Prantl gehört einem Soziotop an, das sich in der deutschen Zweistaatlichkeit so feist und selbstzufrieden eingenistet hatte wie Göring in Carinhall und die Wiedervereinigung nicht nur als einen irritierenden Fauxpas ins Ewiggestrige, sondern als persönliches Fiasko erlebt hat. Dieses Milieu wird nicht eher Ruhe haben und geben, bis das Gras des Vergessens die »kommode Diktatur« (Günter Grass) mitsamt Bautzen, Zwangsadoptionen und Mauer zonengrenzenwachturmhoch überwuchert hat.

3. November

Jedes bedeutende historische Ereignis hat seine Legenden, die es verklären. Dass es sich um moralisch erwünschte Korrekturen handelt, ist das Beste, was sich über dergleichen Veredelungen sagen lässt; sie geschehen unter dem Druck des Idealen. Wozu vordergründig von all dem Gemeinen, Barbarischen, Niederträchtigen, Zufälligen der Geschichte künden, wenn es daneben auch Großes, Hochherziges, Heroisches, Gewolltes gab? Soll das Blut den Glanz ersticken? Die Untat das Heldentum übertreffen? Nein, Geschichtsschreibung muss erbaulich sein, auf dass der Leser sich nicht nur an ihr bilde, sondern auch ein bisschen an ihr emporrichte, und all jene Schulen, die mit Hochmut oder Geringschätzung auf die Altvorderen blicken, weil sie *noch nicht so weit* waren, wie sie selber angeblich gekommen sind, haben nur die erstaunliche Konstanz der Phänomene sowie vor allem ihre eigene Relativität nicht begriffen.

Von Goethe ist dazu die grandiose Bemerkung überliefert, ein beklagenswerter »Mangel an Charakter« innerhalb der forschenden und schreibenden literarisch-historischen Zunft äußere sich darin, dass man »durch ein erbärmliches Wahre uns um etwas Großes bringt«, welches für uns die bessere Alternative wäre. »Bisher glaubte die Welt an den Heldensinn einer Lucretia, eines Mucius Scaevola und ließ sich dadurch erwärmen und begeistern. Jetzt aber kommt die historische Kritik und sagt, daß jene Personen nie gelebt haben, sondern als Fiktionen und Fabeln anzusehen sind, die der große Sinn der Römer erdichtete. Was sollen wir aber mit einer so ärmlichen Wahrheit! Und wenn die Römer groß genug waren, so etwas zu erdichten, so sollten wir wenigstens groß genug sein, daran zu glauben.«

Einen veritablen Prüfstein für die Goethesche Überlegung bietet das Buch *Die unbekannte Mitte der Welt*, eine Universalgeschichte des Islam aus muslimischer Sicht. Der Verfasser Tamim Ansary wuchs in Afghanistan auf, der Heimat seines Vaters, und lebt heute in den USA, näherhin in San Francisco, der Heimat seiner Mutter, was nicht die schlechteste Voraussetzung für eine ost-westliche Perspektivumkehr sein dürfte. *Die unbekannte Mitte der Welt* ist das Beste und Erhellendste, was ich bislang über die muslimische Welt las, bei souveräner Beherrschung des gewaltigen Stoffs – der Autor kommt mit ganzen 350 Seiten aus – mit leichter Hand und historischem Einfühlungsvermögen beinahe Friedellschen Formats geschrieben (was eines der höchsten Komplimente ist, die mir zur Verfügung stehen). Das Buch hat freilich einen kleinen Makel, wenn man es so nennen will, denn im Grunde handelt es sich ja um einen Vorzug: Es ist über weite Passagen erbauliche Literatur.

Der Name Ansary kann nur vom Wort Ansar abgeleitet sein, welches »Helfer« bedeutet; so wurden jene Muslime aus der Stadt Yatrib, dem späteren Medina, genannt, die den Propheten Mohammed nach seiner Flucht aus Mekka dortselbst unterstützten, im Jahre Null der islamischen Zeitrechnung. Es ist ein leitmotivischer Name. Ansary will mit seinem Flug über 1400 Jahre vermitteln, was in dieser Zeit »nach Vorstellung der Muslime passiert ist«. Mit diesem etwas frivolen Kniff – man stelle sich die Geschichte der Zwischenkriegszeit einmal ernsthaft aus deutscher Sicht vor! – entledigt er sich der Aufgabe, zu schildern, »wie es wirklich gewesen«. Stattdessen kann er nebenher unbefangen mit dieser Legende und jener Mythe flirten, da und dort eine Schönheitskorrektur anbringen, etwas weglassen, etwas mehr Lorbeer hinzufügen, mit einem Wort: erbaulich werden. Diese Weltgeschichte aus muslimischer Sicht ist eine entscheidende Nuance schöner, edler, reiner, in sich stimmiger, als es die schnöde und oft schmutzige Wirklichkeit der Quellen nahelegt, und wir stehen vor der Frage, ob wir denn trotzdem glauben sollen, dass damit immerhin die Essenz des Islam getroffen ist, und ob wir bloß zu niedrig denken, wenn wir es nicht tun.

Nehmen wir als Beispiel die Schilderung der Einnahme Jerusalems durch den Kalifen Omar im Jahr 638. Die Christen der Stadt befürchteten damals, der Eroberer werde als Zeichen des Triumphs in ihrer heiligsten Kirche beten und vielleicht sogar kurzerhand eine Moschee aus ihr machen. Bei Ansary liest man die liebenswürdige Schilderung, Omar habe sich geweigert, das christliche Gotteshaus zu betreten, denn wenn er dies tue, würden Muslime das später als Entschuldigung benutzen, Kirchen zu konfiszieren und in Moscheen umzuwandeln. »So etwas machen wir Muslime nicht«, habe er gesagt. »Lebt und betet weiter nach euren Sitten.« Sie, die Christen, hätten sich lediglich damit abzufinden, dass nun Muslime neben ihnen Allah lobpreisen und ihre eigenen Riten praktizieren würden. Wenn ihnen die muslimische Religion gefalle, könnten sie jederzeit zum Islam übertreten, aber wenn nicht, dann werde man sie nicht dazu nötigen. »Allah hat uns gesagt: Im Islam besteht keine Gewalt.«

Die Berichte über Omars Einzug in Jerusalem wurden erst über hundert Jahre später zu Papier gebracht, als der Islam sich bereits konsolidiert hatte. Was genau geschah, werden wir nie erfahren, »aber die entspannten Regeln in Jerusalem und andernorts lassen vermuten, dass es zwischen den Völkern der Bibel erstaunlich viel Gemeinsamkeit und Durchmischung gab«, notiert der Historiker Simon Sebag Montefiore in seiner Geschichte der Heiligen Stadt (*Jerusalem. Eine Biographie*), ein Buch, welches ich mit demselben Nachdruck zur Lektüre empfehle wie jenes Ansarys. Immerhin darf man festhalten, dass diese Einstellung Omars zu anderen Glaubensgemeinschaften kanonisiert wurde; sie ist also vorbildlich. Die Mordbuben des Islamischen Staates, die angeblich die goldene Ära des Kalifats wiederherstellen wollen, handeln gegen den Willen des zwei-

ACTA DIURNA 2014

ten Kalifen. Der Omar Ansarys jedenfalls würde Jagd auf sie machen.

Freilich währte der Friede in Jerusalem nicht lange. Der Kalif Hakim – er taucht in Ansarys Buch nicht auf – begann im frühen 11. Jahrhundert damit, Christen und Juden zu verfolgen und hinrichten zu lassen. Auf seinen Befehl wurden Kirchen in Moscheen umgeweiht und Synagogen zerstört. »Juden mussten wie Rinder einen Holzreifen um den Hals tragen, der sie an das Goldene Kalb erinnern sollte, und Schellen, um Muslime vor ihrem Kommen zu waren. Christen hatten Eisenkreuze zu tagen«, hält Montefiore fest. In Kairo ließ Hakim das jüdische Viertel niederbrennen, und im September 1009 machten die Gefolgsleute des »arabischen Caligula« (Montefiore) die Grabeskirche in Jerusalem dem Erdboden gleich. Hakims Herrschaft nahm immer mehr Züge von Wahnsinn an, seine Grausamkeiten richteten sich zuletzt auch gegen Muslime, und so wurde er schließlich von seinen eigenen Angehörigen umgebracht.

Wirklich kompromittierend wird Ansarys Blick auf die Dinge bei seiner Schilderung, wie es zum ersten Kreuzzug kam: »Der Hilferuf des byzantinischen Kaisers, der in der Schlacht von Manzikert 1071 von den Seldschuken gefangengenommen worden war, mischte sich in die zunehmenden Klagen von christlichen Pilgern, die aus dem heiligen Land zurückkehrten.« Worüber klagten die Pilger? Über die immer schikanösere Behandlung, die Christen durch die dort inzwischen ebenfalls herrschenden türkischen Seldschuken erfuhren. »Hinzu kam noch der erwachende Neid angesichts der Reichtümer, die sie im Orient gesehen hatten, Paläste und Seidenkleider, feines Essen und Gewürze und vor allem Gold, Gold, Gold… Dies brachte schließlich Papst Urban II. im Jahre 1095 dazu« etc. pp. Kurzum: Der Papst rief aus

Neid und Goldgier zum Kreuzzug. Aus muslimischer Sicht wohlgemerkt. Von der Eroberung des byzantinischen Kleinasiens und
der Ausmordung christlicher Städte – 1067 wurde Caesarea nie-
dergebrannt, 1069 Iconium – kein Wort.

Erneuern wir deshalb die westliche Perspektive. Nicht nur
in Anatolien, dessen urbane Struktur damals unwiederbring-
lich zerstört wurde, wüteten die Gotteskrieger. Der Wesir des
Kalifats von Córdoba, al-Mansur, hatte Ende des 10./Anfang des
11. Jahrhunderts eine Spur der Vernichtung durch Nordspanien
gezogen, seine Krieger eroberten und verwüsteten unter anderem Zamora im Jahre 981, Coimbra 987, Barcelona anno 985 und
1008, Santiago de Compostela 997. Der Seldschuken-Herrscher
mit dem sprechenden Namen Alp Arslan ließ wiederum die
Bevölkerung armenischer Städte massakrieren; am schrecklichsten führten sich seine Krieger 1064 in der Hauptstadt Ani auf.
Pilgerreisen in die Heilige Stadt wurden immer lebensgefährli-
cher. Ein reich beladener Zug deutscher und niederländischer
Pilger unter Führung des Bischofs von Bamberg wurde 1064 unmittelbar vor den Toren Jerusalems von Arabern überfallen und
geplündert, 5000 Pilger kamen dabei ums Leben.

Papst Urban II. rief 1095 die Christenheit dazu auf, »unseren Brüdern im Orient« zu Hilfe zu eilen. »Die Türken und
die Araber haben sie angegriffen«, stellte der Papst korrekt fest.
»Wenn ihr ihnen jetzt keinen Widerstand entgegensetzt, so werden die treuen Diener Gottes im Orient ihrem Ansturm nicht
länger gewachsen sein.« Neid? Gold? Allenfalls als Tertiärmotiv.

Bekanntlich haben die Kreuzritter in Jerusalem nach der
Eroberung 1099 ein furchtbares Gemetzel unter der Zivilbevölkerung angerichtet, sogar ein Richard Löwenherz ließ
später ganz unritterlich muslimische Zivilisten umbringen.
Das wird *dem Westen* auch beharrlich vorgeworfen, und zwar

keineswegs vorrangig von Muslimen, weit eher von »anti-
imperialistischen« Historikern und »selbstkritischen« westlichen Intellektuellen, bei welchen die Bluttaten der islamischen Gottesbarbaren meist ebenso unter den Tisch fallen
wie die mit dem Siegeszug der Mohammed-Krieger einset-
zende Massenversklavung der eroberten Völkerschaften. Die
Menschenbeute, schreibt der Althistoriker Egon Flaig, Autor
des Standardwerkes *Weltgeschichte der Sklaverei,* »blieb das beliebteste Kriegsziel. So entstand schon im 8. Jahrhundert die
größte Sklavereigesellschaft der Weltgeschichte; sie benötigte
eine ständige Zufuhr neuer Sklaven, und sie transformierte den
afrikanischen Kontinent zum größten Sklavenlieferanten – ein
Schicksal, dem Europa nur knapp entkam.«

In Ansarys Buch spielt die Sklaverei keine Rolle.

Wechseln wir am Ende zur Populärkultur, wo bei der
Behandlung historischer Stoffe das Überbetonen sowohl moralisch erwünschter edler Handlungen als auch besonders
verwerflicher Taten bekanntermaßen eines der wichtigsten
Stilprinzipien darstellt. In Ridley Scotts Film *Königreich der
Himmel,* an dessen Ende die Rückeroberung Jerusalems durch
Salah ad-Din steht, gibt es einige gravierende Manipulationen
an den überlieferten Tatsachen, welche überwiegend darauf
hinauslaufen, die muslimische Seite in einem günstigeren Licht
dastehen zu lassen. So erhalten die christlichen Bewohner der
Stadt im Film allesamt freien Abzug, welcher tatsächlich nur
denjenigen zuteil wurde, die ein Lösegeld aufbringen konnten,
während viele Tausende, die es nicht konnten, in die Sklaverei
verschleppt wurden und, wenn es sich um junge Frauen handelte, in den Harems landeten. Salah ad-Dins Sekretär Imad al-Din
berichtete mit orientalischer Sinnenfreude: »Wie viele gut be-
hütete Frauen wurden entehrt, herrschende beherrscht, junge

Mädchen geheiratet, Jungfrauen entjungfert, Anmaßende geschändet, Schöne mit roten Lippen ausgesaugt, Braune hinge-
streckt, Unbezähmbare bezähmt, Zufriedene zum Weinen gebracht! Wie viele Edle nahmen sie zu Beischläferinnen ...«

Der Sultan befahl nach dem Abzug der Christen, den
Tempelberg zu säubern. Das Kreuz vom Felsendom wurde her-
untergerissen und durch die Straßen geschleift, Jesusbilder her-
ausgerissen, die Klöster nördlich vom Dom zerstört. Salah ad-
Din erwog, die inzwischen wiedererrichtete Grabeskirche –
den »Misthaufen«, wie er sie nannte – abreißen zu lassen, aber
unter Berufung auf Omar übergab er sie den griechisch-ortho-
doxen Christen. »Insgesamt duldete er die meisten Kirchen«,
schreibt Montefiore, »war aber bestrebt, den unislamischen
Charakter des christlichen Viertels zu verringern. Kirchengeläut
wurde wieder verboten. Über Jahrhunderte hinweg bis ins
19. Jahrhundert hielt der Muezzin das Monopol über die sa-
krale Geräuschkulisse, während die Christen mit Holzrasseln
und Zimbeln zum Gebet riefen. Einige Kirchen außerhalb der
Stadtmauern ließ Saladin abreißen, und viele herausragende
christliche Gebäude konfiszierte er für seine Salahiyya-Stif-
tungen – die bis heute existieren.«

Seinen Ruf als toleranter Herrscher hatte sich Salah ad-Din,
gemessen an anderen Eroberern seiner Epoche, gleichwohl
verdient. Er war ein kultivierter Mann, kein Schlächter. Aber
Zweifel sind angebracht, ob es in der Wirklichkeit zu jener Szene
gekommen sein mag, die in Scotts eher trivialem Film den ein-
samen Höhepunkt bildet. Der Sultan betritt nach seinem Sieg
ein menschenleeres Gotteshaus – es könnte der Felsendom
sein –, dessen Interieur Spuren der Kämpfe um die Stadt trägt.
Er schreitet über den steinernen, mit allerlei heruntergefalle-
nen Gegenständen übersäten Fußboden, bis er ein Kruzifix

vor seinen Füßen liegen sieht. Und nun vollzieht Salah ad-Din eine unscheinbare, aber gewaltige Geste: Er hebt das Kruzifix auf und stellt es auf seinen Platz. Danach wirft er sich zum Dank vor Allah auf den Boden. – –

Ja, ich möchte glauben, dass es so gewesen ist, und möglichst viele sollen es glauben, um des Guten und Edlen willen, das man das Menschliche nennt, obwohl es gut ist und edel.

4. November

In einem *Focus*-Kommentar weist Alexander Wendt darauf hin, wie sehr sich die SPD sowohl programmatisch als auch in Sachen Image von ihrer allmählich einstigen Kernwählerschaft – in traditioneller Familie lebende klein- bis mittelgroßstädtische Buckelkrummmacher mit mühsam abbezahltem oder noch abzubezahlendem Reihenhäuschen – entfernt hat, um mit Windenergie, Frauenquote, Patchworkfamilie, Homo-Ehe, verschärfter schulischer Sexualkunde, Diversivität und allerlei anderem angesagten Gesinnungsschnickschnack bei den Grünen-Wählern und der urbanen Schickeria zu punkten. Es habe den Eindruck, schreibt Wendt, der SPD sei ihre traditionelle Klientel inzwischen peinlich. Der deutsche Otto Normalspießer ist zwar immer noch derjenige, der den Laden hier am Laufen hält, ohne den weder Flugzeuge fliegen noch Kraftwerke Strom erzeugen noch Exportweltmeisterschaften gewonnen würden, aber er verkörpert eben keinen besonders jungen, aufregenden, trendigen, telegenen, weltoffenen und theoriefreudigen Menschentypus. Nicht nur den Sozis, auch der CDU ist der Allerweltswähler mit seinen provinziellen Ansichten längst irgendwie unangenehm; wählen soll er sie ja, aber sehen und hören will man von ihm nichts. Es scheint für einen bundesdeutschen Politiker nichts Ärgeres zu geben, als primär diejenigen zu vertreten, die sein Dasein überhaupt erst ermöglichen. Alle gieren sie vorzugsweise nach dem Beifall des linksliberal-grünen Milieus, obwohl dessen Anteil an der Wertschöpfung dieses Landes überschaubar ist. Die meisten Journalisten, geisteswissenschaftlichen Universitätsdozenten und Theaterregisseure haben ohnehin diese Gruppe im Auge, sobald sie nach Claqueuren verlangen. Aller demokratischen Flunkerei zum Trotz spielt die Mehrheit in unserem Lande nur die Rolle des unaufgeklärten, peinlichen Lümmels, den es auch fürderhin schweigend zu halten gilt.

5. November

In Dortmund sollen, auf Wunsch der Grünen, bei der Hälfte aller Fußgängerampeln die Ampelmännchen durch weibliche Figuren ersetzt werden. »Eine gute Idee«, sagt Freund D., »Hauptsache, sie bekommen schöne große Möpse.«

6. November

Während Salafisten in den heiligen Krieg ziehen, bleiben andere deutsche religiöse Extremisten lieber daheim, um Bücher über Satan und seine Anhänger zu schreiben. Ein befreundeter Historiker machte mich auf einen besonders exaltierten Exorzismus aufmerksam. Im Buch *Die Spiele gehen weiter* (Campus-Verlag, 2014) gibt es einen Aufsatz über den NS-Sportfunktionär Carl Diem, der anhand seiner Tagebücher, wie gerechtfertigt nun auch immer, einer moralischen Erledigung unterworfen wird. Auf Seite 160 findet sich folgende Passage: »Das Tagebuch hat vor allem entlastende Funktion. Es dient Diems Distinktion von den braunen Machthabern. Die skeptischen Einträge sind nicht handlungsleitend. Diem blieb dem Regime treu. Dazu registriert er die Politik der Verbündeten und der Kriegsgegner, den Bombenkrieg und die Gewalt gegen Deutsche ab 1944. Schon im Krieg relativierte er so die deutschen Verbrechen.«

Da schau her, *registriert* hat er's! »Gestern ist Oma Erna ausgebombt worden!« – »Bist du still! Willst du die deutschen Verbrechen relativieren!« – Es bleibt bei meiner alten Leier: Die bundesdeutsche Nachkriegsgeschichtsschreibung wird zunehmend ein Fall für eine separate Geschichtsschreibung, und viele Erforscher der Nazi-Mentalität exemplifizieren dieselbe auf nachgerade erhellende Weise.

7. November

Wenig würdig ist es, zu glauben, weil man das Paradies erhofft. Würdig ist es, zu glauben und nichts zu erhoffen.

8. November

Meine Aphorismen, wenn ich sie mal zu einem Buch versammle, scheinen eine magische Wirkung auf einen bestimmten Typus Denunziant aus der hintersten publizistischen Reihe auszuüben, namenlose Leute, die zu unbegabt sind, um bei *Spiegel online* oder der *Zeit* zu landen, und die deshalb ihre Polizei-Instinkte meist deprimierend unbemerkt ausagieren müssen, was die schrille Weise erklärt, mit welcher sie um Beachtung betteln. Als ich vor Jahren mein erstes Aphorismen-Bändchen veröffentlichte, hatte ein Kretin bei der *Jungen Welt* – die schon zu DDR-Zeiten mit ihrem juvenilen Scheiterhaufenerrichtungsfuror immer eine Nuance widerwärtiger war als sogar das *Neue Deutschland* (wenngleich ich unlängst ein paar passable Artikel zur Ukraine-Krise darin las) –, hatte also ein Mitarbeiter des einstigen FDJ-Blattes eine Auswahl meiner Sentenzen präsentiert und sie unter dem kontrastierenden Ableiern einiger Schlagworte aus dem grünroten Katechismus für außergewöhnlich schlimm erklärt. So weit, so belanglos. Ihre stramm- und kerndeutsche Dimension gewann die Sache freilich dadurch, dass der Autor mir erstens, na was denn sonst, man wird's ja wohl mal versuchen dürfen, Antisemitismus vorwarf, was zumindest erklärungsbedürftig war bei einem Menschen, der mit einer Israelin verheiratet ist, in dessen Haus ständig Juden verkehren, der seine Kinder auf die jüdische Schule schickt und in dessen mehrtausendseitigem Schrifttum sich keine Belegstelle dafür finden lässt, weshalb die Angelegenheit ein kleines anwaltliches Nachspiel hatte. Noch bell- und apportierdeutscher indes war der erlesene Zirkel von Adressaten, an welche der Spitzbube seinen Artikel in offenbar grandioser Enthemmtheit verschickte: an meinen Arbeitgeber, den Zentralrat der Juden, die *Jüdische Allgemeine* und, Steigerungen sind immer drin, das Museum Auschwitz. Aber was sollte so einer auch tun, wenn weder ein Reichssicherheitshauptamt noch eine Reichsschrifttumskammer, ja nicht einmal die Genossen vom Ministerium für Staatssicherheit sachdienliche Hinweise entgegennehmen?

Heuer, nach dem Erscheinen meines zweiten Sentenzen-Bändchens, fühlt sich wieder ein ehrenamtlicher Verfassungs-schützer ermächtigt, in die Tasten zu greifen (diesmal auf der Internetseite des *European*), einige Aphorismen zu zitieren, sie außergewöhnlich schlimm zu finden und auf Konsequenzen meines Arbeitgebers gegen einen wie mich zu insistieren – unter der versuchten sozialen Vernichtung machen's diese Strolche an-scheinend nicht. Wobei im Zuge einer wahrscheinlich generellen Zeitumstellung innerhalb der hiesigen Intelligenzia der Vorwurf der »Islamophobie« jenen des Antisemitismus sukzessive und irgendwie auch vollrohr ersetzt hat. Der kleine Schnüffler vom *European*, der ohne Anflug von Scham hinschreibt, er »beob-achte« mein »Treiben« schon seit längerem, kommt ebenfalls gar nicht erst auf die Idee, dass er bloß seine unmaßgebliche Meinung über meine unmaßgeblichen Zeitgeistkommentare vorträgt, sondern er vertraut darauf, dass er die herrschende Tendenz vertritt und die Reihen hinter ihm fest geschlossen sind. Woraus ich zu schließen pflege, dass es mit der Eigenheit der Meinung nicht sonderlich weit her sein kann und der Verfasser bloß seinen autoritären Charakter trendkonform zur Schau stellt, um sich, wenn schon keine dauerhafte Anstellung, wenigstens ein paar Bienchen bei den Zeitgeistverwesern in den höheren Gehaltsgruppen zu verdienen.

Dieser Typus Meutenfeigling und Bratenriecher wechselt verlässlich die Seiten, wenn es soweit ist; er trug das Blau- und Braunhemd mit derselben Selbstverständlichkeit, wie er auf das Bonner Grundgesetz zu schwören fingiert oder einen Turban aufsetzen wird, sollte es jemals opportun sein. Gefährlich wird er erst, wenn die Verhältnisse es zulassen; dann fordert er den Kopf und nicht bloß den Job. Es ist bezeichnend, dass der einzige Aphorismus, den unser Denunziant kommentiert, von seinesgleichen handelt, und er vorgibt, ihn nicht zu verstehen. Er lautet: »Manch deutscher Zeitgeschichtler erweckt den Eindruck, er könnte ebenso gut der Anklagebehörde der Nürnberger Prozesse zuarbeiten. Oder halt, ein paar Jahre früher, dem Volksgerichtshof.« Das meint mitnichten, die Urteile der Alliierten und der Nationalsozialisten folgten denselben Prinzipien, wie der Anschwärzer bzw. -bräuner unterstellt, sondern dass der Denunziant unter jedem Regime jener eklige, miese, verachtenswerte und erbärmliche Lump bleibt, mit dem tatsächlich Erbarmen zu haben ich unfrommer Zelot des Nonkonformismus frommen Christenmenschen überlassen muss, weil es mir dafür an Charakterstärke mangelt.

9. November

Der folgende Hinweis ist zwar nicht *gentlemanlike*, scheint jedoch aufgrund sich häufender Nervereien dieser Art aus dem Frigidarium der Genderisten geboten: Wenn die *Spiegel*-Kolumnistin Sibylle Berg schreibt, »dass Geschlechter wirklich nichts bedeuten, dass jeder sich erfinden kann«, hängt dies maßgeblich damit zusammen, dass Frau Berg die entscheidende Erfahrung ihres Geschlechts eben nicht gemacht hat. Zur weiteren Erklärung empfiehlt sich Nietzsches Theorie des Ressentiments. Während der Allerwelts-Fuchs sagt, die Trauben seien ihm zu sauer, und der ressentimentgebeutelte Fuchs schlaumeiert, süß sei schlecht, wollen uns Frau Berg und ihresgleichen weismachen, süß sei vollkommen beliebig (für sich privat mag sie das sogar meinen, aber natürlich weiß oder ahnt sie insgeheim, was wirkliche Süße ist). Die frappierende Omnipräsenz der Aussterbenden in der Öffentlichkeit

dieses Landes ist sicherlich eines der schillerndsten Kapitel in
der Geschichte des Ressentiments.

11. November

Der Spatz genießt es, den Falken darauf hinzuweisen, dass der
Adler größer ist als er.

13. November

»Kaufen Sie, was Sie wollen«, sagt der türkische Verkäufer in
der Waschgeräteabteilung, »aber wenn Sie keine Maschine von
Miele nehmen, holen Sie sich irgendwelchen Schrott ins Haus,
der nicht in Deutschland produziert wurde.«

16. November

Gestern in einem spontanen Entschluss doch zur Münchner
Premiere von *Manon Lescaut*. Wer zu spät kommt, den bestraft
das Leben mit Reihe 5, Parkett, die Karte für 243 Euro – dies
nur erwähnt, weil sich die Frage stellt, ob man das Äquivalent
eines Abendmahls im »Tantris« für die Regietaten eines Herrn
Neuenfels hinblättern sollte. Sollte man natürlich nicht. Aber
nachdem die Sopranistin Anna Netrebko Neuenfels für dessen
sogenannte Inszenierung einen Korb gegeben hatte, stellte sich
bei mir eine gewisse Wissbegier ein.

Aber wer nach dem Hinschmiss der Netrebko gemutmaßt
hatte, einem ganz exorbitanten Schmonzes und Flachsinn

beiwohnen zu müssen oder auch zu dürfen, sah sich eines
Trivialeren belehrt. Der in die Jahre gekommene, wenngleich
in den Vorberichten immer noch allen Ernstes »Störenfried«
und »Provokateur« genannte, allzeit offene Türen einrennen-
de und vom Feuilleton gehätschelte »Unangepasste« beließ
es diesmal tatsächlich nur bei einigen Kaspereien, die speziell
dem Chor aufgehalst wurden, der sogar noch in der düsteren
Einschiffungsszene des dritten Aufzugs in breitärschig-tuntigen
Clownskostümen mit stehenden Rothaartollen umherzuhop-
sen und zu grimassieren gehalten war, während ein Ambiente
drumherum, sicherlich aus Gründen der Sparsamkeit, praktisch nicht existierte.

Die Maxime solcher Bühnenbilder scheint zu lauten: Man darf
ohne die Musik auf keinen Fall erkennen, um welches Werk es
sich handelt. Üblicherweise hüllen »moderne« Inszenierungen
das Bühnenpersonal aus vergangenen Jahrhunderten in Kleider
der Gegenwart oder zumindest späterer Epochen – oder eben
in Narren- und Quatschkostüme –, um dem Publikum zu vermitteln, dass die Probleme irgendwie dieselben geblieben und
die Stücke, wie man gern schwätzt, auch *heute noch aktuell* sei-
en. Dies permanent vorgeführt zu bekommen beleidigt meinen Intellekt und sollte den jedermanns beleidigen. Das nur am
Rande.

Aber immerhin, das Liebespaar konnte sich nahezu durch-
gängig wie ein solches bewegen, weshalb sogar einige ansonsten Zurechnungsfähige in der Pause die Ansicht äußerten,
die Inszenierung sei gar nicht so schlecht, jedenfalls nicht direkt störend; der auf Spasmus, Sperrmüll und Sperma dres-
sierte deutsche Operngänger ist offenbar schon froh, wenn er
halbwegs unbeschmutzt durch eine Inszenierung kommt und
Geronte kein Parallelverhältnis mit Manons Bruder hat.

Den Tanzlehrer Manons ließ die Regie aus gewiss tiefsinni-
gen Gründen als halb Faun, halb Affe daherkommen; das Bett,
in welchem die reizende Maid dem alten Geronte die Miete
fürs Pariser Stadtpalais und all die schönen Dinge darin ab-
stattet, obwohl in der Inszenierung gottlob davon nichts zu sehen war (mit Ausnahme einer Cuckold-Anspielung), umsa-
ßen die Chor-Kasperle nunmehr als Geistliche in katholischen
Ornaten, von denen einige geil in Manons Miederwaren zu
wühlen hatten – der Herr Neuenfels scheint sich da mit einer
Obsession zu placken. Bei der Einschiffungsszene kamen endlich auch naziartige Uniformen zum Einsatz, obwohl es sich tatsächlich ja um Offiziere der Marine Ludwigs XV. bzw. des XVI.
handelt; die vage Datierung der Oper lässt das offen.

Nur die von mir im Vorfeld befürchtete Geschlechterrollen-
und Gleichstellungsproblematik ward kaum traktiert, wie sehr
Netrebko und Neuenfels diesbezüglich auch über Kreuz gelegen
haben mögen. Die Gattin mutmaßte, es habe vielmehr daran gelegen, dass die Diva im zweiten Akt keinen Hosenanzug mit Mieder
tragen wollte, weil das ihrer Figur nicht entspräche und die Fotos
nicht mehr aus dem digitalen Gedächtnis verschwänden ... Sollte
Neuenfels eine Schutzbehauptung in die Welt gesetzt haben, um
Frau Netrebkos tatsächliche Beweggründe zu verschleiern und
den Unmut auf sich zu lenken? Wurden wir Zeugen einer rit-
terlichen Tat? Wenn dem so wäre, Herr Regisseur, werden Ihre
Inszenierungen zwar nicht weniger knallchargig, aber ich zöge
immerhin gerührt den Hut vor Ihnen ...

(Übrigens: Wer *Manon Lescaut* in einer historisch stimmi-
gen, dramaturgisch eindruckvollen, sängerisch und darstelle-
risch brillanten Version sehen will, sollte sich die DVD der Live-
Aufnahme vom 11. Juni 1998 aus der Mailänder Scala kaufen, mit
Riccardo Muti am Pult, Maria Guleghina in der Titelpartie und

José Cura als Des Grieux. Und: Ja, für mich ist eine Inszenierung ideal, wenn ich vom Regisseur möglichst wenig mitbekomme – die Weltsicht von Regisseuren ist mir vollkommen egal – und ich mich auf die Musik konzentrieren kann, außer natürlich in puncto Personenregie, da ist mir jeder Felsensteinianer willkommen.)

Im vorderen Parkett, wo die Karten teuer sind und sich jener etwas angejahrte Teil der Münchner Premierenschickeria einfindet, der Leute kennt, denen man erzählen kann, dass man in einer Musiktheaterpremiere war, dort ist noch spurenhalber der Geist der alten Oper lebendig, die Gustav Mahler in Wien ärgerlicherweise abzuschaffen begann, indem er das Licht ausschalten ließ und das Hauptaugenmerk von der Selbstzurschaustellung des Publikums auf das Bühnengeschehen lenkte. Hier sitzen die, die sich eine Oper »ansehen« und selber gesehen werden wollen und von denen einige nicht genau wissen, ob heute Verdi oder Puccini gegeben wird (Rossini?), und andere sich wundern, dass »Nessun dorma« nicht kommt (lag's an der Regie?). Wie die meisten Pianisten sich keinen Steinway leisten und umgekehrt die meisten Steinway-Besitzer nicht Klavier spielen können, finden sich im Opernhaus und im Konzertsaal die verständigen und musikalisch versierten Hörer eher auf den billigen Plätzen. Vorn im Parkett applaudierte man der Regie nicht, mischte sich aber auch nicht in die Buh-Rufe, die beim finalen Erscheinen von Neuenfels auf der Bühne gegen den Applaus obsiegten – die Verwüstungen der Feuilleton-Lektüre und der Absolvierung geisteswissenschaftlicher Studiengänge wirken noch immer nicht saalbeherrschend. Dass der Beifall sich für eine Premiere in Grenzen hielt, führte die Gattin wiederum darauf zurück, dass in Puccinis dritter Oper, mit der ihm 1893 der Durchbruch zum Weltstar gelang, zwar unglaublich viele geniale Melodien vorkommen, aber keine einzige jener Arien, die

man auf Wunschkonzert- und Best-of-Ebene mit dem Namen
des Luccesers verbindet.

Wie immer höchst lobenswert das Orchester, der satte, safti-
ge Klang der Münchner sucht seinesgleichen. Wie immer bril-
lant Jonas Kaufmann, während die Netrebko-Stellvertreterin
Kristine Opolais beim Forcieren kleine Probleme hatte. Die
wichtigste Szene des Abends aber lieferte jener Herr, der unmittelbar nach dem Fallen des Schlussvorhangs mit eindeutig
italienischer Diktion »Viva Puccini!« in die Stille rief und damit das wirklich Wesentliche aussprach. *He made my day.*

17. November

»Die Art, wie ich Lob und Tadel verteilt werden sehe«, sagte
Herr von B., »könnte dem ehrenwertesten Mann der Welt Lust
machen, verleumdet zu werden.«

»Der Unterschied zwischen Ihnen und mir«, sagte mir Herr ***,
»besteht darin, daß Sie zu allen Masken sagten: ›Ich kenne dich‹,
während ich sie in der Hoffnung ließ, mich zu täuschen. Das ist
der Grund, warum mir die Welt günstiger gesinnt ist als Ihnen.
Sie ist ein Maskenball, wo Sie den anderen das Interesse und
sich selbst das Vergnügen verdorben haben.«
Aus Chamforts »Anekdoten«

18. November

Die Rolle, die dem Affen in der Evolutionsbiologie zukommt,
spielt in der zeitgenössischen Kunstgeschichtsschreibung und

Feuilletonistik der »Vorläufer der Moderne«. Heute trifft es
Edgar Degas in der *FAZ*. Natürlich ist nie – ich wiederhole: nie –
ein bedeutender Künstler ein »Vorläufer« von was auch immer
gewesen, sondern stets ein Ende und Gipfel und nichts außerdem. Ob das im Falle Degas' zutrifft, mag ich nicht beurteilen
müssen, aber wie wäre es, wenn man einmal das Fernrohr um-
drehte und sagte: ein Nachläufer der Malerei?

20. November

»Nur beim Römischen Weltreich kann man sagen, daß die
Kultur ein Faktor war. Auch das Regime der Araber in Spanien
war etwas unendlich Vornehmes: die größten Wissenschaftler,
Denker, Astronomen, Mathematiker, einer der menschlichsten
Zeiträume, eine kolossale Ritterlichkeit zugleich. Als dann später das Christentum dahin kam, da kann man nur sagen: die
Barbaren. Die Ritterlichkeit, welche die Kastilier haben, ist
in Wirklichkeit arabisches Erbe. Hätte bei Poitiers nicht Karl
Martell gesiegt: Haben wir schon die jüdische Welt auf uns genommen – das Christentum ist so etwas Fades –, so hätten wir
viel eher noch den Mohammedanismus übernommen, diese
Lehre der Belohnung des Heldentums: Der Kämpfer allein hat
den siebenten Himmel! Die Germanen hätten die Welt damit
erobert, nur durch das Christentum sind wir davon abgehalten
worden.«
Adolf Hitler am 28. August 1942
(zitiert nach: Heinrich Heims/Werner Jochmann: *Adolf Hitler.
Monologe im Führerhauptquartier 1941–44*, Hamburg 1980,
S. 370.)

24. November

Was für ein obskurer Drang, von den Problemen seiner Zeitgenossen auch noch in der Literatur behelligt werden zu wollen.

27. November

Zuerst bekämpft die Homosexuellenbewegung die »Homophobie«, dann erzeugt sie sie.

1. Dezember

Dem *Spiegel* ist zu entnehmen, dass eine Nachwuchshistorikerin das Leben Helmut Schmidts im Dritten Reich untersucht und ein Buch darüber geschrieben hat, in welchem sie zu dem vor allem ihrerseits naheliegenden und karrierefördernden Resultat gelangte, der spätere Bundeskanzler und ehemalige Wehrmachtsoffizier sei zumindest zeitweise »von der Nazi-Ideologie kontaminiert« gewesen. Die Autorin wirft Schmidt unter anderem vor, dass er sich 1942 mit seiner Frau Loki kirchlich trauen ließ. »Wie konnten beide auf diese weitgehend gleichgeschaltete Institution bauen«, fragt die tugendhafte Maid. Ja weit mehr als das: Wie konnten Schmidt & Loki die weitgehend gleichgeschaltete Nazi-Post benutzen, mit den weitgehend gleichgeschalteten Nazi-Eisenbahnen fahren, die weitgehend gleichgeschalteten Nazi-Bäckereien betreten, um sich Nazi-Brötchen zu kaufen und sie später mit von weitgehend gleichgeschalteten Bauern gemachter Nazi-Butter zu bestreichen? Wie konnten sie auf Nazi-Straßen weitge-

hend gleichgeschaltet flanieren, die Nazi-Zigaretten weitgehend gleichgeschaltet rauchen, in Nazi-Häusern weitgehend
gleichgeschaltet wohnen oder verkehren, die von der Nazi-
Ideologie kontaminierte Luft weitgehend gleichgeschaltet at-
men? Als Frischvermählte im Schein des Nazi-Mondes weitgehend gleichgeschaltet flirten, weitgehend gleichgeschaltet zu
den Nazi-Sternen aufblicken, ihre weitgehend gleichgeschalteten Nazi-Seufzer seufzen, Nazi-Küsse austauschen und tags darauf weitgehend gleichgeschaltet oder jedenfalls rotzfrech in die
über all der weitgehenden Gleichschaltung strahlende Nazi-
Sonne lächeln! Pfui Deibel bzw. Hitler!

2. Dezember

Gestern einer Gesprächsrunde von Tide TV Hamburg zuge-
schaltet, dem, wenn ich's recht verstehe, Sender der Ahmadiyya-
Gemeinde. Ein muslimischer Geistlicher vertritt die Ansicht,
wegen der sich ausbreitenden sogenannten Islamophobie äh-
nele die Situation der Muslime allmählich jener der Juden im
Dritten Reich. Ich widerspreche, wie man sagt, vehement; es
existiere überhaupt keine pogromgeneigte, ja pogromfähige
Gruppe in Deutschland, wer solche Vergleiche ziehe, verken-
ne, mit welcher Motivation auch immer, die Kräfteverhältnisse.
Tatsächlich waren ja sowohl Nationalsozialismus als auch
Bolschewismus Jugendbewegungen; die den Stacheldraht
ausrollten, waren oft keine zwanzig Jahre alt. Die heutigen
Deutschen kommen auf ein Durchschnittsalter von vielleicht 50
Jahren, nach dem zweiten Bandscheibenvorfall randaliert kei-
ner mehr auf der Straße, sondern allenfalls im Internet oder auf
Sarrazin-Lesungen. Wer die realen Kräfteverhältnisse studieren

will, muss sich die Alterskohorte der unter 25jährigen ansehen, dann sollte er erkennen, wohin die Reise geht und wer künftig sich zur Hetzmeute zu formieren zumindest theoretisch imstande sein wird.

3. Dezember

Wann endlich werden die in ihrer monokulturellen Präsenz gewiss irgendwen diskriminierenden Geschenkratgeber à la »Was sich Frauen wünschen« / »Was sich Männer wünschen« ergänzt – aufgrund der Bedürftigkeit wie Begrenztheit der fraglichen Klientel natürlich möglichst auf Staatskosten – mit Büchern des Titels: »Was sich Schwule wünschen« / »Was sich Lesben wünschen« / »Was sich Transgender/Transsexuelle/Intersexuelle/Menschen mit unklarer sexueller Orientierung wünschen«?

4. Dezember

Zu den lästigsten Ausländern in diesem Land gehören die eingeborenen Transatlantiker.

5. Dezember

Wer Tarkowskis *Andrej Rubljow* gesehen hat, wird niemals mehr die Szene aus seinem Kopf bekommen, in welcher ein Geistlicher von Tataren zu Tode gefoltert wird. Der Tatsache eingedenk, dass sich dergleichen im Laufe der Geschichte jener

Gattung, welche man gleichwohl *Homo sapiens* – den weisen, vernünftigen Hominiden – nennt, millionenfach abgespielt hat, abspielt und abspielen wird, dass immer wieder Menschen unter den schrecklichsten Qualen krepieren und zu Tode gebracht werden, wäre es vielleicht angezeigt, unser Geschlecht retrospektiv in zwei Kollektive zu scheiden: in das der vom Schicksal Begünstigten und jenes der von ihm Verratenen, das der kurz und schmerzlos Gestorbenen und jenes der auf die entsetzlichste Weise Verreckten, in die Gruppe der zu Tode Gemarterten, Verbrannten, Verbrühten, Verschütteten, Verhungerten, von Tier oder Mensch in Stücke Gerissenen, Gekreuzigten, Gepfählten, Geräderten, Gevierteilten, Geköpften, Gehäuteten, Geschleiften, Vergasten, Aufgeschlitzten, Enthaupteten, lebendig Begrabenen, Eingemauerten, zu Tode Geprügelten, im Krankenhaus Verfaulten, in vollgeschissenen Windeln qualvoll Verdämmerten – sowie die Schar jener Glücklichen, die ganz friedlich in ihren Betten starben oder bei Tische jäh und schmerzlos vom Schlag ereilt wurden. Und dies alles in der Regel vollkommen zufällig und unverdient; die Entscheidung, wer welchem Kollektiv zugeschlagen ward, vollzog und vollzieht sich auf eine Weise, als wenn ein gottgleicher Affe seine Laune auslebte.

»Ich wünsche dir einen schönen Tod« – das scheint mir einer der humansten Wünsche zu sein, der sich denken lässt, wahrscheinlich der humanste überhaupt.

6. Dezember

Auf Einladung der Türkischen Gemeinde in Deutschland übernehme ich bei einer Veranstaltung zum Thema »Mediale

Darstellung muslimischen Lebens« die Rolle des Podiums-
rüpels und Spielverderbers, teils von Herzen, teils um meine Gastgeber nicht zu enttäuschen. (Auf jedem Stuhl lag übrigens vor der Veranstaltung ein Schokoladen-Nikolaus.) Das
Publikum im Haus der Bundespressekonferenz besteht zu ge-
fühlten 99 Prozent aus Muslimen, die meisten sind reizende
junge Leute, die leidenschaftlich, aber nicht aggressiv reagieren
und diskutieren und mir vor allem widersprechen. Ungefähr jeder zweite von ihnen schüttelt mir nach der Veranstaltung die
Hand und bedankt sich dafür, dass ich gekommen sei, obwohl
sie sich von mir Sachen anhören mussten, die ihnen nicht passen konnten. Beiseite gesprochen: Wäre dergleichen nach einer Diskussion mit *biodeutschen* Linken, Grünen, CDUlern,
»Wutbürgern«, Feministinnen, Weltklimarettern oder Homo-
sexuellenvertretern vorstellbar?
»Ich finde Sie witzig und sympathisch, aber was Sie sagen, gefällt mir gar nicht. Wie kann ich Sie nur davon überzeugen,
dass der Islam ganz anders ist, als Sie denken?«, fragt eine junge Muslima. Nun, liebes Fräulein, Sie haben doch längst damit
begonnen.

7. Dezember

Gestern kam der Steinway. Nicht dass ich den Klang des
Monopolisten über den der Bechstein, Blüthner, Fazioli oder
Bösendorfer stellen würde, aber ein gewisses Gefühl von
Vollständigkeit stellt sich ein. Nun kann man getrost alt wer-
den.

10. Dezember

Um das Jahr 1900 gab es längst fast alles, was ich benötige. Aber die Dinge, die ich nicht brauche, werden täglich mehr.

11. Dezember

Das peinliche Gefühl des Mitgemeintseins beim Anschauen US-amerikanischer Episodenfilme. Die Welt der städtischen Zivilisationsameisen mit ihren kleinen Hoffnungen, ihren kleinen Schwächen, ihren kleinen Problemen, ihren kleinen Sehnsüchten und ihrer entsetzlichen Ähnlichkeit. Wabe an Wabe dieselbe banale Zufriedenheit, dasselbe bespaßte Elend. Aber schon ein einziger Mönch unter ihnen würde die Gattung von der Schmach der Glücksgenormtheit erlösen.

13. Dezember

Jemand sagte: »Ich träume von dem Tag, da der letzte Nazi erdrosselt wird mit dem Darm des letzten Grünen.«

15. Dezember

Natürlich haben einige Leser erkannt, dass es sich beim Eintrag vom 13. um eine Verballhornung oder auch Variation einer Aussage des 1729 zu seinem Herrn einbestellten Abbé Jean Meslier handelte, der sich in seinem Testament nichts sehnlicher wünschte, als dass »all die Großen der Erde und alle Adeligen

mit den Gedärmen der Priester erhängt und erwürgt werden
sollten«. Bei Chamfort heißt es konzentrierter: »Jemand sagte: ›Ich möchte erleben, wie der letzte König erwürgt wird mit
dem Darm des letzten Priesters.‹« In der Pariser Sorbonne soll
im Mai 1968 ein Poster gehangen haben mit der Version: »Die
Menschheit wird erst dann frei sein, wenn der letzte Kapitalist
mit den Gedärmen des letzten Bürokraten erhängt worden ist.«

16. Dezember

»Herr Klonovsky, Sie leben doch selbst im Westen und nicht in
Putins Russland, so schlimm kann es also nicht sein«, schreibt
Leser P.

Nein. Aber werden. –

Im übrigen lebe ich nicht »im Westen« oder in einer wie
auch immer gearteten westlichen Gesellschaft, sondern zual-
lererst in Deutschland. Mentalitäten sind politischen Systemen
an Beharrungsvermögen und Prägekraft immer oder zumindest einstweilen noch immer überlegen, so wie das Terroir im
Geschmack eines Weines die Rebsorte übertrifft. Als deutscher
Autor und mit der deutschen Kultur kontaminiertes Subjekt bin
und bleibe ich sozusagen unheilbar deutsch. »Der Westen« interessiert mich dagegen nahezu nicht, vor allem kümmern mich
seine sogenannten Werte nicht. Mich interessieren Frankreich,
Italien, England (Amerika weniger) als Kulturräume, mich interessieren die Dichter, die Musiker, die Philosophen, die Maler,
die Frauen, die Küchen, die Weine, die Raumfahrtprogramme,
die Schneider, die Kathedralen, aber doch nicht die Phrasen
von Demokratie, Menschenrechten, Gleichstellung, Diversivität, Mitbestimmung und womit heutzutage außerdem noch

Bevölkerungen gegeneinander aufgehetzt, geistige Bürgerkriege angezettelt und Öffentlichkeiten vergiftet werden. Sämtliche vermeintlich westlichen Errungenschaften hatte Deutschland bzw. hatten deutsche Länder längst selber realisiert, bevor das Reich von den Wikinger-Nachfolgern als Konkurrent erkannt und unter tätiger Mithilfe speziell des Herrn Hitler und seiner Anhänger beseitigt wurde. Der »faustische« Drang nach Erkenntnis, die Neugier auf andere Kulturen, die Beglückung des gesamten Erdballs mit der größten je erdachten und empfundenen Musik, mit Philosophie und Dichtkunst, mit wissenschaftlichen Erkenntnissen, mit Nobelpreisen und Patenten ohne Ende, all das war ganz ohne »Verwestlichung« und Demokratie gut deutsch, ja bei Lichte besehen muss sich das Land der Kaiserwahl, der Deutschen Städteordnung und des Allgemeinen Preußischen Landrechts nicht einmal in dieser albernen Kategorie Defizite vorwerfen lassen. Und den Rechtsstaat haben die Preußen ganz allein etabliert, die Freiheit der Rede sowieso. Womit die beiden einzig wichtigen Kriterien benannt sind, für die es sich in einem Gemeinwesen zu kämpfen lohnt.

Fast alle Deutschen, denen ich mich verbunden oder geistesverwandt fühle, sind freilich lange tot. Aber sie verkörpern mein Vaterland. Dass meine meisten heutigen Landsleute nichts vom guten Leben verstehen, sich nicht zu kleiden wissen, schlimme Rechthaber und Schulmeistertypen sind, mit denen keine elegante Konversation möglich ist, weil sie immer diskutieren, missverstehen und denunzieren müssen, dass sie kein Verhältnis zu den Wonnen der Dekadenz haben, dass sie Dreck essen, um passable Autos fahren zu können, dass die meisten Frauen aufgehört haben, daran zu glauben, dass sie Frauen sind, sich nicht schminken, allzeit auf flachen Sohlen gehen,

viele Nahrungsmittel »nicht vertragen« und ständig irgendwelche geheimnisvollen Rechte einklagen, vor allem, wenn
es ihnen an Talent mangelt, dass den meisten Deutschen jeglicher Schönheitssinn fehlt, dass sie ihre Sprache »geschlech-
tergerecht« versauen und alle vier Jahre Charakterlarven in
Parlamente wählen, die ihre Interessen doch nicht vertreten
werden, dass die Deutschen kein Kulturvolk mehr sind, nicht an
die nächsten Generationen glauben und vor allem: dass dieses
geplagte Land seit Jahren die Grünen hat, ein böses, ekelerre-
gendes Leiden, das unter anderem geflügelte Furunkel aus ehedem reizenden Landschaften treibt und Selbsthasspsychosen
auslöst, all das mag es einem durchaus verleiden, sein Dasein in
Deutschland zu verbringen.

Gleichwohl lebt es sich auch heute noch recht kommod in
einem Land, in dem auf Anruf sofort der Arzt und meist auch
recht zügig (noch) die Polizei kommt, in dem die Flugzeuge
nicht nur pünktlich fliegen, sondern nie abstürzen, die Straßen
penibel gereinigt werden, die Müllabfuhr regelmäßig erscheint, Handwerker- und Liefertermine als verbindlich gelten, das Leitungswasser von besserer Qualität ist als die meisten Tafelwässer und man sich auf die ingenieurtechnische
Gediegenheit von Häusern, Brücken, Seilbahnen, Automobilen
und Atomkraftwerken mehr verlassen kann als irgendwo sonst
auf der Erde. Das hat ebenfalls nichts mit »dem Westen« oder
»der Demokratie« zu tun, sondern einzig mit der deutschen
Mentalität, so wie *Made in Germany* oder der nach wie vor vergleichsweise geringe Wille zum Betrug deutsche Mentalität verkörpert; es gibt ja hinreichend viele Demokratien, wo überhaupt nichts und hinreichend viele westliche Staaten, wo wenig
funktioniert. Demgegenüber verstehen sich etwa unsere linksrheinischen Nachbarn seit je und hinfort besser auf den Genuss

des Lebens (also hinfort meint nur, bis kurz nach uns auch
sie ausgestorben und durch andere Völkerschaften mit wahrscheinlich bestürzend anderer Lebensart ersetzt sein werden),
und ich könnte ein vergleichbares Kurzplädoyer pro Frankreich
halten, indem ich das alltägliche Funktionieren durch die alltägliche Kunst des *savoir-vivre* ersetzte, doch auch in diesem Falle
wären die sogenannten westlichen Werte vollkommen vernachlässigbar.

17. Dezember

»Sehr geehrter Herr Klonovsky, ich bin Muslim und in
Deutschland geboren«, schreibt mir ein Herr mit türkischem
Namen, »ich habe Ihre Titelgeschichte im *Focus* gelesen und gehört, was Sie im Tide TV gesagt haben. Ich habe mich sehr über
Sie geärgert! Aber ich finde einen wie Sie, der seine Meinung
vertritt, besser als viele Journalisten und Politiker, die Toleranz
predigen und bei denen man nie weiß, was sie wirklich meinen oder ob sie es nur sagen, weil es ihnen nutzt. Was werden
sie sagen, wenn ein anderer politischer Wind weht? Ich kenne
Deutsche, die würden einen Türken nie zu sich einladen, reden
aber von Toleranz. Da ist mir einer wie Sie lieber ...«

Sehr geehrter Herr ***, zunächst einmal ist auch mir ein Muslim
wie Sie viel lieber als beispielsweise ein biodeutscher Grüner.
Sodann kann ich Ihnen prophezeien, was unser Guten mehrheitlich tun werden, wenn der Wind sich einmal drehen sollte,
nämlich ihr Mäntelchen flugs in denselben hängen. Und zum
dritten fühle ich mich sozusagen als Gegenpol der Toleranz
doch arg missverstanden; jedenfalls ist an meiner multikulturel-

len heimischen Tafel selbstverständlich auch Platz für Türken und Moslems. (Wenn ich euch Muslimen nur die Sache mit dem Alkoholverbot ausreden könnte! Das ist ein Missverständnis! Wozu lässt Allah die Reben reifen, wenn er den Trank, der von weltfrommen Menschen aus ihnen gekeltert wird, verbieten wollte?) Friede sei mit Ihnen.

19. Dezember

Eine durchaus amüsante Weltsekunde tritt ein, wenn der Fortschrittler bestürzt feststellt, dass er bloß Teil eines Verwesungsprozesses gewesen ist.

20. Dezember

Es ist schon oft vorgekommen, dass ich einem Autor, dessen Buch ich eben las, nur zu gern meine Bewunderung ausgedrückt hätte; vor einigen wäre ich womöglich gar auf die Knie gegangen. Seit kurzem kenne ich nunmehr auch den Wunsch, einem Schriftsteller die Hände zu streicheln. Ich spreche von Wassili Grossman und seinem Weltkriegsepos *Leben und Schicksal*.

Im Zentrum des Romans steht die Schlacht um Stalingrad, aber mindestens die Hälfte des Buches spielt in der Etappe, in Moskau und anderen russischen Städten, in Laboratorien, in der Lubjanka und vor allem in deutschen und russischen Konzentrationslagern. Grossmans Sprache wechselt zwischen lakonischen Beschreibungen und erschütternden Reflexionen, es ist die ewige Sprache der Dichter, in welcher sich ein einfa-

ches Wort im rechten Moment zu majestätischer Höhe aufzu-
richten vermag. Alles an diesem Buch ist groß, die Kraft und
die Trauer, aber auch die Niedrigkeit und die Schwäche, die
Treulosigkeit und der Verrat; am größten allerdings sind der
unbestechliche Blick und die Unparteilichkeit des Autors. Wir
sehen das von Stalin und seinen bolschewistischen Halunken
vergewaltigte große Russland bei seinem verzweifelten Kampf
gegen die deutschen Eindringlinge, dies unselige Volk, das
zwischen die Fronten der beiden monströsesten politischen
Systeme seiner Zeit geraten war. Wir werden Zeugen der großen Hoffnungen, die sich an diesen Volkskrieg knüpften, der
grausam zertretenen Illusion, es werde danach sozialer Friede
und eine gewisse Dankbarkeit der Machthaber gegenüber
den ihr Blut hingebenden Massen herrschen. Wir erleben das
schreckliche Klima gegenseitiger Bespitzelung, in dem jeder jeden denunziert haben konnte, die entsetzliche Welt der Lager,
hüben wie drüben, und die zermalmende Gewalt des Krieges,
der das Personal eines ganzen Erzählstranges in einem Satz aus-
löscht. Und wir erleben, wie der einstige Bolschewik, aber vom
Kommunismus schließlich gründlich kurierte Jude Grossman,
der die Veröffentlichung seines vom KGB beschlagnahmten
Romanmanuskriptes nicht erleben durfte, einen reaktionä-
ren christlichen Kulakenabkömmling mit dem sprechenden
Namen Ikonnikow die Quintessenz des ganzen Werkes sprechen lässt, bevor die Nazis auch ihn erschießen, nämlich:

»Ich habe meinen Glauben in der Hölle gehärtet. Mein Glaube
ist aus dem Feuer der Verbrennungsöfen geboren, hat den
Beton der Gaskammern durchstoßen. Ich habe erkannt, dass
nicht der Mensch machtlos ist gegenüber dem Bösen, sondern
das mächtige Böse ist machtlos gegenüber dem Menschen. In
der Ohnmacht der gedankenlosen Güte liegt das Geheimnis ih-

rer Unsterblichkeit. Sie ist unbesiegbar. Je einfältiger, unbedach-
ter und hilfloser sie ist, desto mächtiger ist sie. Vor ihr schwindet die Macht des Bösen: Propheten, Prediger, Reformatoren,
Führer – sie alle sind ihr gegenüber machtlos. Sie ist die blinde,
stumme Liebe – der Sinn des Menschen. (...) Wenn selbst unter den heutigen Bedingungen das Menschliche im Menschen
nicht abgetötet werden kann, dann kann und wird das Böse niemals den Sieg davontragen.«

Was Grossman indes nicht hindert festzustellen: »Man muss
auch darüber nachdenken, was ein Mensch erdulden und
erfahren musste, damit er über die Gewissheit seiner baldi-
gen Hinrichtung glücklich war. Darüber sollten einmal viele Menschen nachdenken, besonders diejenigen, die zu Beleh-
rungen darüber neigen, wie man gegen die Umstände hätte an-
kämpfen müssen, von denen diese hohlköpfigen Schulmeister
durch einen glücklichen Zufall keine Ahnung haben.«

Überhaupt bewegt sich der Zeitzeuge Grossman auf einer Höhe verstehender Objektivität, die man heutzutage und
hierzulande vergeblich sucht. Der deutsche Leutnant Bach
etwa verachtet die Nationalsozialisten, er findet vor allem die
»Arisierung« der Naturwissenschaften lächerlich (so wie auf
der Gegenseite der Physiker Strum ihre »Sowjetisierung«),
doch in Stalingrad, als Mitglied eines mit übermenschlicher
Energie kämpfenden Großorganismus namens 6. Armee, ver-
spürt Bach auf einmal den Wunsch, in die NSDAP einzutreten – welcher deutsche Autor wagte einen solchen tiefen Blick
in die seelischen Ursachen heroischer Kraftentfaltungen im
Dienste einer abscheulichen Ideologie? »Ihr werdet stets unsere
Lehrmeister sein und zugleich unsere Schüler. Wir werden gemeinsam denken«, sagt der SS-Sturmbannführer zum gefange-
nen Bolschewiken, bei Grossman und in der Wirklichkeit.

Eminent festhaltenswert ist das Zusammentreffen eines Wehrmachtssoldaten und einer Zivilistin bei der Suche nach Nahrung im Frost des Stalingrader Kriegswinters.

»Hinter einer Steinmauer kam eine hochgewachsene alte Frau in einem zerlumpten, mit einem Strick gegürteten Herrenmantel und schiefgetretenen Männerstiefeln hervor. Sie ging, auf den Boden starrend, auf den Soldaten zu und stocherte mit einem Haken aus dickem Draht im Schnee.

Sie bemerkten einander, ohne den Kopf zu heben, an den Schatten, die sich auf dem Schnee trafen.

Der hünenhafte Deutsche hob den Kopf, sah die Alte an, hielt ihr ein durchlöchertes, gefrorenes Kohlblatt hin und sagte langsam und feierlich: ›Guten Tag, Madame!‹

Die Alte schob ohne Hast das zerlumpte Tuch, das ihr in die Stirn gerutscht war, zurück, betrachtete den Soldaten mit dunklen, gütigen, klugen Augen und antwortete langsam und majestätisch: ›Guten Tag, mein Herr!‹

Das war eine Begegnung auf allerhöchster Ebene, eine Begegnung zwischen den Vertretern zweier großer Völker.«

Man hat Grossmans Roman schon frühzeitig mit Tolstois *Krieg und Frieden* verglichen; die Schilderung des russischen Kampfes gegen einen Aggressor, der Wechsel zwischen ziviler und Frontperspektive, der Titel, der schiere Umfang sowie die Konzentration auf das Schicksal zweier Familien, all das verweist auf den bedeutenden Vorgänger. Allerdings besteht ein wichtiger Unterschied zwischen beiden: Während Grossman den deutsch-russischen Krieg und den Stalinismus aus eigener Erfahrung beschreibt, schildert Tolstoi den Napoleon-Feldzug und die zeitgenössische russische Gesellschaft aus der Perspektive des Nachgeborenen; er schreibt über einen Krieg, an dem er selber nicht teilgenommen hat.

In diesem Belang ähnelt *Krieg und Frieden* wiederum eher
dem anderen Jahrhundertroman über den Zweiten Weltkrieg,
Jonathan Littells *Die Wohlgesinnten*. Littells Opus fand in
den deutschsprachigen Feuilletons wenig Anerkennung, im
Gegenteil, die auf Betroffenheitssimulation konditionierten
Rezensenten hechelten nahezu unisono Betroffenheit, und
manche bellten »Gefahr«, so dürfe man über den Holocaust
nicht schreiben etc. pp., was eben von totemistischen Pri-
mitiven zur Verteidigung ihrer Kulte so vorgetragen wird. Da
es Feuilletonisten waren, lieferten sie auch scheinästhetische
Argumente gegen den Roman. Man fand es unter anderem de-
plaziert, dass Littell seinen allzu gebildeten SS-Massenmörder
obendrein zum Homosexuellen sowie inzestuös der Schwester
verfallenen Mutter- und Stiefvatermörder stilisiert und ihn gar
am Ende des Romans bei einer Ordensverleihung im belagerten
Berlin dem Führer in die Nase beißen lässt, dass der Autor also
sowohl die klassische Tragödie, näherhin die *Orestie*, als auch
Comic-Elemente in seine ansonsten historischen Schilderungen
verwurstete. Die Pointe entging ihnen, nämlich dass dies alles im Gedröhne des Untergangs überhaupt nicht auffällt. Wer
hätte vor Littell geglaubt, dass eine solche Slapstick-Szene wie
der spontane Biss in Hitlers Nase in einem seriösen Roman
überhaupt möglich sei? Was uns der Autor nach meiner bescheidenen Ansicht demonstrieren wollte, war dies: Klassische
Tragödie, Muttermord, Stiefvaterbeseitigung, Inzest, eine Beiß-
Attacke auf den Diktator – all das ist nicht einmal nebensächlich, ist vernachlässigbar, nicht der Rede wert, allenfalls mikro-
skopisch sichtbar inmitten der gewaltigsten und zerstörerisch-
sten Kraftentfaltung der bisherigen Menschheitsgeschichte, inmitten der Höllenfahrt des Dritten Reichs. Die ungeheuerliche
kinetische Energie des zweiten deutschen Krieges gegen den

Rest der Welt führt Littells Buch immerhin eindrucksvoll vor Augen, man ist wie erschlagen von ihm und beginnt zu verstehen, wieviel Kraft dem Menschengeschlecht und speziell den Deutschen damals verlorenging und dass dieser Weltteil nach einer solchen Explosion nicht mehr derselbe sein konnte.

Auch durch *Leben und Schicksal* tost diese entfesselte Energie, die zu gewaltig ist, um mit moralischen Kategorien erfasst zu werden. Da Grossman fast ausschließlich aus der Warte der »einfachen« Russen (und zuweilen auch Deutschen) schreibt, der Frontkämpfer, Lagerhäftlinge und Lebensmittelkartenempfänger, während sich sein kanadischer Nachfolger die ungleich heiklere Perspektive eines Massenmordmittäters zu eigen machte, ist der Roman des Russen natürlich weitaus ergreifender. Es ist unglaublich, mit wieviel Takt, Zartgefühl und Zurückhaltung Grossman, der seiner von deutschen Einsatzgruppen ermordeten Mutter noch lange nach ihrem Tod Briefe schrieb, um mit seinem Kummer fertigzuwerden, den Ankunft einer Gruppe Todgeweihter in Auschwitz auf dem letzten Weg bis in die Gaskammer verfolgt; allein diese wenigen Seiten rechtfertigen die Aufnahme des Autors unter die Unsterblichen. In seinem Fall lag die Kritik mit der Nobilitierung von *Leben und Schicksal* zum Jahrhundertroman vollkommen richtig.

Beide Bücher werden bleiben. Es sind Komplementärromane.

27. Dezember

Was ist von der Pegida-Bewegung zu halten, von deren Schmähung derzeit die halbe Medienöffentlichkeit lebt, ohne deren

Erwähnung kein Nachrichtenportal auszukommen scheint und zu deren Stichwortgebern ein großes deutsches sogenanntes Intelligenzblatt u. a. mich kürte? Unstrittig scheint mir zu sein, dass unter dem Motto »Patriotische Europäer gegen die Islamisierung des Abendlandes« die Habermassche »Lebenswelt« beziehungsweise ein Teil derselben auf die Straße geht. Als ein spezieller Verehrer des Starnberger Transzendentaldemokraten sowie Großakklamateur des im Grundgesetz verankerten Grundrechtes auf Versammlungs- und Demonstrationsfreiheit begrüße ich die Kundgebungen ausdrücklich, zumal weder Sponsoren noch Parteien dahinterstehen wie bei den Gegendemonstranten und der üblichen subventionierten Protestfolklore »gegen rechts«, sondern die Menschen sich aus freien Stücken und gegen erheblichen Widerstand des etablierten Herrschaftsmilieus versammeln.

Diese Leute sind, ob es den politisch Verantwortlichen nun passt oder nicht, *Bürgerrechtler*. Was ihre Anzahl betrifft, darf getrost von einer Neuauflage der außerparlamentarischen Opposition gesprochen werden, nur dass die Mitglieder dieser APO im Gegensatz zum alimentierten Original mehrheitlich ihr eigenes Geld verdienen dürften. Da sich auf beiden Seiten Extremisten unters Volk mischen, muss man es nicht für eine Seite betonen; dieses beliebte und vor allem einseitige Exerzitium überlassen wir gern den bewährten, z. T. bärtigen Tanten von der Gesinnungspresse. Welche Seite mehr Deppen aufzubieten hat, vermag ich nicht zu beurteilen, aber ganz gewiss gehört mehr Courage dazu, bei den »Patrioten« Gesicht zu zeigen als bei ihren von sämtlichen Parteien, Gewerkschaften, Medien, Theatern, der evangelischen Kirche, den Zentralräten der Juden und Muslime unterstützten Kontrahenten, während die Verworfenen einzig das Privileg genießen, nicht zu allem

Übel noch die Gefechtsmusik von Konstantin Wecker oder der
Sportfreunde Stiller über sich ergehen lassen zu müssen.

Liest man freilich die Positionspapiere der Pegida, stehen
dort lauter vernünftige Forderungen, von der notwendigen
Unterscheidung zwischen normalen Muslimen und politischen
Islamisten, zwischen tatsächlichen Flüchtlingen, die Deutschland aufnehmen, und unerwünschten Einwanderern, denen
man *nolens volens* die Tür weisen soll; man fordert die Ab-
schiebung ausländischer Straftäter, das Primat der heimischen Kultur, keinen Polizeiabbau und dergleichen Selbst-
verständlichkeiten mehr. Im Grunde steht dort dasselbe wie
in Grundsatzerklärungen von bürgerlichen Parteien überall
auf der Welt, aber dass solche Lippenbekenntnisse hierzulande plötzlich beim Wort genommen und als Forderungen auf die
Straße getragen werden, irritiert die politischen Gouvernanten
unserer Republik, interessanterweise auch in der CDU/CSU,
also in jenen Parteien, von denen man in den vergangenen beiden Jahrzehnten die Etablierung einer intelligenzgesteuerten
Zuwanderungspolitik erwartet hätte. Undenunziert demonstrieren darf man in der Bunten Republik Deutschland allerdings und bekanntlich nur gegen das Atom, gegen die Banken,
gegen Putin und vor allem gegen »rechts«. Beim Umgang mit
Pegida ist ein ähnliches Muster zu beobachten wie bei den po-
litisch-medialen Reaktionen auf die Petition gegen die sogenannte »Akzeptanz sexueller Vielfalt« in den Schulen Baden-
Württembergs, wo immerhin 200 000 Unterzeichner die grün-
rote Landesregierung nicht bewegen konnten, von ihren Plänen
abzurücken oder sich wenigstens einer offenen Diskussion zu
stellen. Hier wie dort sehen wir also, was das speziell von den
Grünen strapazierte, aber gewiss auch die Bundesregierung
amüsierende Motto »Mehr Bürgerbeteiligung!« wert ist.

Wobei die Beschimpfungen, die sich über die Bürgerbewegten im Ländle ergossen, fast moderat wirken verglichen mit jenen, die seit Wochen aus den Mündern der üblichen journalistischen Kretins und parlamentarischen Apparatschiks, von Bundesfreiheitsbuffo Gauck und sogar seitens der Kanzlerin über die Pegida-Demonstranten gekübelt werden, garniert mit ein paar taktischen »Gegenstimmen« (Schäuble, Geißler), die freilich nur äußerten, man möge die protestierenden Kleinen wenigstens *ernst nehmen*, aber nicht, man möge auf sie hören, die also das paternalistische Leitmotiv nur eine Nuance variiert ableierten.

Das dabei verwendete Vokabular illustriert vor allem eines: Es soll in der Bundesrepublik keine politische Mitsprache über das turnusmäßige Stimmzetteleinwerfen und Kandidatenabnicken hinaus geben, es soll ferner keine nach festen Regeln stattfindende Zuwanderung geben, es sollen auch keine Kriterien festgelegt werden, wer nach Deutschland einwandern darf und wer nicht, es soll nicht einmal der Begriff Flüchtling exakt definiert werden, was ja bedeuten würde, dass auch der Nicht-Flüchtling sowie eine so heikle Sache wie die nationale Souveränität definiert werden müssten. Es soll kein Recht auf Heimat mehr geben, bei Strafe des Faschismusvorwurfes. Warum das so ist, weiß ich nicht; wohin meine Vermutungen gehen, habe ich in diesem Diarium gelegentlich erwähnt.

Was ich aber weiß, ist eine Antwort auf die vielbeschwätzte, wenngleich verlässlich mit Herablassung traktierte Frage, warum Pegida vor allem in den sogenannten neuen Bundesländern so viele Menschen mobilisiert. Diese Frage habe ich schon lange vor dem Auftauchen der »Patrioten« in diversen privaten Gesprächen beantwortet, und ich will es gern wiederholen: weil die Gehirnwäsche im Westen viel smarter und solider war als in der untalentierten und erfolglosen DDR, wo sowieso kein Mensch die Parolen glaubte, die ihm täglich verabfolgt wurden. Der Durchschnitts-Westdeutsche indessen glaubt mit einer Inbrunst an den Endsieg des westlichen Systems, wie sie nicht einmal unter SED-Funktionären sonderlich oft anzutreffen war. Ob mit Recht, wird sich zeigen; mein altersmildes Haupt würde ich nicht darauf verwetten.

Viele Menschen im ehemals Mitteldeutschland geheißenen Osten, namentlich in Dresden, haben wahrscheinlich deshalb – also wegen der missratenen Gehirnwäsche – so etwas wie Gemeinschafts- und Bürgersinn bewahrt, gerade nach den Elendsjahren unter dem SED-Joch. Viele Menschen im Osten sind, zumindest potentiell, gegen die geistige Kolonisation immunisiert, sie sind bereits geimpft worden, weshalb der Versuch, heute mit der sogenannten Politischen Korrektheit das zu vollziehen, was der Realsozialismus nicht schaffte, nämlich ihnen ihren gesunden Menschenverstand, ihre Alltagserfahrungen und ihren Sinn für das Angemessene auszureden, besonders im Osten an seine Grenzen stößt, einstweilen zumindest. Viele Menschen dort betrachten ihr Gemeinwesen als ihre Angelegenheit, anders als im Westen, wo man, zumindest in der »besseren« Gesellschaft und vor allem in jenem Milieu, das es sich leisten kann, die Grünen zu wählen, sturfrömmst an das Wunder des *anything goes* glaubt, sich überdies als Weltbürger fühlt und im Zweifelsfalle wegschaut oder, wer kann, wegzieht, weil für die Tonangeber dieses Landes längst nur das Ich zählt und nichts außerdem (ich spreche hier naturgemäß *al fresco* über meine lieben westelbischen Landsleute). Der sächsische Ausländerbeauftragte Martin Gillo, ein CDUler, hat eine dortzulande vielzitierte Unterscheidung zwischen »Herkunftsdeutschen« und »Zukunftsdeutschen« getroffen.

Wie die meisten westdeutschen Herkunftsdeutschen, denen der Zustand ihrer Kommune egal ist und die das für fortschrittlich halten (wenn sie Glück haben, mit Recht, wenn sie Pech haben, bis man ihnen oder ihren Kindern, sofern vorhanden, die Kehle durchschneidet oder den Schädel eintritt), haben die meisten Ostdeutschen nichts gegen Herrn Gillos einwandernde Zukunftsdeutsche – sie wollen lediglich ein Wörtchen dabei mitreden, mit wem sie künftig zusammenleben.

Schon der Wiederaufbau der Frauenkirche war ein deutliches Signal der Dresdner an den Rest der Republik. Ich wage die Behauptung, dass keine Stadt in den westlichen Bundesländern eine vergleichbare Leistung hätte vollbringen können, weil es dort eben keine größeren Bürgerkollektive mehr gibt, sondern nur »die Menschen draußen im Land« (A. Merkel), über deren Steuergelder auf bewährte Weise zentralistisch verfügt wird; überdies handelte es sich um eine christliche Kirche, nicht um eine Shopping Mall, ein antifaschistisches Mahnmal oder ein multikulturelles Begegnungszentrum. Und ob sich in München oder Hamburg ein vergleichbar kultiviertes Publikum finden würde, das nach einer Aufführung von Beethovens *Missa solemnis* zum Gedenken an die Opfer des Luftkriegs geschlossen auf den Applaus verzichtet, sei dahingestellt. Unter anderem deswegen ist Dresden ja auch in jedem Februar von neuem ein Betreuungsobjekt vor allem westlicher Volkspädagogen.

Wiederholt ist gegen Pegida vorgebracht worden, in Dresden und überhaupt im Osten lebten doch kaum Ausländer bzw. Muslime, jedenfalls weit weniger als im Westen, weshalb den Aufmärschen etwas Surreales und Spiegelfechterisches eigne. Wieso demonstriere man gegen Probleme, die, wenn überhaupt, anderswo dräuten? Die Publizistin Cora Stephan hat in diesem Zusammenhang daran erinnert, in welcher Entfernung von deutschen Landen und Gauen jenes Reaktorkataströphchen vorstellig wurde, um dessentwillen unsere Stimmungskanzlerin aus der Atomenergie retirierte. Ich würde allenfalls noch ergänzen, dass man dann auch unmöglich zu Berlin gegen den Vietnam- und später den Golfkrieg hätte demonstrieren dürfen; vom »Kampf gegen rechts«, der ja meist ohne anwesenden Gegner stattfindet (was seine gewisse Popularität erklärt), ganz zu schweigen. Die Herbeischaffung weiterer Beispiele sei jedem selbst anheimgestellt.

Zuletzt: Dass sich sogar mein guter Freund M., der eigentlich alles weiß, darüber mokiert, er habe keine Ahnung, wofür diese Pediga-Leute stünden, und fragt, warum sie keine Erklärungen abgäben, keine Reden hielten etc., bringt uns nicht zu eigentlichen Problem, aber zur abstoßendsten Sphäre dieser Republik, der sogenannten Medienöffentlichkeit. Nichts erfuhr man dort von den Motiven der Demonstranten, sondern lediglich, dass man sie als braver Bürger dieser Republik für Nazis, Rechtsextremisten, Ausländerfeinde, Hetzer oder mindestens von den modernen Zeiten überforderte Wutbürger zu halten habe, für Ewiggestrige, die Deutschland abschotten und ins Mittelalter zurückwerfen wollten, dass man mit diesen Leuten nicht reden oder verhandeln dürfe, dass sie eine Schande für Deutschland seien, dass man ihnen mit null Toleranz zu begegnen (demnächst: mit ihnen kurzen Prozess zu machen?) habe und dergleichen angewandte Pluralismen mehr. So las ich zum Beispiel zwischen den Klatsch-, Sport- und Katastrophenmeldungen auf der Startseite meines im Grunde zu weltanschaulicher Neutralität verpflichteten Mail-Anbieters die Schlagzeile »Pegida wuchert weiter«. Die Saat der Toleranz geht auf. Die Sprache des Unmenschen richtet sich gegen eine vollkommen friedfertig protestierende

Volksgruppe. Die demokratische Humanistenpresse will ihr Publikum in Bürgerkriegsstimmung bringen. Aber keine Angst, es sind nur Papiertiger; nie würde sich das mit einem ernsthaften Gegner anlegen (auf Pegida gewendet: Ab 50 000 Mann pro Kundgebung wird die Berichterstattung entschieden freundlicher, ab 100 000 hatte man selber von Anfang an Verständnis für die Demonstranten). Erinnern wir uns nur daran, wie zahm unsere Medienschaffenden samt ihren parlamentarischen Vor- und Nachbetern auf die antiisraelischen Ausschreitungen in deutschen Städten vor einem halben Jahr reagierten, als eine der wirklichen potentiellen Bürgerkriegsparteien erstmals in größerem Stil Gassi ging...

Es wird in den nächsten Jahren eine Spaltung dieses Landes in zwei Lager stattfinden, wie sie in den USA bereits weitgehend vollzogen ist. Die Bruchlinien sind mit Namen wie Sarrazin, Pirinçci, AfD und Pegida markiert, desgleichen gehören die Petitionsbetreiber gegen die Schulsexualisierung in bald vielen Bundesländern dazu, vielleicht auch die Maskulinisten, ein paar HoGeSa-Leute und die Handvoll deutsche Libertäre. Es wird eine antisozialistische Bürgerbewegung werden, die sich die amerikanische Tea-Party zum Vorbild nehmen dürfte, sie wird ähnliche Blüten an Dummheit und Unappetitlichkeit treiben, wie in Übersee zu beobachten, aber es doch wahrscheinlich niemals schaffen, in puncto Widerwärtigkeit und Niedertracht mit den Figuren zu konkurrieren, die momentan in diesem schönen Land die öffentliche Meinung bestimmen. Ich für meinen Teil werde wenig mit diesen Leuten zu tun haben, aber ein gewisses Maß an Verständnis für sie hegen, denn mir fällt kein Argument ein, warum diejenigen, so da seit Jahren für das humanitaristische Theater blechen und sich gleichzeitig von den Lautsprechern des Zeitgeistes als dumpfdeutsche Mitte-Extremisten schmähen lassen müssen (in den Öffentlich-Rechtlichen sogar auf eigene Kosten), sich nicht endlich einmal spürbar gegen diese Plage zur Wehr setzen sollten (sofern sie nicht zu den Seligen gehören, die sich bisweilen noch durch die Lektüre der *Zeit* oder des *Stern* sedieren lassen). Der Erfolg dieser Bürgerbewegung wird davon abhängen, inwieweit man es versteht, jene Riesenschar von Zuwanderern oder Frischdeutschen einzubeziehen, die gern hier leben, ihre Rechnungen selber bezahlen und sich ihre neue Heimat nicht von grün-roten Spitzbuben sukzessive miserabilisieren und demolieren lassen wollen. Die Fronten müssen völlig neu gezogen werden.

28. Dezember

In Thomas Kielingers famos komprimierter und elegant geschriebener, wenngleich allzu wohlwollender Churchill-Biographie *Winston Churchill: Der späte Held* stieß ich auf ein Zitat des deutschen Liberalen Friedrich Naumann, der im März 1900 folgendes zu Papier gebracht hatte: »Gegenüber der unerhörten, unheimlichen Übergewalt Englands gibt es nur zwei Möglichkeiten: Entweder man beugt sich oder man kämpft. Unsere Kinder werden kämpfen. Wenn irgendetwas in der Weltgeschichte sicher ist, so ist es der zukünftige ›Weltkrieg‹, das heißt der Krieg derer, die sich vor England retten wollen.« Kielinger verdankt sich auch der Hinweis auf eine Bemerkung des Historikers Wolfgang Mommsen, der Naumanns Prognose 1981 mit den Worten kommentierte, sie offenbare eine »ziemlich krude Vorstellung über den Charakter des britischen Imperialismus (...), in Verkennung des überwiegend defensiven Grundzugs insbesondere der offiziellen Empire-Politik.« Ob Mommsen mit der Betonung der *offiziellen* englischen Politik solche Petitessen wie die Aushungerung der Bengalen durch die Britische Ostindien-Kompanie 1770–73 mit bis zu zehn Millionen Opfern in den Skat drücken zu dürfen meinte? Jedenfalls ist es weit kruder, als Naumanns Orakelworte es je sein könnten, die Politik einer zur Weltmacht aufgestiegenen europäischen Inselgruppe als »defensiv« zu charakterisieren, es sei denn, man hält sich an jenen geschichtstheologischen Defensivbegriff, mit dem auch der Aufstieg Roms zur Weltmacht aus dem Sicherheitsbedürfnis der Römer hergeleitet wird. Zumindest ist es erklärungsbedürftig, wieso Londons »Defensive« bis nach Indien, Ägypten, Australien, Zentralasien und Südafrika führte und was einen deutschen Historiker reitet, die globale und gelegentlich massenmörderische Ausbreitung des britischen Händlerimperiums auf Kosten seines zumindest bis zum fraglichen Zeitpunkt deutlich defensiver agierenden eigenen Landes in Schutz zu nehmen.

Es hat sich im Nachkriegsdeutschland aus der Verlierer- und Widerlegten-Mentalität ein weltgeschichtlich völlig neuer Zweig der Historiographie herausgebildet, den ich die *Kriegsgegner-Hagiographie* nennen möchte. Und dass Gevatter Mommsen und sein Zwillingsbruder Hans Gewissensbisse litten, weil ihr Historikerpapa nicht durch die Entnazifierung kam, und sie die Bewältigung ihrer Familiengeschichte so bußwütig wie selbstgefällig ins Großeganze verallgemeinerten, rundet die Sache zur trivialtypischen bundesrepublikanischen Nachkriegsstiefelleckerei ab, die das Gros der Sich-im-Staub-Wälzer kompensatorisch als autogenen Läuterungsprozess verkauft. Gönnen wir ihnen ein nachsichtiges Lächeln. Es ist ja längst eh wurscht.

31. Dezember

Ich wurde in eine der sattesten und zugleich trostlosesten Epochen geboren. Die Welt war aller Wunder entkleidet, das Blau des Himmels bedeutete bloß noch eine bestimmte Wellenlänge gestreuten Lichtes, der Mond der Romantik hatte sich in einen langweiligen Steinbrocken verwandelt, der einen Wald beschien, der nicht mehr Tann war, sondern ein Vorrat an Nutzholz, disponibel geworden wie auch der Berg und der Fluss. Die Fische lebten in riesigen Netzen, in denen sie über den Ozean gezogen wurden, und das Meer war die größte Müllkippe des Universums. Ein Gedicht galt als Unfug, der Poet war endgültig zum Narren geworden, die Seele als Hokuspokus entlarvt und verweht. Der Musik Bachs und Beethovens drohte die Enttarnung der biochemischen und physiologischen Regeln, die ihr zugrunde lagen.

Der Erdenfloh, der Mensch, ein Genombesitzer und Prothesengott, stand kurz davor, sich der künstlichen Intelligenz, seinem eigenen Geschöpf, zu unterwerfen. Diese kühne Kreatur, die einst über Ozeane ins Unbekannte gesegelt war und heilige Berge besiedelt hatte, verbrachte ihre Tage vor Bildschirmen, in dantesken Fitnessstudios oder an schrecklichen Ferienorten, allzeit erreichbar in Mobiltelefonen stochernd, auf eine groteske Masse angewachsen, doch in ihrer Mehrzahl austauschbar und überflüssig. Der Globus trug keine weißen Flecken mehr, und keine prägende Gestalt trat mehr auf den Plan. Die Liebe hieß Partnerschaft und war jederzeit kündbar. Die Götter waren tot, wenngleich nach wie vor Millionen Wahnsinnige in ihrem Namen mordeten. Die Vergangenheit der Gattung, das, was man einst Geschichte nannte, die Völkerwanderungen und Staatengründungen, die Segnungen und Krönungen, die

Pyramiden und Kathedralen, die Gemälde und Oratorien, die Adligen und Anachoreten, die Dichter und braven Bürgersleute, die Metaphysiker und Gottsucher, die Prozessionen, Bräuche, Tänze, Lieder und Muttersprachen, all diese Vergangenheit rollte sich zu einer Kugel zusammen, und die Menschheit stieß sich von ihr ab. Keiner wollte glauben, wie rasch dieser Absprung ausgeführt sein würde. Und dann?

Ja was weiß denn ich.

PERSONENREGISTER

Anmerkung des Verfassers: Die auffallend häufige Erwähnung von Richard Wagner und Richard Strauss in diesen Notaten hat mit dem 200. Geburtstag des Erstgenannten anno 2013 sowie dem 150. Geburtstag des letzteren ein Jahr darauf zu tun und ist also dem kalendarischen Zufall geschuldet. Das noch häufigere Auftauchen eines gewissen Reichskanzlers a. D. indes folgt einem einstweilen ehernen Gesetz.

LICHTSCHLAG IN DER EDITION SONDERWEGE

Michael Klonovsky
LEBENSWERTE
Über Wein, Kunst, High-Heels
und andere Freuden

Dieses Buch geht der Frage nach, wofür es sich zu leben
lohnt. Es geht fast immer um Genuß, häufig auch um Form
und Haltung, aber nie um Luxus. Es geht um Handfestes
und Konkretes, aber nie um die wertlose Münze abstrakten
Zeitgeistgeklingels. Die Frage nach den Lebenswerten
beantwortet der Autor mit einer ins Aphoristische
gesteigerten Lebensklugheit, mal amüsant, mal polemisch.
Sein Kompendium umfaßt Lebenswerte von »Gastronomie«
bis »Ungleichheit«, von »Bücher« bis »Selbstironie«, von
»Klaviermusik« bis »Radfahren« und von »Anzüge« bis
»Schweigen«. Neu in dieser Ausgabe sind die Einträge
»Fußball«, »Hörbücher«, »Kirchen« und »Speisewagen«. –
Peter Sloterdijk pries die vibrierende Sprache von Klonovskys
Feuilletons, und Martin Mosebach zufolge beschreibt dieses
Buch »eine ganz eigene Art zu sein«.

*»Solange Menschen Wein und Oliven anbauen, Sprachen
lernen, Gedichte lesen, beim ersten Sonnenstrahl Tische
auf die Straße stellen, solange Glocken läuten, zwischen all
den Rentnern hin und wieder ein Kind auftaucht, irgendwo
auf einem Klavier Bach gespielt wird und Frauen sich
zurechtmachen, bevor sie das Haus verlassen,
ist nichts verloren.«*
Michael Klonovsky

160 Seiten, 12 x 18,5 cm,
Klappenbroschur mit Fadenheftung
ISBN 978-3-944872-01-8

www.manuscriptum.de

AUS DER EDITION SONDERWEGE

Kenneth Minogue
DIE DEMOKRATISCHE SKLAVENMENTALITÄT
Wie der Überstaat die Alltagsmoral zerstört

Mit einem Vorwort von Barry Maley
Aus dem Englischen von Siegfried Kohlhammer

Die Politik dringt immer tiefer in das Privatleben ein.
Der Wohlfahrtsstaat entmündigt den Bürger.
Dieser soll sein Leben nicht mehr in die eigene
Hand nehmen, aber bei der Lösung von
Menschheitsproblemen mithelfen. Die Folge:
Hedonismus tritt neben Größenwahn.
Abhängige treten als Eiferer auf.
Die Demokratie zerstört sich selbst.

*»Das demokratische Telos führt direkt zur
Untergrabung jeder wahren Demokratie. Die
Menschen werden von der Verfassung für weise und
von der Regierung für käuflich und dumm erklärt.
Eine bemerkenswerte Situation.«*
Kenneth Minogue

458 Seiten, 12 x 19 cm, geb., Leinen
mit Schutzumschlag und Leseband
ISBN 978-3-937801-74-2

www.manuscriptum.de

AUS DER EDITION SONDERWEGE

Frank Böckelmann
JARGON DER WELTOFFENHEIT
Was sind unsere Werte
noch wert?

Eine politische Linke gibt es nicht mehr.
Als historisch eigenständige Kraft ist sie längst
verschwunden. Unsere wohlklingenden Forderungen
wie »Selbstverwirklichung«, »Authentizität«,
»Emanzipation«, »Gleichberechtigung« und
»Vielfalt« sind alles andere als links. Sie verhindern
eben das, was sie versprechen: Begegnung,
Entschiedenheit, Verwirklichung, Individualität,
Welthaltigkeit, Anwesenheit, Gemeinsamkeit. Sie
leiten uns in ein Dasein ohne Herkunft, Heimat,
Nachkommenschaft und Transzendenz.

»Wer sich als ›links‹ tauft, kündigt an,
noch hartnäckiger fordern zu wollen, was alle
anderen ebenfalls fordern.«
Frank Böckelmann

136 Seiten, 12 x 18,5 cm,
Klappenbroschur
ISBN 978-3-937801-96-4

www.manuscriptum.de

LICHTSCHLAG IN DER EDITION SONDERWEGE

Der Skandal-Bestseller des Jahres 2014
Sofort nach Erscheinen auf Platz 1 bei Amazon

Akif Pirinçci
DEUTSCHLAND VON SINNEN
Der irre Kult um Frauen, Homosexuelle
und Zuwanderer

Im Jahre 1969 kommt eine bettelarme Familie aus Istanbul
nach Deutschland. Die Eltern arbeiten, und der Sohn beginnt
zu schreiben. Von den Deutschen wurden sie gastfreundlich
aufgenommen. Eines Tages aber ist das Land kaum noch
wiederzuerkennen. Der Sohn ist inzwischen ein erfolgreicher
Schriftsteller. Erst wundert er sich, dann geht er zum Angriff
über – auf die Verwirrung der Geschlechter, auf die massenhafte
Zuwanderung, auf die Verarmung der Mittelschicht, auf den
Verrat der Deutschen an sich selbst. Er möchte sein geliebtes
»Mutterland« bewahren, das Paradies seiner Kindheit.
Sein Buch ist voll von verstörenden Beobachtungen und
verblüffend einfachen Antworten, es ist ein Dokument der Wut
und des Zorns, es ist der Aufschrei eines leidenschaftlichen
Kämpfers, der Deutschland am Abgrund sieht.

»Mit Verlaub, es ist mir völlig egal,
ob man mich einen Nazi schimpft oder eine Klobürste!«
Akif Pirinçci

276 Seiten, 12,5 x 19,5 cm,
Klappenbroschur
ISBN 978-3-944872-04-9

www.manuscriptum.de

LICHTSCHLAG IN DER EDITION SONDERWEGE

Akif Pirinçci und Andreas Lombard (Hg.)
ATTACKE AUF DEN MAINSTREAM
»Deutschland von Sinnen«
und die Medien

Akif Pirinçcis Bestseller *Deutschland von Sinnen.*
Der irre Kult um Frauen, Homosexuelle und Zuwanderer
versetzt die deutschen Medien im Frühjahr 2014 in helle
Aufregung. Fast drei Monate lang geistert Pirinçci als
»Hassprediger« durch die Feuilletons der Republik.
Sein Name wird in einem Atemzug mit Sarrazin, Breivik
und Hitler genannt. Dabei richtet sich Pirinçcis Kritik nicht
gegen Frauen, Homosexuelle und Zuwanderer, sondern gegen
deren kultische Verehrung durch Politiker und Journalisten.
Im Verlauf der erhitzten Debatte wird deutlich, was das Buch
wirklich ist: ein kalkulierter Angriff auf das politisch korrekte
Establishment und sein Meinungsmonopol. Und noch etwas
führt das Buch vor: den tiefen Graben zwischen Medien
und Leserschaft, denn Pirinçcis Anhänger reagieren
mehrheitlich allergisch auf die geballte Pirinçci-Schelte,
die sie zugleich als Leserschelte empfinden ...

Dieser Band dokumentiert die aufregenden Wochen –
mit Nachdrucken, Originalbeiträgen und einer
kommentierten Medienchronik, mit Texten von
Akif Pirinçci, Thor Kunkel, Ijoma Mangold,
André F. Lichtschlag und vielen anderen.

220 Seiten, 12,5 x 19,5 cm,
Klappenbroschur
ISBN 978-3-944872-09-4

www.manuscriptum.de

NEU IM LANDTVERLAG

Stefan Scheil
»MITTEN IM FRIEDEN ÜBERFÄLLT UNS DER FEIND«
Vergessene Wahrheiten des Ersten Weltkriegs –
Die Schuld der Sieger in den Debatten der zwanziger Jahre

Als bei den Pariser Friedensverhandlungen
im Januar 1919 die Friedensbedingungen festgelegt
wurden, setzte man die jahrhundertealte Praxis des
»friedewirkenden Vergessens« außer Kraft. Mit dem Versailler
Vertrag stand das Deutsche Kaiserreich als Alleinschuldiger fest.
Bis in die jüngste Zeit beherrschte die Propaganda
der Siegermächte die Erinnerung an den Ersten Weltkrieg. Dies
ist erstaunlich, denn schon in den zwanziger Jahren brachten
internationale Stimmen die Verantwortung der Triple Entente
ans Licht. Der Historiker Stefan Scheil macht uns in seiner
verblüffenden Auswahl diese Quellen zugänglich,
die dem Leser mehr als jede neue Studie verdeutlichen,
wie zielstrebig die Siegermächte auf
den Krieg zusteuerten.

*»Das erste Opfer eines jeden
Krieges ist die Wahrheit.«*
US-Senator Hiram Johnson (1866–1945)
anläßlich des Kriegseintritts der USA

240 Seiten, 13 x 21 cm, gebunden, Fadenheftung,
Schutzumschlag im Siebdruck, geprägter Einband, Leseband
ISBN 978-3-944872-05-6

www.manuscriptum.de

LICHTSCHLAG IN DER EDITION SONDERWEGE

Thomas Fasbender
FREIHEIT STATT DEMOKRATIE
Russlands Weg und
die Illusionen des Westens

Russland ist ein Ärgernis – zu diesem Schluss kommen die
westlichen Eliten in Politik und Medien. Eindrucksvoll schildert
Thomas Fasbender, wie anders Russland in der Tat ist. In dreizehn
abwechslungsreichen Kapiteln erzählt er vom Alltag der Russen
und von ihrer dramatischen Geschichte. Er beschwört die
Urtümlichkeit des riesigen Landes zwischen Ostsee und Pazifik,
zwischen Arktis und Kaukasus, und er vermittelt intime Einblicke
in die schicksalsgeprüfte Mentalität seiner Bewohner.
Sein Fazit: Russland will den Weg des Westens nicht gehen,
und Russland wird ihn nicht gehen.
Fasbender, geb. 1957, promovierter Philosoph und Unternehmer,
hat ein Buch mit Herz und Verstand und in einer besonders
schönen Sprache geschrieben, ein Buch gegen den Strom,
das eine fremde, nahe Welt aufschließt.

»Wir sind anders als die Russen, und sie sind anders als wir.
Was liegt daher näher, als ihr Anderssein zu verstehen? Aber unsere
Eliten haben Angst, dass den Menschen auf der Straße der russische
Eigensinn am Ende sympathisch ist. Das Beharren darauf,
anders, eben man selbst zu sein.«
Thomas Fasbender

368 Seiten, 12,5 x 20,5 cm, Klappenbroschur
ISBN 978-3-944872-06-3

www.manuscriptum.de

AUS DER EDITION SONDERWEGE

Dimitrios Kisoudis
GOLDGRUND EURASIEN
Der neue Kalte Krieg
und das Dritte Rom

Der Kampf um die globale Hegemonie und die
weltweiten Rohstoffvorkommen konzentriert sich auf
»Eurasien«. Für die Europäer ist der Begriff eine Provokation,
weil sie sich lieber der westlichen Hemisphäre zurechnen –
mit schwerwiegenden Folgen. Der alte Konflikt zwischen
NATO und Warschauer Pakt lebt wieder auf, aber ideologisch
haben sich die Fronten verkehrt. Der Osten ist heute liberal
und der Westen sozialistisch. Der Osten pflegt den autoritären
Liberalismus, der Westen den Geldsozialismus.
Im Westen herrscht Dekonstruktion, im Osten wird die
Tradition gegen die Angriffe der postmodernen Ideologien
verteidigt. Insbesondere die Deutschen müssen sich nach
Ansicht des Autors neu orientieren. Wenn sie an der
Westbindung festhalten, schneiden sie sich von den
Energiequellen des Ostens ab und treiben Russland in die
Arme Chinas. Es fragt sich auch, ob sie mit den politischen
Einflussnahmen der USA gut beraten sind. Deren Basis
ist brüchig: ein inflationierendes Zahlungsmittel, das seit
langem nicht mehr durch Gold gedeckt ist ...

Kisoudis legt mit diesem Essay eine meisterhafte
weltgeschichtliche Skizze vor, eine einzigartige
Zusammenschau von Geopolitik, Wirtschaftstheorie und
Politischer Theologie, eine atemberaubende Zeitreise von der
Antike über das »Dritte Rom« bis zum heutigen Kampf
der Großmächte.

120 Seiten, 13 x 20,5 cm, Klappenbroschur
ISBN 978-3-944872-12-4

www.manuscriptum.de

2. Auflage 2020

Edition Sonderwege
© Manuscriptum Verlagsbuchhandlung Thomas Hoof
Lüdinghausen und Neuruppin 2015

Printed in Germany
ISBN 978-3-944872-13-1
www.manuscriptum.de